孙维昌文物考古论集

孙维昌 著

上海古籍出版社

图书在版编目(CIP)数据

孙维昌文物考古论集/孙维昌著. —上海：上海古籍出版社，2014.12
ISBN 978-7-5325-7395-0

Ⅰ.①孙… Ⅱ.①孙… Ⅲ.①文物—考古—中国—文集 Ⅳ.①K870.4-53

中国版本图书馆 CIP 数据核字(2014)第 204650 号

孙维昌文物考古论集
孙维昌 著

上海世纪出版股份有限公司
上海古籍出版社 出版

(上海瑞金二路 272 号 邮政编码 200020)

(1) 网址：www.guji.com.cn
(2) E-mail：guji1@guji.com.cn
(3) 易文网网址：www.ewen.co

上海世纪出版股份有限公司发行中心发行经销
上海丽佳制版印刷有限公司印刷
开本 787×1092 1/16 印张 23.5 插页 8 字数 433,000
2014 年 12 月第 1 版 2014 年 12 月第 1 次印刷
ISBN 978-7-5325-7395-0
K·1931 定价：125.00 元
如有质量问题，请与承印公司联系

孙维昌 浙江余姚人,生于1931年。1952年5月,参加上海市文物管理委员会和上海博物馆工作,主要从事田野考古调查、发掘和研究,曾任考古部副主任,副研究员。现受聘为浙江省社会科学院国际良渚文化研究中心客座研究员,中国科学院、教育部、国家文物局遥感考古联合实验室兼职教授。长期致力于长江流域太湖地区原始文化和江南地区几何印纹陶遗存的研究,撰写有考古发掘报告和学术研究论文60余篇,曾参与编著《良渚文化玉器》图录和《上海博物馆藏良渚文化珍品展》图录。其学术成就于2009年入编《全国优秀人才岁月档案》丛书,并授予"全国模范人物"称号。

作者在青浦福泉山遗址墓葬发掘中进行绘图（1982年）

作者在清理福泉山遗址良渚文化M109（1986年）

自　序

我是在1952年5月参加上海市文物管理委员会和上海博物馆工作的，主要从事田野考古调查、发掘和研究，至退休时已工作42年。我一直坚持在工作第一线，曾参加或主持本市马桥、崧泽、福泉山、亭林、查山、汤庙村和广富林等十余处重要古文化遗址的发掘，致力于我国长江流域太湖地区原始文化和江南地区几何印纹陶遗存的研究，曾任上海博物馆考古部副主任，副研究员。我1993年退休后，仍坚持从事文物考古研究，2003年受聘为浙江省社会科学院国际良渚文化研究中心客座研究员，2007年受聘为中国科学院、教育部、国家文物局遥感考古联合实验室兼职教授。

我在组织和同仁的支持、鼓励下，检验个人的著作论述，特选择专题性和综合性论述共32篇结集出版，基本反映了个人对上海史前时期马家浜文化，崧泽文化，良渚文化玉、石、陶器和其他古文化以及对文物珍品鉴赏等方面的研究成果。

现在不嫌个人才疏拙识，将本书呈现给诸位专家学者和广大读者，衷心希望给以批评指教。

孙维昌
2012年5月于上海寓舍

目　　录

自序 ………………………………………………………………………………… 1

一、文物考古研究 ……………………………………………………………… 1

论跨湖桥文化 ……………………………………………………………………… 3
崧泽文化玉器综论 ………………………………………………………………… 13
良渚文化陶器纹饰研究 …………………………………………………………… 34
福泉山良渚文化墓地论析 ………………………………………………………… 61
从福泉山发掘看良渚文化玉器 …………………………………………………… 75
福泉山出土的良渚文化玉器 ……………………………………………………… 95
上海市福泉山良渚文化墓地的新发现——人殉墓及其随葬的精美玉器 ……… 112
我与福泉山——今生难忘的考古经历 …………………………………………… 119
良渚文化与文明起源 ……………………………………………………………… 123
良渚文化的衰落原因剖析 ………………………………………………………… 136
良渚文化细刻纹陶器探析 ………………………………………………………… 142
上海出土新石器时代稻谷和农具 ………………………………………………… 154
上海考古发现的新石器时代水井 ………………………………………………… 162
上海地区几何印纹陶遗存的分期 ………………………………………………… 168
略论太湖地区几何印纹陶遗存的分期 …………………………………………… 176
马桥类型文化分析 ………………………………………………………………… 184

越国贵族大墓出土玉器初探 …………………………………………………… 190

明文徵明书陆深墓志铭考辨 …………………………………………………… 202

清钱大昕墓志铭述异 …………………………………………………………… 212

二、文物鉴赏 …………………………………………………………………… 223

上海出土的新石器时代崧泽文化玉器鉴赏 …………………………………… 225

崧泽文化陶器珍品鉴赏 ………………………………………………………… 239

汤庙村崧泽文化墓葬出土文物珍赏 …………………………………………… 242

新石器时代崧泽文化陶器珍品鉴赏 …………………………………………… 250

上海出土的良渚文化陶器珍品鉴赏 …………………………………………… 268

良渚文化陶器上的细刻纹饰鉴赏 ……………………………………………… 278

上海出土的古代玉器珍品鉴赏 ………………………………………………… 288

明代嘉定竹刻艺术珍品鉴赏 …………………………………………………… 307

上海出土宋明两代金银器珍品鉴赏 …………………………………………… 314

上海宝山明墓中的文房清供 …………………………………………………… 324

上海出土明代玉器珍品鉴赏 …………………………………………………… 336

上海出土的唐宋元明瓷器珍品鉴赏 …………………………………………… 349

怀袖雅物——上海明墓出土的折扇和扇坠珍赏 ……………………………… 360

一、文物考古研究

论跨湖桥文化

一、前　　言

跨湖桥遗址,位于浙江省萧山市(现为杭州市萧山区)萧山中南部的湘湖之滨,属萧山区城厢街道湘湖村。1990年10—12月、2001年5—7月、2002年10—12月,浙江省文物考古研究所、萧山博物馆曾对该遗址进行了三次发掘,发掘面积共计1 080平方米。尤其是在第三次发掘中,学者们十分重视对其进行多学科研究,从动植物、硅酸盐、水稻遗存等角度,对遗址内涵进行了广泛的考察研究,并邀请浙江省地质调查院专门在跨湖桥遗址区做了一个更新世晚期——全新世地质剖面,对第四纪地质与生态环境进行了卓有成效的合作研究。

鉴于"跨湖桥遗址的年代早于河姆渡遗址,文化面貌独树一帜,不同于中国东南沿海地区原有的其他考古学文化,是一种新的发现。遗址内涵丰富,特征明确,整体性强。除跨湖桥遗址外,还在附近地区发现下孙遗址,对照考古学文化的概念,可以认为,跨湖桥遗址所代表的文化内涵具备了独立考古学文化的基本条件,我们将其命名为跨湖桥文化"。[1]

跨湖桥文化这一及时而必要的考古学文化命名,对我国东南沿海地区新石器时代文化的研究,对长江流域史前文明的探索,都具有十分重要的意义。今值浙江省社会科学院、中共萧山区委、萧山区政府、萧山博物馆联合举办"跨湖桥文化国际学术研讨会"的机会,本文拟就个人对跨湖桥遗址丰富的文化内涵谈一些粗浅认识,尚请各位专家学者批评指正。

二、对跨湖桥文化特征的分析

因跨湖桥遗址长年处在地下水位之下,这为遗物的保存创造了良好的条件。跨湖桥文化的内涵，主要表现在独特的陶器群、石器群、骨角木器、建筑特征和独木舟等方面。现根据《跨湖桥》发掘报告和笔者的思考探索作如下分析：

（一）陶器制作工艺

陶器制作以泥条盘筑为主，辅以分段拼筑、贴筑。出现慢轮修整技术。按照习惯的分类观念，跨湖桥陶器的胎质分为夹砂、夹炭、夹蚌三类，但前两类只是适当羼和了一些砂粒、蚌壳，炭、泥仍是胎质的主要成分。总体上，跨湖桥陶器的胎质十分单一，以粉碎的草木灰和细泥拌和料为基础，炊器或羼和石英类砂粒、蚌壳。胎质一般都比较细腻。这一特征与河姆渡遗址不同，河姆渡夹炭陶陶胎中常见颗粒明显的植物残骸和碎木烧失后留下的气孔。[2]最近发现的更早期的浦江上山遗址[3]，夹炭陶中也普遍发现稻壳及植物碎末的烧失痕迹。匀薄、规整是跨湖桥陶器的另一特征。从大型的釜、罐到小型的豆、钵，器壁的厚度均保持在0.5厘米内，厚薄均匀。小型器有精致的器表装饰（黑光陶、红衣），大型器则以规整、匀薄取胜。A、B型釜多呈卵形，器高腹深，除口沿部略厚外，颈部以下整个器身完全控制在0.5厘米之内，而且有愈向下愈薄的趋势。与河姆渡深腹陶器内壁大多有修刮痕不同，跨湖桥同类陶器的内壁一般都未再作特殊的处理。留下的只是麻密、重叠的浅窝，这些痕迹是配合外壁加工（拍打）的垫具留下的。这是一种陶器制作的原始特征。

在工艺上，跨湖桥陶器的胎质和造型是一个统一体。陶胎中羼入细腻炭素，而不是颗粒粗糙、未经炭化的植物枝叶（河姆渡遗址早期夹炭陶存在这种现象），这样就增加了胎体的细腻度，以符合匀薄、规范的陶器制作要求。从美学的角度讲，器物的匀薄必须配以器表的光洁，才能达到和谐，而要做到器壁的光洁，必须保持胎质的细腻。两者相结合，是跨湖桥制陶工艺的基础。

通过对陶器标本的观察，发现几种与陶器成型、修整相关的证据或线索：

首先是陶器残破面上的层理现象。这种现象不普遍，也不鲜见，尤其值得注意的是，内层面有时也印有绳纹，这是否能反映陶器的贴筑技术呢？跨湖桥遗址中，绳纹作为装饰仅出现于釜、甑类器上，但在一些陶罐的表面上，也能发现绳纹。陶罐上的绳纹都是经抹光处理后的残余部分；一些圈足器的下底位置，也可看到绳纹。这就证明绳纹并非仅仅是一种装饰，它也是陶器成型过程中的一道必要的工序，其功能应该是通过拍印使陶胎更加致密，更加结实。因此陶胎中的层理现象或许更易被理解为陶器成型过程中的二道工序：在胎壁较薄部位加补泥片。这一解释或许可以成为"贴筑法"工艺内涵的一种补充与修正。

其次是陶器中的慢轮修整技术。在许多罐、钵、豆类器上，出现均匀规则的弦棱纹,这证明慢轮修整技术已经应用于陶器成型与加工。

最后是陶器内壁的加工痕与分段拼接的成型工艺。多数深腹敛口容器的内壁都可观察到大小不一的浅窝,当是外壁拍打时内壁使用垫具留下的痕迹。这些垫具可能是特制的陶垫,也可能是普通的鹅卵石。在陶罐、陶釜的颈部位置均出现规则的开裂,这应该是陶器分段拼接成型工艺的一个证据,即这些陶器的肩或颈部上下是分别成型后再拼接而成的。

除黑陶外,几乎在所有其他陶器的底部都可发现数道黑斑,黑斑的数量以三道为多,从底部向上延伸,其分布有一定规律性。从观察看,这似乎是一种渗炭现象,或与烧陶工艺有关。人们直接将器坯搁置在柴木上焚烧,黑斑可能是炭木与陶器直接接触的结果,也可能与燃烧过程中的熏烟有关。当时尚处在原始的露天烧陶阶段,但从陶器的质量来看,这种烧制技术已被熟练掌握。

值得注意的是,尽管跨湖桥遗址陶器体现出匀薄、精致的外观面貌,但据实验分析,他们的烧成温度却在 750℃—850℃ 之间,总体上要低于河姆渡遗址早期(四、三层)的 800℃—850℃。这说明跨湖桥陶器的工艺成就是在原始的烧造条件下完成的。

(二) 陶器器类与器形

釜、罐、钵、盘、豆为基本陶器群。线轮、纺轮别具特色。陶容器以圜底器、圈足器为主,平底器少见,不见三足器。

与多数遗址一样,跨湖桥陶釜采取圜底的形式。自身特征体现在三个方面:① 卵形深腹的主体形态;② 数量上占很大比重的 A 型釜的折肩形式及肩部以上绳纹被抹光的特征;③ 一般说,炊器需要和器盖配合使用,但跨湖桥遗址器盖发现稀少。

圈足器及其圈足部位刻划、镂孔装饰的发达,是跨湖桥遗址异于其他地域文化传统的特征之一。浙江新石器时代,河姆渡文化早期圈足器数量很少,圈足部位不见镂孔装饰;马家浜文化时期,带喇叭形圈足的泥质红陶豆成为典型陶器之一,圈足部位出现小圆孔和楔形镂孔;圈足器及其圈足部位镂孔装饰的真正流行是在崧泽文化时期[4];但崧泽文化圈足器为泥质灰陶,器形及装饰风格与跨湖桥遗址明显不同,年代上相差近两千年。

跨湖桥遗址不见三足炊器,这一点符合长江下游包括浙江地区新石器时代文化发展的时代特征。太湖以南,鼎出现在马家浜文化的中晚期,河姆渡遗址和罗家角遗址早期遗存均不见三足器。这是跨湖桥遗址在地域文化中体现早期特征最明显的证据。

平底形式见于陶罐。这种平底器多在圜底的基础上略加揿压,底面仍显鼓凸,纯平底器极为罕见(下孙遗址略多)。尽管存在平底形态,圜底罐仍在跨湖桥遗址陶罐中占多数,成为跨湖桥遗址陶器的特征之一。在具体分类中,尤以G型罐最具典型性。

钵的形态最为独特,成为复原率最高的一种陶器。A、B、C三型,未见于已知的其他新石器时代遗址。

另外,A型豆的双腹形态及其倒盘形圈足,F型敛口钵和C型圈足盘竖贴筋条的形态,I型罐的贯耳特征均表现了跨湖桥陶器形态的个性特征。

(三) 装饰工艺

彩陶是最重要的特征。东南沿海地区的新石器时代遗址中,尚无其他遗址出现如此丰富的彩陶。河姆渡遗址虽有出土,但仅见少量的几片。[5] 从化学成分看,两遗址彩陶的彩纹颜色深浅首先与 Fe_2O_3 的比重有关(见下表)。

跨湖桥遗址、河姆渡遗址彩陶化学成分比较表

遗 址	彩 质	化学成分(重量%)									
		SiO_2	Al_2O_3	Fe_2O_3	TiO_2	CaO	MgO	K_2O	Na_2O	MnO	P_2O_5
跨湖桥	厚彩(乳白)	79.86	13.13	2.4	0.48	0.46	0.70	2.26	0.70	0.01	0.05
跨湖桥	薄彩(红)	68.76	21.42	3.52	0.66	0.67	1.58	2.16	1.05	0.13	0.03
河姆渡	黑彩			6.44		0.67	0.50	1.49	0.10	0.01	

中国南方地区,彩陶最早出现在长江中游洞庭湖地区的皂市下层文化时期,钱粮湖农场坟山堡遗址底层出土的彩陶残片,时间超过了7 000年。但直到丁家岗和汤家岗遗址的早期(距今7 000—6 500年),彩陶仍属肇始阶段。[6] 北方地区,彩陶最早出现在前仰韶文化时期,大地湾一期钵形器的内壁发现十多种彩纹图案。[7] 北首岭下层也发现少量的彩陶纹陶钵。[8] 大地湾下层、北首岭下层的年代均为距今7 000多年。跨湖桥遗址中,彩陶在早期就已出现。早期彩陶的主要形式为盘内彩,表现手法已经较为成熟。晚期薄彩、厚彩并存,彩纹丰富而规范,从年代上看,跨湖桥遗址是中国最早出现彩陶的遗址之一。

彩陶作彩于陶衣之上,因此陶衣成为跨湖桥彩陶文化的构成元素。特殊的是,陶罐往往在折肩以上施衣作彩,浅盘器则内盘作彩,施彩区的边缘均以彩带分隔。这种在浑圆之中进行彩纹布局的特色,体现了跨湖桥彩陶对视觉效果的特殊追求。另外,厚彩、薄彩的彩料之分以及点彩等别具一格的彩纹形式,也构成跨湖桥遗址彩陶浓郁的自身特色。从直观上感觉,跨湖桥遗址陶器上的圆圈,放射线组合图案,包括镂孔、刻划放射线图案，都以太阳为模仿题材。施于豆盘内底的红彩大圆圈同样可能指代太阳。这就提出了一个太阳崇拜的问题。火焰纹的特征也十分明确，或许也反映一种拜火心理。太阳与火在光热上存在统一性，因此对太阳崇拜的宗教核心是对光与热的祈祷。

除彩陶外，陶器的装饰工艺还包括印、戳、刻、镂、贴等手法。这些工艺手法除了装饰的目的，同时也还与陶器的成型紧密相连。

绳纹　一般施于釜、甑类炊器上，偶尔也见于罐、圈足器的下底，但多为抹去后残留的隐约痕迹。分拍印、滚印两类，有竖绳纹、斜绳纹、交叉绳纹、乱绳纹等。

米粒纹　近似粗绳纹，细辨为规律性的米粒状浅窝。

刻划纹　分单线纹与复线纹，主要见于罐、钵、圈足类器物之上。网格纹多施于釜的肩部，与绳纹并施一器，刻纹较粗放。

放射纹　施于圈足，一般以镂孔为中心展开，有时点缀其他刻纹。

垂帐纹　一般见于罐的领沿部。

折线纹　施于釜、罐口沿部。

波折纹　一般施于罐颈部及圈足部位。

篮纹　属拍印纹，多呈带条错折状，均施于釜类器上。

菱格、方格的拍印纹，在浙江新石器时代遗址中极为罕见，余姚鲞家山遗址有过零星发现[9]，其他地区的大多在新石器时代末期出现。菱格、方格的拍印纹也构成跨湖桥陶器的显著特征之一。

黑光陶和外红内黑(光)陶器是体现跨湖桥陶器制作水准的重要器物。跨湖桥黑光陶的特色在于与匀薄胎体的结合。从直观看，黑光陶表面好像涂了一层"泥釉"而显得有光泽。一般认为形成"泥釉"黑陶的方法有两种：一种方法是在黑陶表面涂一层易溶粘土，其助溶剂总含量达到14%—20%，形成较多的玻璃相；另一种方法是用颗粒比较细的胎料涂在黑陶表面，使其在烧成时表面比较致密一些，从而产生一些光泽。[10]然而从"跨湖桥遗址黑光陶和装饰陶的化学组成数据表"可知，跨湖桥遗址黑光陶的表层和内部的化学组成虽有些差别，但差别不是很大，表层助溶剂总含量(K_2O、Na_2O、MgO、Fe_2O_3、TiO_2)总共只有12.04%，特别是助溶能力较强的Na_2O、K_2O和CaO含量更是少得可怜，加起来才4.47%，因此在跨湖桥遗址烧制陶器时，不可能产生较多的玻璃相并形成光亮的黑陶表面。即使采用颗粒比较细的胎料涂在黑胎表面，在跨湖桥遗址烧制陶器时，也不可能形成如此光亮的黑陶表面，所以说光亮的黑陶表面不是用"泥釉"方法形成的。[11]北方前仰韶文化的巩义瓦窑嘴遗址中，也发现了十分精致光亮的薄胎黑胎。[12]可见这些精美陶器在这一时期出现，并非偶然。

三、下孙遗址——附近地区同时期的新石器时代遗址

下孙遗址位于杭州市萧山区城厢街道湘湖村,南距跨湖桥遗址约 2 公里。遗址埋藏于现已干涸的古湘湖湖底。2003 年 11 月至 2004 年 1 月,浙江省文物考古研究所、萧山博物馆对遗址进行了考古发掘,揭开面积约 550 平方米。

下孙遗址与跨湖桥遗址在文化内涵上具有共同特点,具体表现在以釜、钵、圈足盘、罐为代表的陶器群的形态特征的相似性,石器的石料均为青灰色的沉积岩,均发现了不见于江南其他新石器时代遗址的特殊器物如"线轮"等。遗址中遗迹丰富,发现了 60 多个灰坑,较大范围的红烧土遗存和一些木构建筑遗迹,一些灰坑底部垫有苇席类编织物,多数灰坑中发现有炭灰,坑积物中有较多的鱼类、贝壳类生物的残骸,并发现稻米和菱角的遗存。

下孙遗址与跨湖桥遗址均因海侵而毁弃,遗址上部以潮间带、潮上带为特征的海相沉积也完全一致。它与跨湖桥遗址的关系,表现在:

(一) 共同点

1. **表现** 在陶质、陶色上,陶质在形态上都分为夹砂、夹炭和泥性夹炭三类,其中均包含明显的炭素成分;陶色存在黑光陶和外红内黑陶等。在制作工艺上,都表现出胎体匀薄的特征;釜、罐类深腹器内壁的浅窝状垫痕,肩、颈部都存在套接的痕迹,反映出相同的工艺特征。纹饰特征基本一致,以绳纹为主,另外还有刻划纹、米粒状的印戳纹以及弦纹、镂孔等。

陶器均不见三足器,以圆底、圈足、平底为主要形态,基本组合为釜、罐、(圈足)盘和钵。在具体器形上,跨湖桥 B、C 型釜与下孙的 A、B 型釜为相互对应的存在,形式几无差别;下孙 A 型罐与跨湖桥 Ea 型罐,下孙 B 型罐与跨湖桥 B 型罐、下孙 A 型盘与跨湖桥 A 型(圈足)盘也基本一致。两遗址还均发现非常特殊的"线轮"。

下孙遗址石器以沉积岩、砂岩为主的质料,以钵、斧、磨石为主要的工具组合也与跨湖桥遗址相同。

2. **年代** 据中国社会科学院考古研究所实验室对下孙遗址两个木头标本进行的碳十四年代测定,标本 ZK - 3174(H6)距今 6 886±65 年,树轮校正年代为 5840BC(66.5%)、5710BC、5680BC(1.7%)、5670BC;标本 ZK - 3172(T1104⑤)距今 6 919±

46 年,树轮校正年代为 5840BC(10.3%)、5820BC、5810BC(57.9%)、5730BC。从单纯的数据上看,年代相当于跨湖桥早期,但从陶器形式及遗址的堆积特征综合考察,将下孙遗址的年代定在跨湖桥遗址晚期较为恰当。

3. 经济形态　下孙遗址发现了经栽培的稻谷,说明稻作农业已经产生。同时,灰坑中发现的哺乳动物骨骸、牡蛎、菱角等,反映渔猎、采集是必不可少的经济补充。经济发展状态与跨湖桥遗址也是一致的。

(二) 不同点

1. 陶器相对单调　陶器的外观状态比跨湖桥陶器差,陶衣褪色严重,彩陶不见。陶器群的构成比例不同,下孙遗址陶釜的比例比跨湖桥遗址高出 22%,跨湖桥遗址中十分常见的罐、钵和圈足器在下孙遗址中极少发现。跨湖桥典型器 G 型罐、放射刻划纹圈足器、筒腹圜底钵及纺轮型器均不见于下孙遗址。

2. 骨木器稀少　下孙遗址出土不少树木枝条及保存较好的动物骨骸,说明其埋藏条件有利于骨、木器的保存,但发现极少。

3. 遗迹现象特殊　下孙遗址发现了分布十分密集、数量也较多的灰坑,但不见跨湖桥遗址带井字木栏的橡子储藏坑。另外,遗址分布有大量的显然是特别开采来的经敲砸的砂岩石块和带摩擦痕的石块。

四、对遗存性质的分析

从遗址位置、年代及器物反映的文化共同点看,下孙遗址与跨湖桥遗址无疑存在密切关系,属于相同的文化类型。但是它们之间也存在着一些差异。

1. 下孙遗址的器物相对单调,这应当是一种简单生活方式的一种对应。下孙遗址单薄的文化层堆积,短时期内形成的密集灰坑、石块的大面积分布等现象,显示出其与一般遗址的区别,而与特殊性质的作坊、工场进行联系是符合逻辑的。

2. 发掘区内发现了 5 件陶拍,为制陶工具,数量较多的光滑鹅卵石也可以用作陶器表面的修整工具,特别是石台面,可以作为练泥的工作台。……初步的结论是,下孙遗址是与制陶有关的作坊性遗址。[13]

下孙遗址为跨湖桥遗址的毁弃,进而为跨湖桥文化的去向提供了重要的研究线索。发掘表明,跨湖桥遗址之上厚达 4 米的淤泥的沉积特点与下孙遗址完全相同。可以推断,与特殊的生态环境息息相关的跨湖桥文化,或因为这次海侵迁徙别处,或因为遭到了毁灭性的打击而衰亡。

下孙遗址、跨湖桥遗址都是在距今7 000年之际因海侵毁弃的,而与此同时,海拔高程相仿直接距离仅百里之遥,同属杭州湾沿岸的河姆渡遗址却空前繁荣起来。这一事实证明了全新世早中期杭州湾地区地貌环境的复杂性与多样性。下孙遗址的发掘,为全新世以来杭州湾地区海岸线变迁与人类生存相互关系的研究,提出了新的课题。[14]

五、九千年前的远古文化
——浙江嵊州小黄山遗址

小黄山遗址位于浙江省嵊州市甘霖镇上杜山村,嵊州地处浙江省东部曹娥江流域上游。2005年3月至8月,浙江省文物考古研究所会同嵊州市文物管理处抢救性发掘了小黄山遗址,分A、B两区进行布方,揭开面积1 000平方米。发现的遗迹有灰沟、灰坑、房子和墓葬。出土遗物主要是陶器、石器,陶器以夹砂红衣陶为主,器形主要有小平底盆、平底盘、平底罐、圈足罐、高领壶、圜底釜等。打制石器、砺石、石磨盘出土数量最多,是小黄山先民最重要的食物加工工具。陶器造型以平底器、圈足器为主,圜底器不多,不见三足器。制陶法包括泥条盘筑法和手工捏制,多数陶器胎壁粗厚,陶胎呈内外红中间黑的"夹心"状。火候较低,水洗易酥,晾干龟裂严重。绝大部分陶器素面红衣,部分陶器施红衣后局部重新刮去。陶盆外腹有一个或两个把手;陶釜口沿下多有錾,腹部有绳纹装饰,肩部施绳纹后重新抹平;陶罐口沿和腹部多有把手。

小黄山发掘区四周的大沟呈回字形围绕。南、东、北三侧围沟(G1)原宽约12米,深约2米;西侧围沟(G4)南北走向,原宽约14米,深约2.7米。G1打破G4。围沟中间是面积达1 500平方米的几呈方形的台地,正中发现南北向"长屋"两排。F6由两排柱洞和两排柱洞间的储藏坑构成。柱洞均发现于长方形的坑槽内,推测是先挖长方形坑槽,再立柱填土。两排柱洞构成南北长33米,东西宽5.5米的"长屋","长屋"内有一列带坡道的储藏坑。F6的南侧还有一排坐北朝南的东西向"长屋"(编号05XHSAF4),形制特别。F4与F6的平面分布颇有讲究,F6位居台地正中,F4偏处台地一侧,且低1米多,形成明显的反差。推测F6应该是具有某种特殊功能的"大房子",F4近似"厢房",可能为先民起居生活的普通住房。"长屋"是由当时的社会组织、社会结构所决定的,至于"长屋"的建筑形式,我们推测应该与河姆渡遗址抬高架空居住的"吊脚楼"相差不远。

小黄山文化层位上被跨湖桥文化所叠压,相对年代早于跨湖桥文化。根据陶器、石器的形态类型学研究,并结合北京大学考古文博院科技考古与文物保护实验室的碳十四测年数据,我们认为将小黄山文化的年代定在距今9 000年前后是比较合适的(BT3⑤层中部木炭标本BA05744,碳十四测年树轮校正值为公元前7020至前6970年;BT3⑤层下部木炭标本BA05745,碳十四测年树轮校正值为公元前7060至前7020年)。

2005年12月20日,来自故宫博物院、北京大学、上海博物馆、南京博物院、复旦大学、南京师范大学、中国文物报社等单位的专家学者,咸集嵊州小黄山遗址发掘现场,考察地形,了解环境,观摩陶器,把玩石器,认真研讨,多数专家们认为:小黄山遗址面积10万多平方米,是目前长江中下游地区距今9 000年前后规模最大的聚落遗址。小黄山遗址较大的规模,复杂的迹象,为人类文化从采集经济到农耕经济的过渡与转变,为稻作农业的起源与发展等经济、社会问题的探讨,提供了一个内涵丰富的范例。

夹砂红衣陶器群,用于加工食物的石磨盘、磨石,储藏坑是小黄山遗存最鲜明的文化特征。它的文化内涵不同于跨湖桥、河姆渡、马家浜文化,因此可以被独立命名为一支新的考古学文化。小黄山文化的年代距今八九千年是可信的,这是浙江乃至东南沿海地区时代最早的新石器时代考古学文化,填补了这一地区新石器时代中期偏早阶段考古学文化的空白。

小黄山遗址的发掘,"盘活"了浙江新石器时代文化的分布格局。它是浙江乃至长江下游地区新石器时代考古发掘研究的新突破,对完善长江下游地区新石器时代文化发展序列、认识长江下游新石器文化区系类型都具有重要意义。[15]

六、结 语

综上所述,"跨湖桥遗址的发现与发掘,打破了浙江新石器时代以河姆渡文化、马家浜文化为纲领的传统格局,开拓了中国东南沿海地区史前考古的认识视野"。跨湖桥文化这一及时而必要的考古学文化命名,对进一步推动我国东南沿海地区新石器时代文化的研究,对长江流域史前文明的探索,都具有里程碑的意义。而小黄山遗址的发掘,对完善长江下游新石器时代文化发展序列,认识其文化区系类型,具有十分重要的意义。

笔者相信,通过这次"跨湖桥文化国际学术研讨会",必将进一步推动海内外考古学术界、历史文化界对跨湖桥文化的重视和关注,从而掀起我国史前文明研究的一个新高潮。

注释

[1] 浙江省文物考古研究所、萧山博物馆:《跨湖桥》,文物出版社,2004年。

[2][5] 浙江省文物考古研究所:《河姆渡——新石器时代遗址考古发掘报告》,文物出版社,2003年。

[3] 蒋乐平、郑建明等:《浙江浦江县发现距今万年左右的早期新石器时代遗址》,《中国文物报》2003年11月21日。

[4] 上海市文物管理委员会:《崧泽——新石器时代遗址发掘报告》,文物出版社,1987年。

[6] 何介钧:《环珠江口的史前彩陶与大溪文化》,载《南中国及邻近地区古文化研究》,香港中文大学,1994年。

[7] 甘肃省博物馆文物工作队:《甘肃秦安大地湾遗址1978—1982年发掘的主要收获》,载《大地湾考古研究文集》,甘肃文化出版社,2002年。

[8] 中国社会科学院考古研究所宝鸡工作队:《1977年宝鸡北首岭遗址发掘简报》,《考古》1979年第2期。

[9] 据发掘者介绍,未收入报告。参见孙国平、黄渭金:《余姚市鲞家山遗址发掘报告》,载《史前研究》,三秦出版社,2000年。

[10] 张光泽:《中国古陶瓷的科学》,上海人民美术出版社,2000年。

[11] 邓泽群、吴隽、吴瑞、李家治:《跨湖桥陶器的研究》,载《跨湖桥》附录二。

[12] 巩义市文物管理所:《河南巩义市瓦窑嘴新石器时代遗址试掘简报》,《考古》1996年第7期。

[13] 浙江省文物考古研究所、萧山博物馆:《跨湖桥》第十章《下孙遗址——附近地区同时期的新石器时代遗址》。

[14] 蒋乐平、朱倩、杨卫、施加农:《浙江萧山下孙遗址发现早于河姆渡文化遗存》,《中国文物报》2004年12月3日。

[15] 王海明:《九千年前的远古文化——浙江嵊州小黄山》,载《浙江省文物考古研究所学刊》(8),科学出版社,2006年。

(原载于《跨湖桥文化论集》,人民出版社,2009年)

崧泽文化玉器综论[*]

崧泽文化是我国长江下游地区一支新石器时代的考古学文化,它是以上海市青浦县崧泽遗址的中层——新石器时代氏族墓地的文化遗物为代表而确立的。鉴于这一地层的历史文化面貌既不同于距今 7 100 到 5 900 年前的马家浜文化,又与距今 5 200 到 4 000 年前的良渚文化有区别,是一种新的文化类型,在考古学上具有典型意义,因此在 1979 年由考古界命名为"崧泽文化"。它的分布范围主要是在环太湖地区,东临东海,西至南京、镇江附近,北抵长江两岸,南迄钱塘江两岸。根据考古发现统计,在上海市境内,除了崧泽遗址外,在福泉山、寺前村、金山坟、汤庙村、广富林、姚家圈、平原村等 7 处遗址中都含有崧泽文化遗存。此外,又如江苏省吴县草鞋山、张陵山和澄湖,常州圩墩和新港,南京营盘山,丹徒磨盘墩,武进潘家塘、寺墩和乌墩,吴江梅堰和同里,沙洲徐湾,常熟钱底巷,苏州越城,海安青墩,浙江省嘉兴雀幕桥、南河浜,吴兴邱城等 26 处遗址,也均含有崧泽文化遗存。特别值得重视的是,根据近年来江苏、浙江、上海等两省一市广大考古工作者的辛勤工作、积极探索,基本摸清了这一地区广泛分布着马家浜文化、崧泽文化和良渚文化遗存,它们的发展脉络清晰,地层关系清楚,并自成体系。崧泽文化由马家浜文化发展而来,后又向良渚文化演变过渡,它是太湖地区古文化发展序列中的一个重要环节。

过去,考古界一般对崧泽文化遗存中出土的石器、陶器比较重视,而对其中出土的玉器则注目不多。随着江、浙、沪相继发表了不少崧泽文化遗址的新资料,这为我们对崧泽文化玉器开展综合研究提供了有利条件。笔者就此提出一些初步看法,以求正于考古界方家。

---

[*] 本文与《上海出土的新石器时代崧泽文化玉器鉴赏》一文因论述主题相近,故部分文字较为接近或有重复。但各文发表时间不同,主题、内容侧重不同,反映了作者学术认识的发展与深化,为保持作者学术脉络的完整性,相近或重复的部分均保留。类似情况。不再单独说明。

一、崧泽文化玉器出土的基本情况

就现已发表的考古发掘资料，分述如下：

（一）上海市青浦县崧泽遗址[1]

1960、1961、1974、1976年，上海市文物管理委员会先后对该遗址进行了试掘和发掘，合计揭露遗址面积703平方米。在该遗址中层发现一处新石器时代崧泽文化氏族墓地，已清理崧泽文化墓葬100座，而在中层文化层和墓葬中出土的各类器物，合计583件，其中有石器45件，玉器24件，骨器8件和陶器506件。兹就其中出土的24件玉器璜、环、琀、镯等的具体情况，作如下叙述：

璜　18件。除有4件残损的外，其余两端各有一孔，且有明显的悬挂磨损痕迹。可分5式：

Ⅰ式　长条形玉璜　3件。标本1件（崧M59∶13），墨绿色，中间凹弧，长条的两端较宽并朝上，并各钻一圆孔。全器琢磨规整，器表光素无纹。它出土于人骨架的胸颈之间。长13.7厘米（图一，1）。另1件（崧M62∶3），乳白色，璜的两端各钻一圆孔，长条的两端收缩较狭。它出土于人骨架的胸颈之间。长8.6厘米（图一，2）。

Ⅱ式　半环形玉璜　2件。标本1件（崧M60∶6），黄绿色，璜的两端均有断裂面，似为玉镯残断后而改制成璜的。璜的两端各钻一圆孔，系单面钻透，穿孔上端也留有因系线佩戴而磨损的凹痕。长8.5厘米（图一，3）。

Ⅲ式　桥形玉璜　2件。标本1件（崧M92∶5），墨绿色，间有淡绿色蚀斑。倒置似扁平拱桥形。上端两侧各钻一圆孔，系单面钻透，另一面稍加修整，通体琢磨光洁。出土于人骨架的胸颈之间，应是作为项饰佩戴用的。长11.2厘米，最宽处2.6厘米（图一，4）。

Ⅳ式　半璧形玉璜　9件。标本1件（崧M97∶11），翠绿色。形似璧的一半。琢制时先将玉料切割成片状后再加以琢磨，正面磨制光滑，而在另一面遗留有明显的切割痕迹。璜的上端两侧各有一穿孔，且有因悬挂磨损的凹痕。出土时位于人骨架的胸颈之间，应是作为项饰使用的。长10.6厘米（图一，5）。另1件（崧M65∶9），乳白色，间有虎黄色，此璜大于半璧，璜的一端上翘，其上端两侧各有一穿孔，并有因悬挂而磨损的凹痕。长7.9厘米，宽3.2厘米（图一，6）。

Ⅴ式　鱼形、鱼鸟形玉璜　2件。标本1件（崧M62∶2），淡绿色，似鱼形。其一端

·崧泽文化玉器综论·

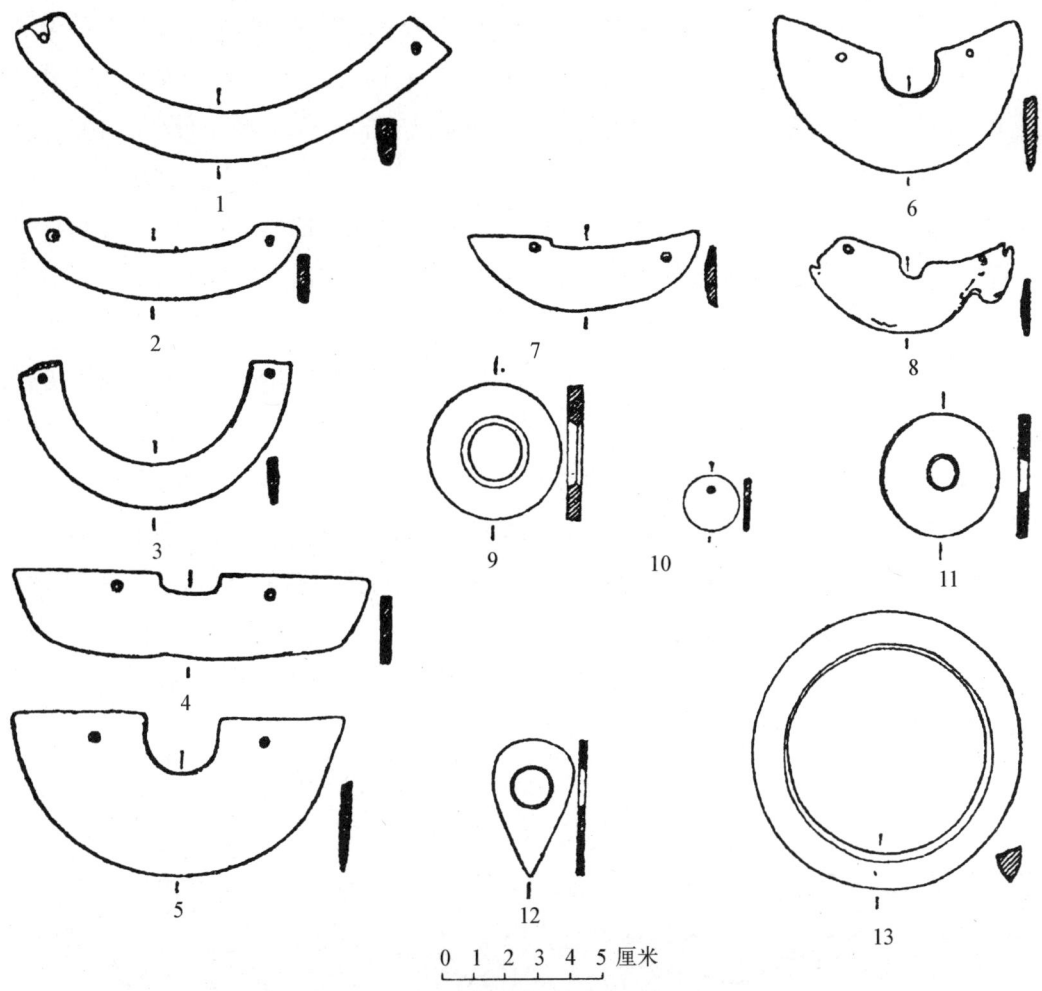

图一　上海青浦崧泽遗址中层出土玉器

1、2. 玉璜Ⅰ式(M59∶13、M62∶3)　3. 玉璜Ⅱ式(M60∶6)　4. 玉璜Ⅲ式(M92∶5)　5、6. 玉璜Ⅳ式(M97∶11、M65∶9)　7、8. 玉璜Ⅴ式(M62∶2、M64∶5)　9. 玉环(M65∶10)　10—12. 玉玲(M60∶10、M82∶4、M92∶4)　13. 玉镯(M92∶6)

略宽作鱼首形,以穿孔作眼。上端两侧各有一穿孔,系单面钻孔,且有因悬挂而磨损的凹痕。此器造型别致,出土于人骨架的胸颈之间。长7.2厘米,宽2.1厘米(图一,7)。另1件(崧 M64∶5),湖绿色,间有灰白斑纹。一端琢制似鱼首形,鱼嘴呈张开状;另一端琢制似鸟首形,喙部呈张开状。此器造型极为别致,器表磨制光洁。上端两侧各有一穿孔,系单面钻,且遗留有因悬挂磨损的清晰凹痕。出土于人骨架的胸颈之间。长6.6厘米,宽2.1厘米(图一,8)。

环　2件。标本1件(崧 M65∶10),黄绿色。器呈扁平圆形,中间有一圆孔,为单面钻孔,器表光素无纹,磨制光滑。出土于墓主人头前。直径4.1厘米,孔径2厘米(图一,9)。

玲 3件。形制各异,有扁平圆形、璧形和鸡心形。它们都是在墓主人骨架的口腔中发现的。这些器形,在太湖流域原始文化中首先出现于崧泽文化。其中1件(崧M60:10),淡绿色,扁平圆形,一侧穿一小孔。直径1.6厘米(图一,10)。另1件(崧M82:4),淡绿色,间有灰白斑纹。器呈璧形,中间有一圆孔,为单面钻成,器表磨制光洁。直径3.7厘米(图一,11)。又另一件(崧M92:4),墨绿色,器呈鸡心形,中穿一大圆孔,以管钻从单面钻成,通体琢磨光洁。长4.2厘米,宽2.6厘米(图一,12)。

镯 1件(崧M92:6),系用翠绿板岩磨制,横剖面呈三角形。出土于墓主人骨架的手臂部位。直径8.6厘米(图一,13)。

1994至1995年,上海市文物管理委员会为配合崧泽遗址博物馆的建设,又进行了第三次发掘。揭开面积93平方米,主要清理了崧泽文化遗迹——燎祭土堆和墓葬36座,出土陶、石、玉、骨、角制等大量文化遗物,现就墓葬随葬的璜、镯及小玉器等7件玉器的具体情况,分述如下:

玉璜 2件。青玉,翠绿色。截面呈楔形,穿孔上方有明显的磨损痕迹。可分为两型。

A型 半璧形。标本M123:1,长12.4厘米(图二,1)。

B型 半环形。标本M134:01,长14厘米(图二,2)。

玉镯 2件。青玉,翠绿色。截面呈楔形。标本M132:7,直径9.6厘米(图

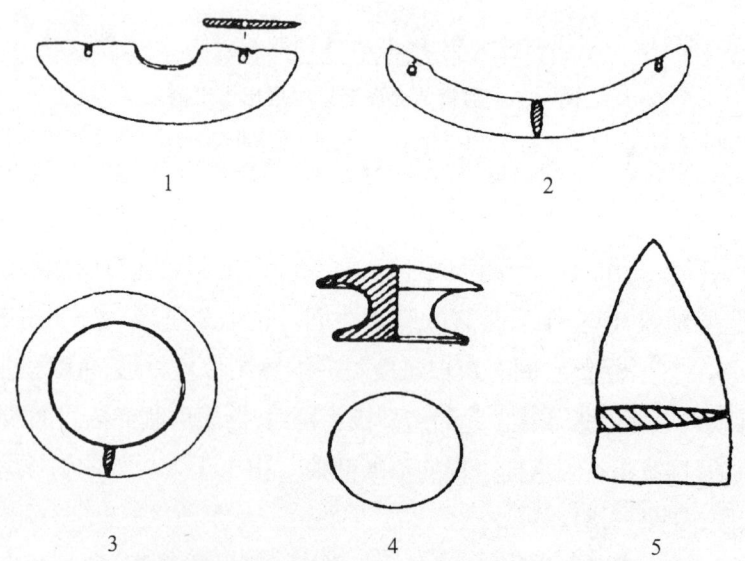

图二 上海青浦崧泽遗址1994、1995年出土崧泽文化玉器
1. A型玉璜(M123:1) 2. B型玉璜(M134:01) 3. 玉镯(M132:7)
4. 小玉器(M127:3) 5. 小玉器(127:2)

二,3)。

小玉器 3件。呈黄绿色。标本M127:3,为工字形,顶面圆弧,底面平。顶径2厘米,底径1.5厘米,高1厘米(图二,4)。标本M127:2,呈不规则三角形。长3.3厘米,宽1.5厘米(图二,5)。[2]

(二)上海青浦福泉山遗址[3]

1979年,上海市文物管理委员会为摸清该遗址的文化内涵而进行了试掘,接着于1982、1983、1986年又进行了三次发掘,合计揭开遗址面积2 235平方米。清理了崧泽文化居址1处、墓葬19座,良渚文化祭祀遗迹3处、墓葬30座,战国墓6座、西汉墓96座、唐墓1座、宋墓2座,出土陶、石、玉、骨、角、象牙、铜、铁等各类器物,共计2 800余件,取得了重大成果。本文兹就其中出土的10件崧泽文化玉器璜、管、琀、坠、璧、玉铲形器等分述于下:

璜 1件(福T27⑦:4)。呈半璧形,系透闪石琢制,器残缺,在残缺处钻有4个小孔,似为连接另一断块之用。另一端有一孔,孔上有系线摩擦形成的凹痕。在璜面上有旋痕两道,残长9.7厘米。遗址的青灰土层建筑遗迹内出土(图三,1)。

管 1件(福M110:3)。系石髓制成,呈圆柱形,器形很不规整,中心穿孔,从两端对钻而成。发现于人骨架的左臂旁。长1.2厘米(图三,2)。

坠 3件。可分两型:

A型 1件。形似半璧形小璜,仅在弧边穿一孔。标本M110:6,石髓制成。发现于人骨的盆骨上。长2.7厘米(图三,3)。

B型 2件。扁平扇形,狭端钻一孔。标本M110:4,透闪石制,长2.5厘米(图

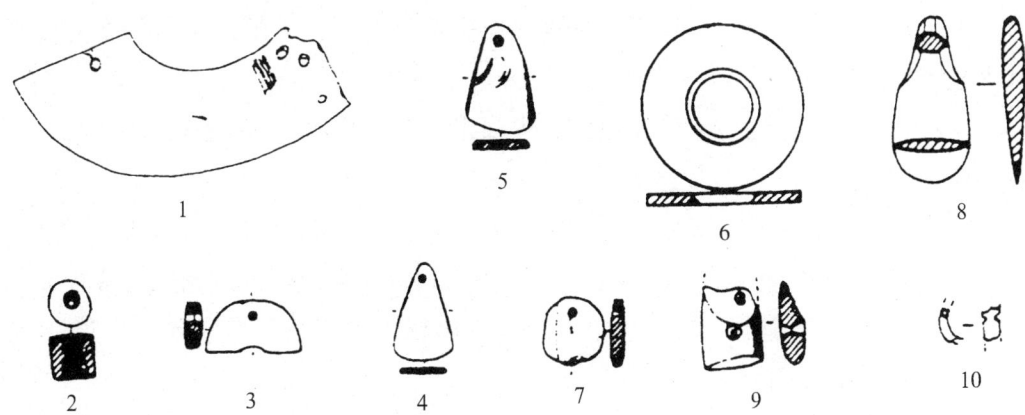

图三 上海青浦福泉山遗址出土崧泽文化玉器
1. 玉璜(T27⑦:4) 2. 玉管(M110:3) 3. A型玉坠(M110:6) 4、5. B型玉坠(M110:4、M110:5)
6. 玉璧(M24:5) 7. 玉琀(M12:1) 8. 小玉铲形器(T8⑦:18) 9、10. 玉残饰件(M20:1、M14:5)

三,4)。标本 M110：5,也系透闪石制,长 1.8 厘米,一面有两道旋痕(图三,5)。两器均发现于人骨的盆骨上。

璧　1件。扁平圆环形,圆孔用管钻单向钻透。标本 M24：5,透闪石制。发现于头骨左前方一堆杯、盆、壶等陶器的南侧,部位与崧泽遗址 M65 所见的相似,似属礼仪用器。直径 4.5 厘米,孔径 1.95 厘米(图三,6)。

琀　1件。扁平圆形,圆面边缘有一小孔,似偏心轮,器形与崧泽遗址 M60 发现于头骨口内的琀相同。标本 M12：1,石髓制,残缺约五分之一。发现于墓内人骨口的部位。直径 1.9 厘米(图三,7)。

小玉铲形器　1件。标本 T8⑦：18,透闪石制,形似有肩石铲,长 2.3 厘米,宽 1.1 厘米(图三,8)。

此外,尚有残饰件 2 件。标本 M20：1,透闪石制,呈长方柱形,一端残断。发现于人骨右臂骨旁。器上钻 2 小孔,残长 2.4 厘米(图三,9)。标本 M14：5,透闪石制,似为指环的一个残段,在一端的两侧各刻一条凹槽。发现于头骨的左耳旁。残长 1 厘米(图三,10)。

(三) 江苏苏州草鞋山遗址[4]

1972 年 9 月至 1973 年 8 月,南京博物院对草鞋山遗址进行了发掘,揭开面积 1 000 多平方米。该文化层堆积厚达 11 米,分属 10 层,第 1 层属春秋上溯西周的吴越文化层,第 2、3 层属良渚文化晚期层,第 4、5 层属良渚文化早期层,第 6、7 层为崧泽文化层,第 8、9 层为马家浜文化晚期层,第 10 层为马家浜文化早期层。每一时期都有比较丰富或有代表性的文化遗存,成为太湖地区古代文化序列的一把标尺。著名考古学家苏秉琦教授早在 1981 年中国考古学会第三次年会上就指出了江苏吴县草鞋山遗址的重要意义。

草鞋山遗址的第 6、7 层 22 座崧泽文化墓葬中出土玉器,计有钺、璜、珮、玦、琀以及小环、小型坠饰等 33 件,分述如下：

钺　1件(M28：2)。经鉴定,玉料系透闪石软玉,褐绿色有斑点,局部带沁泽。呈扁薄近梯形,斜肩,宽弧刃,对穿两孔。斜肩系残损后第二次加工磨制的,留有半个圆孔。刃部无使用痕迹。近圆孔处有切割玉料时留下的两组弧形残痕。高 14.1 厘米,宽 11.4 厘米(图四,1)。

玦　1件(M99：10)。乳白色软玉。扁平环形,中有一面钻成的圆孔,环的一侧切割出缺口,器形小,制作精,表面抛光,细腻光亮。直径 1.8 厘米,孔径 0.6 厘米,厚 0.6 厘米(图四,2)。

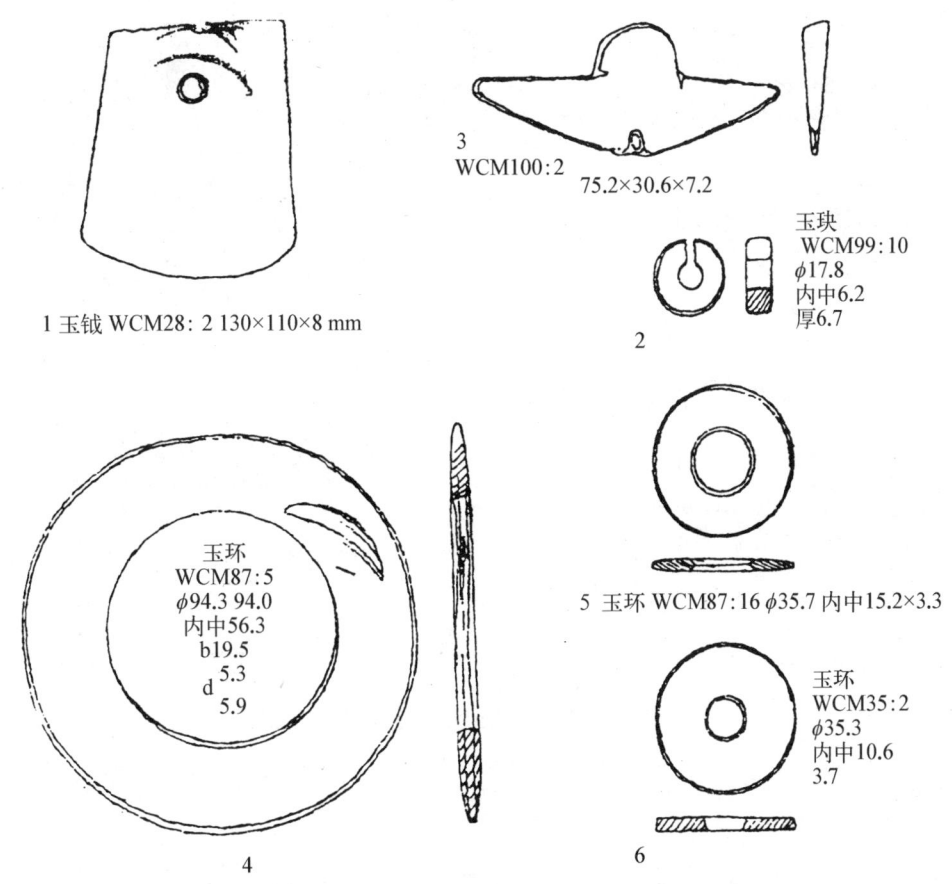

图四 江苏苏州草鞋山遗址出土崧泽文化玉器

1. 玉钺(M28∶2) 2. 玉玦(M99∶10) 3. 玉珮(M100∶2) 4. 玉环(M87∶5) 5、6. 小环饰(M87∶16、M35∶2)

环 1件(M87∶5)。透闪石软玉制,黄绿色带有青褐斑。扁平环形,环壁厚薄不均,内孔正圆,外边缘不规整。单面管钻,宽边上留有一处线切割弧线痕,通体打磨抛光。出土时套在M87的人骨左上肢骨上(图四,4)。直径9.5厘米,孔径5.5厘米,厚0.2至0.5厘米。

珮 1件(M100∶2)。阳起石软玉制,黄绿色,局部沁蚀作乳白色。器呈扁体等腰三角形,底边突出半圆体呈展翅飞鸟状,顶端有一个两面对钻的小孔,小孔上方有摩擦凹痕,系长期系绳摩擦而成。此器出土于头骨下部,证明是项饰。高3.1厘米,宽7.5厘米,厚0.3至0.7厘米(图四,3)。

璜 11件,可分三式:

Ⅰ式 1件(M18∶4)。半环形。透闪石软玉制,绿色褐斑,系断镯改制而成。取其四分之一,两端各穿一圆孔。通长8厘米,环宽1.2厘米(图五,1)。

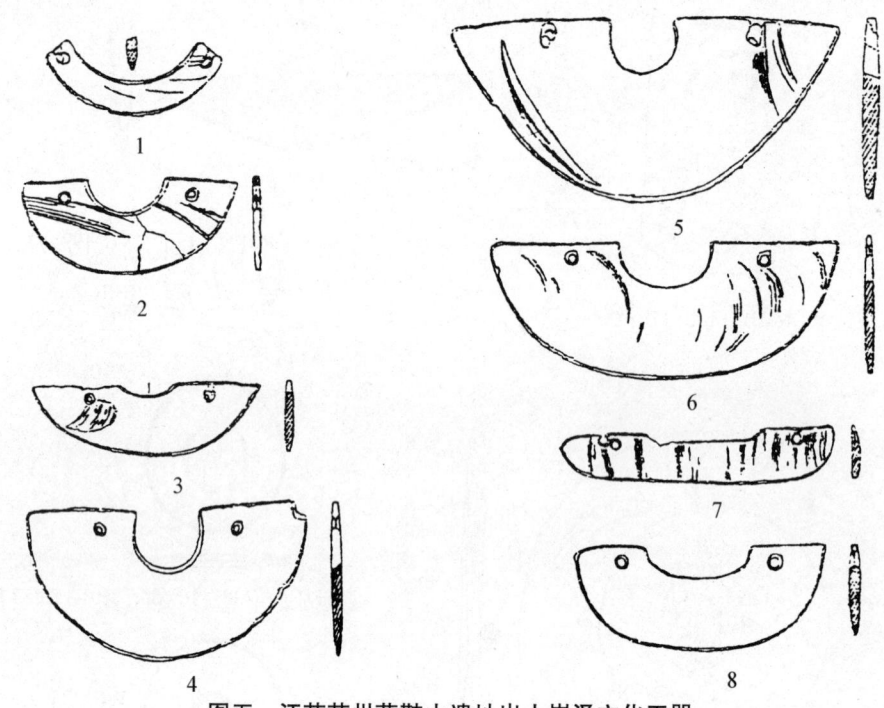

图五 江苏苏州草鞋山遗址出土崧泽文化玉器

1. Ⅰ式玉璜(M18∶4) 2. Ⅲ式玉璜(M112∶3) 3. Ⅲ式玉璜(M112∶4) 4. Ⅲ式玉璜(M3∶7) 5. Ⅲ式玉璜(M86∶6) 6. Ⅱ式玉璜(M97∶3) 7. Ⅱ式玉璜(M88∶4) 8. Ⅱ式玉璜(M105∶2)

Ⅱ式 6件。倒置如拱桥形。标本M88∶4一件,透闪石软玉,淡绿色褐斑,正面微弧凸,背面有竖向不等距、粗细不等的切割痕十余道。出土时位于人骨的胸部。长9厘米,宽1.5至1.9厘米,厚0.3至0.4厘米(图五,7)。另1件标本(M105∶2),透闪石软玉制,淡黄色绿斑,上部两侧小孔,左侧系对钻而成,右侧系正面钻透背面略加修整而成。出土于人骨的头部之下。高3.4厘米,宽8.4厘米,厚0.5厘米(图五,8)。另1件标本(M97∶3),透闪石软玉制,淡绿色褐斑,两侧对钻小孔上方有凹槽痕,背面有线切割的不规则大小弧线十四五道。出土时置于M97头骨之下。高4.5厘米,宽11.5厘米,厚0.2至0.3厘米(图五,6)。

Ⅲ式 4件。半璧形。标本1件(M86∶6),阳起石软玉制,碧绿晶莹,受沁部分带乳白色。扁平半璧形,上端中部的大半个圆孔系单面钻成,两侧有单面钻成的圆孔,正面精磨抛光,背面有长、短凹弧槽各一道,系切锯时所留痕迹。出土时置于M86下颌骨下。高6厘米,宽13厘米,厚0.5厘米(图五,5)。另一件标本(M3∶7),透闪石软玉制,淡青色黛绿斑。扁平半璧形,上端两侧各有一个对钻小圆孔,上端一侧边角略有缺损。高4.7厘米,宽9.4厘米,厚0.2至0.4厘米(图五,4)。另一件标本

· 崧泽文化玉器综论 ·

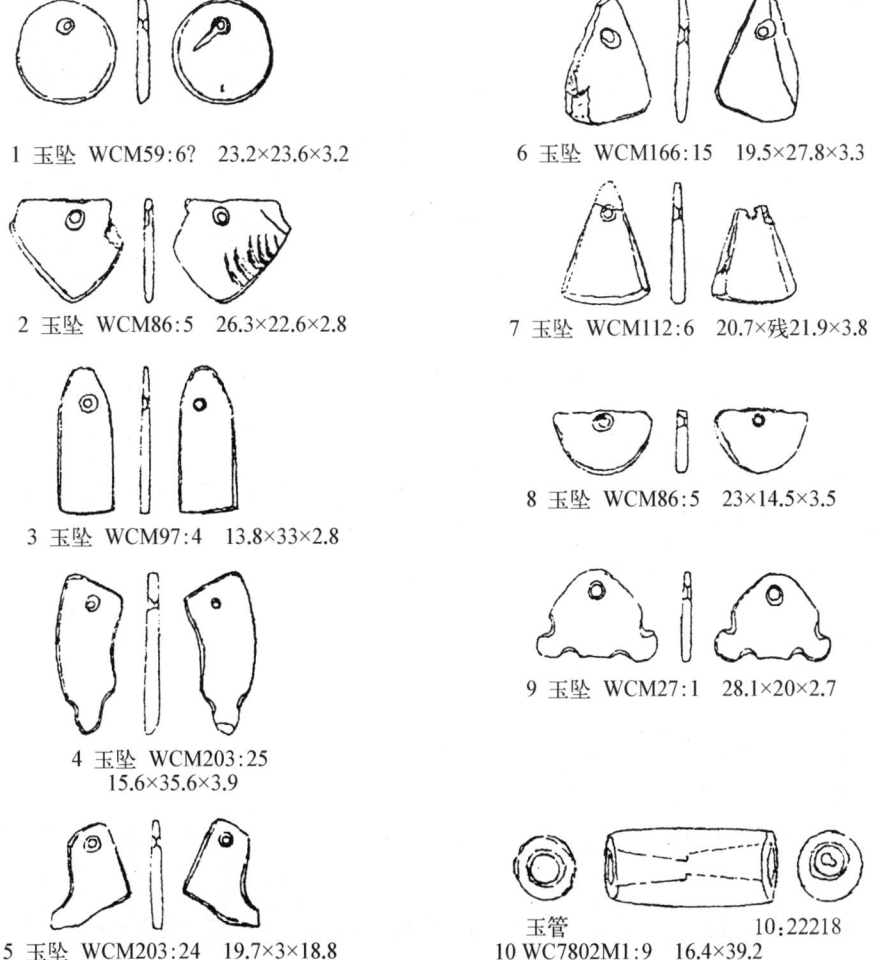

1 玉坠 WCM59:6? 23.2×23.6×3.2	6 玉坠 WCM166:15 19.5×27.8×3.3
2 玉坠 WCM86:5 26.3×22.6×2.8	7 玉坠 WCM112:6 20.7×残21.9×3.8
3 玉坠 WCM97:4 13.8×33×2.8	8 玉坠 WCM86:5 23×14.5×3.5
4 玉坠 WCM203:25 15.6×35.6×3.9	9 玉坠 WCM27:1 28.1×20×2.7
5 玉坠 WCM203:24 19.7×3×18.8	玉管 10:22218 10 WC7802M1:9 16.4×39.2

图六 江苏苏州草鞋山遗址出土崧泽文化玉器

(M112：3)，透闪石软玉制，淡绿色褐斑，扁薄半璧形，上端两侧各有对钻小圆孔，正面有切割弧线三道，背面有切割弧线痕三组八道。磨制光滑。高3.4厘米，宽7.14厘米（图五,2）。又一件标本(M112：4)，淡绿色褐斑，与上件系取自同一块玉料，似系一件环形器断损后分别加工而成。此件上端两侧边线不大整齐。两件玉璜出土时置于M112头骨之下。高2.5厘米，宽7.6厘米（图五,3）。

小环饰　2件。透闪石软玉制，形体小而精巧，扁平圆饼形，中孔较小，体较薄。标本1件(M35：2)，直径3.5厘米、厚0.4厘米（图四,6）。标本(M87：16)一件，直径3.6厘米（图四,5）。

玉坠　2件。皆为残缺小环改制而成，或大于半环(M87：17)，或小于半环(M206：2)，发现时皆在头骨上、下颌骨之间。

坠饰　14件。皆透闪石软玉制,系边角碎小玉料(M166：15)或残玉璜(M86：5、M203：25)加工钻孔制成。形状不一,有圆形(M59：6)、半圆形(M86：5)、三角形(M112：6、M166：15)、圭形(M97：4)、靴形(M203：24)等,为系线穿挂的耳饰(图六,1—9)。这些玉坠饰是用边角料和残玉器制成的,说明了崧泽先民对玉器的珍爱和对玉料的节用。[5]

(四) 江苏常州圩墩遗址[6]

1985年9月,常州博物馆联合中山大学人类学系考古专业1983级实习队,对圩墩遗址进行了第4次发掘,揭开面积450平方米。清理马家浜文化墓葬33座、崧泽文化墓葬5座,发现了陶、石、玉、骨、角、木器等大批出土遗物。本文现就T8501探方中的M121、M122、M134等3座墓葬随葬崧泽文化玉器的具体情况,作一叙述：

M121　出土玉器5件,其中玉瑗、玉环放在人骨头部,玉镯套在右手上,玉饰置于头骨左侧。

M122　出土玉器5件,其中玉环放在人骨头部,玉饰品散放在人骨架左侧,玉镯戴在右手上,玉琀含在口中。

M134　出土玉器2件,都置于人骨架左侧。

上述三墓共随葬玉器12件,玉料大多为透闪石、阳起石和绿泥石等,个别为玛瑙及蛇纹石,器物表面磨制光滑,主要品种有环、瑗、镯、琀、璧形饰和坠饰等。兹分述于下：

玉环　4件。标本(M134：13)1件,为绿泥石制,深褐色,扁平圆形,中有大孔,磨制。直径4.9,孔径2.4,厚0.3厘米(图七,5)。另一标本(M122：8),绿泥石制,浅绿色,扁平圆形,中间大孔为单面钻。直径5.2厘米,孔径3厘米,厚0.4厘米(图七,2)。

玉瑗　1件(M121：32)。阳起石制,乳白色带黄绿斑,扁圆形,好等于肉,直径3.3厘米,孔径1.6厘米,厚0.4厘米(图七,7)。

玉镯　2件。标本(M121：3)1件,阳起石制,乳白色带黄斑,扁圆形,中有大孔,磨制光滑。直径8.4厘米,孔径5.5厘米,最厚0.4厘米(图七,8)。

玉琀　1件(M122：1)。玛瑙制,白色半透明,算珠形,有对钻孔。长1.3厘米,最大孔径0.3厘米(图七,4)。

璧形饰　2件。标本(M121：1)1件,透闪石制,乳白色带黄绿斑。一面平整,一面略鼓。最大径4.7厘米,孔径1.3厘米,最厚0.5厘米(图七,3)。另一标本(M121：29),阳起石制,乳白色,中有小圆孔。直径3.9厘米,孔径1厘米,厚0.2厘

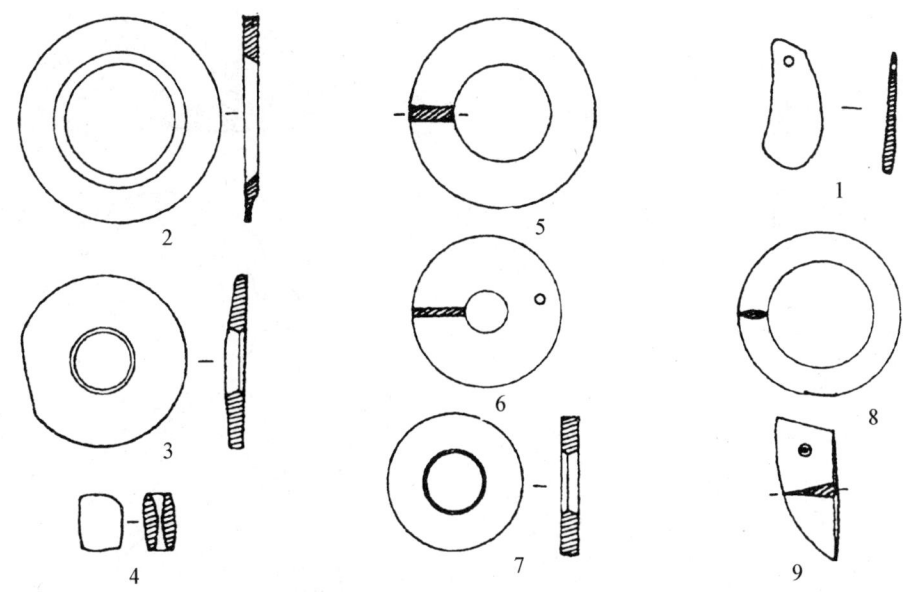

图七 江苏常州圩墩址出土崧泽文化玉器
1. 玉坠饰(M121:4) 2. 玉环(M122:8) 3. 玉璧形饰(M121:1) 4. 玉琀(M122:1)
5. 玉环(M134:13) 6. 玉璧形饰(M121:29) 7. 玉瑗(M121:32) 8. 玉镯(M121:3)
9. 玉坠饰(M122:25)

米(图七,6)。

坠饰 2件。标本(M122:25)1件,蛇纹石制,黄色,匕首形,上部有对钻孔。长3.7厘米(图七,9)。另一标本(M121:4),阳起石制,乳白色带黄斑,扁平茄形,上部有一对钻孔。长3.2厘米(图七,1)。

(五) 浙江嘉兴南河浜遗址[7]

1996年,浙江省文物考古研究所在嘉兴市进行考古调查时,在大桥乡云西村发现了南河浜新石器时代遗址,并于4月至11月进行发掘,揭开面积1000余平方米。此次发掘共清理了崧泽文化墓葬92座,出土玉器64件,品种有璜、镯、钺、圆环形玉饰、圆片形玉饰、梯形玉饰、舌形玉饰、三角形玉饰(图八)。兹分述于下:

玉璜 4件。是南河浜出土崧泽文化玉器中数量较多的,一般位于墓主人骨的颈部,凡是出土玉璜的墓一般不随葬石钺或玉钺。从保留人骨的墓葬分析,以玉璜随葬的墓主人均为女性,所以玉璜在崧泽文化中可能是地位较高的女性的身份象征。其中一种薄体宽扁、不甚规范的半璧形玉璜,是崧泽文化玉璜的主要形式。其上端不甚平直,下缘一般尖薄且不规范。平面除半璧形外,也常见凹字形,有的更是因材就势、略成其形。这种不规范形态构成崧泽玉璜的时代特征和文化特点。这也是崧泽文化玉器解料加工技术不成熟的具体表现(图八,1—3)。

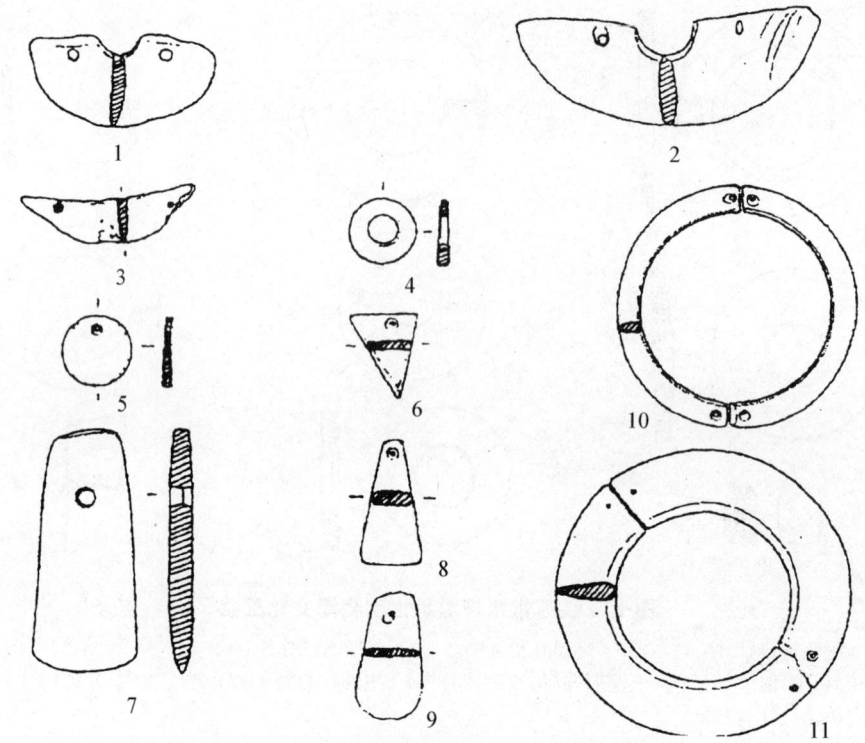

图八 浙江嘉兴南河浜遗址出土崧泽文化玉器

1—3.玉璜(M78∶5、M83∶3、M50∶3) 4.圆环形玉饰(M48∶2) 7.玉钺(M61∶8)
5.圆片形玉饰(M49∶3) 8.梯形玉饰(M29∶2) 6.三角形玉饰(M51∶2) 9.舌形玉饰
(M47∶3) 10、11.分体式玉镯(416∶6、M78∶7)

除半璧形玉璜外,还有少数窄条形玉璜。窄条形玉璜是马家浜文化玉璜的主要特征,在崧泽文化中已不占主流,并且在本地区玉璜的发展序列中逐渐被淘汰。

玉镯 4件。均为窄环形,横截面多为扁三角形,可分为连体与分体两种。分体玉镯最初可能是将无意打断的玉镯进行连接的一种技术,后来发展成为有意将完整玉镯锯开,再连接使用的一种时尚(图八,10、11)。

玉钺 1件。出土于南河浜M61中。玉钺的出土,反映了崧泽文化已开始有非装饰性的玉礼器出现。这改变了以往玉器的使用性质,从而使玉器由装饰功能而走向礼制功能(图八,7)。

其他为圆环形玉饰、圆片形玉饰、鸡心形玉饰、梯形玉饰、舌形玉饰、三角形玉饰等小件玉饰品,出土时一般位于墓主人的胸颈部,是崧泽文化主要的项饰和胸饰,具有较强的文化特征(图八,4—6、8、9)。[8]

(六) 南京营盘山遗址

1982年,南京市博物馆对该遗址进行了发掘,在清理的崧泽文化墓葬中曾出土较多玉器,但迄今尚未见发掘报告发表。据初步报道资料了解,在已发掘的 31 座墓葬中有 10 座墓葬进行了陶、石、玉器统计,玉器占 40%,石器占 17%,陶器占 36.5%。玉器似均为实用佩饰,其中尤以带锯齿装饰的半璧形璜为组合中心的一套串饰较有特色(图九,4)。片状璜的使用非常普遍,随葬玉器墓的随葬品比非玉器墓显著增加,估计致密精美且制作规整的玉器已得到了社会的普遍认同,成为一种时尚饰物,使用玉器的人们社会地位相对较高,物质财产可能要富裕一些。崧泽文化继承了北阴阳营文化的口琀习俗,用经过琢磨的玉器替代天然玉、石琀,开创了玉器意义深远的神秘领域的先河。[9]兹举例分述于下。

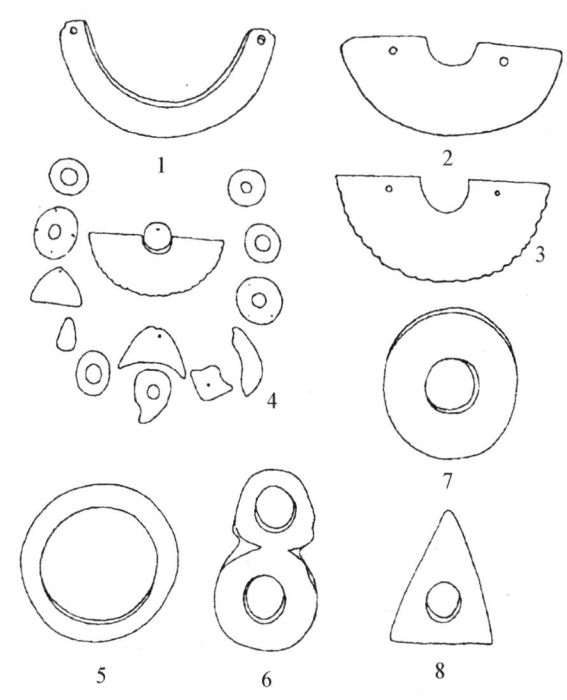

图九 南京营盘山遗址出土崧泽文化玉器
1. 璜(M11) 2. 璜(M23) 3. 璜(M30) 4. 串饰(M30) 5. 环(M5) 6. 双连璧(M5) 7. 玉璧(M4) 8. 三角形饰(M5)

玉璧(M4 出土) 1 件。淡青色,局部呈浓青色略发蓝。体扁平圆形,中有一孔,系两面对钻。直径 5.3 厘米(图九,7)。

玉双联璧(M5 出土) 1 件。乳白色,间有淡黄色沁蚀。体扁平,形若两个不甚圆的璧,上下相连,上小下大。上璧孔为两面对钻,孔周呈刃状,下璧孔为单面钻,孔周略斜,亦具刃锋,周边加工磨圆。高 5.4 厘米(图九,6)。

玉环(M5 出土) 1 件。碧绿色,间有淡黄色沁蚀。体扁圆,孔周为两面加工钻成,打磨光滑。外径 7 厘米,内径 5 厘米(图九,5)。

玉条形璜(M11 出土) 1 件。青白色,间有碧绿色斑。体扁圆,形若玉镯的三分之一。剖面作椭圆,两端由两面磨成扁平钝刃,并各有一穿孔,可供系佩。宽 5.8 厘米(图九,1)。

玉璜(M23 出土) 1 件。青白色,间有淡黄色沁蚀。体扁平,拱桥形,外周圆弧,由两面磨成钝刃,正面靠近上端两侧各有一穿孔。最高 4 厘米,宽 10.3 厘米(图九,2)。

玉三角形饰(M5 出土) 1 件。乳白色,间有淡黄色沁蚀。体扁平,形若一等腰三角形。中有一孔系两面对钻,周边平滑。高 3.1 厘米(图九,8)。

玉半璧形璜(M30出土) 1件。碧绿色,局部沁蚀呈青白色。体扁平,外周呈宽锯齿状,正面上部两侧各有一穿孔。高6厘米,宽12.4厘米(图九,3)。[10]

(七)江苏丹徒磨盘墩遗址

1982年3月5日,南京博物院、丹徒县文教局为配合基建工程,对丹徒县大港镇磨盘墩遗址进行了发掘。揭开面积88平方米。其第5层和第4层相当于崧泽文化中晚期和良渚文化早期。出土物中除少量磨制石器和陶器外,还有大量的打制石制品和一些玉制品,第5层出土有玉璜1件、玦1件、系璧3件。第4层出土有玦1件、系璧1件、锥形器1件、柱形器1件。这些玉制品有的接近于成品,有的为半成品,有的为残废品。上面一般都有锥形钻孔,有两面钻、一面钻和钻面未透。此外还见有两面管钻后形成的璧料1件,大小厚薄不一的玉料10件(图一〇)。[11]

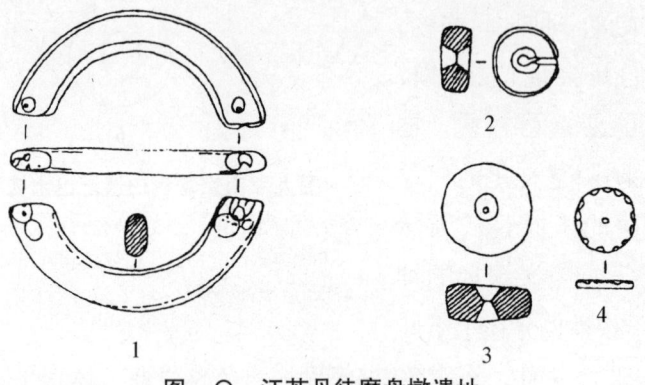

图一〇 江苏丹徒磨盘墩遗址
1. 璜(TI⑤:24) 2. 玦(T3⑤:8) 3. 玉璧(TI⑤:28) 4. 玉片饰(TI⑤:13)

二、与崧泽文化玉器有关问题的探讨

(一)崧泽文化玉器与马家浜文化、良渚文化玉器的比较

根据近30年来的考古发现,在我国长江下游、钱塘江两岸、太湖流域周围,广泛分布着马家浜文化、崧泽文化和良渚文化遗存,它们的发展脉络清晰,地层关系清楚,自成体系。马家浜文化距今六七千年,所发现的玉器均在马家浜文化晚期,皆为小件饰品,大体上是以玦为主,但十分罕见。例如上海市青浦崧泽遗址发掘面积703平方米,仅出土1件马家浜文化玉玦;江苏苏州草鞋山遗址发掘了1 000多平方米,清理马家浜文化晚期墓葬106座,仅在7座墓中各随葬玉玦1件。据目前考古发表的资料,

"在马家浜、草鞋山、圩墩、罗家角、邱城等遗址的墓中已出土马家浜文化玉玦共60余件,其质料皆为玉髓、玛瑙琢制,至今还未发现有以透闪石、阳起石系列的软玉制的。其制作技术皆以石英砂和水作为介质,中孔系用竹管两面对钻旋转而成,在截面上留有深浅不一的抛物线痕迹,通称线切割,通体经打磨抛光"。[12]

崧泽文化距今5 800至4 900年,近年来在上海青浦崧泽遗址、福泉山遗址,江苏苏州草鞋山、圩墩、营盘山、唐盘墩,浙江邱城、南河浜等遗址已清理的200多座墓葬中,均有一些崧泽文化玉器出土,品种较为丰富多彩,计有璜、环、管、坠、琀、珮、玦、三角形饰、璧、双联璧、镯和钺,另有圆环形饰、圆形饰、梯形饰、舌形饰等,这就为我们进行比较研究提供了较好的客观条件。现就以这批玉器为例,试与马家浜文化玉器相比较,可以发现有以下一些文化特征。

其一,崧泽文化玉器选取的玉材较好,大都采用透闪石—阳起石系列的软玉(即真玉)制作,器形都为扁平小型,系将玉材切割成片状再琢磨加工而成,器表光素无纹。即使是仿动物型的鱼形玉璜、鱼鸟形玉璜,也只是粗具轮廓,仅用钻孔的方法以表示鱼、鸟的眼睛部位,除此别无其他纹饰。从总体上而言,以璜为主是崧泽文化玉器的一大特色。除了继续沿用马家浜文化时期开始出现的长条形璜外,它的造型大大增多,还有半环形璜、半璧形璜、拱桥形璜,以及仿动物形象的鱼形璜、鱼鸟形璜等等,极为丰富多彩。玉玦除了在崧泽文化早期还有较多出土外,而至晚期则为草鞋山、磨盘墩遗址所仅见。琀则是从崧泽文化时期开始新出现的玉器造型,器形有圆饼形、璧形、鸡心形和算珠形等四种,出土时均发现在墓主人口中。据《周礼·春官·典瑞》记载:"大丧共(供)饭玉含玉。"《广韵》称:"琀送死口中玉。"另外,在道家典籍晋葛洪《抱朴子》中,则有"金玉在九窍,则死人为之不朽"的记载。关于这一传统习俗,过去一般都认为出现在商周,盛行于西汉。而今在距今5 000多年的崧泽文化氏族墓地人骨口中,就发现了玉琀,据此分析,这一原始的思想意识早在新石器时代崧泽文化时期就已开始产生了。[13]

关于玉琀的起源,根据近年来的考古发现,在大汶口文化和北阴阳营文化中,有少数墓葬的人骨架口内含有卵石,并且已使颌骨变形。[14]这反映在我国东南沿海地区的古代先民,生前有口含小卵石的习俗,故在死后仍口内含卵石随葬。而今发现的崧泽文化玉琀,其器形均呈圆形或是圆的演变形状。因此分析,它的起源可能与这一习俗的承袭密切相关。

尤其值得重视的是,据上述最近发表的考古发掘资料证实,在草鞋山遗址M28崧泽文化墓葬中曾出土1件玉钺(M28:2),另外在浙江嘉兴南河浜遗址M61崧泽文化墓葬中也出土1件玉钺(M61:8),"反映了崧泽文化已开始有非装饰性的玉礼器出现。这改变了以往玉器的使用性质,从而使玉器由装饰功能而走向礼制功能"。[15]

"从历史发展看,玉钺当渊源于石斧,人类是从制造工具进行生产劳动而超越动物界的。从旧石器时代的打制手斧到新石器时代安装木柄的磨制穿孔石斧,是人们主要的生产工具。随着生产的发展,作为劳动工具的石斧,其使用功能亦随之发生变化,成为男性特权者象征的石钺,因而通体精磨,没有任何使用痕迹,仅仅是作为仪仗的礼器。在崧泽文化墓葬中也出土了十来件石钺,其中有几件系用板岩、页岩精磨抛光制成。玉钺在红山文化(辽河流域)、大汶口文化(黄河下游)、崧泽文化(长江下游)中都已发现,在长江下游地区,除草鞋山外,已有营盘山、凌家滩等多处出土。到良渚文化时期,大墓中普遍出现作为行政统辖权和军事指挥权的'权杖',后来成为王权的象征,影响深远,意义重大。"[16]

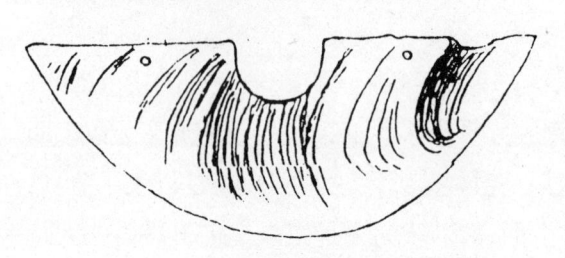

图一一　上海崧泽出土崧泽文化玉璜
(M91∶3)背面布满凹弧痕

其二,在琢玉工艺中,崧泽文化首创线切割琢玉工艺。在上海青浦崧泽遗址中层——崧泽文化氏族墓地,M91墓葬中曾出土1件玉璜(M91∶3),该器呈扁薄形,器物一面几乎布满了起伏不平的凹弧痕(图一一)。这是器物在制作过程中留下的切割遗痕,现以此为例加以分析说明。有学者认为,这是线切割遗留的痕迹,并曾对此作过实验分析。使用软索加砂加水反复(自左向右)拉割,由于用力方向不同,软索绷成的弧度也不同,可使玉器上留下千变万化的弧度。玉璜上弧大、下弧小(急收)的形状,我们只要把软索下部一端方向上提,上部一端不变,用力拉割就出现上述线割痕(图一二)。有人对此不甚理解,这么难看的凹痕为什么不去磨掉它呢?我们认为,当时在尚未发明更先进的切割工艺之前,这种痕迹多得磨不胜磨,另一方面,当时的玉材相当稀贵,尤其是崧泽文化时期,所制玉器大多是些扁平的小件,如果把这种凹痕磨平,这件玉璜恐怕就像薄纸一样了。[17]

良渚文化,是马家浜文化、崧泽文化的继续和发展。良渚文化的年代,经碳十四和陶片热释光测定,距今为5 200至4 000年。琢玉工艺的高度发展是良渚文化的一个显著特点。良渚文化先民继承了前人的用玉传统,对玉材的选择比较重视,主要采用透闪石、阳起石

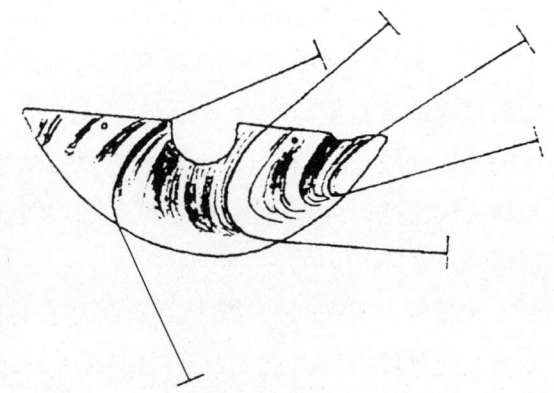

图一二　上海崧泽出土崧泽文化玉璜(M91∶3)
背面凹弧痕的实验分析示意

和叶蛇纹石琢制玉器,而在品种、数量和琢玉工艺上则大大超越了前人。良渚文化的玉制品,不仅数量多、品种丰富、用途广泛,而且起始的源流、序列都比较清楚。就琢玉工艺而言,制品的造型规整、厚薄均匀,周边转角端正,轮廓分明,这说明在玉料的最初成型加工中,已经比较普遍地应用拉丝、管钻、锯切割等多种以砂为介质的开料手段,并逐步形成了独立的琢玉工艺。[18]

良渚文化时期,开始大量制作用于宗教和礼仪方面的玉器,是它在琢玉工艺上又一个显著特点,新出现了一些玉礼器如琮、璧、钺、斧、锥形器、冠形器和柱形器等。"它在艺术上的创新之举,是在坚硬的玉制件外表,成功地雕琢上了令人叹为观止的装饰纹样,突破了先前玉器光素无华的传统风格,从而极大地提高玉制品的艺术水平。其表现手法有圆雕、半圆雕、浅浮雕、透雕和细如发丝的繁密阴线刻等等。在构图上着重表现头部时,突出刻划眼睛、鼻子和嘴巴等器官,而舍弃头颅外形,在许多时候甚至于连嘴巴也省略掉,只留有眼睛和鼻子。……在制作上,良渚人将阴线刻和浮雕两种技法巧妙地结合,出现了由主体纹、装饰纹和地纹三重组合的装饰章法。这种特有的装饰章法,一直到商周时代青铜器的制作,仍然经常沿用。"[19]这对后世的青铜工艺产生了深远的影响。

(二) 关于崧泽文化玉器的玉质鉴定

1. 上海青浦崧泽遗址、福泉山遗址出土的崧泽文化玉器鉴定

上海市文物管理委员会曾选择青浦县崧泽遗址出土的6件崧泽文化玉器和福泉山遗址出土的1件崧泽文化玉器,邀请中国地质科学院地质研究所闻广教授和他的助手荆志淳,对它们采取室温红外吸收光谱或X射线粉晶照相和电子显微镜扫描,以鉴定其矿物成分和研究其显微结构,并完成了玉质鉴定报告。

上海青浦崧泽遗址、福泉山遗址出土崧泽文化玉器玉质鉴定报告[20]

遗 址	器物编号	器物名称	矿物(玉类)
崧 泽	QSM47:2	崧泽文化玉璜	滑 石
崧 泽	QSM59:6	崧泽文化玉环	透闪石
崧 泽	QSM60:6	崧泽文化玉璜	透闪石
崧 泽	QSM91:3	崧泽文化玉璜	透闪石
崧 泽	QSM93:9	崧泽文化玉璜	透闪石
崧 泽	QSM97:11	崧泽文化玉璜	透闪石
福泉山	QFT27:4	崧泽文化玉璜	叶蛇纹石

从上表可看到，崧泽遗址、福泉山遗址出土的7件崧泽文化玉器的玉质，除其中1件崧泽文化玉璜（QSM47：2）为假玉矿物滑石和另1件崧泽文化玉璜（QFT27：4）为假玉叶蛇纹石外，其他5件均为透闪石—阳起石系列矿物集合体，属软玉（真玉）。闻广教授等鉴定认为：（1）崧泽遗址出的崧泽文化玉器，其用玉特征是真玉居多而杂有假玉，联系到新石器时代早期的河姆渡—马家浜文化玉器全属假玉，故就现有资料而言，江南用玉始于河姆渡—马家浜文化，但广泛用真玉却始于崧泽文化。当然也不能排除个别真玉器更早出现的可能。（2）福泉山与崧泽真（软）玉原料来源，也就是良渚文化与崧泽文化软玉来源问题的组成部分，作者以往推断其为"就近取材"。（3）福泉山与崧泽真（软）玉器的受沁，如同其他遗址所出者一样，表现为显微结构变松，透闪石—阳起石中 $Fe/(Fe+Mg)_{p.f.u}$ ％减少而矿物未变，这是内在因素，均变化不大，已如前述。但其外观变化显著，概括而言，受沁过程可大致分为两个阶段：第一阶段，由于显微结构变松而从半透明变为不透明，颜色仍大体保持未变；第二阶段，除显微结构进一步变松而全不透明外，颜色的透明度增高及浓度降低，表现为褪色发白。此外，比重的降低较明显地反映了显微结构的变松程度。[21]

2. 江苏苏州草鞋山遗址出土崧泽文化玉器的玉质鉴定

草鞋山遗址出土的崧泽文化玉器，经过矿物学鉴定的有10余件，皆为透闪石—阳起石系列的软玉，由鉴定标本通观全部玉器，可确定全是软玉。在长江中下游地区，北阴阳营墓葬（距今六千余年，略晚于马家浜文化）中开始使用真玉，但仍大量使用玛瑙、玉髓，到崧泽文化时期已自觉地有意识地使用透闪石—阳起石系列软玉，由营盘山、磨盘墩出土的经过切割加工的玉料看，这些玉料即为就地取材，来源于天目山脉及其余脉以及宁镇山脉。在溧阳小梅岭发现的透闪石软玉，与这些玉器的矿物学成分相同。此外还发现多处玉料产地。这些玉料的开采和使用，到良渚文化时期继续扩大，达到了全盛时期。[22]

3. 上海青浦福泉山遗址出土崧泽文化玉器的玉质鉴定

福泉山遗址出土崧泽文化玉器共10件，经玉质鉴定，其中7件为透闪石制，其余3件为石髓制。

4. 江苏常州圩墩遗址出土崧泽文化玉器的玉质鉴定

据圩墩遗址1985年发掘报告记载：清理崧泽文化墓葬5座，在M121、M122、M134等墓中，出土崧泽文化玉器12件，其玉料大多为透闪石、阳起石和绿泥石等，个别为玛瑙及蛇纹石,其中有 4 件为阳起石制,2 件为绿泥石制,此外有透闪石、玛瑙、蛇纹石制的各 1 件。

关于浙江嘉兴南河浜等遗址出土崧泽文化玉器的玉质鉴定问题,兹因发掘报告尚未发表,现据一学者已发表的论文简述如下:共清理了崧泽文化墓葬 92 座,出土玉器 64 件,主要系用透闪石与阳起石系列的软玉制作。

关于南京营盘山、丹徒磨盘墩出土崧泽文化玉器的玉质鉴定问题,由于现已发表的发掘资料尚未涉及这一问题,故尚需这方面的资料披露之后,才能进一步展开研究讨论。

综上所述,经请地质矿物学家对上海青浦崧泽、福泉山、江苏草鞋山、圩墩、浙江南河浜等遗址出土崧泽文化玉器的玉质鉴定,从总体而言,崧泽文化玉器主要取材于透闪石、阳起石系列的软玉,此外也有个别的是假玉滑石、叶蛇纹石、石髓、绿泥石、玛瑙等,这反映崧泽文化时期的先民已自觉地和有意识地使用透闪石、阳起石系列的软玉,而个别杂有假玉,应是崧泽文化时期用玉的一大特征。

(三) 关于崧泽文化玉器的岩石类型及来源

上海市文物管理委员会曾邀请上海同济大学海洋地质系董荣鑫先生协助进行实地考察,并对崧泽遗址出土石器、玉器的岩石类型及质地作了研究鉴定,他的主要结论如下:

1. 崧泽遗址出土石器、玉器的岩石类型及质地

岩石具不同程度的绿色,为隐晶致密块体。这类岩石是火山作用晚期和其后的喷气及热液作用交代蚀变的产物。岩石摩氏硬度为 6 至 6.5 度。因质地致密、细腻、色彩柔和、鲜艳,磨光后具有美观的绿色花纹,是当时人类制作玉环、玉璜、玉琀等佩戴饰件的主要材料。

2. 崧泽遗址出土石器和玉器的原料来源

经对北干山、佘山等基岩出露区进行实地考察,发现山上出露的基岩同属一套中酸性火山岩系,是中生代侏罗—白垩纪时期火山喷发的产物。崧泽遗址出土的石器和玉器的主要岩石类型和岩性,与这些山上出露的基岩一致。因此,上海最早期的人类在制作石器和玉器时基本上是就近取材的,当时人类的活动范围可能西至苏州太湖边,南至嘉兴地区海滨。

上述用于制作石器和玉器的岩石,在崧泽遗址附近几公里至数十公里范围内均

有出露,且火山岩系统岩石中节理发育,石英砂岩和泥板岩成层产出,易于采取。河谷和湖、海滨的石英岩卵石,则随手可拣。这是上海最早期人类就近取材制作工具和装饰品的有利条件。[23]

此外,中国地质科学院地质研究所闻广教授近年来对崧泽和福泉山的软玉样品作了地质产状特征的研究,他认为:"其主体应系取自镁质大理岩中软玉。经作者研究其稳定同位素特征,发现其主体不在变质岩的范围之内,说明可能是热液交代成因,于是开拓了对这类软玉的找矿方向。据此认识,检查镁质大理岩接触带中透闪石的显微结构,发现了江苏省溧阳县小梅岭产于中生代燕山期花岗岩与下二叠纪栖霞组镁质大理岩接触带的透闪石软玉。""溧阳小梅岭透闪石软玉地表露头所见矿石,除有灰白色不透明致密块状者外,还有具斑杂构造的青黄玉,即半透明部分与不透明部分呈斑杂构造,现藏南京市博物馆的浦口营盘山崧泽文化遗址所出(软)玉PYM31与其非常相似,类似的软玉在江南崧泽文化及良渚文化古玉中亦属常见。"[24]因此,如果要研究崧泽文化与良渚文化古玉的原料来源问题,就应当开拓思路,首先考虑当地类似小梅岭类型软玉的存在。可以预期,随着今后地质考古界对这一课题研究工作的进一步展开,将会有更多的透闪石矿藏的发现,有助于江南新石器时代玉器的原料来源问题的进一步解决。

注释

[1] 上海市文物保管委员会:《崧泽——新石器时代遗址发掘报告》,文物出版社,1987年。
[2] 上海市文物管理委员会:《1994—1995年上海青浦崧泽遗址的发掘》,载《上海博物馆集刊》(8),上海书画出版社,2000年。
[3] 上海市文物管理委员会:《福泉山——新石器时代遗址发掘报告》,文物出版社,2000年。
[4][5][12][16] 汪遵国:《太湖流域史前玉文化历程——苏州草鞋山出土的玉器》,《(台北)故宫文物月刊》2002年第226期。
[6] 常州市博物馆:《1985年江苏常州圩墩遗址的发掘》,《考古学报》2001年第1期。
[7][8][15] 刘斌:《崧泽文化与良渚文化玉器的比较研究》,载《海峡两岸古玉学会议论文专辑》,台湾大学地质科学系印行,2001年,第213—220页。
[9][11] 邹厚本主编:《江苏考古五十年》,载《江苏史前玉器》,南京出版社,2000年,第108—116页。
[10] 易家胜:《南京营盘山出土崧泽文化玉器说明》,载《中国玉器全集》第1分册《原始社会》,河北美术出版社,1992年,第237—241页。
[13] 孙维昌:《上海出土的新石器时代崧泽文化玉器鉴赏》,《中国文物世界》1999年第168期。
[14] 韩康信、潘其凤:《大墩子和王因新石器时代人类颌骨的异常变形》,《考古》1980年第2期。
[17] 张明华:《崧泽玉器考略》,载《东亚玉器》,香港中文大学中国考古艺术研究中心,1998年。
[18] 牟永抗:《良渚文化玉器》图录《前言》,载《良渚文化玉器》图录,文物出版社、两木出版社,1989年。

[19] 云希正、牟永抗:《中国史前艺术的瑰宝——新石器时代玉器巡礼》,载《中国玉集全集》第1分册《原始社会》,河北美术出版社,1992年。
[20][21] 闻广、荆志淳:《中国古玉地质考古学研究:福泉山玉器(附崧泽玉器)》,载《福泉山——新石器时代遗址发掘报告》,文物出版社,2000年。
[22] 同[4][5],闻广、荆志淳:《草鞋山玉器地质古学研究》,待刊。
[23] 董荣鑫:《崧泽遗址出土石器、玉器的岩石类型及来源》,载《崧泽——新石器时代遗址发掘报告》,文物出版社,1987年。
[24] 钟华邦:《江苏省溧阳县透闪石岩研究》,《岩石矿物学杂志》1990年第2期,第131—135页;闻广:《对〈江苏省溧阳县透闪石岩研究〉一文的补充》,《岩石矿物学杂志》1990年第2期。

[原载于《长江文化论丛》(第3辑),中国文史出版社,2005年]

良渚文化陶器纹饰研究

良渚文化是我国长江下游太湖地区的一支新石器时代晚期古文化。自从1936年在浙江省杭县(今余杭区)发现这一文化至今,在浙江、江苏和上海两省一市的广大地区,发现的良渚文化遗址已有近200处,考古工作者先后对其中30多处遗址进行了试掘和发掘,取得了很多重大突破。特别是在70年代以后,随着江苏吴县草鞋山、张陵山、武进寺墩、上海青浦福泉山、浙江余杭反山、瑶山等处一批土筑高台上的良渚文化大墓的发现,又获得了许多新资料,使我们对良渚文化的认识推进了一大步。

目前考古界已对良渚文化的社会性质、分期,良渚文化玉器的制法与用途,良渚文化的社会发展阶段与文明起源等问题进行了探讨。其中关于良渚文化的分期问题,由于前一时期可供断代的资料较少,一般都比较重视对陶器形制的排比,并以此来进行分析推断,而对于各类陶器纹饰的演变却较少述及。近年来,在上海青浦福泉山遗址的发掘工作中,幸运地发现了良渚文化的早晚地层叠压关系和多座良渚文化墓葬上下叠压与打破关系的新资料[1],并且在各座墓中出土大批陶器和有细刻纹饰组合的陶器,这为我们开展对良渚文化陶器纹饰的研究准备了有利条件。因此,笔者以这批发掘资料为基础,同时结合江苏、浙江等地重要良渚文化遗址和墓葬的发掘资料,对良渚文化陶器纹饰的发生、发展与演变作一探索性研究。敬请专家、学者指正。

一、良渚文化陶器纹饰的分期

目前考古界对良渚文化分期的探讨,是学术讨论中的一个热点问题,有的学者认为可分早、晚两期[2],有的学者主张可分早、中、晚三期[3],有的学者认为可分四期[4],

也有学者根据上海福泉山遗址发掘中发现的良渚文化早、晚期地层叠压关系和多座良渚文化墓葬上下叠压与打破关系的新资料,仔细排比了典型陶器和常见玉、石器的各期特征,从而提出将良渚文化分为五期[5]的新见解。虽然众说纷纭,尚未取得统一的看法,但是对于某些遗址、墓葬的分期,总的来说看法是较为一致的,例如:认为属于良渚文化早期的有张陵山上层墓、钱山漾下层、福泉山早期墓等的出土器物和澄湖古井中属于良渚文化早期的出土器物;属于良渚文化中期的主要是反山、瑶山墓地出土器物,越城M4、M3和M6出土器物,果园村地层出土器物;属于良渚文化晚期的有草鞋山M198,寺墩M3、M4和M1,张陵山东山M1,福泉山M74、M101、M65等出土器物以及雀幕桥、亭林、良渚等处出土的遗物。

笔者认真学习和思考了上述各家的观点,并根据个人近年来对良渚文化陶器纹饰演变的研究分析,试分一、二、三三期,而二、三两期又可各分偏早、偏晚两段。现叙述如下:

(一) 一期纹饰

发现的陶器纹饰都比较单一,以几何形纹样的应用最为普遍,偶尔也出现动物纹饰,计有直条纹、波浪纹、弦纹、弦纹与圆形镂孔纹组合、网格纹、弧线三角形与圆形镂孔纹组合、弧线三角形与双点纹组合,鱼纹、菱形纹和彩绘等图案。兹分述于下:

1. 直条纹

钱山漾[6] I式夹砂陶鼎,鱼鳍形足的两侧面刻有多道直条划纹(图一,1)。草鞋山[7]夹砂红褐陶鼎(草M4:26),下附三鱼翅形足,鼎足两侧面刻有多道直条划纹(图一,2)。福泉山夹砂陶鼎(福M126:7),鱼鳍形鼎足两侧面刻有多道直条划纹(图一,3)。

2. 波浪纹

福泉山夹砂陶鼎(福M139:36),扁锥形鼎足脊外侧手捏波浪纹(图一,4)。

3. 弦纹

张陵山[8]夹砂陶鼎,器腹饰有平行凸弦纹五周(图二,1)。良渚[9]泥质黑衣陶豆,器腹和圈足部位饰两周或三周凸弦纹(图二,2)。福泉山泥质灰陶罐(福M139:32),器腹上、下部位各饰三周凸弦纹(图二,3)。张陵山泥质灰陶圈足碗,器腹中、下部位饰数道粗细不一的弦纹(图二,4)。张陵山夹砂红褐陶甗,器腹满饰凹弦纹(图二,5)。

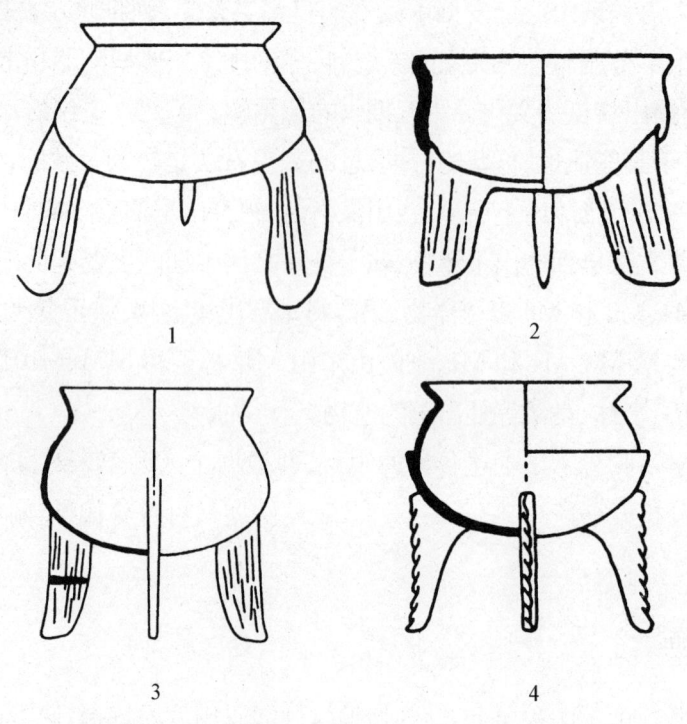

图一 良渚文化陶器一期纹饰——直条纹、波浪纹

1. 鼎(钱山漾) 2. 鼎(草鞋山 M4：26) 3. 鼎(福泉山 M126：7)
4. 鼎(福泉山 M139：36)

张陵山泥质灰陶杯(张 M4：11)，腹部饰两组复道凹弦纹(图二，6)。福泉山泥质黑衣陶杯(福 M139：29)，器肩和腹部遍饰凸弦纹(图二，7)。福泉山泥质陶杯(福 M151：15)，器肩和腹下部位饰数周弦纹，器身原饰有彩绘，惜已大部剥落，仅存残迹(图二，8)。

4. 弦纹、圆形镂孔纹组合

福泉山泥质灰陶豆(福 M139：42)，圈足上、下部位各饰三周复道凹弦纹，中饰圆形镂孔纹(图三，1)。良渚泥质黑衣陶豆(《良渚》插图一二，7E)，盘部饰四周凸弦纹，豆把饰四周瓦棱纹和三周圆形镂孔纹(图三，2)。张陵山泥质灰陶豆(张 M4：18)，圈足上部饰一周圆形镂孔纹(图三，3)。

5. 网格纹

福泉山泥质陶匜(福 M139：35)，宽把上部饰一周网格纹，把中间有一圆形镂孔纹(图四)。

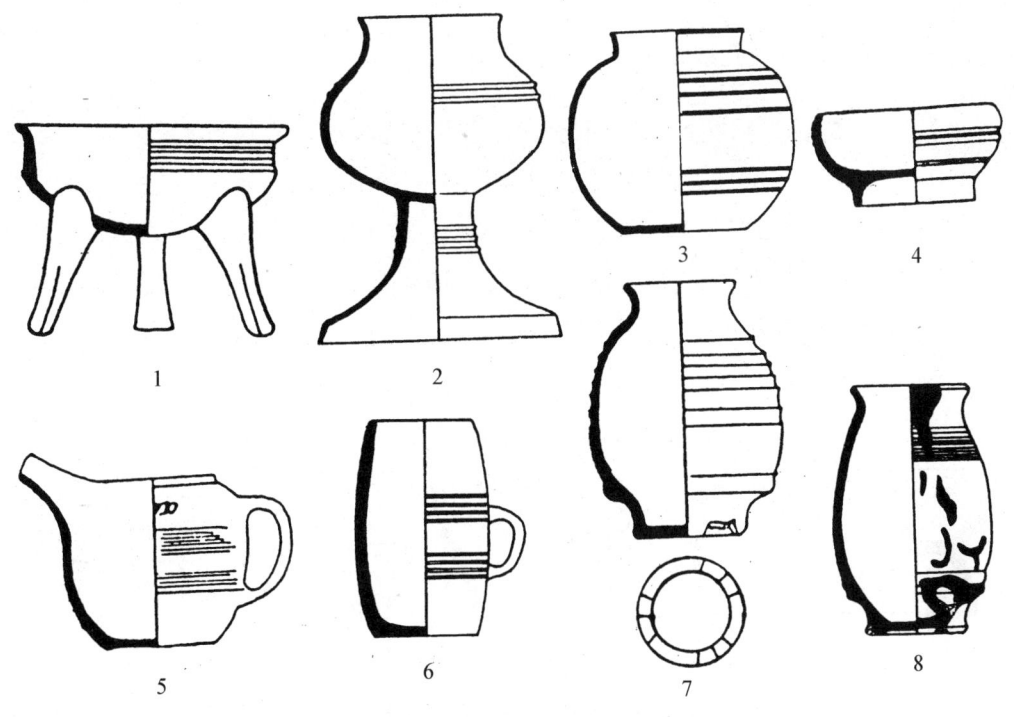

图二 良渚文化陶器一期纹饰——弦纹

1. 鼎(张陵山) 2. 豆(《良渚》插图一二,7F) 3. 罐(福泉山 M139∶32) 4. 碗(张陵山) 5. 匜(张陵山) 6. 杯(张陵山 M4∶11) 7. 杯(福泉山 M139∶29) 8. 杯(福泉山 M151∶15)

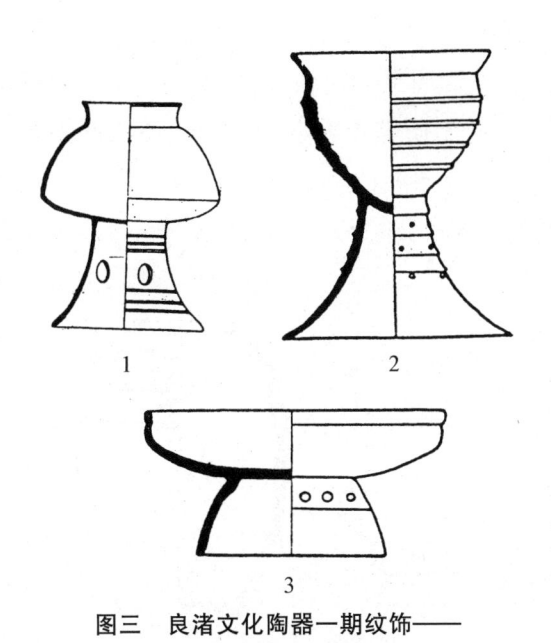

图三 良渚文化陶器一期纹饰——弦纹、圆形镂孔纹组合

1. 豆(福泉山 M139∶42) 2. 豆(《良渚》插图一二,7E) 3. 豆(张陵山 M4∶18)

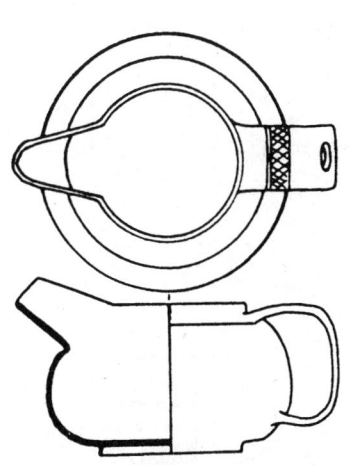

图四 良渚文化陶器一期纹饰——网格纹匜(福泉山 M139∶35)

6. 弧线三角形、圆形镂孔纹组合

张陵山泥质灰陶豆,圈足上饰四组弧线三角形与圆形镂孔纹(图五,1)。福泉山泥质陶豆(福 M139∶30、31),圈足上饰两周弧线三角形与圆形镂孔纹(图五,2)。马桥[10]泥质灰陶壶(马 T17∶2),颈、腹部位刻划数周弧线三角形与圆形镂孔纹组合图案(图五,3)。福泉山泥质黑衣陶豆(福 M151∶10),圈足部位饰一周弧线三角形与圆形镂孔纹以及一周圆形镂孔纹,并在器表加施红褐与金黄色彩绘(图五,4)。

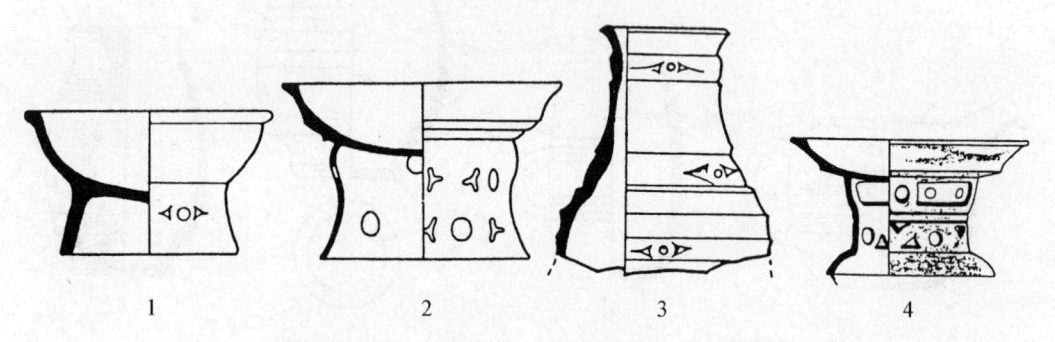

图五　良渚文化陶器一期纹饰——弧线三角形、圆形镂孔纹组合
1. 豆(张陵山)　2. 豆(福泉山 M139∶30、31)　3. 壶(马桥 T17∶2)　4. 豆(福泉山 M151∶10)

7. 弧线三角形、双点纹组合

梅堰[11]泥质黑衣陶罐,肩、腹部位各饰四周平行凹弦纹,器腹中间饰一周两弧线三角形与双点纹组合图案(图六,1)。梅堰泥质黑衣陶盘,腹部上、下饰两条平行弦纹,中间饰一周两弧线三角形与双点纹组合图案(图六,2)。澄湖[12]泥质黑衣陶罐(74WCHJ43∶3),肩、腹上、下部位饰五周平行凹弦纹,其间饰三周两弧线三角形与双点纹组合图案(图六,3)。

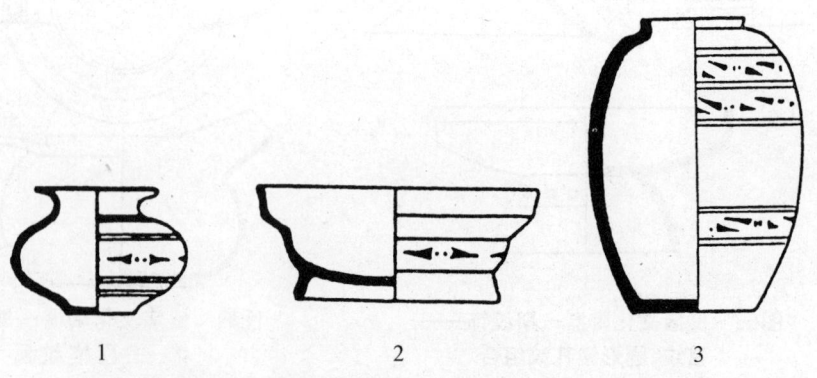

图六　良渚文化陶器一期纹饰——弧线三角形、双点纹组合
1. 罐(梅堰)　2. 盘(梅堰)　3. 罐(澄湖 74WCHJ43∶3)

8. 鱼纹

福泉山泥质灰陶盆(福 T34∶1),口沿的四个宽錾上各饰三条首尾相接的鱼纹,盆外底中央饰一圈九条首尾相接的鱼纹,再在其内圈以弧线四等分各饰水波纹,犹如鱼群在水中遨游,形象生动(图七)。

9. 菱形纹

福泉山夹砂红陶缸形器(福 T3M2∶4),器身上部饰六周凸起的菱形纹(图八)。

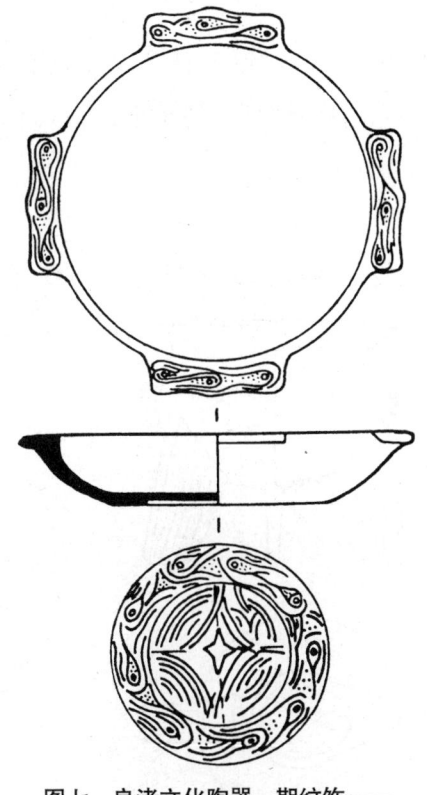

图七　良渚文化陶器一期纹饰——鱼纹盆(福泉山 T34∶1)

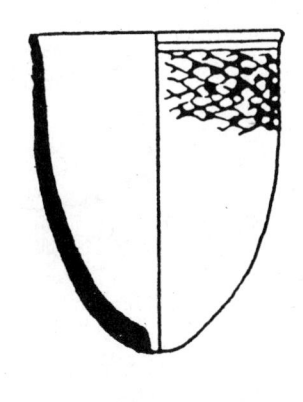

图八　良渚文化陶器一期纹饰——菱形纹缸形器(福泉山 T3M2∶4)

10. 彩绘

有弦纹、水波纹和圆孔纹组合、矩形纹、弧线三角形与圆孔纹组合图案,兹分述如下:

福泉山泥质陶杯(福 M139∶25),颈、肩部位饰红、黄两色相间的粗弦纹彩绘,腹部饰水波纹与圆孔纹组合图案(图九,1)。另一件泥质陶杯(福 M151∶9),器腹遍饰红、黄两色相间交错的矩形纹彩绘图案(图九,2)。草鞋山泥质陶杯,肩上和器腹下部各饰彩绘粗细不一的三周弦纹,器腹中央饰彩绘弧线三角形与圆孔纹(图九,3)。

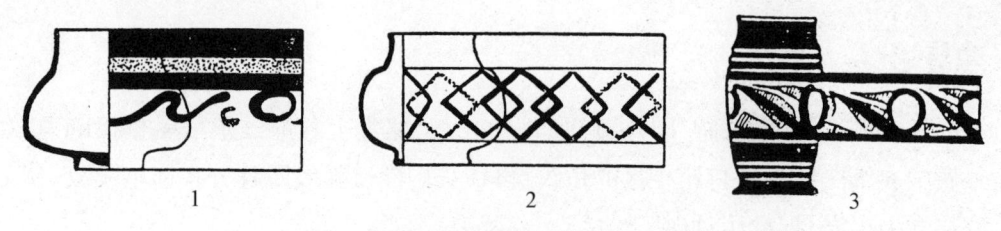

图九 良渚文化陶器一期纹饰——彩绘

1. 杯(福泉山 M139∶25)　2. 杯(福泉山 M151∶9)　3. 杯(草鞋山)

(二) 二期(早段)纹饰

二期(早段)陶器纹饰继续沿用一期出现的直条纹、弦纹、镂孔纹和彩绘等图案，新出现的纹饰有曲折纹和兽面、鱼、鸟、蛇纹组合等图案，现分述于下：

1. 直条纹

反山[13]夹砂红陶鼎(反山 M22∶66)，鼎足两侧面均划有数道直条纹(图一〇，

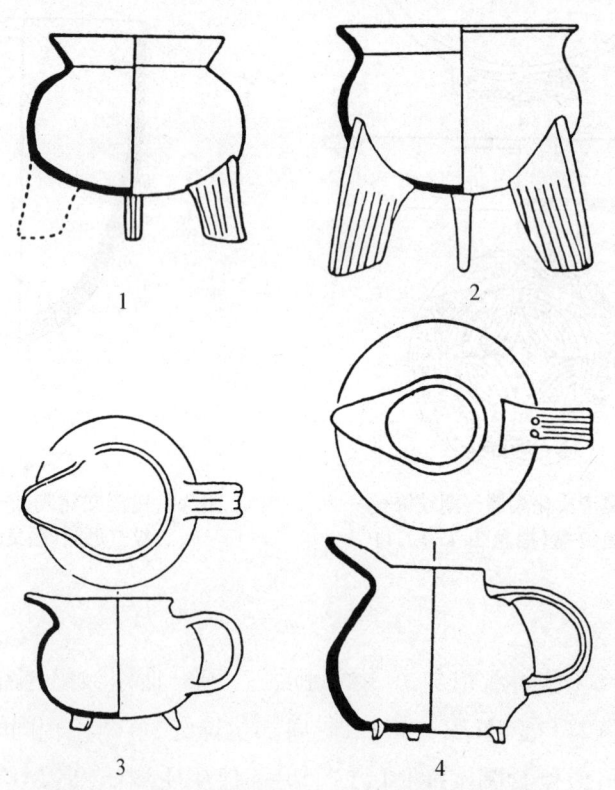

图一〇 良渚文化陶器二期(早段)纹饰——直条纹

1. 鼎(反山 M22∶66)　2. 鼎(越城 M2∶4)　3. 匜(福泉山 M120∶3)　4. 匜(越城 M6∶5)

1)。越城[14]夹砂陶鼎(越 M2∶4),三鳍形足侧面划有多道直条纹(图一〇,2)。福泉山夹砂红陶匜(福 M120∶3),半环形把上刻划有两组直条纹(图一〇,3)。越城夹砂陶匜(越 M6∶5),半环形把上有两个圆孔,并划有五道直条纹(图一〇,4)。

2. 弦纹

钱山漾夹砂黑衣陶鼎,腹部划有多道凹弦纹,丁字形足侧面划有多道直条纹(图一〇,1)。越城泥质黑衣陶豆(越 M3∶4),圈足上饰五周凸弦纹(图一一,2)。福泉山泥质黑衣陶豆(福 M124∶2),圈足上饰数周凹弦纹与圆形镂孔纹(图一一,3)。福泉山泥质灰陶罐(福 M135∶9),器肩和腹部饰三周复道凸弦纹(图一一,4)。

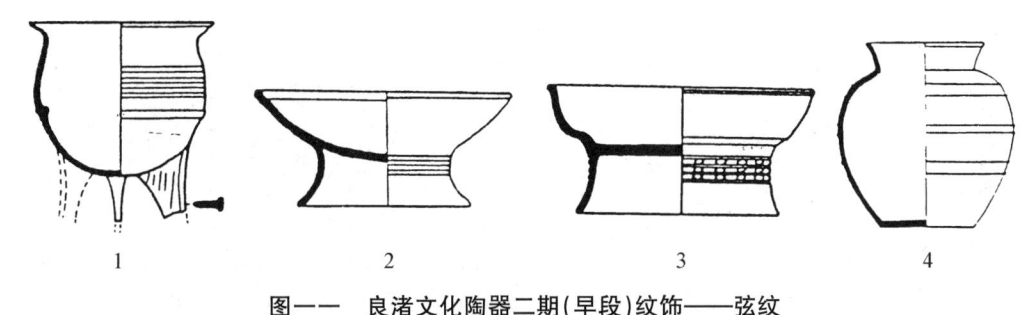

图一一 良渚文化陶器二期(早段)纹饰——弦纹
1. 鼎(钱山漾下层) 2. 豆(越城 M3∶4) 3. 豆(福泉山 M124∶2) 4. 罐(福泉山 M135∶9)

3. 曲折纹

越城泥质黑衣陶匜(越 M3∶6),半环形宽把上饰直条纹,颈、肩部位饰两周凸弦纹,其间刻有曲折纹(图一二)。

4. 镂孔纹

福泉山泥质陶豆(福 M132∶56),圈足中间有一周凸棱,凸棱上、下饰椭圆形镂孔纹(图一三)。

5. 兽面、鱼、鸟、蛇纹组合

澄湖泥质黑衣灰陶罐(74WCH 采 231),器腹部位刻划有兽面、鱼、鸟和蛇纹组合图案(图一四)。

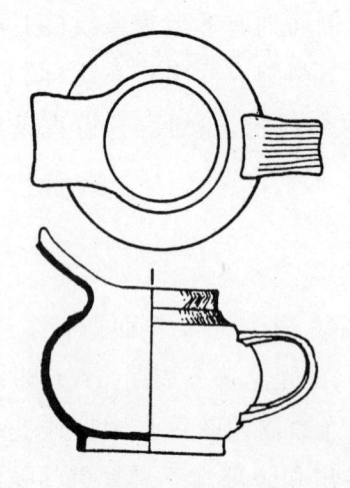

图一二 良渚文化陶器二期（早段）纹饰——曲折纹匜（越城 M3∶6）

图一三 良渚文化陶器二期（早段）纹饰——镂孔纹豆（福泉山 M132∶56）

图一四 良渚文化陶器二期（早段）纹饰——兽面、鱼、鸟、蛇纹组合罐（澄湖 74WCH 采 231）

6. 彩绘——弦纹、绚纹组合

澄湖泥质黑衣陶壶（74WCH 采 120），器肩和腹部饰有四条彩绘黄色弦纹，其间填以彩绘绚纹（图一五）。

(三) 二期（晚段）纹饰

二期（晚段）陶器纹饰除继续使用直条纹、弦纹、圆形镂孔纹外，还新出现鸟纹、圆涡纹与曲折纹、云雷纹组合、抽象鸟纹与云纹组合等图案。现分述如下：

图一五 良渚文化陶器二期（早段）纹饰——彩绘弦纹、绚纹组合壶（澄湖 74WCH 采 120）

1. 直条纹

福泉山夹砂红陶鼎（福 M132∶52），扁方形鼎足侧面划有多道直条纹（图一六，1）。越城夹砂陶鼎（越 M3∶3），丁字形足侧面划有多道直条纹（图一六，2）。

2. 弦纹

良渚泥质黑衣陶双鼻壶(《良渚》插图12a),腹部饰四周平行凸弦纹,圈足饰数个椭圆形镂孔纹(图一七,1)。福泉山泥质黑衣陶双鼻壶(福M136:11),器颈和圈足上饰两周或一周多道平行凸弦纹(图一七,2)。

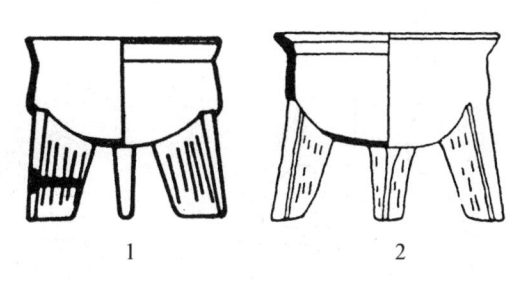

图一六 良渚文化陶器二期(晚段)纹饰——直条纹

1. 鼎(福泉山M132:52) 2. 鼎(越城M3:3)

3. 圆形镂孔纹

果园村[15]泥质黄衣陶豆(果T3:5),圈足上饰有两圆形镂孔纹(图一七,3)。

4. 圆形镂孔纹、弦纹组合

福泉山泥质陶豆(福M144:29),高圈足上部饰数周凹弦纹,下部遍饰小圆形镂孔纹(图一七,4)。

5. 弦纹与扁方形、椭圆形镂孔纹组合

反山泥质黑衣陶豆(反山M18:28),圈足中部饰两组凸弦纹,弦纹之间等距错位分列六个椭圆形、扁方形镂孔纹(图一七,5)。

6. 鸟纹

雀幕桥[16]泥质黑衣陶壶,颈、腹部位遍饰鸟纹图案(图一七,6)。

7. 圆涡纹与曲折纹、云雷纹组合

寺前村[17]泥质黑衣灰陶双鼻壶(90寺M4:1),壶口双鼻下端各饰一云雷纹,壶颈上部饰两圈曲折纹,其下满饰圆涡纹(图一七,7)。

8. 抽象鸟纹与云纹组合

果园村泥质黑衣陶罐(果T6:3),肩腹上部饰两周凸弦纹,其间饰抽象鸟纹与云纹组合图案(图一七,8)。

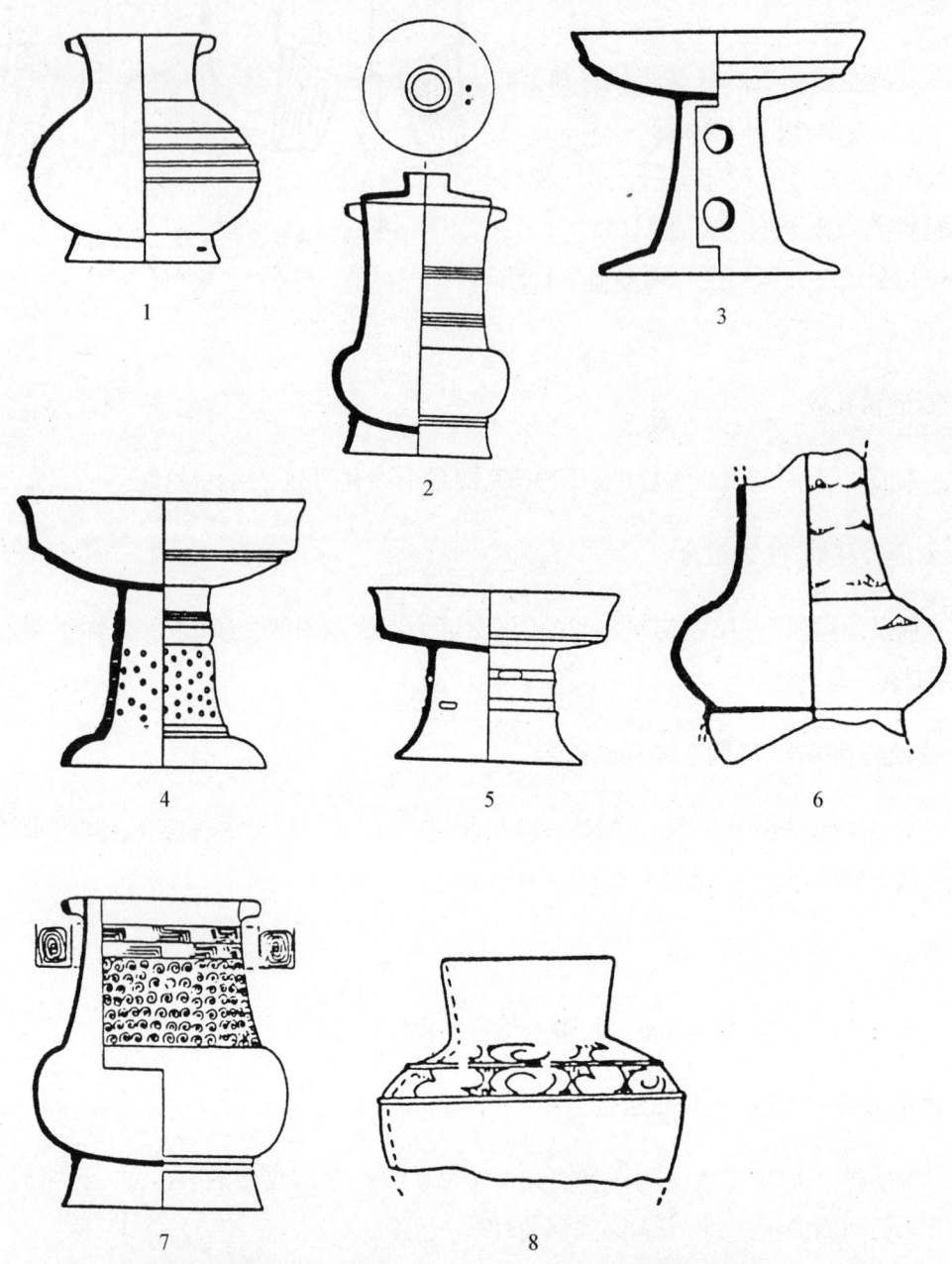

图一七 良渚文化陶器二期(晚段)纹饰——弦纹,圆形镂孔纹,圆形镂孔纹与弦纹组合,弦纹与扁方形、椭圆形镂孔纹组合,鸟纹,圆涡纹与曲折纹、云雷纹组合,抽象鸟纹与云纹组合

1. 壶(《良渚》插图12a) 2. 壶(福泉山 M136∶11) 3. 豆(果园村 T3∶5) 4. 豆(福泉山 M144∶29) 5. 豆(反山 M18∶28) 6. 壶(雀幕桥) 7. 壶(寺前村 90 M4∶1) 8. 罐(果园村 T6∶3)

(四) 三期(早段)纹饰

三期(早段)陶器纹饰除继续使用直条纹、弦纹、镂孔纹和菱形纹外,还出现了棱纹、锥刺纹和细刻曲折纹与鸟纹组合的图案。兹分述于下:

1. 直条纹

马桥泥质黑衣陶壶(马 M5：1),宽把上遍饰平行直条纹(图一八)。

2. 弦纹

良渚夹砂黑衣陶甗(《良渚》插图一三,10a),器腹上部遍饰复道凸弦纹,器足两则面刻划斜方格纹(图一九,1)。马桥泥质黑衣陶豆(马 M1：4),圈足上饰五周凹弦纹(图一九,2)。还有一件泥质黑衣陶豆(马 M1：5),圈足上饰三周凹弦纹,豆盘内底留有同心圆纹制作痕迹(图一九,3)。福泉山泥质黑衣陶簋(福 M74：19),圈足和下层盖面部位各饰两周复道凹弦纹(图一九,4)。马桥泥质灰陶盘(马 T10：3),腹部满饰凸弦纹(图一九,5)。草鞋山泥质灰陶盘腹部满饰凸弦纹(图一九,6)。福泉山泥质黑衣陶壶(福 M74：158),器腹上部饰三周平行凸弦纹,宽把上饰细密的直条划纹和两个圆孔(图一九,7)。福泉山泥质黑衣陶杯(福 M74：39),通体饰竹节形凸弦纹(图一九,8)。

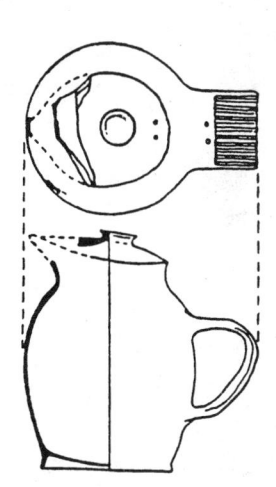

图一八 良渚文化陶器三期(早段)纹饰——直条纹壶(马桥 M5：1)

3. 弦纹、镂孔纹组合

福泉山泥质黑衣灰陶豆(福 M40：16),圈足上遍饰竹节形凸弦纹与椭圆形镂孔纹(图二〇,1)。另有泥质黑衣灰陶豆(福 M67：45),圈足上饰竹节形凸弦纹与椭圆形镂孔纹(图二〇,2)。良渚泥质黑衣陶豆,圈足上饰四周竹节形凸弦纹和三周圆形镂孔纹(图二〇,3)。马桥泥质黑衣陶盘(马 T10：10),圈足上饰三周凸弦纹与两周椭圆形镂孔纹(图二〇,4)。福泉山泥质黑衣陶杯(福 M74：32),盖上遍饰六组三圆形镂孔纹,器身遍饰竹节形凸纹(图二〇,5)。

4. 菱形纹

马桥夹砂红陶缸形器(马桥 D7：1),器身上部饰六周菱形划纹(图二一,1)。

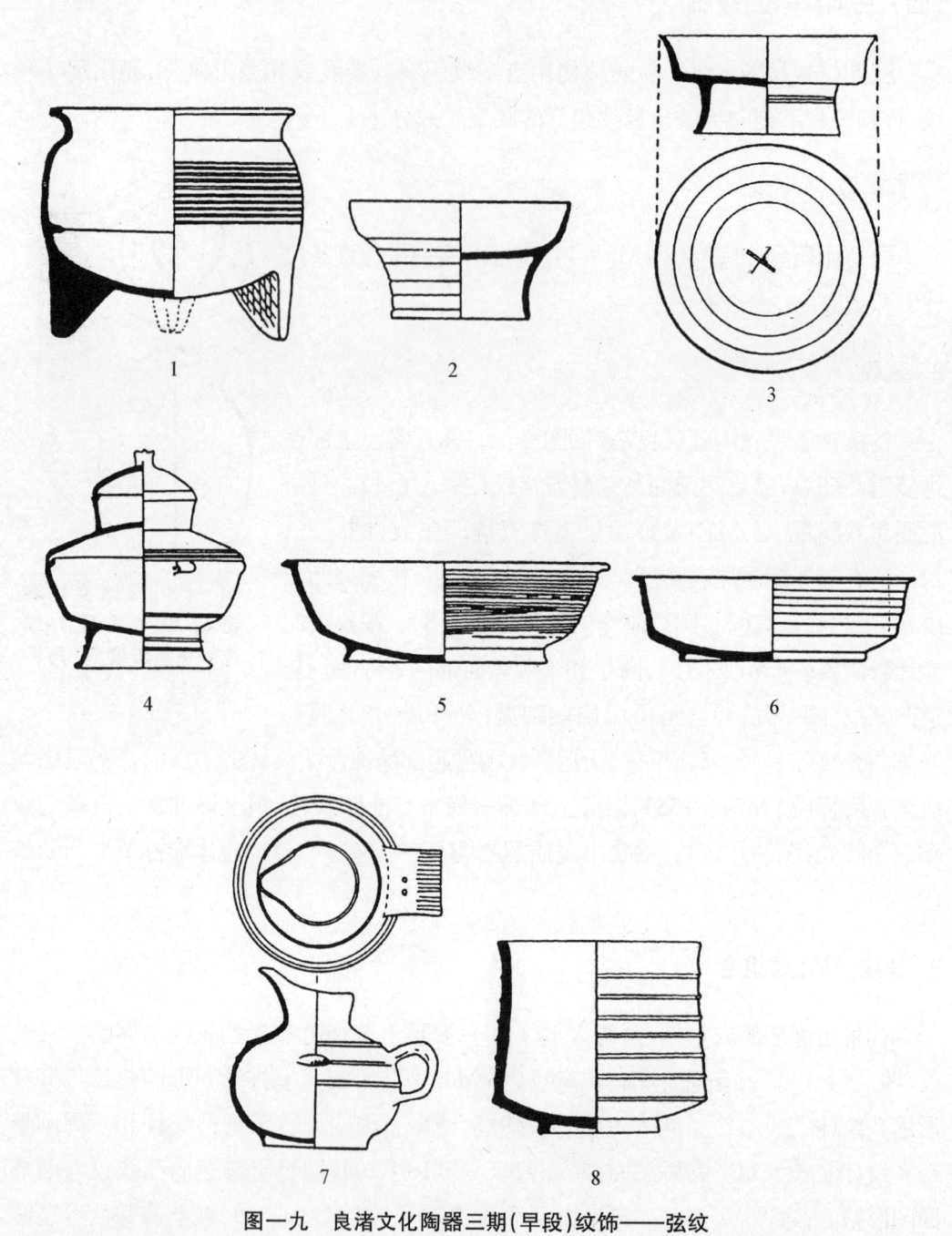

图一九 良渚文化陶器三期(早段)纹饰——弦纹

1. 陶甗(《良渚》插图一三,10a) 2. 豆(马桥 M1：4) 3. 豆(马桥 M1：5) 4. 簋(福泉山 M74：19)
5. 盘(马桥 T10：3) 6. 盘(草鞋山 M198) 7. 壶(福泉山 M74：158) 8. 杯(福泉山 M74：39)

·良渚文化陶器纹饰研究·

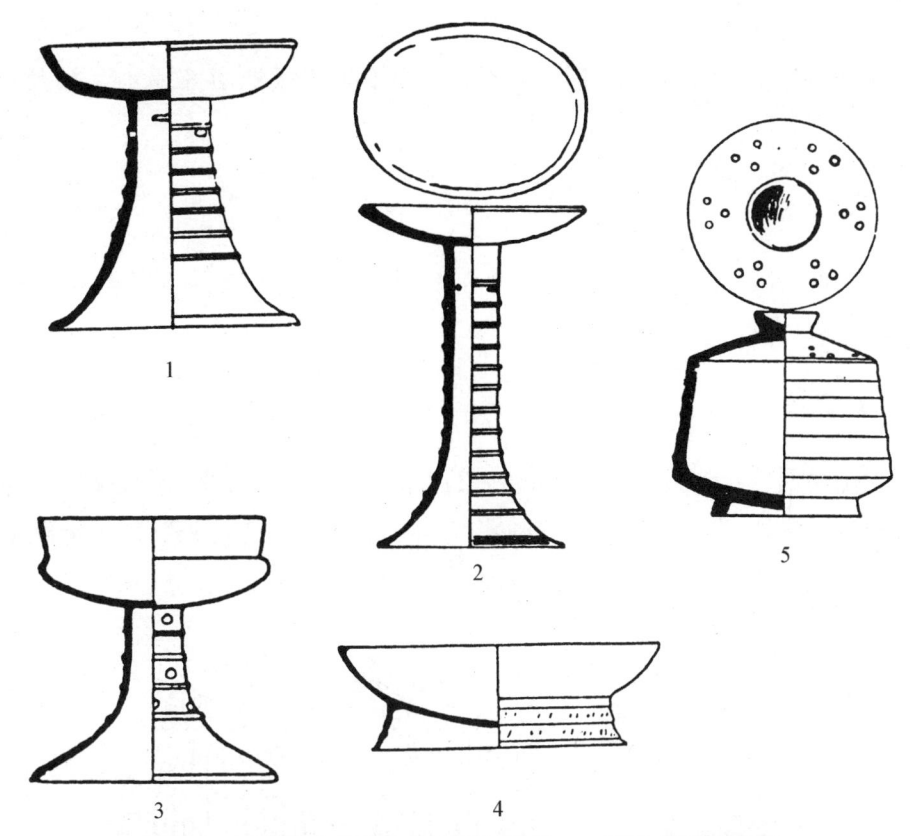

图二〇 良渚文化陶器三期(早段)纹饰——弦纹、镂孔纹组合
1. 豆(福泉山 M40∶16) 2. 豆(福泉山 M67∶45) 3. 豆(《良渚》插图一一,7c) 4. 盘(马桥 T10∶10) 5. 杯(福泉山 M74∶32)

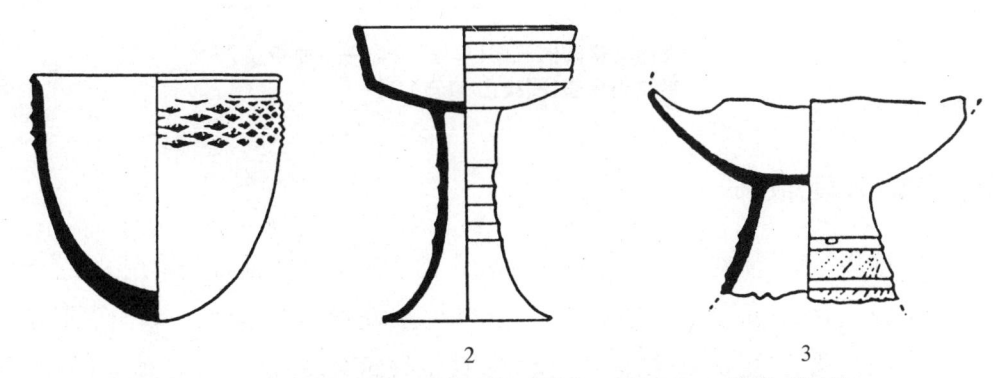

图二一 良渚文化陶器三期(早段)纹饰——菱形纹、瓦棱纹、锥刺纹
1. 缸形器(马桥 D7∶1) 2. 豆(福泉山 M74∶2) 3. 豆(马桥 T9∶4)

5. 瓦棱纹

福泉山泥质黑衣陶豆(福 M74：2)，豆盘外壁和豆把中部遍饰瓦棱纹(图二一，2)。

6. 锥刺纹

马桥泥质类陶豆(马 T9：4)，圈足上饰数周竹节形凸弦纹，其间饰斜线锥刺纹与长方形镂孔纹(图二一，3)。

7. 曲折纹、鸟纹组合

福泉山泥质黑衣陶阔把壶(福 M65：2)，壶口外壁饰五周平行凹弦纹，全器遍饰细刻曲折纹与鸟纹，半环形宽把上饰细密直条纹，尤其是在壶流外壁饰一展翅飞翔的鸟纹正视形象，为目前良渚文化陶器纹饰中的首次发现(图二二)。

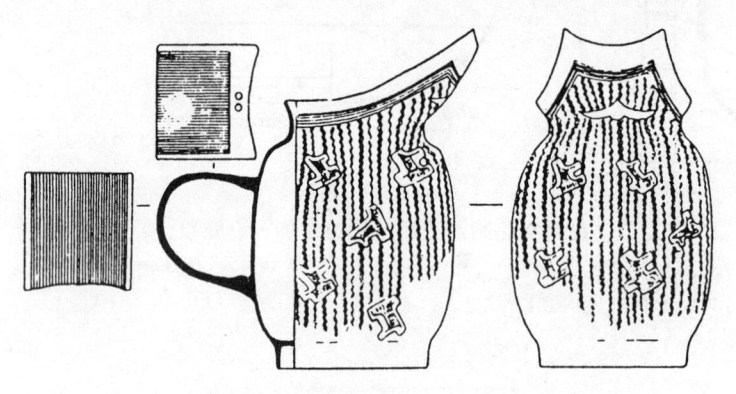

图二二　良渚文化陶器三期(早段)纹饰——曲折纹、鸟纹组合壶(福泉山 M65：2)

(五) 三期(晚段)纹饰

三期(晚段)是良渚文化陶器纹饰的鼎盛期，除了继续使用前几期常用的直条纹、弦纹、镂孔纹、弧线三角形与其他纹饰组合，锥刺纹和鸟纹等图案外，还新出现很多纹饰，诸如斜线交错纹、篮纹、蛇纹与新月形、圆镂空纹组合，特别是以细刻纹饰——鸟纹或蛇纹为母题组成的图案层出不穷，例如鸟纹与网格纹、曲线纹组合，鸟纹与圆涡纹、编织纹组合，抽象鸟纹与云纹组合，蛇纹与圆涡纹、新月形圆镂孔纹组合，蛇纹与飞鸟纹组合等等。现分述如下：

1. 直条纹

福泉山泥质黑衣陶阔把壶(福 M40：112)，宽长环把手上遍饰细密直条纹(图二三，1)。亭林[18]泥质黑衣陶阔把壶(90 亭 M1：4)，器腹两侧阔把上遍饰多道直条纹，壶腹上部饰三周平行凸弦纹(图二三，2)。

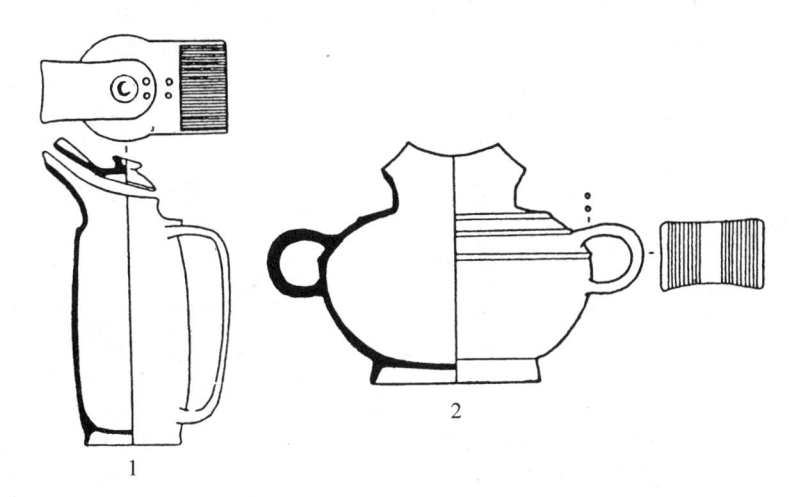

图二三 良渚文化陶器三期(晚段)纹饰——直条纹
1. 阔把壶(福泉山 M40：112) 2. 阔把壶(90 亭林 M1：4)

2. 弦纹

广富林[19]泥质黑衣陶鼎(广 M1：4)，器腹遍饰凸弦纹，鼎足面上刻有两列以四条直线为一单元的直条纹(图二四，1)。雀幕桥黑衣陶壶器，腹饰四道凸弦纹(图二四，2)。福泉山泥质黑衣陶簋(福 M67：42)，口沿饰有四圈平行凹弦纹，腹部饰两周凸棱纹(图二四，3)。澄湖泥质黑衣陶罐，腹部饰五周平行凸弦纹(图二四，4)。

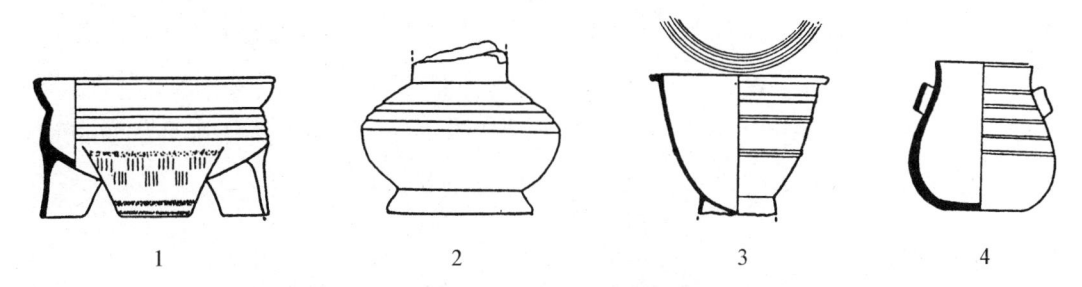

图二四 良渚文化陶器三期(晚段)纹饰——弦纹
1. 鼎(广富林 M1：4) 2. 壶(雀幕桥) 3. 簋(福泉山 M67：42) 4. 罐(澄湖)

3. 镂孔纹

亭林夹砂红陶鼎(90亭T4M1∶12),鼎足侧面遍饰圆形镂孔纹(图二五,1)。寺墩[20]泥质黑衣陶壶(寺墩M3∶39),圈足上饰两个椭圆形镂孔纹(图二五,2)。

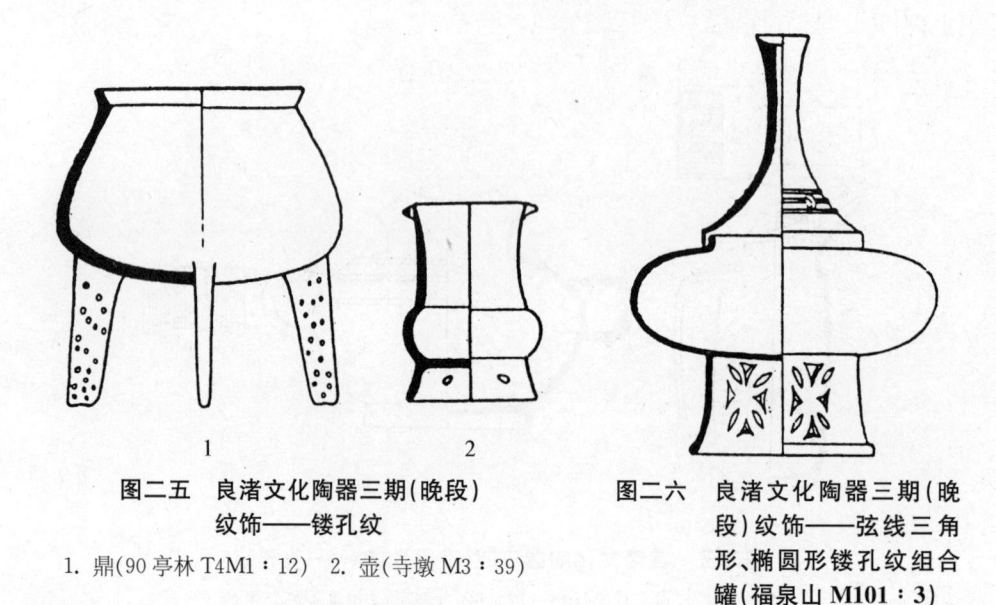

图二五 良渚文化陶器三期(晚段)纹饰——镂孔纹

1. 鼎(90亭林T4M1∶12) 2. 壶(寺墩M3∶39)

图二六 良渚文化陶器三期(晚段)纹饰——弦线三角形、椭圆形镂孔纹组合罐(福泉山M101∶3)

4. 弧线三角形、椭圆形镂孔纹组合

福泉山泥质黑衣陶罐(福M101∶3),器盖上饰三周凸弦纹和镂孔纹,圈足上饰弧线三角形与椭圆形镂孔纹组合图案(图二六)。

5. 锥刺纹

寺墩泥质黑衣陶豆(寺M3∶37),圈足上饰三周平行凹弦纹,其间遍饰斜线锥刺纹(图二七,1)。草鞋山泥质大陶罐(草M198Ⅱ∶1),器腹上半部刻有四组多道弦纹,并在其间隔部位遍饰直线锥刺纹(图二七,2)。亭林泥质红陶罐(亭T4∶27),器肩饰一圈凸棱纹,在宽沿和器肩部位均饰有两行锥刺纹,按水波状排列(图二七,3)。马桥泥质陶罐(马T6∶5),口沿上也饰有两周按水波状排列的锥刺纹(图二七,4)。

6. 斜线交错纹

草鞋山夹砂陶甗(草M198Ⅱ∶9),腹部饰多道斜线交错的划纹(图二八)。

1　　　　　　2　　　　　　3　　　　　　4

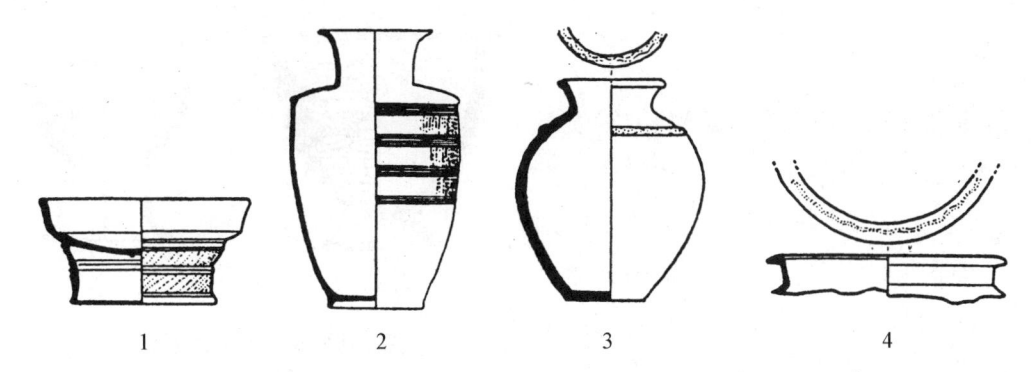

图二七　良渚文化陶器三期（晚段）纹饰——锥刺纹

1. 豆（寺墩 M3：37）　2. 罐（草鞋山 M198Ⅱ：1）　3. 罐（亭林 T4：27）　4. 罐（马桥 T6：5）

7. 辫索纹

亭林泥质灰陶盉（亭 T4：8）腹部有一条横凸棱，腹侧附一宽环形把上饰辫索纹（图二九，1）。福泉山泥质黑衣陶鸟形盉（福 M101：1），器腹一侧附环形把，把上饰辫索纹。整器造型宛如一只昂首伫立的企鹅，形象生动（图二九，2）。澄湖泥质黑衣陶提梁壶（74WCH 采 64），器把附一提梁饰辫索纹（图二九，3）。

图二八　良渚文化陶器三期（晚段）纹饰——斜线交错纹簋（草鞋山 M198Ⅱ：9）

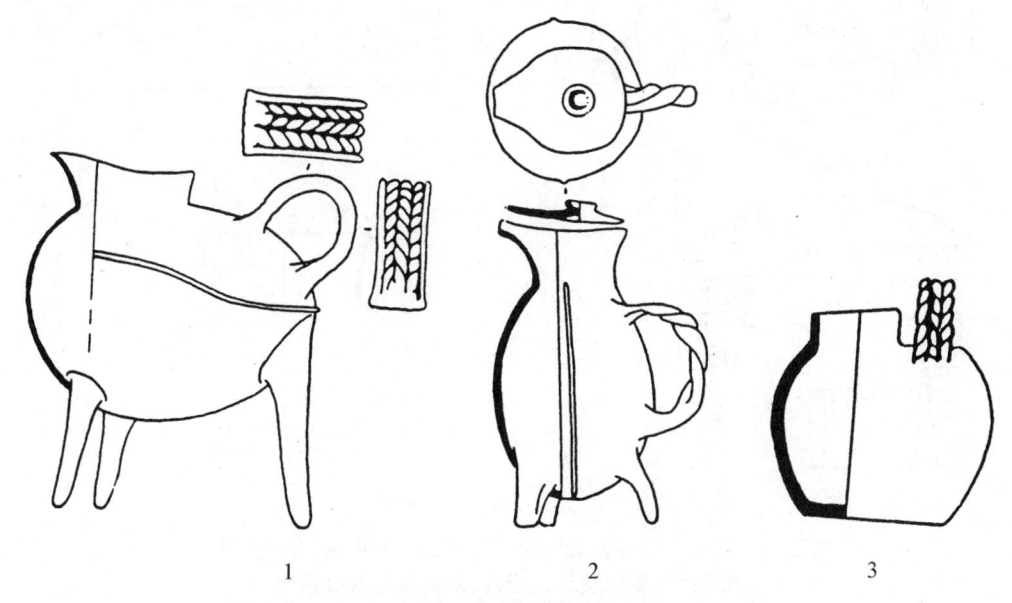

1　　　　　　　　　2　　　　　　　　　3

图二九　良渚文化陶器三期（晚段）纹饰——辫索纹

1. 盉（亭林 T4：8）　2. 盉（福泉山 M101：1）　3. 壶（澄湖 74WCH 采 64）

8. 篮纹

寺墩夹砂红陶簋(寺墩 M3：8)宽口沿面上有陶轮旋转时留下的四周平行凹弦纹，器身遍饰篮纹，圈足上饰两个相对的圆镂孔纹(图三〇，1)。福泉山夹砂红陶簋(福 M40：119)，宽口沿面上有两周凸弦纹，器身和圈足上均饰篮纹(图三〇，2)。

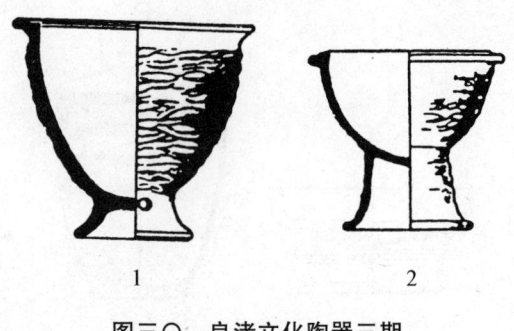

图三〇 良渚文化陶器三期（晚段）纹饰——篮纹

1. 簋(寺墩 M3：8) 2. 簋(福泉山 M40：119)

9. 鸟纹与网格纹、曲线纹组合

广富林泥质黑衣陶鼎(广 M2：7)，器颈和腹部饰四周平行弦纹，其间饰曲线纹，鼎足面饰四条横列弦纹，足侧面各饰两弧形镂孔纹，鼎盖面上饰一圈网格纹，中央部位饰四个展翅翱翔的鸟纹(图三一，1)。

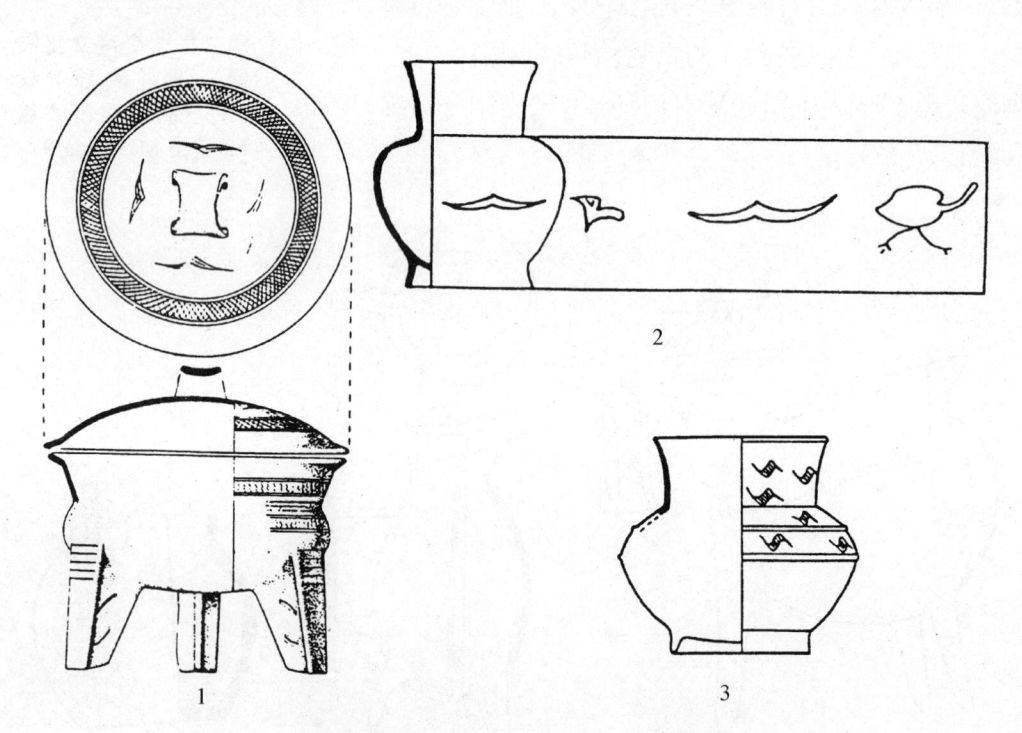

图三一 良渚文化陶器三期（晚段）纹饰——鸟纹与网格、曲线纹组合，多母题鸟纹组合，鸟首纹与弦纹组合

1. 鼎(广富林 M2：7) 2. 尊(青西 J1：1) 3. 罐(广富林 M1：1)

10. 多母题鸟纹组合

西洋淀[21]泥质黑衣陶尊(青西 J1∶1)器腹共饰四个鸟纹图案,右起第一个图案是一只正在面前疾走的鸵鸟,细长颈前倾,拱背,长腿;第二个和第四个图案相同,都是一只展开双翼正在翱翔的鸟的正面形象;第三个是一只正在栖息的小鸟侧视形象(图三一,2)。

11. 鸟首纹、弦纹组合

广富林泥质黑衣陶罐(广 M1∶1),器腹上部饰两周凸弦纹,而在器颈和腹上部饰有四列鸟首纹(图三一,3)。

12. 曲折纹与绹纹、圆镂孔纹组合

寺前村泥质黑衣陶豆(90 寺 M2∶1),圈足上饰数周复道弦纹,其间遍饰曲折纹与绹纹、圆镂孔纹组合图案(图三二,1)。

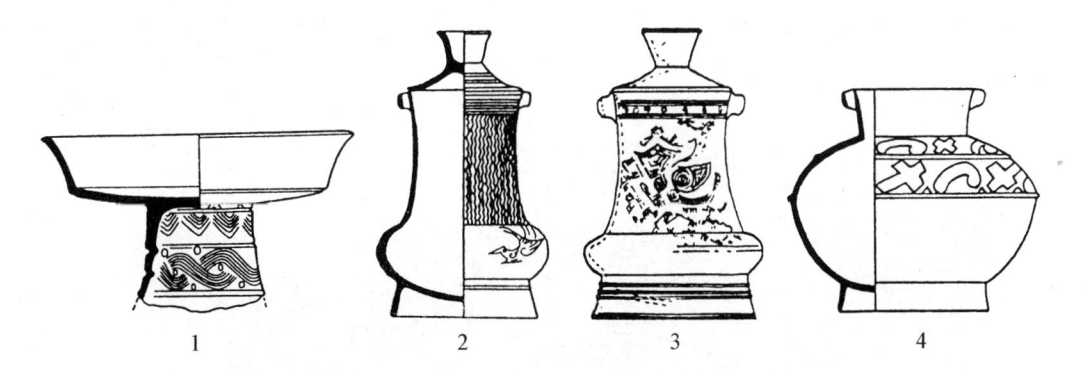

图三二　良渚文化陶器三期(晚段)纹饰——曲折纹与绹纹、圆镂孔纹组合,曲折纹、鸟纹组合,鸟纹与圆涡纹、编织纹组合,卷云纹与斜十字纹组合

1. 豆(90 寺 M2∶1)　2. 壶(草鞋山 M198Ⅱ∶7)　3. 壶(草鞋山 M198Ⅱ∶6)　4. 壶(90 亭林 M9∶6)

13. 曲折纹、鸟纹组合

草鞋山泥质黑衣陶双鼻壶(草 M198Ⅱ∶7),器盖、壶口沿和圈足部位饰数周平行弦纹,壶颈遍饰繁缛的曲折纹,腹部饰鸟纹,呈展翅飞翔状(图三二,2)。

14. 鸟纹与圆涡纹、编织纹组合

草鞋山泥质黑衣陶双鼻壶(草 M198Ⅱ∶6),壶口外沿和圈足上饰数周弦纹,其间饰圆涡纹,而在壶腹中心部位饰一细刻昂首展翅翱翔的鸟纹,其周围饰短线组成的编织纹(图三二,3)。

15. 卷云纹与斜十字纹组合

亭林泥质灰陶壶(89亭M9∶6),肩腹部位饰两周凸棱纹,在两周凸棱纹上、下部位,先用墨线勾画出两周卷云纹与斜十字纹组合图案,然后将图案以外的空隙部位用减地法刮去薄薄的一层胎土,变成浅浮雕,使图案更显美观(图三二,4)。

16. 蛇纹与圆涡纹、新月形、圆镂孔纹组合

福泉山夹砂黑衣陶鼎(福M65∶90),鼎盖和盖纽上共饰十八个由圆涡纹、叠线纹等勾连而成的蛇纹,器腹饰八条平行弦纹和现存两圈盘曲的蛇纹,此纹饰与鼎盖上的纹饰略有不同,由双向盘曲改为单向盘曲,环环相扣。鼎足面上也饰有同类花纹,另在鼎足内侧各饰有两个新月形和圆镂孔纹(图三三,1)。草鞋山泥质黑衣陶鼎(草M198Ⅰ∶2),鼎盖中央部位细刻有圆涡纹、曲折纹勾连而成的四组蛇纹图案,而在盖面的两圈圆弧纹之间饰有曲折纹,器腹和鼎足面上部位饰多道弦纹,又在鼎足侧面各刻有两个新月形与圆镂孔纹图案(图三三,2)。

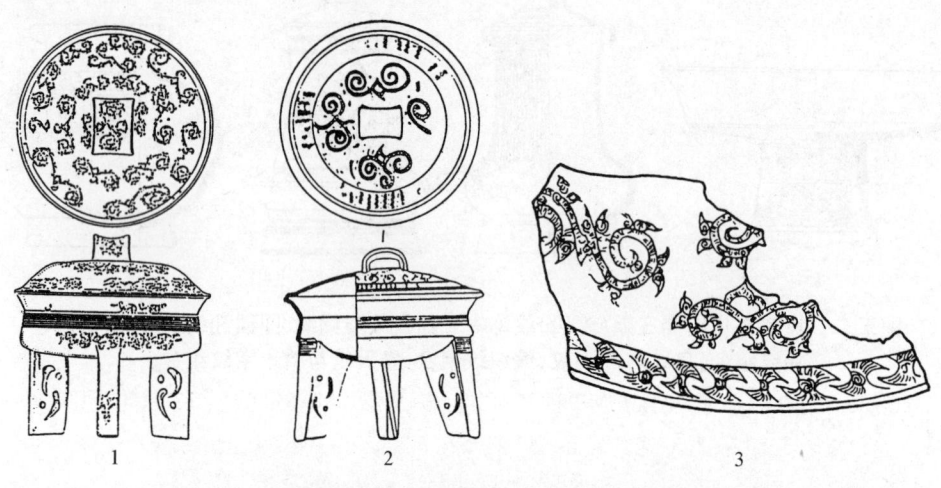

图三三 良渚文化陶器三期(晚段)纹饰——蛇纹与圆涡纹、新月形、圆镂孔纹组合,蛇纹与羽翼纹组合

1. 鼎(福泉山M65∶90) 2. 鼎(草鞋山M198Ⅰ∶2) 3. 器盖(亭林采1)

17. 蛇纹、羽翼纹组合

亭林泥质黑衣陶器盖(亭采1),边沿饰有一圈羽翼纹,盖面饰数条由圆涡纹、叠线纹勾连而成的蛇纹(图三三,3)。此一蛇纹图案风格与福泉山出土的黑衣陶鼎盖面上的纹饰(图三三,1)基本相同。

18. 蛇纹、飞鸟纹组合

福泉山泥质黑衣陶双鼻壶(福 M74∶166),壶盖上有两个圆孔,圈足上有三个椭圆形镂孔,壶身口沿及圈足上饰数周弦纹,壶盖和圈足上遍饰鸟纹,颈部满饰由圆涡纹、叠线纹勾连而成盘曲的蛇纹(图三四,1)。福泉山泥质黑衣陶双鼻壶(福 M74∶66),器口外沿和圈足上、下部位饰多道弦纹,在口沿两周弦纹之间,还饰有叠线曲折纹,全器遍饰鸟首蛇身纹(图三四,2)。福泉山泥质黑衣陶豆(福 M101∶85、90),豆盘口沿刻有数周凹弦纹,内外壁面上均饰细刻纹饰,盘内壁饰有一双相对飞翔的鸟纹,盘外壁饰有呈螺旋形盘卷的蛇纹和飞鸟纹,其中飞鸟纹以四鸟为一个单元,两旁两只是鸟首相对展翅飞翔的侧面形象,中间有一对展开双翼飞翔的鸟的正面形象。圈足上饰以六周竹节形凸棱纹,并在其间饰以三飞鸟图案,其中两只也是鸟首相对飞翔的侧面形象,中间饰一展开双翼飞翔鸟的正面形象。此器纹饰繁缛,刻工精细,形象生动,为良渚文化陶器中罕见的艺术珍品(图三四,3)。

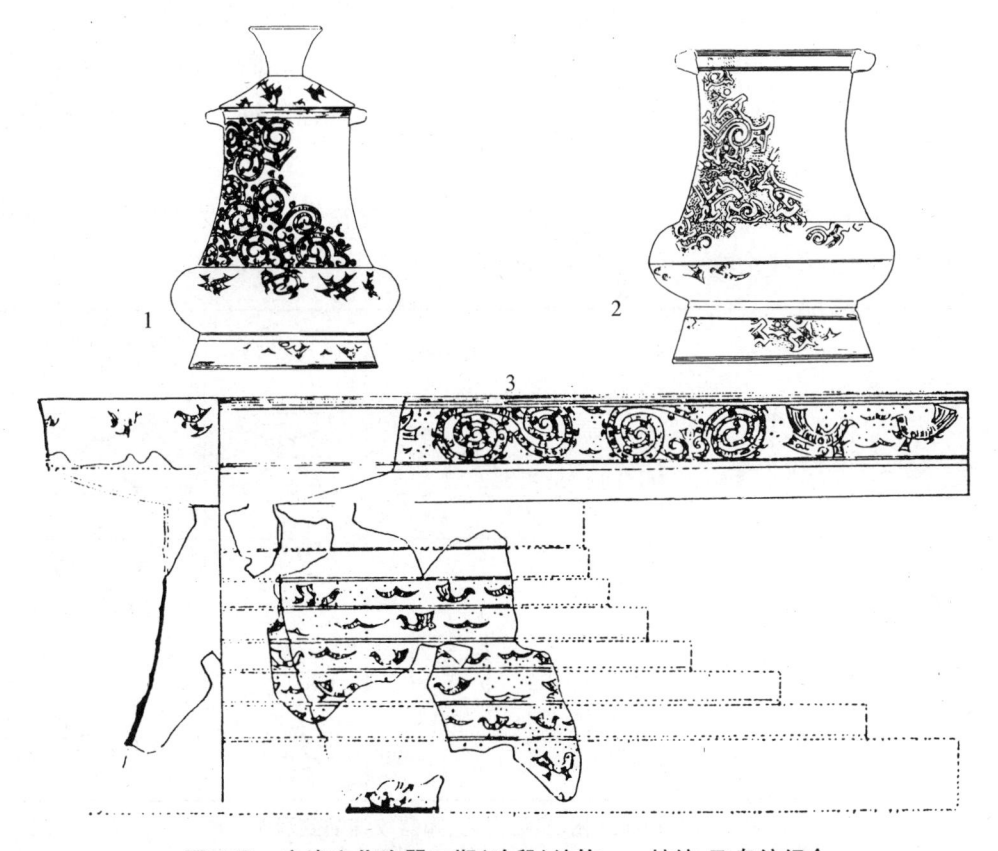

图三四 良渚文化陶器三期(晚段)纹饰——蛇纹、飞鸟纹组合
1. 壶(福泉山 M74∶166) 2. 壶(福泉山 M74∶66) 3. 豆(福泉山 M101∶85、90)

二、有关良渚文化陶器纹饰若干问题的探索

(一) 关于良渚文化陶器纹饰的源流

上述良渚文化陶器纹饰的分期比较,清楚地显现出良渚文化时期的先民们,在长期的生产劳动实践中,观察自然界各种物体的动态和静姿,通过酝酿和提炼,从而产生艺术创作欲望以及对美的认识,进而由萌芽状态逐步提高、深化,并趋向成熟的轨迹。近20年来,考古工作者对草鞋山、张陵山、越城、福泉山等各遗址的发掘,都发现了良渚文化遗存叠压在崧泽文化之上的地层关系,这就为我们探索良渚文化的源流提供了重要线索。关于良渚文化与崧泽文化的关系,现已确知崧泽文化是良渚文化的先驱,崧泽文化的年代距今为5 800—4 900年,其下限正好与良渚文化的年代相接,良渚文化的典型器物如双鼻壶、竹节形把豆和鱼鳍形足鼎等,在崧泽文化晚期[22]已经可以找到它们的祖型[23],而颇具特色的良渚文化陶器的制作技术也开始于崧泽文化。现就以良渚文化与崧泽文化陶器纹饰的演变作一比较(图三五、三六),也可发现两者之间继承与发展的脉络。

综上所述,良渚文化陶器纹饰不仅继承了崧泽文化陶器纹饰,而且还有很多创造与发展。这主要表现在:

(1) 纹饰由初期比较单一而逐步趋向复杂和富有变化,这主要反映在上述各种几何形图案和组合纹饰的大量出现,并出现锥刺纹、菱形纹和辫索纹等图案。

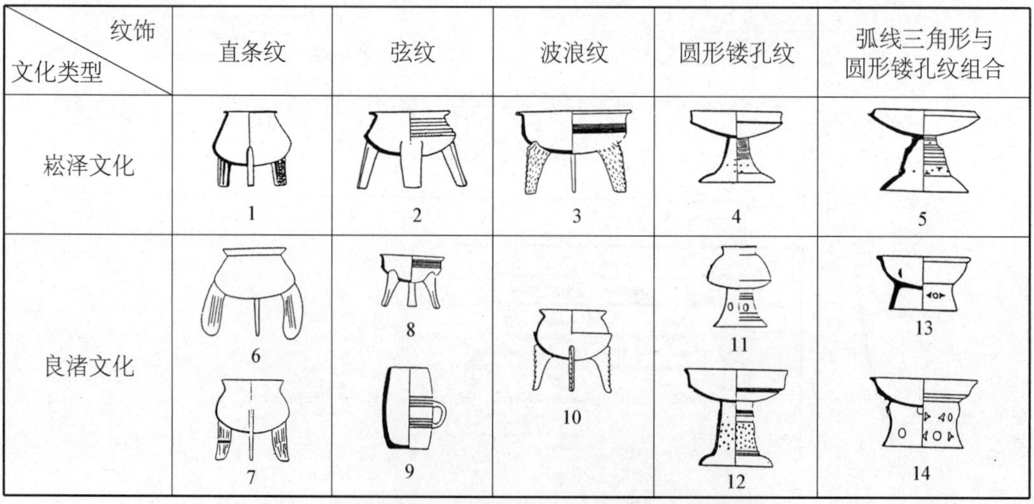

纹饰 文化类型	直条纹	弦纹	波浪纹	圆形镂孔纹	弧线三角形与 圆形镂孔纹组合
崧泽文化	1	2	3	4	5
良渚文化	6 7	8 9	10	11 12	13 14

图三五 崧泽文化、良渚文化、陶器纹饰演变示例

崧泽文化:1. 鼎(福T6M2:12) 2. 鼎(崧M61:3) 3. 鼎(崧M45:5) 4. 豆(崧M91:2) 5. 豆(崧M33:1) 良渚文化:6. 鼎(钱山漾) 7. 鼎(福M126:7) 8. 鼎(张陵山) 9. 杯(张陵山M4:11) 10. 鼎(福M139:36) 11. 豆(福M139:42) 12. 豆(福M144:29) 13. 豆(张陵山) 14. 豆(福M139:30)

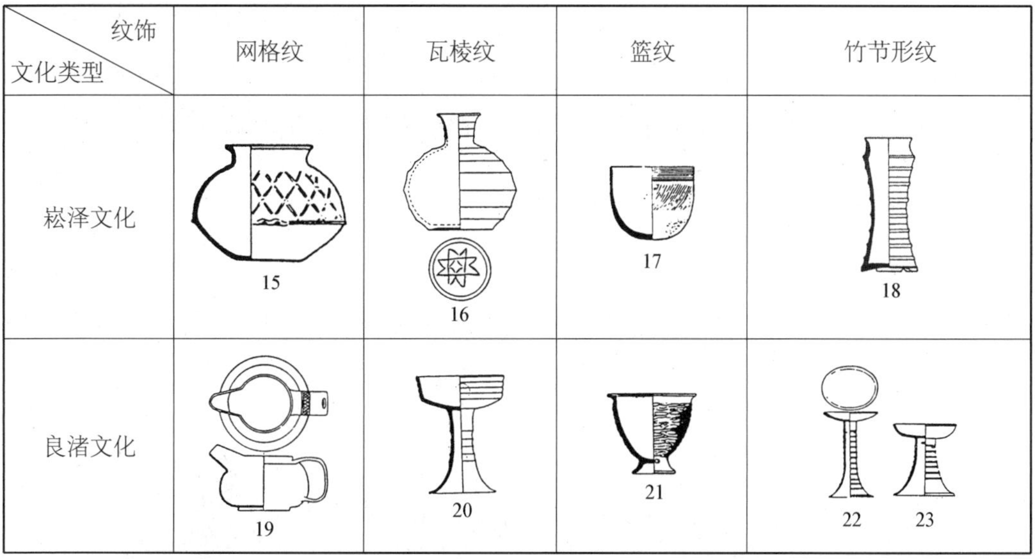

文化类型＼纹饰	网格纹	瓦棱纹	篮纹	竹节形纹
崧泽文化	15	16	17	18
良渚文化	19	20	21	22　23

图三六　崧泽文化、良渚文化陶器纹饰演变示例

崧泽文化：15. 罐(崧 M18∶6)　16. 壶(崧 M33∶4)　17. 釜(崧 61T2∶3)　18. 瓶(崧 M37∶5)

良渚文化：19. 匜(福 M139∶35)　20. 豆(福 M74∶2)　21. 簋(寺墩 M3∶8)　22. 豆(福 M67∶45)　23. 豆(福 M40∶16)

(2) 新出现一些动物装饰图案，诸如鱼纹、鸟纹、蛇纹、兽面纹，以及鸟形盉的动物造型，形象栩栩如生。

(3) 亭林良渚文化泥质灰陶壶(90 亭 M9∶6)，肩、腹部有浅浮雕的卷云纹与斜十字纹组合图案，运用减地法的制作方法，将图案以外的空隙部位刮去，使花纹凸出，具有立体感。

(4) 在良渚文化大墓中新发现很多细刻纹饰陶器，诸如描绘各种动态的鸟纹、蛇纹、鸟纹与曲折纹、鸟纹与圆涡纹、编织纹等组合图案，纹样繁多，构思巧妙，比例匀称，线条精细，形象生动。而与细刻纹饰陶器共存的有玉制璧、琮、钺和项饰等器物，它包含有更多特殊的意义。《周礼·春官·大宗伯》记载："以玉作六器，以礼天地四方，以苍璧礼天，以黄琮礼地。"这说明玉璧、玉琮在周代是祭祀天地、祖宗之灵的礼器。《周礼·春官·典瑞》又云："驵圭璋璧琮琥璜之渠眉，疏璧琮以敛尸。"这种礼制的历史渊源似可上溯到原始社会，玉琮、玉璧也是进行原始宗教活动的礼器。关于玉钺的用途，有的学者认为："钺是象征军权的重器，后来又扩大为象征政权的重器，主号令杀伐。"[23] 笔者认为：这一认识是很有见地的。《尚书·牧誓》载，周武王"左杖黄钺"。而在浙江余杭反山良渚文化大墓中，发现玉钺置于人骨架左手侧旁，证实这一习俗已延续了两千余年。《左传》记载，"国之大事，在祀与戎"。《管子·重令》曾对杖斧钺的作用作过解释："凡先王治国之器三……三器者何也？曰：号令也，斧钺也，禄赏也。……三器之用何也？曰：非号令毋以使下,非斧钺毋以威众,非禄赏毋以劝民。"因此,钺是掌握军事统帅权力的象征。璧、琮、钺是象征宗教、军事(政治)的结合,是政教合一的体现。而与璧、琮、钺等一起随葬的细刻纹饰陶器,也应该是专属于当时有特殊社会地位的人物的,是祭祀用的礼器。

(二) 关于良渚文化细刻鸟纹纹饰的探索

从第二期起开始良渚文化陶器纹饰出现鸟纹图案,发展到第三期,以鸟纹为主体的细刻纹饰在很多陶器上发现。此外,在上海福泉山、浙江反山、瑶山和江苏草鞋山等良渚文化大墓出土的很多玉器上,都刻有各种姿态的鸟纹图案(图三七),这是一个

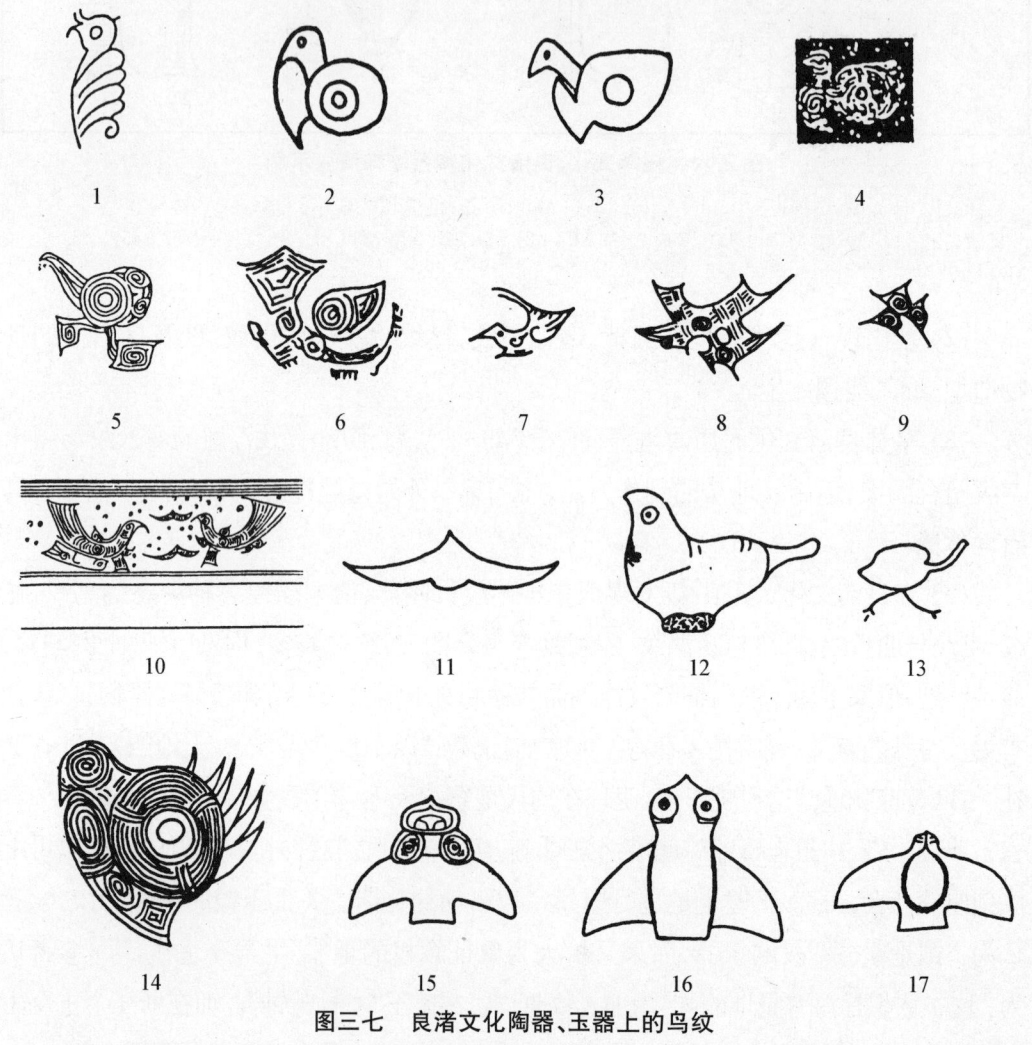

图三七 良渚文化陶器、玉器上的鸟纹

1. 澄湖古井陶罐上 2. 反山 M12 玉琮上 3. 反山 M23 玉璜上 4. 福泉山 M9 玉琮上 5. 瑶山 M2 玉冠形器上 6、7. 草鞋山 M198Ⅱ 陶壶上 8、9. 福泉山 M74 陶壶上 10. 福泉山 M101 陶豆上 11. 福泉山 M65 陶壶上 12. 福泉山 M126 玉鸟 13. 西洋淀古井陶尊上 14. 反山 M14 玉三叉形器上 15. 瑶山 M2 玉鸟 16. 反山 M14 玉鸟 17. 反山 M17 玉鸟

很值得研究和探讨的问题。笔者认为,良渚文化鸟纹图案如此流行是由很多因素促成的,而其作为一定的社会意义形态的反映,具有特定的社会功能是主要的原因。有的学者提出:"商周青铜器上的动物花纹(鸟兽之类的纹样),是与原始宗教祭祀有关的精灵图形(或形象),是原始巫师在人神之间交通的一种工具。"[24]这是很有见地的。笔者认为:商周青铜器上的鸟兽之类动物纹样,有些是沿袭原始社会氏族部落文化的艺术图像而来的。在原始氏族社会时期,先民们在向自然界争取生存的斗争中,势必会遇到很多困难,对自然界发生的各种现象也无法作出科学解释,便认为只有祈求神给予保佑。而神在天上,原始人无法直接与之相通,看到鸟能腾空飞翔,认为其具有神奇的魔力,希望借助它的力量,以达到与神相通的目的。因此,在很多祭祀礼器上发现细刻鸟纹图像,这既反映原始先民在思想意义上对鸟的崇拜,又反映了他们的虔诚愿望,祈求通过鸟的神奇魔力来达成人神之间的交往。

(三) 关于良渚文化陶器细刻鱼纹纹饰的探讨

上海青浦福泉山良渚文化层出土一件泥质灰陶盆(福T34:1),在口沿捏出的四个宽鋬上,各饰三条首尾相接的鱼纹,此外在盆外底中央也饰有一圈九条首尾相接的鱼纹,再在其内圈以弧线四等分各饰以水波纹,犹如鱼群在水中遨游,形象栩栩如生(图三八)。

笔者认为,在这件陶盆内、外饰有鱼纹,装饰作用不是其唯一目的。尤其是在盆外底中央饰有一圈九条首尾相接的鱼纹,显然不仅仅是为了供人欣赏,起装饰作用,而是含有更丰富的思想意识的内涵,很可能是为了祈求丰收,而与祭祀有关的礼器。考证有关史书,《春秋·经》载:隐公"五年春,公矢鱼于棠"。说的是鲁隐公五年,隐公亲率吏役到一个叫"棠"的地方,以弓矢射鱼。在甲骨卜辞中,也有关于殷王矢鱼的记载。例如《殷契佚存》第六五六号甲记载:"王弜渔,其兽。"按"鱼"与"渔",古通用;卜辞中多以"渔"为"鱼"。"弜",《说文》:"彊也","彊","弓有力也"。"弜渔"即"矢鱼"。"其兽",这里的"兽"字作"狩"字解,按《殷墟画契考释》:"兽"与"狩"实为一字。

上述史料说明,商周时代帝王为祭祀宗庙而

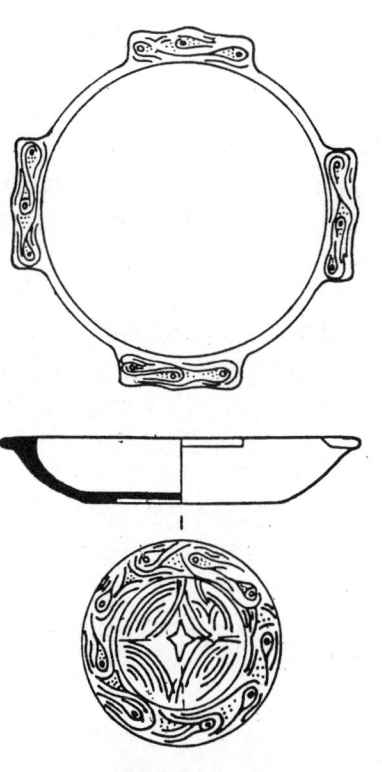

图三八 福泉山出土良渚文化泥质灰陶盆上的鱼纹(福T34:1)

亲往矢鱼和狩猎。由此推断,这一礼俗可能上溯至良渚文化时期,原始先民在祭祀时需用饰以鱼纹的陶盆,以表示他们祈求神佑赐予丰收的愿望和目的。

注释

[1] 上海市文物保管委员会:《上海福泉山良渚文化墓葬》,《文物》1984年第2期;《上海青浦福泉山良渚文化墓地》,《文物》1986年第10期;《上海青浦福泉山第三次发掘的重要发现》,《东南文化》1987年第3期。黄宣佩、张明华:《上海青浦福泉山遗址》,《东南文化》1987年第1期。

[2] 吴汝祚:《良渚文化》,载《中国大百科全书·考古学卷》,中国大百科全书出版社,1986年;任式楠:《长江流域的新石器时代文化》,载《新中国的考古发现和研究》,文物出版社,1984年。

[3] 陈国庆:《良渚文化分期及其相关问题》,《东南文化》1989年第6期。

[4] 吴汝祚:《论良渚文化与大汶口、龙山文化的关系》,《东南文化》1989年第6期。

[5] 黄宣佩:《论良渚文化的分期》,载《上海博物馆集刊》(6),上海古籍出版社,1992年。

[6] 浙江省文物管理委员会:《吴兴钱山漾遗址第一、二次发掘报告》,《考古学报》1960年第2期。

[7] 南京博物院:《江苏吴县草鞋山遗址》,载《文物资料丛刊》(3),文物出版社,1980年。

[8] 南京博物院:《江苏吴县张陵山遗址发掘简报》,载《文物资料丛刊》(6),文物出版社,1983年。

[9] 浙江省西湖博物馆(施昕更):《良渚——杭县第二区黑陶文化遗址初步报告》,浙江省教育厅,1938年。

[10] 上海市文物保管委员会:《上海马桥遗址第一、二次发掘》,《考古学报》1978年第1期。

[11] 江苏省文物工作队:《江苏吴江梅堰新石器时代遗址》,《考古》1963年第6期。

[12] 南京博物院、吴县文管会:《江苏吴县澄湖古井群的发掘》,载《文物资料丛刊》(9),文物出版社,1985年。

[13] 浙江省文物考古研究所反山考古队:《浙江余杭反山良渚墓地发掘简报》,《文物》1988年第1期。

[14] 南京博物院:《江苏越城遗址的发掘》,《考古》1982年第5期。

[15] 上海市文物管理委员会:《上海青浦果园村遗址试掘资料》,待发表。

[16] 浙江省嘉兴县博物馆、展览馆:《浙江嘉兴雀幕桥发现一批黑陶》,《考古》1974年第4期。

[17] 上海市文物管理委员会:《上海青浦寺前村遗址试掘资料》,待发表。

[18] 上海市文物管理委员会:《上海金山县亭林遗址试掘资料》,待发表。

[19] 上海市文物保管委员会:《上海松江县广富林新石器时代遗址试探》,《考古》1962年第9期。

[20] 南京博物院:《江苏武进寺墩遗址的试掘》,《考古》1981年第3期;《1982年江苏常州武进寺墩遗址的发掘》,《考古》1984年第2期;汪遵国:《良渚文化"玉敛葬"述略》,《文物》1984年第2期。

[21] 上海市文物管理委员会:《上海青浦西洋淀古井试掘资料》,待发表。

[22] 上海市文物保管委员会:《崧泽——新石器时代遗址发掘报告》,文物出版社,1987年。

[23] 汪遵国:《良渚文化玉器刍议》,待发表。

[24] 张光直:《商周青铜器上的动物纹样》,《考古与文物》1981年第1期。

[原载于《上海博物馆集刊》(6),上海古籍出版社,1992年]

福泉山良渚文化墓地论析

良渚文化是我国长江下游新石器时代晚期重要的考古学文化。这一文化分布的范围主要是太湖流域,包括江苏南部、浙江北部和上海两省一市的广大地区,因在1936年首次发现于浙江省杭县(今余杭区)的良渚镇而得名。良渚文化从首次发现,至今已有60年了。在这一段历史时期内,由于江、浙、沪两省一市考古工作者的不懈努力,先后在上述的广大地区发现了良渚文化遗址和墓地200余处,并对其中40多处遗址和墓地进行了试掘和发掘,取得了很多重大突破。福泉山遗址是长江下游太湖流域新石器时代的典型遗址之一。其中首次发现良渚文化时期先民用人工堆筑的高台墓地和祭祀遗迹,并在高台上的一些氏族首领墓葬中发现有大量玉、石、陶器随葬,发掘的玉石礼器数量之多和质量之高,使人们加深了对良渚文化玉敛葬习俗的了解,是探讨良渚文化所处社会发展阶段和中国古代文明的起源的一个重要实例。

本文拟就上海福泉山遗址特别是其良渚文化墓地的基本情况加以剖析,并对所涉及的几个有关问题作些探讨,尚请专家、学者指正。

一、福泉山遗址历次发掘概况和主要收获

福泉山遗址[1]位于上海市青浦县重固镇西首。这一带东有通波塘,西临堰西塘,南接山泾港、庄泾港,地势低洼,海拔仅3.3米。福泉山是一个略呈方形的大土墩,东西长94、南北宽84、高7.5米。东、南、西三面为斜坡,北侧呈现两级台阶状,顶面平整,似一个高土台。清光绪《青浦县志》记载:"福泉山在竿山北,下皆黄土,隆然而起,仅十余亩,殆古谓息壤也。……初因形似号覆船,后以井泉甘美易今名。"[2]遗址发现于1962年春,1977年重固中学师生在田间劳动时发现数件崧泽文化陶器,由此引起上海市文物管理委员会的重视,对它采取了保护措施。1979年11月至12月,市文管

委在福泉山周围农田中试掘,开探沟15个(编号试T1—T15),揭露面积130平方米,探明周围地下包含有马家浜文化、崧泽文化、良渚文化以及商周时期几何印纹陶文化遗存等多种文化堆积。

为了配合基建工程,有计划地研究太湖地区古文化,市文管委对福泉山遗址先后进行了三次发掘。第一次从1982年9月至12月,开探方7个(编号T1—T7),揭露面积255平方米;第二次从1983年12月至1984年1月,开5×10米探方20个(编号T8—T27),揭露面积1000平方米;第3次自1986年12月至1987年3月和1987年12月至1988年1月,开5×10探方16个,揭露面积800平方米。综合上述遗址试掘和三次发掘面积,共计2185平方米。通过这些发掘,探明了这一土墩遗址的形成过程,共清理崧泽文化墓葬18座、居住遗迹1处,良渚文化墓葬31座(其中3座人殉墓)、大型的燎祭祭坛1处和与祭祀有关的大灰坑1个,以及战国墓4座、西汉墓96座、唐墓1座和宋墓2座,出土石、玉、陶、骨、铜、铁、象牙器等遗物1600余件,取得了重大收获。其次,发现崧泽文化晚期男女合葬墓和三人合葬墓,是研究崧泽文化晚期的社会性质的重要资料。第三,还发现崧泽文化早期、晚期和良渚文化早期、晚期四个地层的叠压关系,发现良渚文化墓葬的多层叠压与打破关系,这为两类文化的各自分期提供了重要依据。第四,证实福泉山是一处良渚文化时期专为氏族显贵修筑的高台墓地,这在太湖地区考古中属首次发现,具有极其重要的意义。第五,首次发现良渚文化人殉墓3座,对于研究良渚文化的社会关系、社会形态和我国古代文明的起源都具有重要意义。

二、福泉山遗址的地层堆积

主要有下列三种情况:

(一)土墩西北部的T3、T5、T6、T8—T11各探方,包含有崧泽文化早期、崧泽文化晚期和良渚文化遗存等三层堆积。现以T8坑东壁剖面为例(图一)说明如下(基点海拔为9.3米):

第1层 距墩面深0—50厘米,为表土层。

第2层 距墩面深50—456厘米,是一层土质杂乱的灰黄色五花土层,出土遗物大都属于马家浜文化,有泥质红衣陶鸡冠耳陶片、夹砂陶的腰檐釜残片和足跟有二凹眼的圆锥形鼎足等,还有部分崧泽文化和良渚文化遗物。

第3层 距墩面深215—520厘米,也是一层经过翻动的黑色扰乱土,出土遗物同样包含有马家浜、崧泽和良渚文化三个时期。

第4层 距墩面深355—550厘米，为黄土层，土质较纯，遗物较少，发现良渚文化早期墓葬以及豆、罐、釜形器残片和扁方形鼎足等。

第5层 距墩面深550—690厘米，为灰黑土层，是一层保存较好的崧泽文化晚期墓地。除墓葬以外，出土遗物有角尺形和扁方形带凸棱的鼎足、甗的残片以及圈足器底等。

第6层 距墩面深650—685厘米，黄褐土层，是一层自然堆积，没有出土遗物。

第7层 距墩面深675—750厘米，深灰土层，出土遗物有鸡冠耳和扁耳陶片，澄滤器残片，扁三角形和圆锥形带两凹眼的鼎足以及黑陶和红陶豆、罐的残片等，未见腰檐釜或小方把釜耳残片，应属于崧泽文化早期堆积。

而在第7层距墩面深750厘米以下，即为青灰色生土。

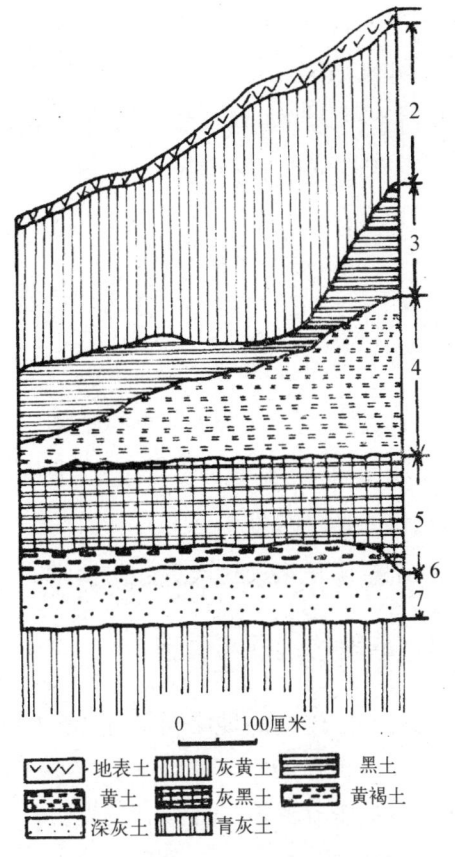

图一 福泉山T8东壁地层剖面图

（二）土墩南部的T24探方属于几何印纹陶遗存堆积，现以北壁剖面为例说明如下：在表土层以下，距墩面深75—140厘米，土色黄褐；其下深160—300厘米，为灰黄土层。这两层土色虽稍有变化，但土质杂乱，出土遗物以春秋战国时代的几何印纹陶片和原始瓷片为主，间有商周时代的早期印纹陶片，属于春秋战国时代的堆土。

（三）位于土墩东部和北部的其余各探方，都属于良渚文化时期的堆土。现以T10探方东壁剖面为例说明如下：距墩面深140—325厘米，为姜黄土层；其下深325—420厘米，为灰黑土层。这两层土质也显杂乱，上下都出土良渚文化早、中期的鼎、豆、罐、釜等陶片，间有少量马家浜、崧泽文化时期的遗物，同属人工堆土。

上述遗址地层资料表明，这一土墩的第1—3层属于经过搬动的扰乱土，而且包含的遗物有的时代颠倒，在第2、3层中出土大量时代较早的马家浜文化遗物，叠压在第4层时代较晚的早期良渚文化层上面，这显然是从别处搬运来的堆土。再从扰乱土中遗物的年代来看，土墩北半部最晚的遗物属良渚文化早中期，而南部一小部分大都属于春秋战国时代。这些现象表明，福泉山的形成过程大致是这样的：早在崧泽文化早期,已有人在今福泉山西北部的一小块高地上居住,以后这里又成为崧泽文化晚期和良渚文化早期的墓地;到了良渚文化中、晚期,人们搬运遗址西部马家浜文化的堆积,在此由西向东堆筑土墩,就形成了福泉山的基本地层。然后到了春秋战国时代,福泉山的南部又增加了部分堆土,便形成了目前福泉山的地形。

三、福泉山良渚文化墓地的特点

通过上述三次发掘,使我们对福泉山的形成有了一个明确的认识,它是距今4 000余年前良渚文化时期的人们,为氏族显贵而用人工堆筑的高台墓地,是一处良渚文化的特殊墓地。

福泉山良渚文化氏族显贵墓地的特殊性主要反映在以下五个方面:

(一) 墓地的选择与营造

福泉山遗址的地层表明,良渚文化时期的先民选择这一墓地是经过认真勘察后确定的。它建造在一处崧泽文化遗址和墓地的高地上面,利用地形比较高爽、周围环境宽广的有利条件,然后为了建造墓地动用大量的劳动力,从附近地区挖掘和搬运大量土方,专门堆筑了这处墓地。

福泉山现存一座东西长94、南北宽84米,总面积为7 896平方米的大土墩。按照福泉山发掘地层资料测算,良渚文化时期先民在原有高地上用人工堆筑的堆土,按长约90、宽80、高约3.6米测算,土方体积为25 920立方米。而福泉山地层中第2、3层的土色、土质情况表明,当时应是连续堆筑而成的。因此,笔者认为,良渚文化时期的人们从福泉山西部邻近地区(现存一个大河塘)挖土,然后运来堆筑。如果按目前的一个强劳动力每天挖4个土方的劳动强度计算,当时人工堆筑这个墓地,至少需动用64个劳动力,花100个劳动日才能完成。可以想象,在距今4 000余年前的良渚文化时期,当时还没有使用金属工具,全靠使用石制生产工具和简陋、原始的装载工具,在这种情况下,要完成这一墓地的堆土工程,任务是十分艰巨的。

(二) 墓葬结构与葬制

现已清理的31座良渚文化墓葬分布于土墩北部和东部各探方,比较分散,看不出埋葬规律。4座位于良渚文化早期文化层内,随葬品亦为早期形式,属于早期墓葬。清理时未发现土坑痕迹,可能承袭了崧泽文化葬制,仍以平地堆土掩埋。其余都属中、晚期墓葬,大都发现有墓坑遗迹。早期墓葬都为单身葬,仰身直肢,头向朝东或朝南。随葬品较少,有的墓葬内随葬品1—5件,甚至有1座墓内无随葬品。都埋葬在福泉山的北坡上。中、晚期墓中26座为单身葬,1座为两人合葬,仰身直肢,头向朝南,大都有使用葬具痕迹。随葬品有玉、石、陶器和象牙雕刻器等,十分丰富。这些墓葬的结构规模都较大,一般墓长4米,宽约1.4—2米,墓坑最深的达3.9米。良渚晚期大墓都埋葬在福泉山的中心台地上。在墓葬结构上,其中发现一座结构奇特呈刀形的土坑墓(福M65,即原编号T22M5),南北长4.1米,南部长0—2.1米处变宽,宽1.4米,北部长2.1—4.9米处变窄,宽0.8米。墓底距墩面深1.78米,墓底有一层青赭泥。清理时,在头骨及部分玉、石器表面上发现有漆皮遗迹,可能是葬具痕迹。人骨朽蚀严重,仅存头骨和肢骨痕迹。葬式为仰身直肢,头向南,随葬品丰富,共有玉、石和陶器126件,其中置于头前的有带盖黑陶双鼻壶、阔把壶、玉钺柄端饰各1件,玉珠38粒,头附近有玉管1件和玉珠29粒,胸前有玉璧、玉管各2件,玉钺1件,玉珠24粒,腰部有玉琮2件,玉钺、玉钺柄端饰各1件,下肢附近有陶鼎、簋、盉、豆各1件,陶盘2件,还有石钺、玉管、玉锥形器各3件和玉珠6粒。此外,发现一座(福M60即原编号福T21M4)长方形土坑双人合葬墓,坑长4、宽1.7、深2.85米,坑口开在良渚时期的黄褐土层面上,墓底距墩面深4米,坑内发现两具南北向的呈长方形的葬具痕迹,东首一具较大,长3.1、宽0.8米;西首一具较小,长2.2、宽0.7米,由多条卷曲的木板组成,上面有大片朱红色彩块。人骨架都朽蚀严重,东首一具根据朽骨粉末尚能辨别为仰身直肢葬,头向朝南;西首一具仅存一段肢骨。该墓随葬品丰富,计有玉、石器和陶器71件。东首一具,在葬具南端有陶双鼻壶、带盖阔把壶、杯各1件,葬具内头骨东侧有陶双鼻壶1件,陶罐、玉珠各2件,肋骨上面与左右上肢骨周围有玉璧、璜、环、锥形器、角形器和石钺各1件,双孔石刀、玉坠各2件、玉管7件、玉珠13粒,盆骨与左右下肢骨周围有石钺4件,玉锥形器7件,玉管4件,玉带钩、石锄和残石器各1件,足后有陶鼎、豆、盆、器盖与玉管各1件,陶双鼻壶2件。西首一具在墓坑南端,随葬品有陶翘流带把壶1件,葬具内上肢骨附近有陶鼎、玉冠形器、玉管、石钺和残石器各1件,足后有陶鼎和玉璧各1件。

此外,还发现良渚文化人殉墓葬3座,例如其中一座M139是一长方形浅坑墓,墓坑长2.99、宽0.96、深0.16米,墓内带木质葬具,经清理发现有底、面都呈凹弧形的两层大木板上下相合而成的葬具。在揭去上层木板痕后,即显露出一具仰身直肢的人骨,头向南,经鉴定为一个年约25岁左右的男性。在他口腔内含玉琀1件,上下肢骨上放置石斧、玉钺共12件,手臂上带有玉镯,头前有玉锥形器,身上有玉管和玉饰片多粒。在北端足后葬具外,有成堆的随葬陶器,计有夹砂陶鼎、黑陶杯、彩绘陶罐、彩绘陶豆、器盖、小陶杯、黑陶罐、夹陶豆和缸形器等。而在这具墓主人足后木棺的东北角,发现另一具保存较好的屈肢葬人骨,为一青年女性,屈身,上下肢弯曲而分开,呈跪着倒下状,头向西北。她既无墓坑、葬具,也无陶、石器陪葬,但在她头顶发现有玉环1件,面颊旁有玉饰片1粒,颈部和下肢骨旁各有玉管2件。这具人骨压在墓坑角上,头、足处于坑外,与一件大口陶缸葬在一起。按此迹象分析,应是M139掩埋后,再以人牲作祭祀,其身份似为地位较低下者(图二)。

另一座M145为一南北向的长方形土坑木棺墓,人骨朽蚀严重,随葬品丰富,计有彩绘陶罐、陶缸形器、陶鼎、陶罐和残陶器各1件,玉镯、玉锥形器、玉笄、玉琀、玉斧各1件,玉珠12粒,共计22件(粒)。而在M145的坑北,另有一个小坑,东西长0.97、南北宽0.8、深0.37米,坑内葬有两具人骨,头东向,屈身、屈腿,双手朝后,面颊朝上,呈反缚挣扎状。其一为青年女性,另一为少儿,身旁无任何随葬器物,按此葬式迹象分析,当是M145的人牲祭祀坑。

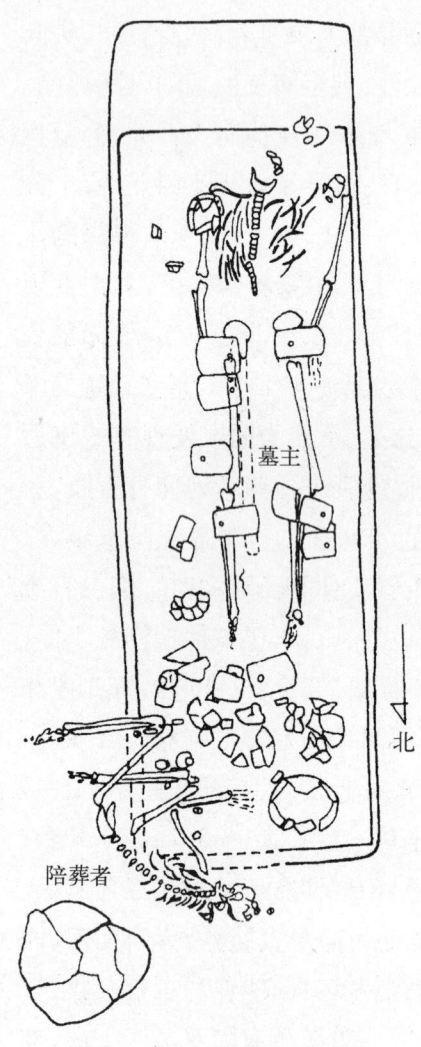

图二 福泉山 M139 平面图

(三)随葬品的数量、品种和质量

福泉山良渚文化大墓随葬品主要有玉、石、陶器三大类,个别墓葬(如福M9即原编号T4M6)中还有象牙雕刻器陪葬。随葬器的数量都较多,一般有上百件左右,例如福M74随葬170件,福M60随葬126件,福M40随葬118件,福M9随葬119件等等。现就其中七座良渚文化大墓随葬器物作一统计,可作参考(表1、2)。

这些墓的随葬品不仅数量多,而且品种丰富,制作精致,除有日常生活用的各类陶器外,还有石制生产工具、玉制装饰品和玉、石、陶制的礼器。石器的器形以穿孔石斧、钺为最多,一般都经精磨抛光,器体扁薄,刃部没有使用痕迹。其他还有石铲、石

表1 福泉山良渚文化大墓随葬器物统计

墓号	石器							陶器										
	斧	钺	刀	锄	铲	其他	小计	鼎	豆	壶	缸	杯	盉	簋	盘	盆	盖	小计
M9	9						9						1				1	2
M40	7		1				8	2	2	3	1		1	1			4	14
M53	1				1		2											
M60	6		2	1		坠1残器1	11	3		6		1			3	1		15
M65	3						3	1		2			1	1	2			8
M67								1	3	1	1	1	1				1	10
M74								5	6	6	3	3			2	1	40	30

表2 福泉山良渚文化大墓随葬器物统计

墓号	玉器																						小计
	斧	钺	琮	璧	锥形器	冠形器	璜	珠	管	坠	环	镯	钺端饰	饰片	鸟首	带钩	角形器	纺轮	角形尺器	菱形饰	残玉器	其他	
M9	1	1	5	4	4			61	10	2		2		17								象牙器1	108
M40		2	3	3	3			25	2					59	1								98
M53					2			11	1													残骨器1	15
M60			2	8	1	1		15	12	1	1	2				1	1						45
M65		2	2	5				97					2										115
M67			1					35	3	1										1		残骨器3	44
M74		4		1	12	2	1	102	9	2	1	2						2	1	1			140

刀和石钻形器等。陶器均为轮制，加工精致，器形有鼎、盉、豆、簋、壶、杯、盆、盘、罐、器盖等，并在有些器物表面(例如福M65：90陶鼎、福M65：2阔把陶壶、福M74：166陶双鼻壶、福M101：90黑陶豆等)(图三)通体刻有精细的蛇纹与飞鸟纹、蛇纹与圆涡纹、蛇纹与羽翼纹组合等图案，具有很高的工艺价值。尤其是玉器的品种更是丰富多彩，计有琮、璧、斧、钺、锥形器、管、镯、璜、冠形器、带钩、坠、鸟首、珠、环、纺轮和饰片等，制作都很精致，往往采用琢磨、镂孔、线刻、浅浮雕和抛光等技法，雕琢的纹饰

具有几个层次,特别是在一些玉琮、琮形玉镯上雕琢的神像、兽面纹图案,构思巧妙,比例匀称,线条精细,充分显示了良渚文化时期先民们的聪明才智。

　　近年来,上海市曾在上海县马桥遗址[3]、松江县广富林遗址[4]、青浦县金山坟遗址[5]、寺前村遗址[6]和金山县亭林遗址[7]清理良渚文化小墓共37座。而以福泉山良渚文化大墓与这些良渚文化小墓相比较,可从它们的墓葬结构、规模、葬具,和随葬品的数量、品种和质量等方面看出其显著的区别。如马桥、广富林、金山坟等良渚文化小墓,规模都较小,均系单身葬,墓地未经营建,有的未挖墓坑,大都在平地上堆土掩埋,仰身直肢,头向东南,随葬品贫乏,其中有3座无随葬品,一般仅1—2件,最多的一座有9件器物随葬,都为生前使用的陶制生活用具釜、鼎、豆、盘、壶和簋等,个别墓中随葬有石制生产工具斧、锛和小型玉、石锥形器。其中除金山坟遗址1座良渚文化小墓出土1件玉锥形器器表饰兽面纹外,其他均为素面,制作都较粗糙。如松江县广富林发现的两座良渚文化小墓,M2随葬石斧和石锛生产工具,其身旁还葬有1具狗骨遗骸;M1随葬有陶纺轮,没有随葬其他石器生产工具,在其足后却葬有1具猪骨遗骸。从上述两墓随葬品的类别和功能剖析,这似乎反映了男女不同性别在从事社会生产上的分工情况。这些墓葬的分布都较分散,很难找出它们的规律。这种分散埋葬的情况,其主要因素可能是由于父系氏族公共葬地已趋于消失的缘故。而另一类良渚文化小墓"似作人字形排列,以一座为中心,从两侧向后延伸,如亭林和寺前村发现的良渚墓群。这些不同的葬俗,是因等级的差别,还是因部落的不同造成的,尚待今后积累更多的发掘资料,再作进一步分析"。[8]

　　福泉山良渚文化大墓建造在一处地势较高的崧泽文化墓地之上,又经良渚文化时期的人们专门堆筑,以作为氏族显贵者的墓地。这批良渚文化大墓的埋葬方法是挖长方形浅坑埋葬。有的发现使用葬具,即以两块凹弧形大木上下相合而成。随葬陶器都为轮制,加工细致,尤其是在有些器物的盖和器身上刻有精细的纹饰图案:一件陶双鼻壶(福M74:166)通体细刻蛇纹与飞鸟纹组合图案(图三,4);另一件陶双鼻壶(福M74:66)通体饰鸟首蛇身纹(图三,3);还有一件泥质黑衣陶阔把壶(福M65:2)全器遍饰细刻曲折纹与鸟纹,半环形宽把上饰细密直条纹,尤其是在壶流外壁饰一展翅飞翔的鸟纹正视形象,为目前已发现的良渚文化陶器纹饰中的首次发现(图三,2)。而最显著的差别和特点是:福泉山良渚文化大墓都陪葬有大批玉器和礼器,例如福M74随葬品共计170件,其中玉器多达140件,约占总数的4/5;福M65随葬玉、石、陶器126件,其中包括璧、琮等玉器多达115件,占总数的4/5以上;福M9随葬玉、石、陶器和象牙雕刻器达119件,其中包括璧、琮等玉器多达108件,也占总数的4/5左右。

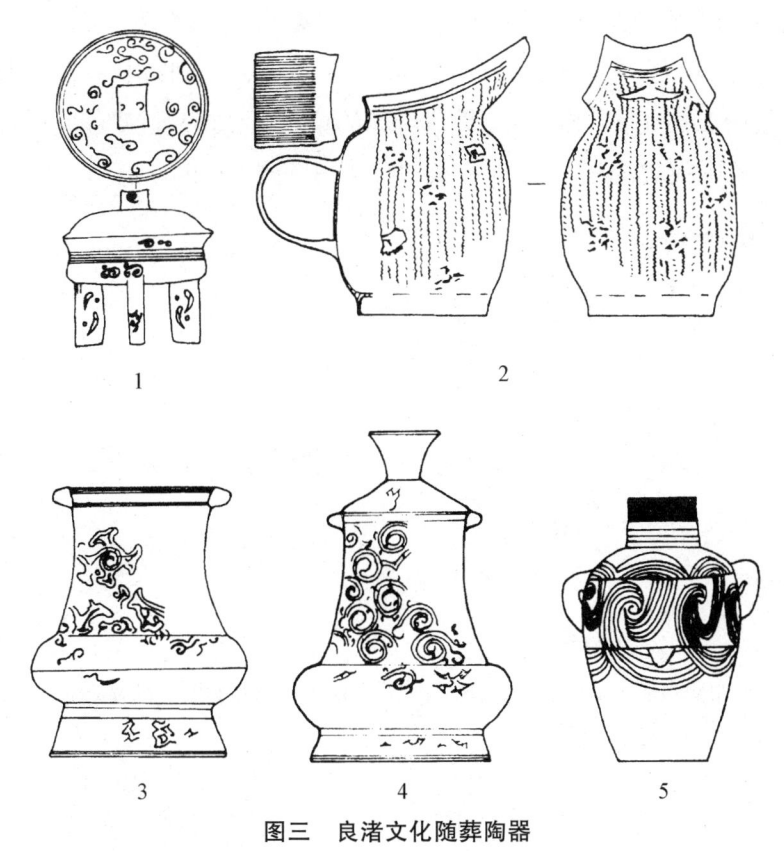

图三 良渚文化随葬陶器
1. 良渚文化细刻纹陶鼎(福 M65∶90) 2. 良渚文化细刻纹阔把陶壶(福 M65∶2) 3、4. 良渚文化细刻纹双鼻陶壶(福 M74∶66, M74∶166) 5. 大汶口文化彩陶背壶(福 M67∶46)

(四) 福泉山上发现大规模的良渚文化祭祀遗迹

良渚文化祭祀遗迹最早出现在黄土层,在山顶平台墓群的东西两侧各见一大片经火烧烤的地面,其上有一层薄灰,并有介壳屑。而在灰黄土层发现的祭祀遗迹,则有:

(1) 在山顶平台中心部位,有人牲的墓葬上方有一处大型的燎祭祭坛。祭坛南北长 7.3、东西最宽处 5.2 米,作阶梯形,自北而南,自下而上,共有三级台阶,每级升高 34—44 厘米。各层的中间平整,周围散乱地堆积着经过切割的土块,形成不规则的方圆形。在最高一层东南角数块土块上面放置一块长 1、宽 0.40、厚约 0.1 米,上下平整的土块平台,已断折,其下有 1 件大口缸。整片坛面和土块都被大火烧红,每一层面都有介壳屑,但未见残留的草灰。这是一处举行大型燎祭活动的场所(图四)。

(2) 在山的北侧第一台阶上有一个与祭祀有关的灰坑,作不规则的长方形,长约 19.25、宽约 7.5 米,四边较浅,中间渐深,深约 0.25—1.15 米,中心有一个略呈圆形的小土台,径约 1、高 1.15 米。坑中填满纯净的草灰,而坑壁、坑底连同中间土台无任何火烧痕迹,坑中积灰,像是山上大火燎祭后清扫堆放于此的(图五)。

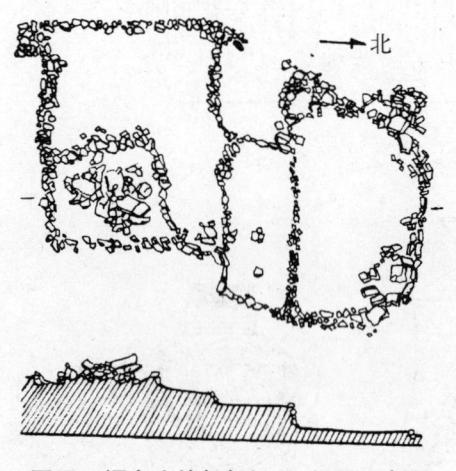

图四　福泉山燎祭祭坛平、剖面示意图 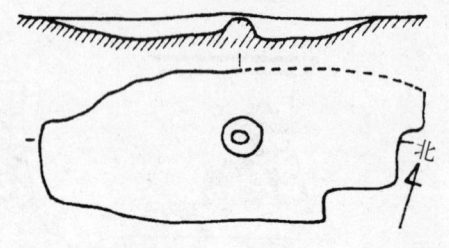　　图五　与祭祀有关的灰坑平、剖面示意图

(3) 在山的东坡上有一大堆介壳屑,介壳种类有蚬、蛏、蚶、蛤、牡蛎等,与距此十余公里的古海岸遗迹——竹冈地下的堆积一致,应是从海边搬运至此的,专为祭祀时使用。

(4) 部分墓上或墓的南端也有燎祭遗迹,如 M136 火葬墓,在掩埋后于墓坑上方按南北方向堆置许多土块,土块连同地表均经火烧。

根据上述现象可以看出,良渚人对福泉山上的大墓有一定的祭祀仪式,程序似为先堆置土块,然后堆草用火烧,在祭祀时撒上介壳屑,礼成后将草灰清扫,置于祭坛附近专设的灰坑之中。这类堆土燎祭不见于平地小墓,是专为氏族显贵举行的礼仪。[9]

良渚文化大墓的主要特点和它与良渚小墓之间的根本区别生动地说明：福泉山良渚大墓,凡是随葬品中有象征掌握原始宗教祭祀权力和统治权威的玉璧、玉琮和玉钺等大批玉器的,墓葬的主人都是原始氏族社会中占有特殊社会地位的显赫人物,是据有大量财富和权力的氏族首领。因此,笔者认为福泉山是一处良渚文化时期先民们专为原始氏族显贵者修筑的高台墓地。

这正如当代著名考古学家苏秉琦教授所指出的："良渚文化在中国古代文明史上,是个熠熠发光的社会实体。上海发掘了福泉山良渚文化墓地,出土大量精致的陶器和玉器,这些器物都不是寻常生活用品。但尤为重要的是它的如同丘陵的大封土堆。联系到远比它更早的近年在辽宁建平发现的属红山文化后期营建在山顶上成排的所谓'积石冢'。自秦汉以来用'山陵'一词称呼帝王冢墓,渊源甚古。我们这个号称具有五千年历史的文明古国的黎明期历史虽然还是'若明若暗',但已决不再是'虚无缥缈'的传说神话了。"[10]

四、对有关问题的探讨

(一) 良渚文化的社会性质

根据我国和世界各国原始社会史的普遍规律,随着私有财产的出现和阶级的萌芽,人们的社会生活和观念形态都将发生深刻的变化,丧葬习俗也显示出时代的特征。摩尔根在《古代社会》一书中谈到印第安人财产观念的变化时说过:"生前认为最珍贵的物品,都成为已死的所有者的随葬品,以供他在幽冥中继续使用。"[11] 上述福泉山良渚文化大墓中随葬的饰有精细刻纹的陶器和大批玉器,制作时都需耗费大量的劳动,这些器物为墓主人所有,正说明其生前当可大量占有别人的劳动果实,同时也反映了当时氏族社会中已存在着明显的剥削和阶级的对立。尤应重视的是,在良渚文化大墓中随葬玉璧、玉琮和玉钺,还包含着更多特殊的意义。《周礼·春官·大宗伯》记载:"以玉作六器,以礼天地四方,以苍璧礼天,以黄琮礼地。"这说明玉璧、玉琮在周代是祭祀天地、祖宗之灵的礼器。《周礼·春官·典瑞》又云:"驵圭璋璧琮琥璜之渠眉,疏璧琮以敛尸。"这反映了古代存在着大量玉器敛尸的葬俗。《周礼》是奴隶制上层建筑的集中反映,是在长时期中逐步完善的,它的前身是殷礼,并可上溯至夏礼,其中某些礼制的历史渊源,似可追溯到原始氏族社会末期。而今在福泉山、张陵山[12]、草鞋山[13]、寺墩[14]和反山[15]良渚大墓中都随葬有玉璧和玉琮,可以认为是原始宗教祭祀的礼器。墓主人占有这些礼器,说明他们生前掌握有巨大的统治权力,即掌握有原始宗教的祭祀权。

在对福泉山的第三次发掘中,考古工作者还曾发现3座良渚文化人殉墓葬(M139、M144和M145),其中M139已如前述,在一约25岁左右男性墓主人的足后、在木棺和墓坑的东北角上,有一女性屈肢葬人骨架,姿态是上下肢弯曲而分开,似呈跪着倒下状,在她身上还陪葬有小件玉器,似为地位较低的女殉葬者。另一座M144的坑口北部,有一具殉葬人骨,惜肢骨朽蚀严重,仅辨痕迹。第三座人殉墓M145,在墓坑北端,挖有一附葬坑,葬有一青年女性和一少儿人骨,双臂向身后弯曲,面部朝上,呈捆绑挣扎状。

综上所述,在良渚文化晚期氏族内部已出现私有制,存在着明显的剥削,氏族贵族驱使大批劳动力为显贵者们堆筑高台墓地,在大墓中陪葬有大批玉、石、陶制礼器,有的还发现人殉墓和祭祀等迹象,这正反映了墓主人生前掌握有原始宗教的祭祀权,象征他们手中握有至高无上的统治权力,掌握有生杀大权,从而表明在原始氏族制度濒临崩溃的前夜,阶级对立已趋于不可调和,原始氏族社会已进入文明时代的门槛。

这也正如苏秉琦先生所指出的:"良渚文化随葬玉礼器大墓、人工堆筑坛台和大规模的遗址群的相继发现,使这一地区史前文化研究在中国文明起源研究中作出了突出的贡献。良渚文化可能已进入方国时代的问题已提到日程上来。"[16]

(二) 良渚文化与大汶口文化、龙山文化之间的关系

关于良渚文化与山东大汶口文化之间的关系,已有一些学者对此作过分析和论述。其中如有位学者曾就良渚文化与大汶口、龙山文化中的一些典型陶器加以分析后指出:"大汶口文化后期阶段早期的呈子65和59号墓、大墩子302号墓等出土的贯耳壶,颈部较高,腹部扁圆,附矮圈足,其特点与良渚文化第一期的马桥9号墓出土的贯耳壶相类同;野店31号墓出土的贯耳壶,颈部较短,腹较前者稍圆,矮圈足,其器形特点与良渚文化第一期张陵山遗址出土的贯耳壶相似。这反映了良渚文化第一期和大汶口文化后期阶段早期有平行演变发展关系。……又如良渚文化第二期的上海松江广富林1号墓发现的鬶,器身略呈椭圆形,三实足呈锥形,把手附于腹上部,与大汶口文化前期阶段早期的大墩子214号墓发现的实足鬶的器形相类同。"[17]又如另一位学者研究分析所指出的:"更值得注意的是,大墩子花厅期M107:1背壶的形式及纹饰也与福泉山T23M2:46(即M67:46)颇为相似。同时,福泉山T4M6:32陶盉的形制,基本上同于大汶口M36:1实足鬶。最后,广富林M1:3及马桥T10:8实足鬶的形态,和花厅M214:2、岗上及野店M47:56同类器相同。可见,以马桥五层、广富林M1及福泉山T4M6、T23M2、T3M2为代表的这类遗存的年代,当和大汶口文化的花厅期相当。"[18]

而今,我们在福泉山良渚文化大墓发掘中又找到一个重要实例,即在清理M67时,曾发现陪葬品中有一件泥质红陶彩陶背壶(福M67:46)(图三,5),器呈直口、高颈、圆肩、深腹、平底,器肩两侧各有一个环形耳,双耳间贴背部位腹壁平直,便于背负,壶的另一侧浑圆,而在中间下腹部凸出有一鸟喙形凸钮,可将背绳套在凸钮上穿过双耳,人可以舒适地背起背壶。器表以橘黄色彩作底,颈部绘一周红褐色的宽带纹与四周平行弦纹,器身绘漩涡形图案。它的造型、纹饰与风格,都与良渚文化本身迥

然不同,但与山东大汶口中晚期文化遗存出土的Ⅰ式彩陶背壶(92:2)[19]以及大墩子花厅期M107:1彩陶背壶[20]的造型及纹饰相近似。根据史籍记载:在尧舜时期,氏族部落之间的交换已相当发达,例如《管子·揆度篇》上说"北用禺氏之玉,南贵江海之珠",征服远邦部落时,"散其邑粟与其财物,以市虎豹之皮"。因此,这一器物很可能是从山东大汶口地区通过以物易物或其他方式交换来的。这一实例反映,早在4000多年以前,当时生活在上海地区的良渚文化先民,已与山东大汶口文化时期的先民有了交往,并已建立了某些联系。

(三) 关于良渚文化大墓随葬细刻纹饰陶器和玉钺的用途

在福泉山良渚文化大墓中,曾随葬多件细刻纹饰陶器,例如福M65:2黑衣陶阔把壶、福M65:90黑衣陶丁字形足鼎、福M74:166和福M74:66黑衣陶双鼻壶以及M101:90黑衣陶豆等的器身上,饰有各种动物形象,诸如鸟纹、蛇纹、鸟纹与曲折纹、鸟纹与圆涡纹、编织纹等组合图案。纹样繁多,构思巧妙,比例匀称,线条精细,形象生动。众所周知,黑陶是使用还原焰加渗炭烧成的,不能作烹饪使用,否则陶色变红,细浅的刻纹一遇烟熏,就会湮没。由此可见,这类细刻纹饰陶器绝非一般日常炊煮用器。而与这些细刻纹饰陶器共存的有璧、琮和钺等重要器物,故它应该是包含有更多特殊意义的器物。关于玉琮、玉璧是进行原始宗教活动的礼器,已见前述,而关于玉钺的用途,有的学者认为:"钺是象征军权的重器,后来又扩大为象征政权的重器,主号令杀伐。"[21]笔者认为,这一见解是很有见地的。因据《周礼·夏官大司马》记载:"左执律,右秉钺。"《史记·殷本纪》记载:"汤自把钺。"《尚书·牧誓》记载:"(武)王左杖黄钺,右秉白旄以麾。"《尚书全解》:"钺以黄金饰斧,左手杖钺示无事于诛。"这些记载说明左右两个方向执钺形式的存在。而在福泉山M65、M74和M9良渚文化大墓中,都随葬有玉钺或玉钺与上冠饰、下端饰等的完整组合,在浙江余杭反山M12、M16、M14、M20和江苏寺墩M3和草鞋山M198良渚文化大墓中,都发现玉钺置于墓主人人骨架左手侧旁,但也有如反山M17、瑶山M7,则发现玉钺置于墓主人骨架的右手侧旁。这些实例证明这一习俗已延续了2000余年。又据《左传》记载:"国之大事,在祀与戎。"而《管子·重令》曾对杖斧钺的作用作过解释:"凡先王治国之器三……三器之用何也?曰:非号令毋以使下,非斧钺毋以威众,非禄赏毋以劝民。"因此,钺是掌握军事统帅权力的象征。璧、琮、钺是象征宗教、军事(政治)的结合,是政教合一的体现。而与玉制璧、琮、钺等一起随葬的细刻纹饰陶器,绝不是一般的实用器皿,也应该是专属于当时有特殊社会地位的人物(诸如氏族首领)使用的,是祭祀用的礼器。

注释

[1] 上海市文物保管委员会：《上海福泉山良渚文化墓葬》，《文物》1984年第2期；上海市文物保管委员会：《上海青浦福泉山良渚文化墓地》，《文物》1986年第10期；黄宣佩、张明华：《上海青浦福泉山遗址》，《东南文化》1987年第1期；王正书：《上海福泉山西汉墓群发掘》，《考古》1988年第8期；上海市文物保管委员会：《上海市青浦县重固战国墓》，《考古》1988年第8期。

[2] 清光绪《青浦县志》卷四《山川》。

[3] 上海市文物保管委员会：《上海马桥遗址第一、二次发掘》，《考古学报》1978年第1期。

[4] 上海市文物保管委员会：《上海市松江县广富林新石器时代遗址试探》，《考古》1962年第9期。

[5] 上海市文物保管委员会：《上海青浦县金山坟遗址试掘》，《考古》1989年第7期。

[6] 上海市文物管理委员会：《上海青浦县寺前村遗址试掘资料》，待发表。

[7] 上海市文物管理委员会：《上海市金山县亭林遗址试掘资料》，待发表。

[8][9] 黄宣佩：《福泉山遗址发现的文明迹象》，《考古》1993年第2期。

[10] 苏秉琦：《太湖流域考古问题——1984年11月17日在太湖流域古动物古人类古文化学术座谈会上的讲话》，《东南文化》1987年第1期。

[11] [美]摩尔根：《古代社会》，商务印书馆，1981年，第535页。

[12] 南京博物院：《江苏吴县张陵山遗址发掘简报》，载《文物资料丛刊》(6)，文物出版社，1983年。

[13] 南京博物院：《江苏吴县草鞋山遗址》，载《文物资料丛刊》(3)，文物出版社，1980年。

[14] 南京博物院：《1982年江苏常州武进寺墩遗址的发掘》，《考古》1984年第2期；汪遵国：《良渚文化"玉敛葬"述略》，《文物》1984年第2期。

[15] 浙江省文物考古研究所反山考古队：《浙江余杭反山良渚墓地发掘简报》，《文物》1988年第1期。

[16] 苏秉琦：《迎接中国考古学的新世纪》，载《华人·龙的传人·中国人——考古寻根记》，辽宁大学出版社，1994年，第241页。

[17] 吴汝祚：《论良渚文化与大汶口、龙山文化的关系》，《东南文化》1989年第6期。

[18] 张忠培：《良渚文化的年代和其所处社会阶段》，《文物》1995年第5期。

[19] 山东省文物管理处、济南市博物馆：《大汶口——新石器时代墓葬发掘报告》，文物出版社，1974年，图四五之2。

[20] 南京博物院：《江苏邳县大墩子遗址第二次发掘》，载《考古学集刊》(1)，中国社会科学院出版社，1981年，图一九之11，图版玖之5，图版拾之1。

[21] 汪遵国：《良渚文化玉器刍议》，待发表。

[原载于《东方文明之光——良渚文化发现60周年纪念文集(1936—1996)》，海南国际新闻出版中心，1996年]

从福泉山发掘看良渚文化玉器

上海市青浦县福泉山遗址，是中国长江下游太湖流域新石器时代的典型遗址。上海市文物管理委员会于1979年试掘，随后于1982、1983、1986年进行三次正式发掘，发掘总面积共2 235平方米。主要考古收获是发现了马家浜文化、崧泽文化、良渚文化的叠压关系，清理崧泽文化居址1处、墓葬19座，良渚文化祭祀遗迹4处、墓葬30座，此外清理了战国墓6座、西汉墓96座、唐墓1座、宋墓2座，出土各类文化遗物共2 800余件（图一）。

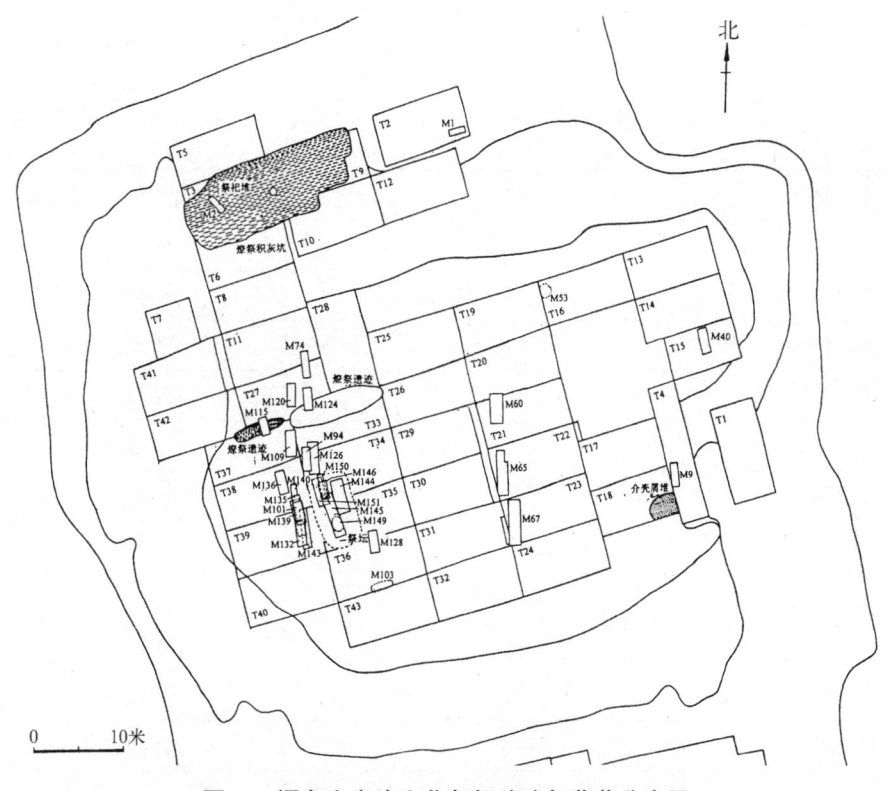

图一　福泉山良渚文化祭祀遗迹与墓葬分布图

福泉山发掘最突出的成果是首次确认良渚文化大墓埋葬在人工堆筑的高土台上,并发现了30座良渚文化墓葬,在良渚文化晚期的7座大墓中,随葬璧、琮、钺、璜、纺轮、带钩以及珠、管、坠等组成的项饰,共计出土玉器455件,为研究良渚文化玉器的制作工艺与用途提供了一份最重要的实物资料。

上海青浦福泉山良渚文化玉器样本玉质鉴定表

器物编号	器物名称	矿物(玉类)
福 M9:7	玉锥形器	叶蛇纹石
福 M9:16	玉钺	透闪石
福 M9:17	玉璧	阳起石
福 M9:18	玉斧	假玉
福 M9:21	玉琮	透闪石
福 M9:25	玉钺	透闪石
福 M9:26	琮形管	叶蛇纹石
福 M40:21	柱形管(残)	叶蛇纹石
福 M40:86	玉钺	假玉
福 M40:91	玉琮	叶蛇纹石
福 M40:95	玉鸟首	叶蛇纹石
福 M40:110	玉琮	滑石
福 M40:118	玉璧	透闪石
福 M60:8(1)	玉角形器(浅沁)	透闪石
福 M60:8(2)	玉角形器(深沁)	透闪石
福 M60:14	玉璧	透闪石
福 M60:16	玉镯	透闪石
福 M60:46	玉璧	叶蛇纹石
福 M65:47	玉璧	透闪石
福 M67:4	玉琮	叶蛇纹石
福 M74:25	玉锥形器	透闪石
福 M74:33	玉钺	透闪石
福 M74:37	玉钺	叶蛇纹石
福 M109:2	玉镯	透闪石
福 M150:1	玉镯	透闪石

笔者有幸参加了福泉山遗址发掘的全过程,参与了发掘资料的整理与研究,执笔撰写了《上海青浦福泉山良渚文化墓地》等发掘报告和研究论文。[1] 2000年10月,文物出版社出版了由上海文物管理委员会编著的《福泉山——新石器时代遗址发掘报告》一书,详细公布了新石器时代部分的全部资料。现趁着这次研讨中国玉文化的机会,笔者对福泉山出土的30座良渚文化墓葬,并着重对其中7座良渚文化晚期大墓出土的玉器作一较全面讨论,请诸位学者给以指正。

一、关于玉器质料的鉴定和分析

上海市文物管理委员会曾在福泉山出土的613件良渚文化玉器中,选择了琮、璧、钺、斧、镯和锥形器等共计25件玉器作为样品,邀请中国地质科学院地质研究所闻广、荆志淳两位先生,对上述玉器样品作了室温红外吸收光谱、X射线粉晶照相和扫描电子显微镜的分析测试,以确定其矿物成分和研究其显微结构。鉴定结果如上表所示:

从上表可以看到:这25件玉器,有14件为软玉,一般为致密块状具交织纤维显微结构的透闪石—阳起石系列矿物集合体。所有软玉样品中,除福M9:17玉璧是阳起石外,其余13件样品全都是透闪石。从显微结构看,软玉样品大都纤维较细属于中上乘,福M9:21玉琮及福M9:25玉钺等是其中的精品,但由于局部条件的差异,多数已不同程度受沁,且有些很深。福M60:8玉角形器(透闪石软玉),其深沁与浅沁部分对比,$Fe/(Fe+Mg)_{P.f.u}$%变化不大,约降低12%,而其显微结构有变松的趋势。此外,8件为叶蛇纹石、1件为滑石、2件为假玉。其他经肉眼观察的玉器还有玉髓和萤石。

福泉山良渚文化墓葬出土玉器,比诸同为良渚文化的浙江余杭反山和瑶山,总体而论,用玉数量约少一个数量级,质量也有逊色,真玉居多而杂有假玉,不如反山及瑶山的几乎全是真玉。但又比诸同为良渚文化的浙江海宁荷叶地出土玉器,则福泉山的比例明显高于荷叶地,后者多数墓用玉仅几件,而以珠管等小件居多,且质量也差,其用玉总量中真假玉约各参半。总括起来,上述三处良渚文化墓葬代表了三个不同的用玉等级,即:

第Ⅰ等级:反山(YF)和瑶山(YY);第Ⅱ等级:福泉山(QF);第Ⅲ等级:荷叶地(HH)。

福泉山与崧泽真(软)玉原料来源,也是良渚文化与崧泽文化软玉原料来源问题的组成部分,作者(闻广、荆志淳)推断其为"就近取材"。国内外的软玉已知主要有两种地质产状,即产于镁质大理石及蛇纹石化超基性岩。经过统计,两种不同地质产状的软玉其 $Fe/(Fe+Mg)_{P.f.u}\%$ 的总体特征存在差异,即前者 0—7 占 88%,而后者为 7—14 占 88%。福泉山与崧泽软玉样品中 $Fe/(Fe+Mg)_{P.f.u}\%=0-7$ 者为 $16/17×100=94\%$,所以其主体应系取自镁质大理岩中的软玉。

对镁质大理岩中软玉的传统认识是区域变质成因。经作者研究其稳定性同位素特征($gD—g^{18}O$),发现其主体不在变质岩的范围之内,说明可能系接触交代成因,于是开拓了这类软玉新的找矿方向。据此认识,检查镁质大理岩接触带中透闪石的显微结构,发现了江苏溧阳小梅岭产于中生代燕山期花岗岩与下二叠纪栖霞组镁质大理岩接触带的透闪石软玉。[2]

溧阳小梅岭的发现,使江南软玉产地由空白的未知变为已知。要研究解决崧泽文化与良渚文化古(软)玉原料来源问题,下一步需要的是进行细致的工作,从实际出发,应当先考虑当地小梅岭类型软玉的存在。而江南类似小梅岭地质条件产有透闪石的花岗岩类与镁质大理岩接触带很多,故需检查研究其透闪石为致密块状者的显微结构,以找出更多的软玉产地。只有在此基础上,详细研究对比各种特征,才便以查明江南史前古玉原料的具体来源。

福泉山与崧泽真(软)玉的受沁,如同其他遗址所出者一样,表现为显微结构变松,及透闪石—阳起石中 $Fe/(Fe+Mg)_{P.f.u}\%$ 减少而矿物未变,这是内在因素,但其外观变化显著。概括而言,受沁过程可大致分为两个阶段:第一阶段,由于显微变松而从半透明变为不透明,颜色仍大致保持不变;第二阶段,除显微结构进一步变松而全不透明外,颜色的透明度增高及浓度降低,表现为褪色发白。此外,比重的降低较明显地反映了显微结构的变松程度。福泉山的一系列真玉锥形器反映了同一遗址同一器物的不同受沁程度。尚存的问题是,如何判别原生和次生的风化与受沁的类似现象。

假玉中最常见的是叶蛇纹石,福泉山也如此,其受沁的过程与软玉相似,但在同一遗址中一般均较软玉受沁为深。史前古玉中的叶蛇纹石假玉至今尚未见有未沁者,且多数均已遭到深沁。[3]

上述福泉山出土良渚文化玉器的玉质鉴定论述,为我们研究探讨其他遗址出土的良渚文化玉器的玉质鉴定问题,提供了重要的科学佐证。

二、关于主体纹饰的组成和含义

　　福泉山良渚文化玉器上的主体纹饰,最为繁缛完整的是 M9∶21 镯式琮(有学者称为琮式镯)上的神人神兽神鸟纹(图二,2)。其组成是每一凸块分为上、下两节,上、下节在上部有两条横凸棱,其上各有平行凹线 5—7 条,其间细刻以横直线与云纹组成的微雕图案,在间距 0.3 厘米之间,刻线达 17 条,细如毫发,横棱下以角线为中心,两旁各有一目,目纹以双圈表现,外圈用管钻线旋,外侧各刻一短线作眼角,内圈用尖锥器刻划,缀接作多边形。目纹之下以短横棱作横鼻。其两侧各刻侧面鸟纹,鸟头向外,尾端略微上翘,羽翼向下作飞翔状。凸块的下节,在角线两侧各有一蛋圆形凸块作眼睑,中有双圈表示眼睛,双眼之间横跨角线有一个扇形凸块作为额部,额下有横

1. 反山良渚文化玉琮王上的神徽(M12∶98)

2. 福泉山良渚文化镯式琮(M9∶21)上的神徽

3. 河姆渡出土的"双鸟朝阳"象牙雕

4. 河姆渡出土的"双鸟日月纹"骨雕

5. 河姆渡出土的双耳陶盆上的图案组合

图二　良渚文化玉器纹饰与河姆渡遗址所见纹饰比较

鼻、眼睑、额、鼻,皆满刻横直线与云纹,其两侧亦刻鸟纹。自浙江反山 M12 所出玉琮发现完整具体的神徽后,加以对比分析可知,上段为戴羽冠的人面,下段为兽面,兽面应为虎面,可称为神人神兽神鸟纹(图二,1)。刚发现时,把兽面下的爪形足看成人脚而不是看作兽足,因而称其为神人兽面纹,已为不少学者辨析,这一称呼是不大确切的。在福泉山 M65：50 玉琮、M9：14 玉镯上又发现了较为简化的神徽,由此可确定,简化带冠神人面纹是由两条横棱、一对圆圈、一条短棱组成的,简化兽面纹则由两个带圆圈的椭圆形凸面及其中间的扇形凸面以及下部的短棱组成。由此,我们就识别了这种神徽的各种表现形式(图三—五)。

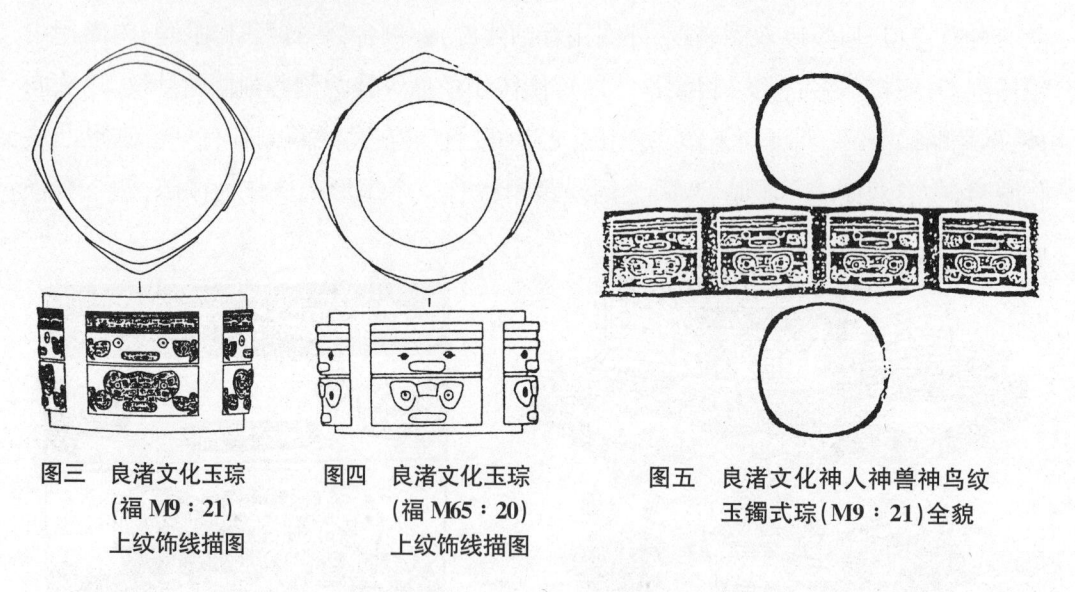

图三　良渚文化玉琮(福 M9：21)上纹饰线描图　　图四　良渚文化玉琮(福 M65：20)上纹饰线描图　　图五　良渚文化神人神兽神鸟纹玉镯式琮(M9：21)全貌

神人骑虎图像为已故著名美籍华裔考古学家张光直教授解释为巫跻关系,他指出:"在神徽图案中,上面的神人是巫师的形象,下面的兽是老虎。"他引用葛洪(《抱朴子》)称"骑虎跻"(以老虎作脚力),可以"周游天下,不拘山河"。其含义是巫师借助虎"跻"的神力,作法迅驰,上天入地,穿山入水,通达天机。虎是巫师通天的动物助手,鸟是其上天的伙伴。这种形象,追溯其源头,可把距今 6 000 年的河南濮阳西水坡仰韶文化龙虎蚌壳摆塑作为最早的实例。[4]

长江下游附近宁绍地区的河姆渡遗址出土了"双鸟朝阳"、"双鸟日月纹"骨雕,并在刻纹陶盆上发现了两组图案(图二,3—5)。如把这两组图案叠在一起,可与福泉山九号墓镯式琮上的神人鸟兽组合纹进行比较。把这些图像有机联系在一起说明,神人面代表光芒的日月,也就是象征天,神兽面、老虎与禾苗皆同土地有关,也就是象征地,而飞鸟则代表图腾、代表祖先,三者合一,这岂不是天、地、祖先三位一体的观念吗?！这种观念从 7 000 年前的河姆渡一直延续到良渚文化,其形式虽有变化,而其实质却始终如一,是古人的崇高信仰,至高无上,统治着人们的思想观念。看来,这对中国古代的思想文化起着主导作用。

三、关于玉钺套件的组合复原

玉钺是良渚文化玉器作为权力象征的重要礼器。1973年7月,南京博物院对江苏省吴县草鞋山遗址进行了发掘,首次在M198良渚大墓中出土一件玉钺。后来到20世纪80年代,在江苏寺墩、上海福泉山、浙江反山和瑶山等遗址发掘中,相继在良渚大墓中出土了30余件玉钺,由此引起了考古界的高度重视。玉钺在福泉山M101、M109、M144三墓各出土1件,M9、M65两墓各出土2件,M40墓中出土3件,M74墓中出土4件,合计14件,其数量之多,在良渚各墓地中是罕见的。尤其是其中三件玉钺上有玉质的冒和镦饰,其他在无端饰的玉钺顶上也发现曾经嵌入凹槽的摩擦痕。在孔的旁侧尚有上、中、右各一道用绳穿过钺柄的痕迹,由此可见玉钺原来都是装柄使用的。玉钺在墓中的部位大部分位于大骨的右侧。[5]

在良渚大墓出土玉钺的同时,有的还伴有一种过去称为玉杖饰、舰型器、冠形器、玉格饰、带槽玉器的饰件,将它认作某种器物上的附件是毋庸置疑的,但它究竟附属于何物,考古界一直没有取得共识。直到1986年,浙江省文物考古研究所发掘反山遗址取得重大突破。例如在发掘反山M12良渚大墓时,看到在玉钺旁的米粒状小玉片分布在延伸线的末端,有一件柄尾饰件。当时承蒙浙江考古同行热情邀请,笔者与上博同事前往发掘现场参观学习,使大家受到启迪,开阔了思路。我们开始意识到福泉山出土的玉钺也可能存在组合关系。我的同事张明华作了专门研究,写了《良渚玉戚研究》一文,我同意他做的组合复原,但对其命名为"玉戚"感到值得商榷,认为应称"玉钺"为好(讨论见后段叙述)。张为了寻找科学依据,特将有这一类饰物的良渚墓葬图搜集了一遍,略去其他无关的器物,留下玉钺(戚)与冠饰尾饰之间的隐约关系。由此对寺墩M3平面图作了考察,尤其清晰地显示出玉钺(M3:57,简报原称为"玉斧")上部约6厘米处的"玉格饰"(M3:56)和下部44厘米处的"带槽玉器"(M3:68),似为玉钺柄上的附件。经用虚线将它们连接起来,竟成为一件长68厘米,有柄首饰、柄尾饰的完整玉钺(戚)套件。它使我们第一次领略了良渚玉钺的完整组合,而且由于寺墩M3玉钺(戚)柄首饰的发现和认定,又使我们认识到,在称谓诸多的玉饰件中,不但有玉钺(戚)的柄尾饰,而且还有柄首饰存在。良渚玉钺(戚),是我国目前原始复合器械上出现冒、镦完整组合形制的最早实例。[6]

张明华共复原了五套件玉钺(戚)的完整器,其中福泉山三套件(M65、M74、M9各一套件),寺墩 M3 一套件,瑶山 M7 一套件。为了便于学者研究参考,列举如下:

寺墩遗址 M3,由凸弧刃玉钺(戚)(M3:57)、僧帽形玉冒(M3:56)、凸字形玉镦(M3:68)配成一套件。复原后长度据墓葬平面图测定,约 68 厘米(图六,1)。

福泉山遗址 M65,玉钺(戚)出两件。一件(M65:51)质差,已残,现以翘刃玉钺(M65:46)、僧帽形玉冒(M65:52)、船形玉镦(M65:43)配成一套件。由于玉钺(戚)与玉冒、玉镦的位置略有错移,首尾相距 88 厘米,作为全器的长度可能稍长(图六,2)。

福泉山遗址 M74,玉钺(戚)四件。一件(M74:41)残器。居人骨架左侧,周围无冒、镦。另外三件聚集在人骨架左侧,M74:38,残器质差;M74:33,湖绿色,与鸡骨白的鸡冠形玉冒(M74:34)、马鞍形玉镦(M74:45)的色彩质地、大小比例不统一;唯以翘刃玉钺(戚)(M74:37)配成一套件十分协调。墓葬清理中发现首尾相距 50 厘米,作为全器的长度似应增加(图六,3)。

福泉山 M9 玉钺(戚)两件。一件(M9:16)居人骨右下侧,周围无冒、镦;以翘刃湖绿色透光玉钺(戚)(M9:25)和细刻兽面纹象牙柄残体(M9:36A、B)、椭圆形象牙镦(M9:36C)配成一套件(冒未见,可能朽蚀或被汉墓扰乱丢失)。长度不明(图六,4)。

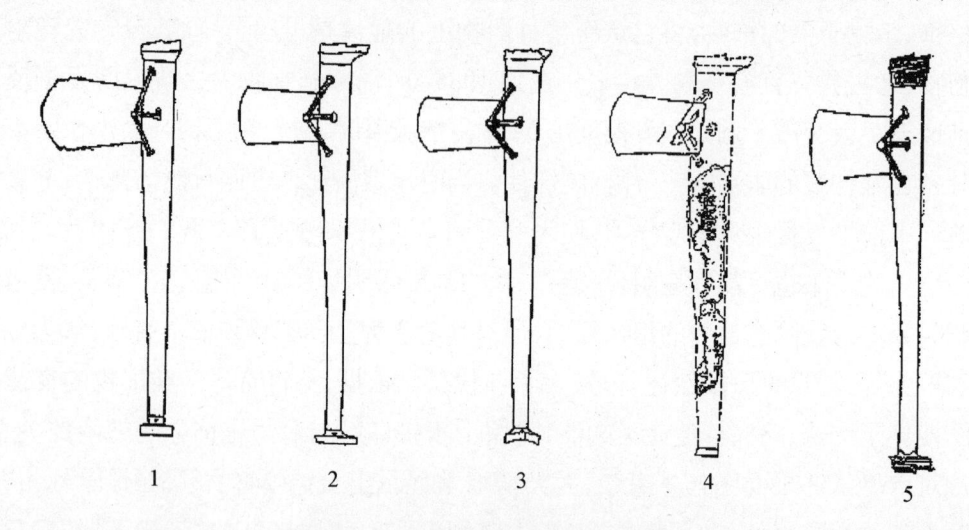

图六　良渚文化玉钺(戚)组合复原图

1. 寺墩 M3(玉冒 M3:56、玉钺 M3:57、玉镦 M3:68)　2. 福泉山 M65(玉冒 M65:52、玉钺 M65:46、玉镦 M65:43)　3. 福泉山 M74(玉冒 M74:34、玉钺 M74:37、玉镦 M74:45)　4. 福泉山 M9(玉钺 M9:25、象牙柄体 M9:36A、B、象牙镦 M9:36C)　5. 瑶山 M7(玉冒 M7:31、玉钺 M7:32、玉镦 M7:33)

瑶山遗址 M7,翘刃玉钺(戚)(M7:32),青白色,置于东侧,刃缘向西,原似持于右手,与僧冒形玉冒(M7:31)和斜长方形玉镦(M7:33)配成一套件,冒、镦有细刻纹,精美无比。长度80厘米(图六,5)。

笔者认为,应予以特别强调的是:福泉山 M9 出土的一件象牙雕刻器(M9:36A、B),位于墓主人骨架的左腿附近,出土时呈黄色碎屑状,外轮廓根本不规则,残缺严重,且断裂为两大段,大的一段长 25.4、宽 7 厘米,呈刀形,一面朽蚀严重,凹凸不平;另一面有一组繁缛细刻的兽面纹,兽面轮廓粗犷清晰,地纹纤细致密。兽面的口、眼、鼻和獠牙内都填刻云纹和横直线组成的几何形图案。一大一小的两对獠牙用弧线构成。这是一件显示神秘、肃穆、威严的精细牙雕,在良渚文化中尚属首次发现(图七、八)。小的一段长 16.8 厘米,两端及下面残断,弧脊面及两侧有细刻纹。根据同一出土位置和几可吻合的断裂面及相似的形制判断,大小两段应为一体。从其浑圆和弧脊及剖面呈 1.6 厘米的厚度看,似为一柄形器。鉴于椭圆形牙镦(M9:36C)和两段象牙出于一处,这件象牙器为玉钺(戚)(M9:25)柄体的可能性极大。透闪石琢制,玉色湖绿,镜面精磨透光的玉钺(戚)(M9:25)是目前良渚文化出土玉钺中质地最细腻、磨制最光洁、器体最轻薄、色彩最艳丽的精品(图九),配以繁缛严谨的兽面纹象牙柄,真可谓交相辉映,相得益彰。

图七 良渚文化象牙雕刻器

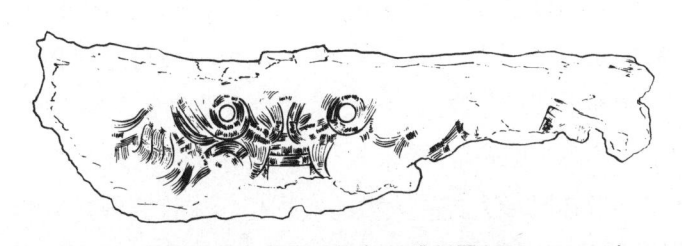

图八 福泉山出土良渚文化象牙雕刻器(M9:36A、B)

图九 良渚文化玉钺(M9:25)

四、关于斧、钺、戚命名的讨论

玉钺是良渚文化玉器中的一种重要礼器,是一种复合工具。钺,本作戊。汉许慎《说文解字》注:"戊,大斧也。"商周甲骨文作"ᄇ"、"ᄂ"、"彐"[7],其字形与考古出土的实物基本相同。考古发现表明,钺早先均为石质,起源于石斧,故过去在20世纪70年代前的考古发掘报告中,斧钺不分,统称为斧,或称之为穿孔石斧,也有称为石铲,或称为石耜的。《说文解字》称戊(钺)为大斧,而"斧"则解释作"斫",可知钺与斧尽管均可作武器及刑具,但两者的形制和功用仍是小有差异的。按考古学界的定名法则而论,斧的器身窄而厚重,主要属于生产工具,钺的器身宽大而偏薄,中央偏上部位有圆孔,多用作武器,故斧和钺还是可以区分的。1977年,吴汝祚先生在《太湖地区的原始文化》[8]一文中,明确把扁平状的穿孔石斧正式定名为石钺。特别是江苏省海安县青墩遗址出土崧泽文化有柄陶钺模型后,钺的器形和安柄的方式更是真相大白,从而为考古界所公认。[9]

有学者对我国新石器时代的石钺作了全面分型定式研究,主张可划分长江下游地区、黄河下游的山东及附近地区和黄河中游地区等三个区域,并指出长江下游的江、浙、皖是目前发现石钺最多的地区,他认为"从圆盘形石钺到梯形、长方形石钺再到亚腰形、有内形石钺的序列","这基本上代表了这个地区石钺发展演变的一般规律"。同时,他还正确地指出崧泽文化时期的"石钺已慢慢失去了它最初的功用,由生产工具演变为武器或权力与威严的象征物"。笔者对他的见解,表示赞同。

有学者主张玉钺应改称为"玉戚",他认为:"良渚玉戚反其祖形斧、铲等生产工具的粗犷实用,而呈轻薄精美、首尾镶饰的豪华高贵型。在巫术盛行的时代,作为人们在出征前后,为了得到或感恩神祖的荫护,和干为舞,以舞降神的礼器,是合乎情理的。"他又认为:"鉴于玉钺一词文献中少见,玉戚屡见不鲜,将这种肯定不是实用利器的精美的斧柯形玉器,称其为历来就认为是舞器、武乐之器的'玉戚'是比较贴切的。"

但是笔者对这一观点持有一点不同看法,现提出来进行探讨。首先,从戚的器形特点来看,这正如有位学者指出的:应该说戚是钺的一种,或者说是一种特殊形状的钺。它的器形特点是在钺体的两侧伸出齿状扉棱。清末著名的金石学家吴大澂的《古玉图考》中著录过这种器物,定名为"玉戚"。郭沫若《殷契粹编》释甲骨文中的"ᄇ"为戚字(粹1546)。日本著名学者林巳奈夫把吴大澂的实物和郭沫若的甲骨文释读结合起来,把两侧有齿的钺形器称为"钼戚",认为是安阳侯家庄1001墓商代墓出土的两侧有齿形扉棱的玉质斧形器,即是甲骨文上述文字的实物来源(《中国殷商时代的兵器》,第153—154页)。这种两侧有齿的斧形兵器在良渚文化中迄今未发现,今后如果在良渚文化遗址中发现这种斧形器,当然称之为戚。而我们所讨论的并不是这种有齿状的特殊斧形器,那就不能命名为戚,而只能称之为钺。[10]

其次,从戚的用途、性质来分析,它是"乐之器也"。据董楚平教授考证,在先秦、汉初文献中,附有汉唐人注释的"戚"字语句,计有:《诗经·大雅·公刘》、《左传·昭公十二年》、《左传·昭公十五年》、《公羊传·昭公二十五年》、《山海经·海外西经》、《礼记·月季》、《礼记·祭统》、《孟子·梁惠王下》引《诗经·公刘》、《吕览·仲夏》、《吕览·贵直》、《淮南子·时则》、《淮南子·汜论》、《文选·上林赋》。他辑录了16条"戚"的定义,全部仅以一个"斧"字了之,此外不作任何深层含义的引申。其中特别是《公羊传·昭公二十五年》:"朱干戚,以舞大夏。"郑注:"戚,斧也。"《文选·上林赋》:"舞于戚。"郭注:"戚,斧也。"这些都写明戚是舞具,大多"干戚"连文,作为舞具,戚的地位与干(盾)、羽、旄牛尾无别。由于戚是舞具,所以在古文献中作为器名的戚字,用得最多的莫如《礼记》,共10次,都是"干戚"连文,都是舞具。这正如《乐记》所说:"钟、鼓、管、磬、羽、干、戚,乐之器也。"而钺戚的主要区别在于用途、性质之不同,即戚为"乐之器也",而钺为"王斧"、"天钺"。据《牧誓》记载:"(周武)王左杖黄钺,右秉白旄以麾。"汉人孔安国《传》曰:"钺,以黄金饰斧。"唐人孔颖达《疏》:"《正义》曰:太公《六韬》云:'大柯斧重八斤,一名天钺'……。"是钺大于斧也。又据《顾命》记载:"一人冕,执刘,立于东堂;一人冕,执钺,立于西堂。"孔安国《传》:"冕,皆大夫也。刘,钺属。"孔《疏》引汉人郑玄云:"钺,大斧。"上述《牧誓》的钺,是周武王所执;《顾命》的钺,是周康王的近卫大夫所执。另据《大雅·公刘》:"干,戚扬。"毛《传》:"戚,斧也,扬,钺也。"孔疏《广雅》云:"钺、戚,斧也。"又据《商颂·长发》:"武王载旄,有虔秉钺。"这个"武王"是商王成汤。此写商汤执钺伐夏。钺字无注。

根据上述《长发》与《牧誓》的记载,商汤和周武王皆亲自执钺。《逸周书·世浮解》也说:"(周武)王秉黄钺正国伯。"《国语·吴语》写黄池盟会,说吴王夫差与晋争先歃血,吴"王亲秉钺",以威胁晋君。由于钺是王者亲秉之器,故《字林》说:"钺,王斧也。"

综上所述,古书中的钺字多数为君王的权杖,少数是刑具。古书中的戚字基本上都作注释,钺字则大多不注。这是因为钺作为君王的权杖、刑具由来已久,众所周知,而戚的用途甚窄,仅为古代某种舞蹈的道具,人们不甚熟悉。古书中戚字的注文基本上以一个"斧"字了之,不作深层意义上的发挥,因其本身如琴瑟竽笙一样,并无什么深层意义需要阐述。而与此形成鲜明对比的是,古书中的钺字,虽然多不加注,但若作注,则往往洋洋洒洒,注为"金钺",疏以"大斧"、"天钺",引《牧誓》谓为王者所执,引

《王制》谓为王者赐诸侯专杀之权杖。戚与钺的轻重薄厚之别,甚为分明。良渚文化的玉质斧形器,既然公认是权杖,甚至是最尊贵、最稀罕的礼器,那么,它的性质就更接近商周时期的钺而不是戚。[11]

根据近年来浙江、江苏、上海两省一市的考古发现,凡是出土良渚文化玉钺的肯定是良渚大墓,随葬品的数量丰厚,玉器品种也较齐全,有的还有细刻纹饰陶器陪葬。例如福泉山 M9,共出土玉石、牙、陶器 119 件;福泉山 M65,共出土玉、石、陶器 170 件,M101 共出土玉、石、陶器 35 件,M144 共出土玉、石、陶器 36 件;浙江反山 12 号墓随葬有唯一雕琢完整神徽和鸟纹的一套配有雕琢有精细纹饰的玉冒和玉镦的玉钺,共出土玉、石、陶器和鲨鱼牙 160 余件(组)。由此可见,凡是随葬有玉钺的墓主人,生前掌握有军事统帅的指挥权力,往往集军、政、巫权于一身,在原始氏族社会中享有特权显贵者的社会地位。

综上研究分析,将良渚大墓中出土的具有权杖作用的玉质斧形器命名为钺才比较符合历史文献记载和考古发现的实际情况。

五、关于玉项饰的复原

在福泉山 M74、M101、M9 三座良渚大墓中,根据出土情景均复原出一串玉项饰,组合各具特色,极为珍贵。

其一,玉项饰(M74∶87)。这串项饰由大小不一和形状不同的 47 颗珠、2 件管和 6 件圆柱锥形器串联组成,周长 60 厘米。其中腰鼓形珠 16 件,椭圆形牛鼻孔珠 14 件。出土时位于墓主人骨的胸部,玉料有的呈湖绿色,有的已显乳白色,排列位置是按清理发掘时的部位复原的,锥形器分布在左、右两边,各有 3 件,对称排列,中间以两颗玉珠相隔。项饰下部下坠的玉珠,穿孔作牛鼻形。整串项饰组合显得美观大方(图一〇)。

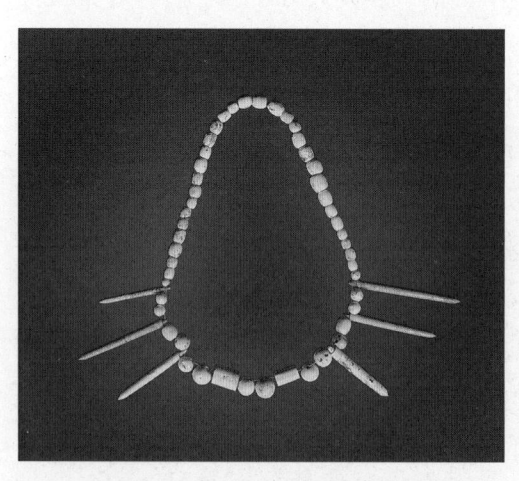

图一〇　良渚文化玉项饰(M74∶87)

其二,玉项饰(M101∶4)。这串项饰由 31 颗珠、2 件管、4 件环和 4 件锥形器串联组成,周长 43 厘米。有的玉料呈青白色、青灰色,也有作乳白色的。玉珠绝大多数为腰鼓形,仅有个别为圆球形。出土时位于墓主人骨胸部的左侧。目前排列位置是按当时出土情景串联复原的。在项饰上还有一件表示神像的玉冠形器,玉色乳白间闪黄褐色斑纹。这串项饰可能是挂在神像颈上的饰件(图一一)。

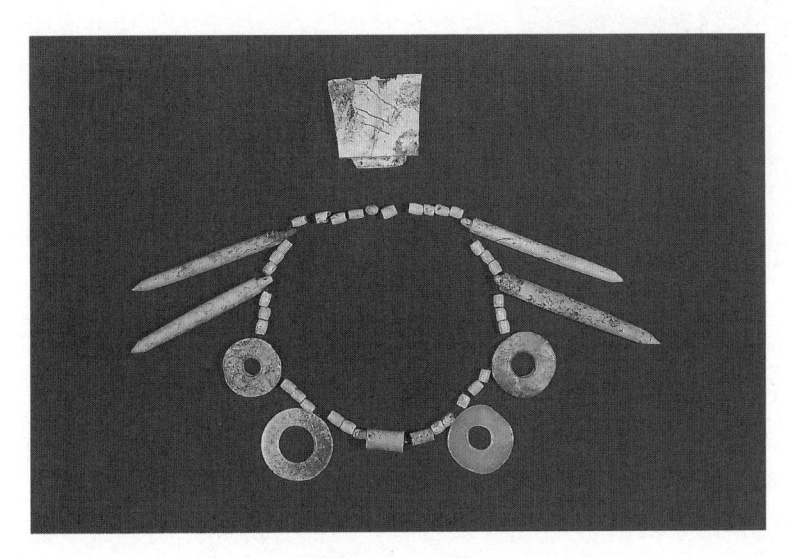

图一一　良渚文化玉项饰(M101:4)

其三,玉项饰(M9:22、23、24、45—104等)。这串玉项饰,由于当时清理时穿系玉项饰的绳索已腐朽,致使出土玉项饰的各个珠、管、坠、铃等组合散落成一堆,计有大小不一和形状不同的玉珠54件(其中腰鼓形的42件,圆球形的12件)、绿松石圆珠5件、玉管10件(其中圆筒形6件,扁轮形2件,柱础形2件)、铃形玉坠1件,共记70件。玉料有的呈黄色,有的作乳白色,还有以绿松石制作的。两件柱础形玉管(M9:24、M9:41),器表有两组以浅浮雕双目和鼻组成的兽面纹。一件铃形玉坠(M9:33),玉色乳白,素面,坠柄有一穿孔。而玉琮形管(M9:26),长方柱形,系叶蛇纹石琢制,玉呈黄白色,管面纹饰与玉琮类似,亦分上、下两节。每节在两条代表冠的横棱下的每一角有一横鼻,每一面有一圆圈,表示神面,下部以对角线为中心各雕琢出一组以眼、额、鼻组成的兽面。因为当时把它定名为小玉琮,而没有作为玉项饰的部件加以完整地复原(图一二)。这串玉项饰,曾于1992年4月至8月,作为《上海博物馆良渚文化珍品展》的展品之一在香港博物

图一二　良渚文化玉琮形管(M9:26)

馆展出,受到广大观众的青睐(图一三)。

1987年12月,南京博物院对江苏省新沂花厅遗址进行发掘,在第16号大墓中出土一串玉项饰,原来穿系的绳索已朽蚀,玉项饰的各个部件零星散布在墓主的头部上方。这串玉项饰由2件琮形管、2件扁平冠状佩、23枚喇叭形管、18颗鼓形珠串联而成。另外,还有28颗鼓形小珠分别穿坠在两个扁平状冠佩上作为串饰。这串玉项饰由四种形状各异的部件对应串联起来,两侧另加14颗小珠串联而成,显得独具一格。整体组合对称和谐,构思奇巧,美观实用(图一四)。同时在第18号大墓中,又出土一串玉项饰。这串玉项饰由2件琮形管、2件钟形大珠、22枚喇叭形管、57颗大小不一的鼓形珠,共计83件串联组成。均以透闪石软玉琢制,玉呈乳白色,周长114厘米。项饰的上部由大小不一的35颗鼓形珠和10枚喇叭形管交错对称串联而成,下部由22颗鼓形珠和12枚喇叭形管串联而成,并将最大的4颗珠安置在中间下垂的部位,匀称稳定。整串项饰的各个配件显得错落有序,左右对称,而又富于变化,别具一格(图一五)。[12]

图一三　良渚文化玉项饰(M9)

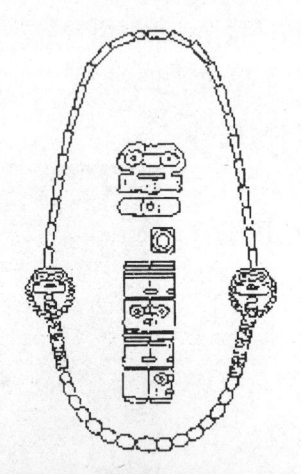

图一四　江苏新沂花厅出土的玉项饰(M16)

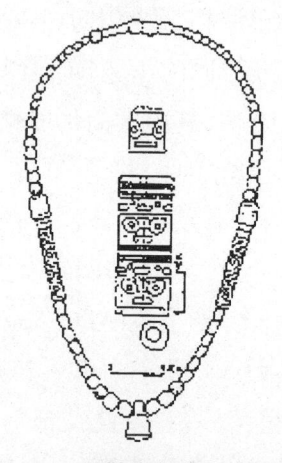

图一五　江苏新沂花厅出土的玉项饰(M18)

上述花厅遗址第16号墓、第18号墓出土的两串玉项饰,给笔者以很大的启示。笔者联想到福泉山第9号良渚文化大墓出土的一串玉项饰,在2000年10月出版的《福泉山——新石器时代遗址发掘报告》时,没有按照玉项饰组合件予以发表,感到十分遗憾。

首先将福泉山第 9 号良渚大墓出土的 2 件玉琮形管（M9∶23、M9∶26），与花厅第 16 号墓出土的 2 件琮形管进行比较，其形制与纹饰均完全相同；其次，福泉山出土的 2 件柱础形玉管（M9∶22、M9∶24），其形制与花厅第 18 号墓出土的玉项饰中的琮形管相似，器表有两组浮雕双目和鼻组成的纹饰，也与花厅 16 号玉项饰上的冠形佩相似。现在通过南博考古同行对花厅遗址第 16 号墓和第 18 号墓出土的 2 件玉项饰的串联组合，已搞清饰有简化神人面和兽面纹的玉琮形管往往是成对作为玉项饰的主要部件，这是比较符合美学欣赏原理的。

因此，福泉山第 9 号良渚大墓出土的两件玉琮形管，参照花厅第 16 号墓和第 18 号墓出土的玉项饰串联组合形式，也是作为玉项饰组合部件的，中间与扁轮形玉管相隔，组成项饰两侧的主体，而铃形玉坠则按惯例置于玉项饰的最下端，其他 54 颗玉珠、6 枚圆形玉管间与 5 颗绿松石圆珠串联在一起，这样才能显得绚丽华美，成为一串色彩斑斓、形式对称的精美项饰。现以线图示之供专家学者研究参考（图一六）。正如有位学者所指出的："玉以通神，凡带有神人面、兽面纹者，更与通神有关。这种玉项饰类似佛教的念珠，并不是单纯的装饰品，而是巫师主持祭祀行使巫术，是通天致神中的法器。"[13]

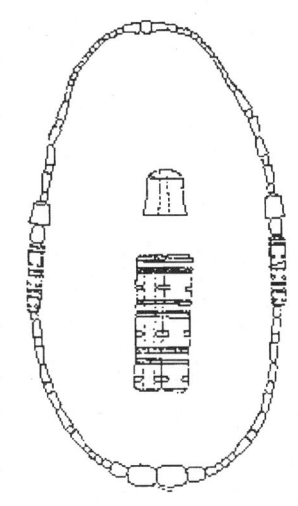

图一六　福泉山出土玉项饰（M9）复原图

六、关于玉器的制作工艺

通过长期的细致观察和研究分析，在福泉山出土的良渚文化玉器上还发现了许多制作痕迹，这为探讨这一时期的琢玉工艺提供了重要线索。

良渚玉器上除常见研磨遗留的一块块小平面外，还有一些以片状物质用砂作介质往来锯割遗留的凹槽，这种凹槽平直而光滑。例如在 M60∶14 玉璧的边缘上可见一条直线的凹槽，这是在一个扁平的方体玉璧上，经过多次切角，从四角到八角，十六角……再制作研磨形成整圆过程中遗留的一条切割痕。

又如 M109∶15 玉钺的顶部，在嵌入木柄的凹槽内，往往因成器后不再研磨修整，维持折断的痕迹，在有的器两面断痕的边缘各见一条锯割的凹槽。这是制作时将钺顶的多余部分从两面相向锯割，在接近锯断时将它折断。又在一件冠形器的顶部、方耳与笠角之间也遗留一条锯割的凹槽，是先将玉片锯割成大体形状，再作研磨成器。这些凹槽的发现,说明锯割是良渚文化玉器成型的主要方法。

其次,钻孔在良渚玉器制作工艺中是重要工序之一。大体使用尖头钻和管形钻两种工具,从两面相向对钻。尖头钻用于钻制小孔,如珠、管、璜、坠和锥形器、冠形器的榫上插销孔等小孔,这类孔壁壁口大、底小,倾斜度大。琮、镯、环等大孔使用管形钻并在钻透以后对孔壁再作研磨,将孔扩大,所以孔壁光滑见研磨面,而钻痕不清晰。斧、钺、璧、环的孔使用管钻,孔壁较直,壁面有一圈圈旋痕以及因相向对钻在穿透处出现一周凸脊。例如M40:111玉璧对钻孔壁上遗留的旋痕,这些旋痕线条较直,与金属管旋线的锐利感觉不同,并且玉璧的孔壁在钻透以后也稍作研磨,略见光泽,但仍见旋痕。

其三,良渚玉器上的纹饰有高于器面的凸纹和阴线两种。凸纹如M9:21玉琮神脸上的两条代表羽冠的横棱、横鼻及兽面上的蛋圆形眼睑、桥形额,都采用减地法使纹饰凸出。在琮的直槽或横鼻的边侧,有的可见一条划界的凹线,像是先用锯磨方法勾勒出减地的范围,再进行磨低减地的。凸面上或减地平面上的阴线纹饰,制作方法有多种,如表示眼睛的圆圈,有的使用管钻旋出凹圈,圈形圆整,凹线光滑,有的使用尖锐器刻划,刻划的圆圈由多条刻线围成,呈不规则圆形。至于神像的横鼻上与代表羽冠的两条横棱中间,以及额及眼睑上填刻的云纹与弧线,或神像旁边的飞鸟纹,细小而浅,都用尖锐器刻划,刻线在放大镜下粗糙曲折,并有毛茬溢出。代表神冠的两条横棱上的多道平行直条阴线,有的位于弧面方角琮的弧凸面上,似用片状物质锯磨的,由于锯磨面呈弧形且须不断转换磨角,阴线的底面必须出现折棱。今观察这些阴线,浅细宽狭与刻划线一致,并且有些线条并不挺直,甚至有两条交叉的现象,应该不属于锯磨痕而仍是一种刻划线。所以良渚玉器纹饰中的阴线,是使用尖锐器刻划而非砣刻的,成为一种重要特征。

关于良渚文化的玉器琢玉工艺,过去曾有学者认为:"纵观良渚玉器加工制造的全部技艺,不论在玉料的剖割、玉件的成型,甚至花纹的雕刻等,到目前为止,还无法确定当时已经能够使用砣具。"[14]有学者对上述论点提出异议时指出:"此说欠缺是显而易见的。我们据余杭瑶山2号墓中出土的一件玉柱形器(瑶山M2:16)便可推翻此说。此玉柱形器的柱体中段可见续断续连的五道横向的中间较宽深而两端较细浅的切刻痕迹(图一七),

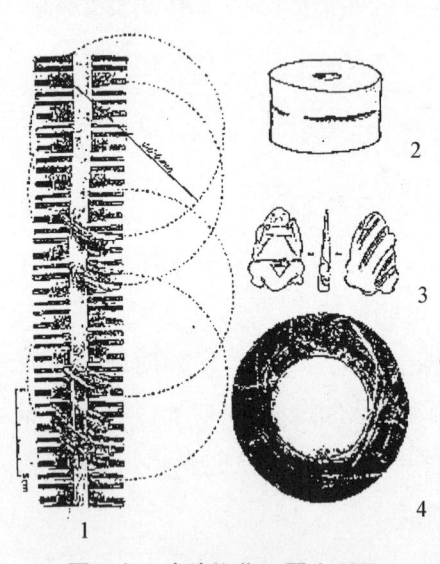

图一七 良渚文化玉器上所见砣具及加工痕迹

1. 寺墩玉琮(M3:22) 2. 瑶山玉柱形器(M2:16) 3. 张陵山玉蛙 4. 张陵山玉环(M4:17)

显系以外缘薄(作刃)而中心较厚的扁圆盘形砣具切割的结果。更何况反山出土的一件玉璧(M20：5)还见有明显的同心圆旋纹。"草鞋山玉璧、寺墩的玉琮(M3：22)上也有砣具加工的痕迹。

福泉山出土的良渚文化玉器，在某些凹凸面上也发现了砣制的痕迹。例如M60：38圆柱锥形器的器面上，有一对以三圈阳线表现的目纹，目纹长宽各1.2厘米。每圈间隔仅0.24厘米，面积小又处于圆弧面上，制作的难度很大，尤其是阳纹的内圈并无往来研磨的余地。

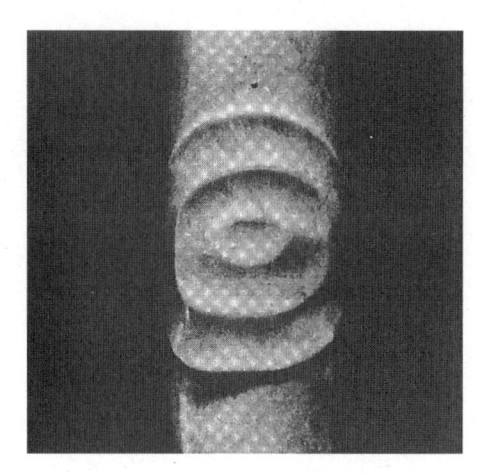

图一八　良渚文化玉锥形器(M60：38)上的砣制痕迹

现经放大镜观察，两条阳纹中间的凹弧面上有一个个浅浅的凹窝(图一八)，它使用很小的球面状的物体，通过旋转研磨形成凹弧面，这该是一种砣旋的痕迹。又如M65：50玉琮兽面的蛋圆形眼睑上的凹弧面(图一九)和M40：120方琮形锥形器横鼻上的凹弧面。同样面积很小，凹弧是用轮旋磨成的痕迹。再加M53：9锥形器小柄上的套管，最大直径仅0.75厘米，圆整而无平面研磨的迹象，器壁厚仅0.05厘米，薄如蛋壳，除用砣旋也很难制成此种精巧的小件。此外，在一些良渚玉器上还经常发现一种长条凹槽，如M109：11、M74：9、M31：35，M101：69及M9：4等圆柱形或方柱锥形器上都见一条凹槽，这种凹槽宽深而光滑，绝非锐器刻划的痕迹，并且两端浅窄，中间宽深也不是线刻痕，只有用旋磨才能出现这种迹象，应该也与砣旋有关。所以避开那些琮、璧、钺上发现的凹弧线究竟属于砣旋还是线割的论争，现据上列各种制作痕迹，良渚玉器的制作确实已经使用了旋转的工具。其实，在良渚制陶中早已使用了陶轮。玉石器的钻孔也熟练地使用以绳缠绕钻杆，拉动旋转钻孔的方法，已经掌握了旋转功能的原理，只要把钻杆横向放置转动，就成了旋转的砣具。所以良渚制玉具备了用砣的条件。

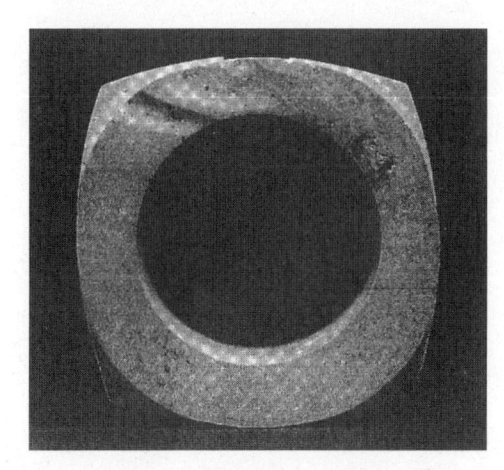

图一九　良渚文化玉琮(M65：50)射面上的制作痕迹

关于良渚文化玉器上细如毫发的刻纹，究竟是用何种工具与方法加工雕刻的呢？近年来，虽已有很多学者对此作了讨论,但至今考古学界仍各抒己见,众说纷纭,莫衷一是。笔者过去对此虽也曾作些研究讨论,但仍感到棘手和困惑。去年看到吴京山先生根据他的研究实验得出的观点,很受启迪。吴先生认为:"良渚玉器的雕刻,从繁缛线条的痕迹中分析,不是直接徒手刻划法雕刻的,而是间接徒手刻划法雕刻的。""良渚时代在简陋的工具之下,已用'软玉法'加工玉器的纹饰雕刻了。'软玉法'是一种最适合没有任何金属工具与机械设备的条件下,可对玉器进行雕刻加工的有效方法。"[15]

"软玉法"究竟是何种工艺,是如何在玉器上起到软化作用的,以及良渚玉器是否是"软玉法"所为,这是大家极为关注的问题。《中国工艺美术大辞典》中记载了一种有趣的方法——软玉法:"玉石不易雕刻,可用荸荠数枚于木桶入水煮玉一昼夜,再用明矾三厘,蟾蜍三厘涂于刻处,炙干,再涂,药尽为止。"这一配方也许是从明代宋应星《天工开物》"凡镂刻绝细处,难施锥刃者,以蟾蜍添画,而后锲之"的记载中演变而来的。

吴京山先生曾无数次试验实践,先从玉的材质研究着手,了解和掌握玉的性质结构、矿物结构及化学知识。他用新掌握的知识,摆脱了传统配方的束缚,寻找到能氧化和蚀化玉质的物质元素,加以配方,攻克玉质的坚硬度和坚韧性,以达到软化玉的目的,终于经无数次试验取得了成功,掌握了"软玉法"的奥秘。它的主要成分是由氟化钙和其他酸或钙类溶液等组成。吴京山的实验证明,玉只有用"非金属中最活泼的元素,氧化能力极强,能同水反应而放出氧"的氟才能渗透它、攻克它。他用"软玉法"在对玉进行长期反复的试验、研究中得知,其实它是以沁蚀的方式软化玉器的,同时发现所加工出来的工艺痕迹与良渚玉器上的痕迹相同。

《腐蚀资料手册·非金属腐蚀》指出:"当非金属表面和介质接触后,溶液(或气体)会逐渐扩散到材料内部……可引起物理机械性能的变化:强度降低、软化或硬化等。"而"软玉法"正是对玉起到这一作用,才使玉器表面软化,以达到任意刻划的目的。[16]他用"软玉法"制作的孙子兵法玉雕,使用了阴刻和凸雕两种技法,可供参考(图二〇)。

笔者认为,良渚文化玉器的琢玉工艺显然不是吴京山用的现代化学方法,但原理相同。相信循此而进,当可进一步发现和破解当时良渚人的琢玉工艺。

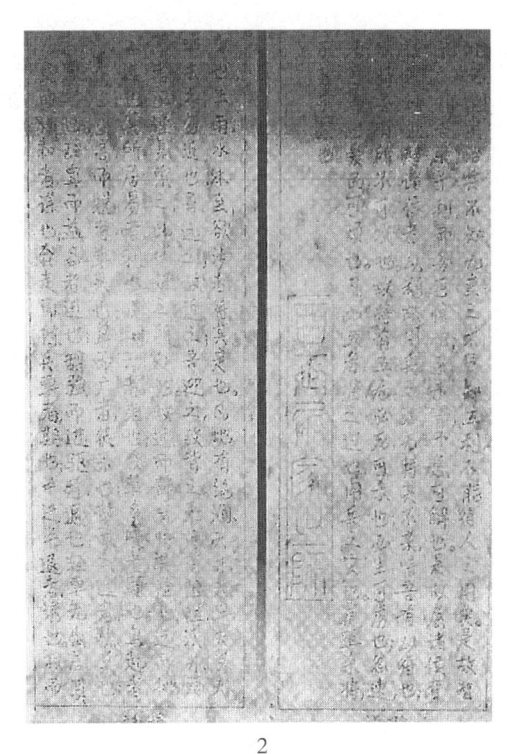

图二〇 吴京山用现代化方法凹雕的孙子兵法

注释

[1] 上海市文物保管委员会:《上海青浦福泉山良渚文化墓地》,《文物》1986年第10期。孙维昌:《福泉山出土的良渚文化玉器》,《(台北)故宫文物月刊》1996年第165期;《福泉山良渚文化墓地论析》,载《东方文明之光——良渚文化发现60周年纪念文集(1936—1996)》,海南国际新闻出版中心,1996年;《良渚文化陶器纹饰研究》,载《上海博物馆集刊》(6),上海古籍出版社,1992年。

[2] 钟华邦:《江苏省溧阳县透闪石岩研究》,《岩石矿物学杂志》1990年第2期;闻广:《对〈江苏省溧阳县透闪石岩研究〉一文的补充》,《岩石矿物学杂志》1990年第2期。

[3] 闻广、荆志淳:《中国古玉地质考古学研究:福泉山玉器(附崧泽玉器)》,载《福泉山——新石器时代遗址发掘报告》,文物出版社,2000年。

[4] 张光直:《濮阳三蹻与中国古代美术上的人兽母题》,《文物》1988年第11期。

[5] 上海市文物管理委员会:《福泉山——新石器时代遗址发掘报告》,文物出版社,2000年。

[6] 张明华:《良渚玉戚研究》,《考古》1989年第7期。

[7] 孙海波:《甲骨文编》卷一二、卷一八,中华书局,1965年。

[8] 吴汝祚:《太湖地区的原始文化》,载《文物集刊》(1),文物出版社,1980年。

[9] 林华东:《良渚文化研究》,浙江教育出版社,1998年。

[10] 傅宪国:《试论中国新石器时代的石钺》,《考古》1985年第9期。

[11] 董楚平:《钺戚考辨——关于良渚文化玉质斧形礼器的命名问题》,1990年国际百越文化学术

讨论会暨中国百越民族研究会第七届年会论文,1990年。
[12] 郝明华:《珍贵的良渚文化玉项链》,《龙语文物艺术(香港)》1993年6—7月合刊。
[13] 汪遵国:《良渚文化玉器综论》,载《东亚玉器》,香港中文大学中国考古艺术研究中心,1998年。
[14] 牟永抗:《良渚玉器三题》,《文物》1989年第5期。
[15] 吴京山:《试解良渚文化玉器的雕琢之谜》,《东南文化》2001年第4期。
[16] 吴山主编:《中国工艺美术大辞典》,江苏美术出版社,1989年,第329页。

(原载于《海峡两岸古玉学会议论文集》,台湾大学地质科学系,2001年)

福泉山出土的良渚文化玉器

上海市青浦县福泉山遗址,是中国长江下游太湖流域新石器时代的典型遗址之一。其中发现的良渚文化晚期墓葬群,分布在当时用人工堆筑的高台墓地上,并有明显的祭祀迹象,是良渚文化考古发掘史上的重大发现。这一墓葬群,共发现了7座有大量精致的玉、石、陶器随葬的墓葬。其中量多质优的玉器,使人们对良渚文化的玉敛葬习俗得到具体的认识,也使海内外历史考古界和玉器鉴赏家们叹为观止。作者现就福泉山遗址的发掘经过、主要收获、出土的玉器,作一概括的介绍,以飨读者。

一、历次发掘概况

福泉山遗址位于上海市青浦县重固镇西侧,是一个略呈方形的大土墩,东西长94米、南北宽84米、高7.5米。这一带地势低洼,海拔仅3.3米。清光绪《青浦县志》记载:"福泉山在竿山北,下皆黄土,隆然而起,仅十余亩,殆古谓息壤也。……初因形似号覆船,后以井泉甘美易今名。"遗址发现于1962年春,1977年重固中学师生在田间劳动时发现数件崧泽文化陶器,引起上海市文物管理委员会的重视,因而在1979年11月至12月,市文管委在福泉山周围农田中进行试掘,揭露遗址面积130平方米,探明周围地下包含有马家浜文化、崧泽文化、良渚文化以及商周时期的几何形印纹陶文化遗存。

为了配合基建工程,有计划地研究太湖地区古文化,市文管委对福泉山遗址先后进行了三次发掘。第一次从1982年9月至12月,开探方7个,发掘面积253平方米;第二次从1983年12月至1984年1月,开探方20个,发掘面积1000平方米;第三次从1986年12月至1987年3月和1987年12月至1988年1月,开探方16个,发掘面积800平方米。通过这三次发掘,探明了这一土墩遗址的形成过程,共清理崧泽文化墓葬18座、居住遗迹1处、良渚文化墓葬31座(其中3座人殉墓)、良渚文化燎祭祭坛遗迹一处,此外还有战国墓4座、西汉墓96座、唐墓1座和宋墓3座,出土玉、石、陶、瓷、骨、铜、铁、象牙质料等遗物2 000余件,取得了重大考古收获。特别是发现了崧泽文化早期、晚期和良渚文化早期、晚期四个文化层的叠压关系以及良渚文化墓葬的多层叠压或打破关系,为两类文化遗存的各自分期,提供了科学依据,对研究长江下游史前文化的发展序列,也取得了一批重要新资料。

二、良渚文化晚期土筑高台墓地

良渚文化晚期的大墓,共清理7座,分布在人工堆筑的高台上。土台南北长90米,东西宽80米,堆土厚3.6米,共计堆土25 920立方米左右。这类专为埋葬墓葬而堆成的土台,被考古界称为土筑金字塔。

现对其中的三座良渚文化大墓,作一详细介绍:

第九号墓(编号为福M9)。此墓位于土墩的东部边缘灰黄色土层内,清理时未见墓坑,但在人骨架上、下发现小块的朱红色薄片,这可能是葬具的残留痕迹。墓底距墩面深1.3米,墓主人头向正南,葬式为仰身直肢,人骨架胸部以上已被一座西汉墓葬破坏,但胸部以下骨骼保存尚好,残留的随葬器物极为丰富而珍贵,按个体计共有石、玉、象牙和陶器119件。这些随葬品,一部分置放在人骨架上面,另一部分压在人骨架下面,还有一部分放在人骨架右侧。背下有残玉璧一件(因被汉墓破坏),胸部右侧有玉、石质料的珠、管、坠等一堆,计70粒(件),经参照复原为一串项饰,以及玉筒形器、玉坠、玉锥形器、玉钺各1件,玉管、玉琮形管各2件,小玉饰片17粒,另黑陶盉和陶器盖各1件;腹部上面有兽面纹象牙器1件;右臂骨上有玉镯1件,旁有玉琮1件;右下肢骨上面有玉璧1件,肢骨下面压着玉璧2件,在人骨架右侧堆放玉钺1件、石斧9件、琮形镯2件、玉锥形器3件和玉管1件(图一、二)。

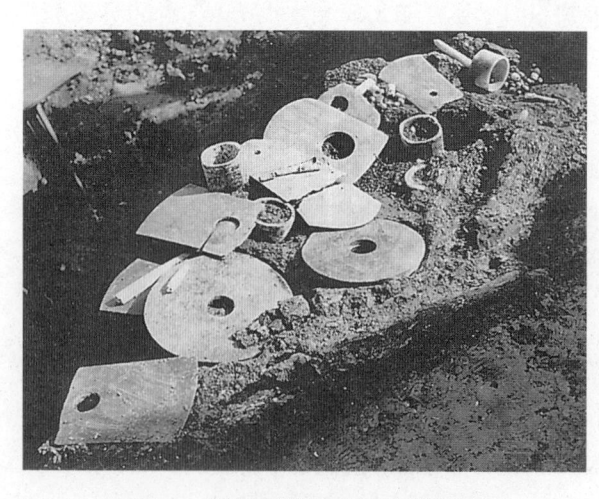

图一 福M9随葬玉石、陶器情景

·福泉山出土的良渚文化玉器·

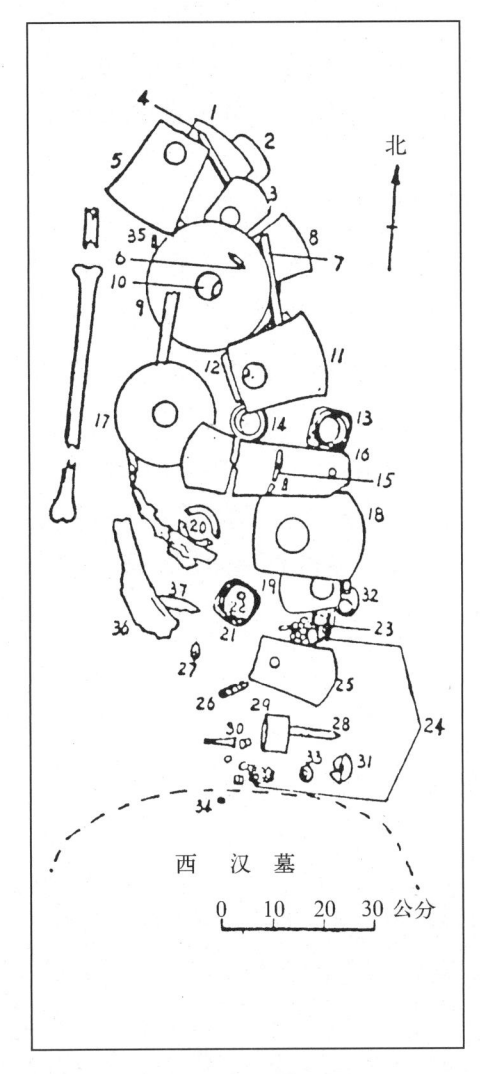

图二　第九号墓平面图

1、2、3、5、8、11、12、18、19. 石斧　4、6、7、28. 玉锥　9、10、17、37. 玉璧　13、14. 玉琮　21. 玉琮形镯　15、30. 玉管　16、25. 玉钺　23、26. 玉琮形管　20. 玉镯　22、24、34. 玉石珠　27、33. 玉坠　29. 玉臂饰　31. 陶器盖　32. 陶盉　35. 石坠　36. 象牙器

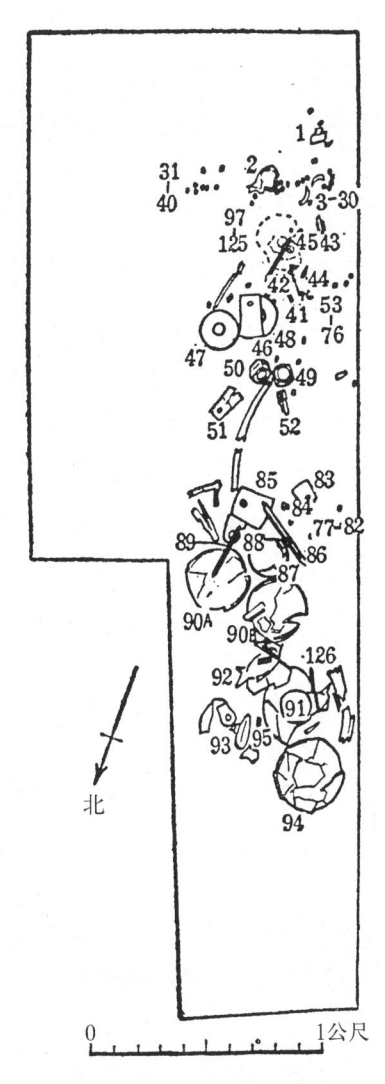

图三　第六五号墓平面图

1. 陶双鼻壶　2. 陶壶　3—40、53—82、97—125. 玉珠　41、45、84、95、96. 玉管　42、44、86、89、126. 玉锥形器　43、52. 玉钺端饰　42、51. 玉钺　47、48. 玉璧　49、50. 玉琮　83、85、88. 石斧　87. 陶簋　90A、B. 陶鼎　91、94. 陶盘　92. 残陶盉　93. 陶豆

　　第六五号墓(编号为福 M65)。系一刀形土坑墓。墓底距墩面深 1.78 米。在墓主人头骨及部分玉、石器上发现有零星漆皮,可能是葬具残留痕迹。人骨架朽蚀严重,仅存头骨及肢骨痕迹,葬式为仰身直肢,头向南。随葬品丰富,按个体计共有玉、石和陶器 126 件。其中置于头前的有带盖黑陶双鼻壶、阔把壶、玉钺端饰各

一件,玉珠 38 粒;在头骨附近有玉管 1 件和玉珠 29 粒;胸前有玉璧、玉管各 2 件,玉钺 1 件、玉珠 24 粒;腰部有玉琮 2 件,玉钺和玉钺端饰各 1 件;下肢骨附近有陶鼎、簋、盉、豆各 1 件,陶盘 2 件,还有石钺、玉管、玉锥形器各 3 件和玉珠 6 粒(图三)。

第七四号墓(编号为福 M74)。系一长方形土坑墓。墓底距墩面深 1.65 米,未见墓坑痕迹,人骨架朽蚀严重,仅能辨认头骨及部分下肢骨,似乎为仰身直肢葬,头向南。随葬品十分丰富,按个体计共有玉器和陶器 170 件。其中在头骨右侧有陶阔把壶和双鼻壶各 1 件,玉珠 9 粒;左肩附近有陶罐 2 件,玉菱形饰一件,玉珠 19 粒;胸部有玉项饰 1 串(包括玉珠 47 粒、玉锥形器六件和玉管 2 件),另有玉环、玉坠、玉锥形器、玉靴形器各 1 件;右肩附近有陶阔把壶、双鼻壶各 1 件,玉珠 3 粒;腰腹部及其两侧有玉钺 4 件,玉钺端饰、玉冠形器、玉纺轮、陶杯各 2 件,玉锥形器 3 件、玉璜 1 件、玉管 6 件,玉珠 26 粒;下肢左侧及足下部有陶鼎 5 件、陶豆 6 件、陶器盖 4 件,陶簋及陶阔把壶各 2 件,陶罐、杯、盘各 1 件,玉锥形器、坠、管各 1 件,玉珠 4 粒(图四)。

三、品类繁多的良渚文化玉器

福泉山良渚文化大墓中所出玉器总计达 580 件。玉质晶莹,品类繁多,纹饰优美,制作精致。现选择各种品类的精品,配以照片、拓片、插图,一一介绍,以供观赏。

玉璧 是良渚文化玉器中的重器。它的个体较大,出土数量较多。现选择其中较为罕见的一件凹弧沿玉璧(福 M40∶111)作一介绍。这件玉璧,为绿褐色,间有青白斑纹,色彩斑斓绚丽。器呈扁平圆形,表面抛光精致,虽无纹饰,但其玉质极具美感和玉色绚丽,令人爱不释手。璧的中间有一圆孔是以管钻从两面对钻而成的,孔壁留有清晰的对钻旋痕。该璧直径 23 厘米,孔径 5.6 厘米,厚 1.4 厘米。一般玉璧边沿均为平弧,而此璧与众不同,边沿呈凹弧,形如滑轮。其制作的技术难度较高(图五)。

玉琮 是良渚文化玉器中体积最大的一种。福泉山出土形制有短方柱体和长方柱体两种,现各举一实例。其中一件玉琮(福 M65∶50),系透闪石琢制,器高 5.6 厘米,射径 8.719 厘米。器表虽然变为乳白色(俗称鸡骨白),但透视时内部仍隐现青绿色。呈短方柱体筒形。琮面凸出四个角尺形的方柱,座上以一条横槽将凸面分为上、下两节,并以四角为中线向两侧对称展开纹饰。上节在两条平行的横凸棱

·福泉山出土的良渚文化玉器·

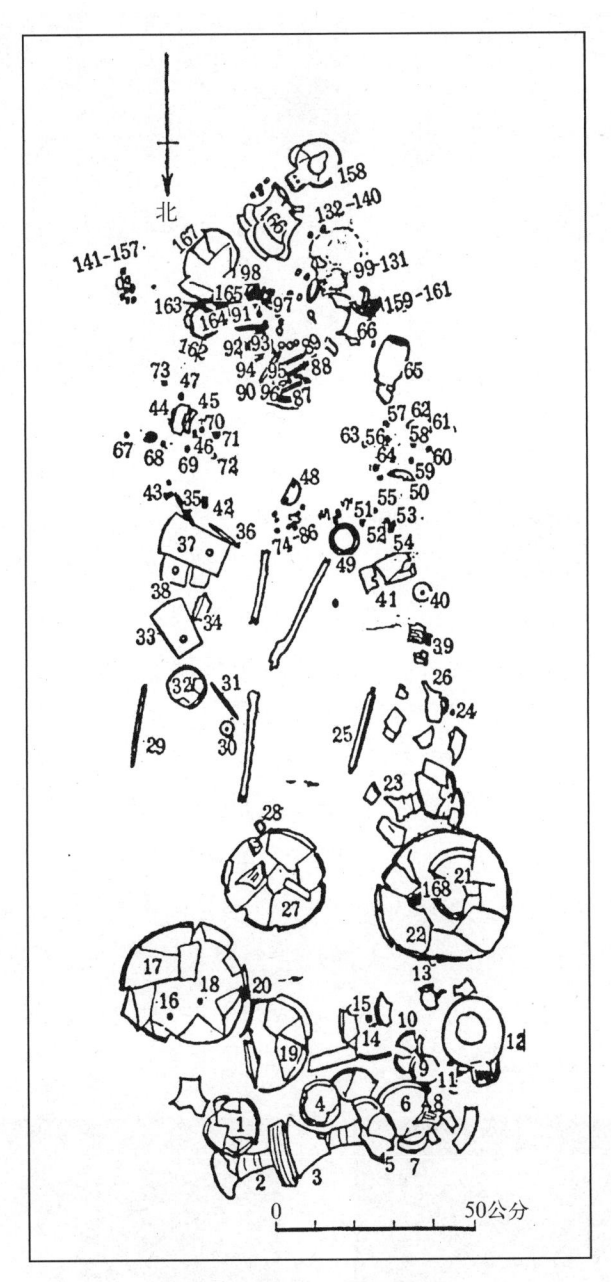

图四 第七四号墓平面图

1—3、7、10. 陶豆 4、19. 陶簋 5、6、9、21. 陶器盖 8、11、14、20、27. 陶鼎 12、26、65、66、158、166. 陶壶 13、32、39. 陶杯 15、16、18、24、51—64、67—86、99—157、159—161、164、165. 玉珠 17、162、167. 陶罐 22. 陶盘 23. 陶豆把 25、29、31、35、36、87—93. 玉锥形器 28、42、43、46、47、95、96、169、170. 玉管 40、30. 玉纺轮 33、37、38、41. 玉钺 34、45. 玉钺端饰 44. 玉冠形器 48. 玉半圆形器 49. 玉镯 50. 玉璜 94. 玉锥形器 97、168. 玉坠 98. 玉环 163. 菱形玉饰片

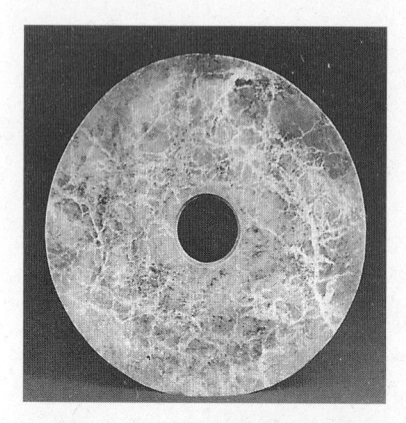

图五　良渚文化凹弧沿玉璧
（福 M40∶111）

图六　良渚文化玉琮（福 M65∶50）

下，雕刻一神面，以线刻重圈为眼，外围两侧各出一条短横线表示眼角，下方以凸横裆作鼻，上刻细密的云纹和横直线组成的图案。下节雕刻一兽面，以桥形凸面作额，椭圆形凸面作眼睑，中间以重圈为眼，凸横裆作鼻，上刻细密的云纹和横直线组成的图案，上下节合成一组带冠神人兽面纹，全器共四组。此琮制作规整，纹饰细密，抛光精致（图六）。

另两件玉琮（福 M40∶110、26），系滑石琢制，灰褐色；长方柱体，上大下小，内圆外方。器高均 8.1 厘米，上端射径 6.2—6.5、6.1—6.3 厘米，下端射径 6.1—6.2、5.1—5.9 厘米，孔径 4.8、4.6 厘米。中有对钻圆孔，孔壁磨光。器表四面，每面中间有竖槽一分为二，有横槽分为三节。每节以四角为中线，各刻一组以两条横棱、两个圆圈和一个凸横裆表示羽冠、眼睛和鼻子的人面纹。这两件琮的形制、大小、纹饰大致相同，同出一墓，左面一件第三节人面纹表示鼻子的凸横裆有切割缺损改制的迹象，如与右面一件上下连接，正好合二为一，成为一件，说明其原系一件六节长琮分割改制成两件的（图七、八）。

图七　良渚文化玉琮（福 M40∶110）

图八　良渚文化玉琮（福 M40∶26）

琮形玉镯 例如第九号墓出土的一件(福 M9：21)，系透闪石青玉琢制，湖绿色，玉质晶莹滋润，有透光性。短方柱体，上大下小，器高五厘米，射径7.1—7.4厘米。中间对钻一大圆孔，孔壁磨光。镯面以减地法凸出四块角尺形方座，以横槽分为上下两节，并以四角为中线展开纹饰。上节有两条平行的横凸棱，上刻数道弦纹，在两条横凸棱中间，填刻以云纹、横竖直线组成的几何形图案，其下为两个圆圈和一个凸横裆，组成一个带冠的神脸。下节有椭圆形的眼睑、桥形的额和凸横裆的鼻组成的兽面。在椭圆形眼睑中以重圈为睛，在凸横裆上填刻以横竖直线、云纹组成的图案。在神脸和兽面的两侧又各刻一只飞鸟，鸟身上也填刻卷云纹和横竖直线图案。全器共有16只飞鸟，这一图案可称为神人神兽神鸟纹。所有线刻，细如毫发。全器制作规整，构图对称和谐，形象庄严生动，是良渚文化玉器中罕见的珍品(图九)。

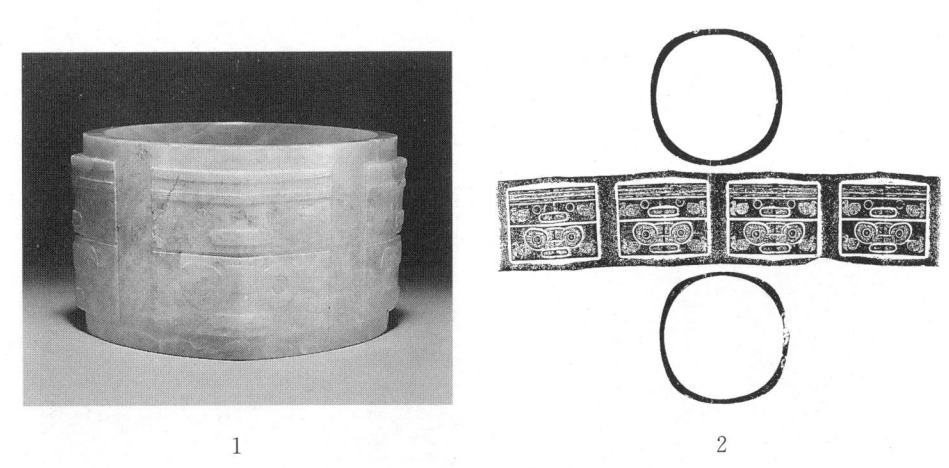

图九 良渚文化琮形玉镯(福 M9：21)

半环形玉镯 第九号墓中出土的一件(福M9：20)，玉色青白，素面，由两个半环组合而成，半环的两端各有一个穿孔，可按手臂大小系线调节。此镯发现时位于人骨架的右臂骨上。制作规整，抛光精细。镯直径8厘米，边宽1.3厘米(图一〇)。

玉钺 一般专指武器，是一种礼器，是掌握军事统帅权的象征。福泉山第九号墓出土的一件玉钺(福M9：25)，器高1.71厘米，刃宽10.9厘米，系透闪石琢制，玉色青

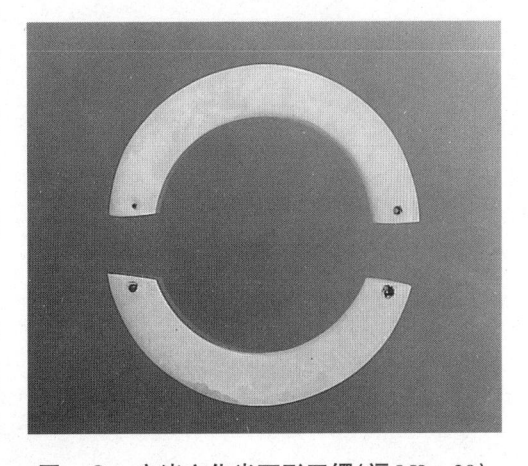

图一〇 良渚文化半环形玉镯(福 M9：20)

绿,滋润透光,钺体长方扁薄,刃部弧凸,并略微外翘,钝口,无使用痕迹。上端中间有一圆孔用管钻对钻而成。在钺的一面圆孔上部和器身右侧,有弧形琢磨痕。整器形制规整,给人以一种刚劲有力的感觉。器表经高度抛光,光洁鉴人,是一件选料和制作都极精致的玉器珍品(图一一)。

另一件为第七十四号墓出土的玉钺(福 M74:37)与钺柄上端饰(福 M74:34)、钺柄下端饰(福 M74:45)的组合,这套玉钺,均素面无纹。钺系叶蛇纹石琢制,米黄色,扁平梯形,器长 17 厘米,刃宽 9.6 厘米。器表经细致抛光,弧形刃,刃的两端略外翘,钝口,无使用痕迹。上部中间有一圆孔,以管钻对钻而成,孔壁留有旋痕。在钺的一面圆孔上侧留有半个圆孔叠痕,应是钻孔时错位遗留的痕迹。这件玉钺在墓内人骨旁发现时,钺柄遗迹的上、下端均有玉柄饰。钺柄上端饰,呈米黄色,外形似舰首,前端略翘,后端较平直,上部琢成三个凸块,底部有一道凹槽,可以纳柄。出土时位于钺柄的上端。器长 7.7 厘米,宽 3.7 厘米。钺柄下端饰,也呈米黄色。器身作杖柄形,上部有一道凹槽,两侧中间各有一个插销孔,安装在钺柄上起固定作用。出土时位于钺柄的下端。器长 6 厘米,宽 2.9 厘米(图一二、一三)。

图一一　良渚文化玉钺(福 M9:25)　　图一二　良渚文化玉钺(福 M74:37)

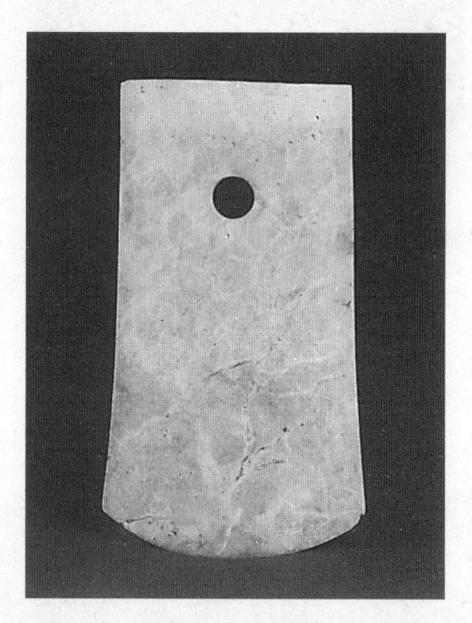

玉冠形器　第六十号墓出土的一件(福 M60:54),呈乳白色,间有灰黄斑纹。扁平倒梯形,上宽下窄,上端锯割出两耳一角,呈冠顶状;下端凸出扁榫,榫上钻有两个小孔。冠顶正下方钻有一个圆孔。全器制作规整,琢磨精致。器高 3.6 厘米,上宽 6.8 厘米,下宽 5.1 厘米,厚 0.5 厘米(图一四)。

图一四 良渚文化玉冠形器(福 M60：54)

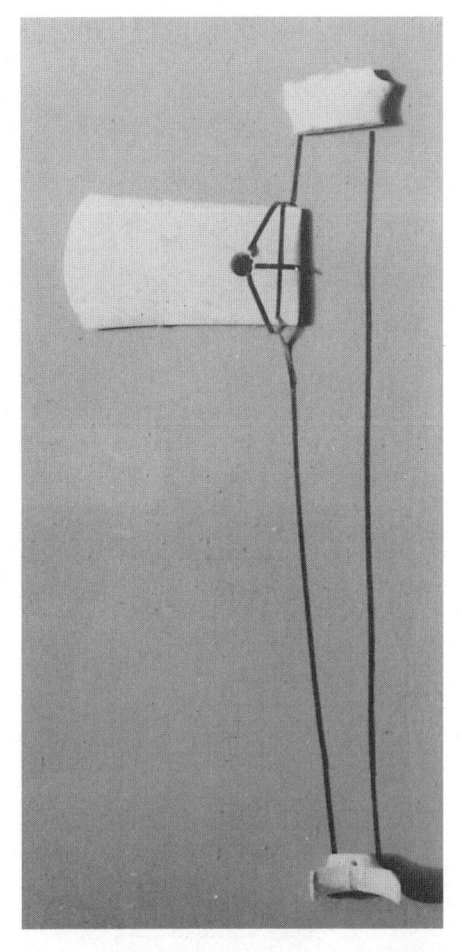

图一三 良渚文化玉钺与钺柄上、下端饰组合(福 M74：37 与福 M74：34、45)

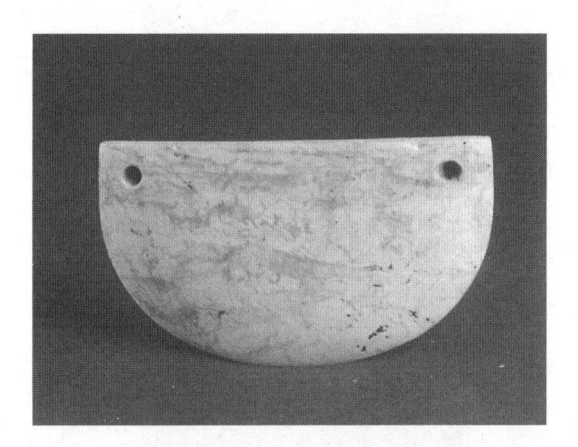

图一五 良渚文化玉半圆形器(福 M74：48)

玉半圆形器 第七十四号墓出土的一件(福 M74：48)，器长7.7厘米，宽4.3厘米，厚0.5厘米。乳白色，间有灰黄色斑纹，扁平半圆形，正面略微弧凸，素面无纹饰，抛光精致；背面微凹，未作抛光。此器上部两端各穿一孔，便于系挂。背面上部两端和弧边中间各有一对斜向对穿的牛鼻形孔，可能是缝缀在衣服、皮革或织物带上的。出土时位于墓主人的腰部附近(图一五)。

玉锥形器 是良渚文化最常见而又富有特征的玉器。形制有圆柱形、方柱形和镞形三种，器表一般多素面，有少量饰有目纹或神人兽面图案的。现就福泉山出土的三件玉锥形器作一介绍：其中一件系第九号墓出土(福 M9：28)，透闪石琢制，呈湖绿色，玉质滋润透光。方柱形，一端作钝尖，另一端有短柄，柄上有一两面对钻的圆孔。方柱体上有两节纹饰，每节在两条横凸棱下以对角线为中心，两角各刻一组用两个圆圈和一条凸横档组成的神脸，以及一组以两个椭圆形凸面作眼睑、线刻圆圈作眼、桥形凸面作额和一凸横裆作鼻的兽面。从该神像的排列来看,锥形器使用时,应该是尖端朝上、短柄朝下。器长15.3厘米,宽1.5厘米。此器玉质上佳,雕琢精致,是同类器中的珍品(图一六、一七)。

另一件为第六十号墓出土的玉锥形器(福M60:38),呈乳白色,圆柱形。一端作钝尖,另一端有小柄,并钻一孔。圆柱体上雕琢一对浅浮雕三重圈组成的目纹,是一种简化的神面纹。使人有一种神灵隐身在柱中的感觉。构思颇具匠心。通体精磨抛光。这类圆柱体玉锥形器上饰有神面纹的较罕见。出土时位于墓主人骨腰部,似为佩戴用的玉饰件。器长5.4厘米(图一八)。

图一七　良渚文化玉锥形器(福M9:28)

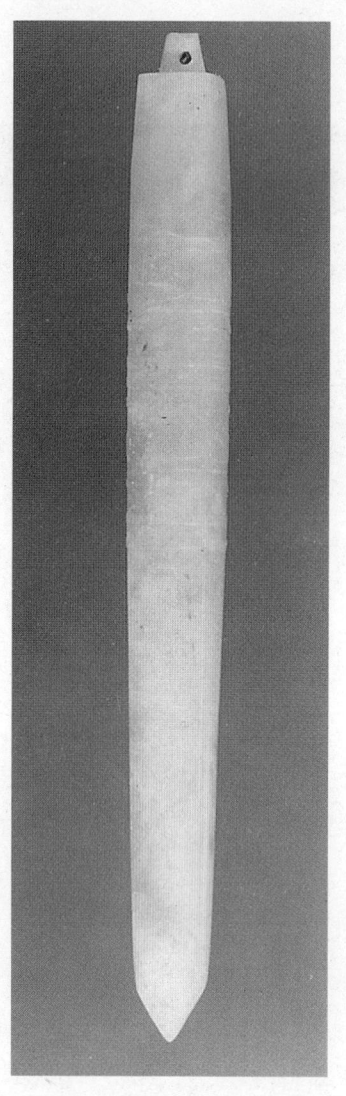

图一六　良渚文化玉锥形器(福M9:28)

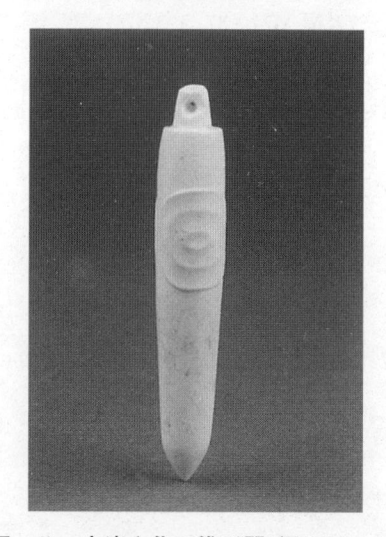

图一八　良渚文化玉锥形器(福M60:38)

·福泉山出土的良渚文化玉器·

另一件为第九号墓出土的玉锥形器(福 M9：7)，呈黄白色，长方柱形，一端作钝尖，另一端有圆柱形长榫，榫上无圆孔。器表中部有六节纹饰，每节在两条横凸棱下，以角线为中轴，每角各刻一个凸横档，表示神脸。从神像的排列来看，此器是尖端朝上插在其他器物上的原始宗教用器。器长 34 厘米，最宽 1.5 厘米(图一九)。

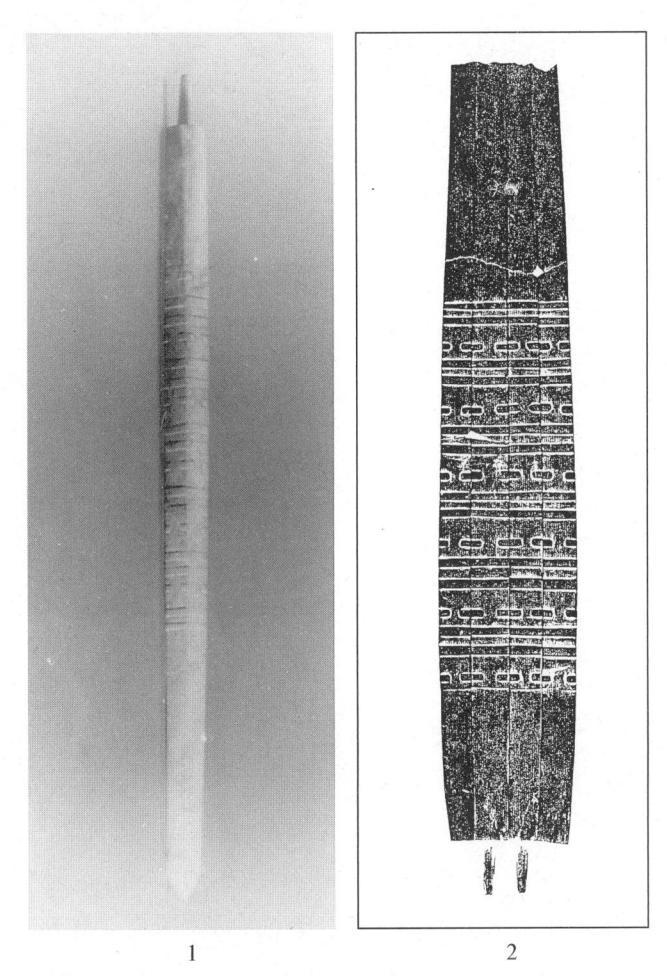

1　　　　2
图一九　良渚文化玉锥形器(福 M9：7)

玉项饰　是以众多的管、珠、环、坠、锥形器以及璜组合而成的项饰，它绝非单纯的装饰品，而是具有宗教意义的重器，是巫师行使巫术、作法通天时使用的法器。福泉山共出土 3 串，其中一串系第九号墓(福 M9)出土，由大小不一和形状不同的管、珠、坠等共 70 件串联组成，周长 76 厘米。玉料有的呈黄白色，有的作乳白色，还有以绿松石制作的。玉珠有的呈腰鼓形，有的作圆球形。在项饰最下面的是一件铃形玉坠，坠柄有一穿孔。在其两侧各有一件柱础形玉管，器表有两组以浅浮雕双目和鼻组成的兽面纹。综观整串项饰制作精致，色泽绚丽多彩(图二〇)。

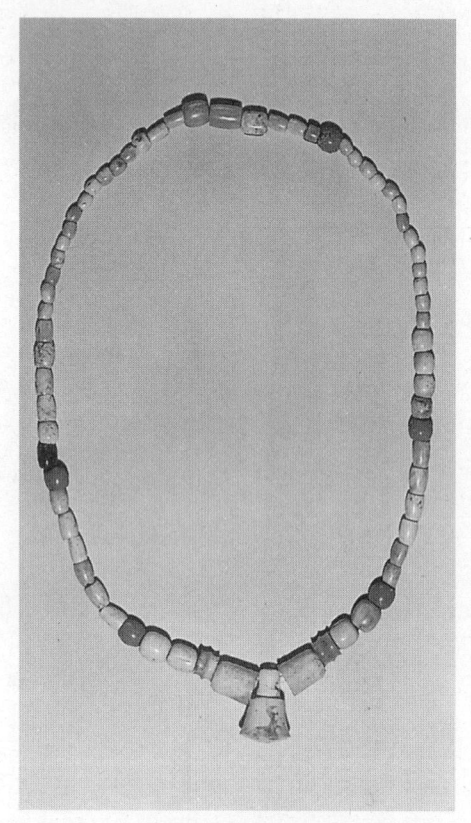

图二〇　良渚文化玉项饰(福 M9 出土)　　图二二　良渚文化玉项饰(福 M101 出土)

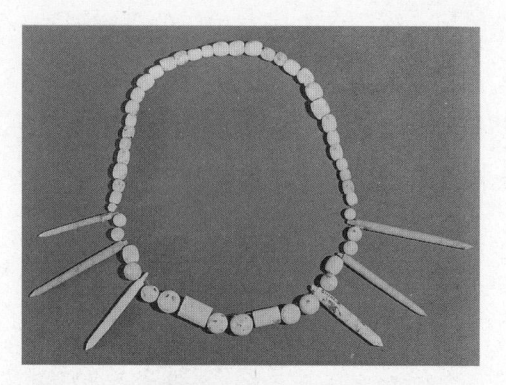

图二一　良渚文化玉项饰(福 M74 出土)

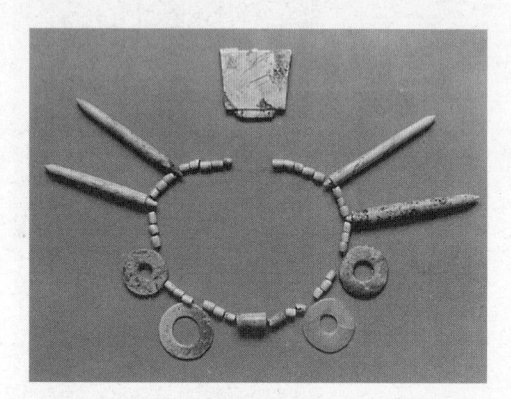

另一串玉项饰在第七十四号墓出土(福 M74)，由大小不一和形状不同的 47 颗珠、2 件管和 6 件锥形器串联组成，周长 60 厘米。玉料有的呈湖绿色，有的已显乳白色。出土时位于墓主人骨的胸部，排列的位置是按发现时的部位复原的，锥形器分布在左、右两边，各有 3 件，对称排列，中间以 2 颗玉珠相隔，项饰下部下坠的玉珠穿孔作牛鼻形。整串项饰显得美观大方(图二一)。还有一串玉项饰在第一〇一号墓(福 M101)出土，由 32 颗珠、2 件管、4 件锥形器和四件环串联组成，周长 43 厘米。玉料有的呈青白色、青灰色，也有的是乳白色。排列的位置是按出土时的部位复原的，位于墓主人骨的胸部左侧。其上面有一件表示神像的玉冠形器。冠形器呈乳白色，间有紫褐色斑纹。据分析，这串项饰可能是挂在神像颈上的玉件(图二二)。

琮形玉管　两件均在第九号墓(福 M9∶23、26)出土，系叶蛇纹石琢制，玉色黄白，内圆外方，长方柱形，中间有上下对穿的圆孔。管面纹饰分为上下两节，每节各有两条凸横棱，横棱下以角线为中心，交替刻有神脸和兽面。此两件琮形玉管在同一墓葬出土，是墓主人身上佩戴的饰件。器高 6.8 厘米，孔径 0.6 厘米(图二三)。

·福泉山出土的良渚文化玉器·

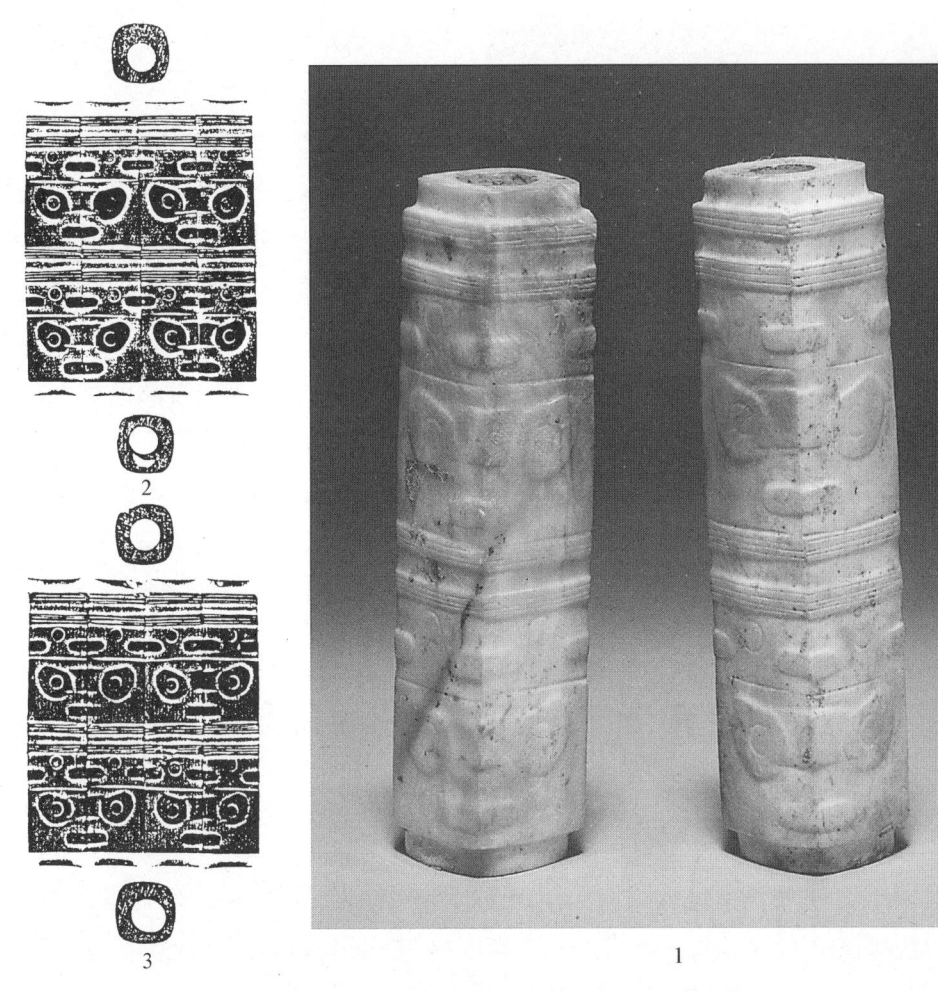

图二三　良渚文化琮形玉管(福 M9：23、26)

玉坠　第九号墓出土的一件(福 M9：27),湖绿色,扁核形。一端有小柄,中有小孔,坠面以两侧为中线,在两条凸弦纹下,各浮雕一组以椭圆形凸面作眼睑,圆圈为眼、凸横裆为鼻的神像。此件出土时位于人骨架的上肢骨旁,可能是系挂于手臂上的装饰品。器高 2.5 厘米,宽 1.4 厘米(图二四)。

玉带钩　第六十号墓出土的一件(福 M60：55),器长 3 厘米,宽 2.1 厘米,呈乳白色,间有黄色斑纹。扁方形,一端有一圆孔,孔壁光滑,另一端切割成弯钩。器表抛光精细。发现时位于墓主人骨

图二四　良渚文化玉坠(福 M9：27)

腰部。这是迄今中国年代最早的玉带钩(图二五)。

从上述福泉山出土各类良渚文化玉器的介绍中,读者一定会感受到这些玉器重要的文物价值和历史价值。而它的更重要的意义,还在于上海考古工作者揭开了福泉山良渚文化土筑高台墓地的奥秘,并发现一批随葬有大量的玉、石、陶器的良渚文化氏族显贵者大墓,是中国长江流域新石器时代考古上的一个重大突破,使良渚文化的考古与研究工作进入了一个崭新阶段。

图二五　良渚文化玉带钩(福 M60∶55)

四、良渚文化玉雕工艺的特点

(一) 玉质

福泉山出土的良渚文化玉器,上海市文物管理委员会选择其中 25 件各类玉器,邀请中国地质科学院地质矿产研究所闻广教授与他的助手荆志淳对此作了研究鉴定(见下表)。

上海青浦福泉山良渚文化玉器玉质鉴定报告

器物编号	器物名称	矿物(玉类)
福 M9∶7	良渚文化玉锥形器	叶蛇纹石
福 M9∶16	良渚文化玉钺	透闪石
福 M9∶17	良渚文化玉璧	阳起石
福 M9∶18	良渚文化玉斧	假玉
福 M9∶21	良渚文化琮形镯	透闪石
福 M9∶25	良渚文化玉钺	透闪石
福 M9∶26	良渚文化琮形管	叶蛇纹石
福 M40∶21	良渚文化残柱形器	叶蛇纹石
福 M40∶86	良渚文化玉钺	滑石
福 M40∶91	良渚文化玉琮	叶蛇纹石

续　表

器物编号	器物名称	矿物（玉类）
福 M40∶95	良渚文化玉鸟首	叶蛇纹石
福 M40∶110	良渚文化玉琮	滑石
福 M40∶118	良渚文化玉璧	透闪石
福 M60∶8(1)	浅沁，良渚文化角形器	透闪石
福 M60∶8(2)	深沁，良渚文化角形器	透闪石
福 M60∶14	良渚文化玉璧	透闪石
福 M60∶16	良渚文化玉镯	透闪石
福 M60∶46	良渚文化玉璧	叶蛇纹石
福 M65∶47	良渚文化玉璧	透闪石
福 M67∶4	良渚文化玉琮	叶蛇纹石
福 M74∶25	良渚文化玉锥形器	透闪石
福 M74∶33	良渚文化玉钺	透闪石
福 M74∶37	良渚文化玉钺	叶蛇纹石
福 M109∶2	良渚文化玉镯	透闪石
福 M150∶1	良渚文化玉镯	透闪石

从上表中可看出，这 25 件玉器除其中 8 件为叶蛇纹石、2 件为滑石、1 件为假玉外，其余 14 件为透闪石—阳起石系列矿物集合体，属软玉。一般为交织纤维显微结构，硬度为 6—6.5 度。从显微结构看，大都纤维较细属中上乘，尤其是福 M9∶21 琮形玉镯及福 M9∶25 玉钺等是其中的精品。关于良渚玉器原料产地的问题，由于长江下游周围未发现软玉矿藏，长期来一直悬而未决。令人可喜的是，近年闻广教授在江苏省溧阳县小梅岭发现了一处软玉矿床，经取样鉴定，通过检查接触带中透闪石的显微结构特征得到确认，使这一问题初步获得了解决。

（二）器形

良渚文化玉器，按其本质而言，主要是宗教祭祀用器，其器形（包括上面的纹饰）本身既是一种艺术表现，又是一种宗教体现。通过近年来的科学发掘，使很多良渚文化玉器弄清了用途，有的重新订正了名称，现在大致可归纳为 30 多个品类。《良渚文化玉器》一书中的分类如下：琮、柱形器、璧、环、镯、筒形器、冠形器（旧称倒梯形器）、三叉形器（旧称山形器或荸形器）、锥形器、半圆形饰（旧称 D 形器）、璜、串饰、管、珠、坠、带钩、新月形饰、动物形饰、纺轮、觿、圆饰片、端饰、插座、柄形器、牌饰、斧、钺以及小件的镶嵌饰、穿缀饰等品类。

（三）纹饰

综观良渚文化玉器上的纹饰，以人、兽、鸟的形象为主体，以各种形式的云纹作底纹。例如福泉山第九号墓出土的琮形镯（福 M9：21），以及浙江反山 M12 出土的"琮王"（M12：98）和"钺王"（M12：100），都有这一完整图案。一般良渚文化玉器上常见人、兽组合图案，也有各式各样的简化以及用象征性的手法加以表现的纹饰。但其基本元素则是固定的：以两条平行的横凸棱（凸弦纹），表示带羽翎的冠帽；以两个圆圈（眼睛）和一个凸横裆（鼻）表示人面；以两个中间有圆圈的椭圆形凸面（带眼睑的眼睛），与以桥形凸面（额）相连和一个凸横裆（鼻）表示兽面。那么，这一人、兽组合图案的真实含义是什么？我们可以从古今中外的原始氏族盛行的宗教信仰中找到答案。概括地说，它是在表现巫师骑在虎身上作法疾驰，上天周游，与神仙往来，以通达天机。虎是巫师通天的动物助手，鸟是巫师上天的信使。

（四）琢玉工艺

其工序是先将玉材锯割成型，再进行钻孔、琢磨和雕琢。工艺上采用线割、浮雕、圆雕、细刻以及镂孔等方法，最后再进行一次抛光工序。良渚先民们在漫长的制作石器过程中，已逐渐认识到采用琢磨技术，也就是借助水和砂（硬度大于玉的矿石细砂）作为介质，"以柔克刚"，经过反复不断的摩擦，才能治玉。江苏考古工作者在对武进寺墩良渚文化墓葬发掘中，曾在寺墩 M1 出土的玉璧上发现有石英粒，这就是当时治玉应用解玉砂的生动实例。玉器上的钻孔，是用木棒、竹管、细石器加砂蘸水，不断旋转搓磨而成的。而玉器的刻纹工具，可能是用燧石制成的尖状器和雕刻器，这类细石器，在江苏丹徒磨盘墩遗址的良渚文化层中有大量出土；也可能利用鲨鱼牙齿作为雕刻工具，在上海福泉山第六十号良渚文化墓葬、浙江反山 M20、浙江瑶山 M7 的随葬品中，皆有鲨鱼牙齿出土。这引起了考古专家们的思考和重视，他们曾用燧石钻和鲨鱼牙齿，在玻璃（硬度七度）和玉料上作了刻纹模拟试验，取得了理想的效果。在良渚文化琢玉工艺上出现阴纹线刻、浅浮雕、镂孔等技术，特别是细如毫发的微雕工艺，真是令人叹为观止。这正反映了良渚文化晚期的琢玉工艺技术已达到相当成熟的阶段。

参 考 文 献

1. 上海市文物保管委员会：《上海福泉山良渚文化墓葬》，《文物》1984 年第 2 期。
2. 上海市文物保管委员会：《上海青浦福泉山良渚文化墓地》，《文物》1986 年第 10 期。

3. 上海博物馆孙维昌执笔：《上海文物考古工作十年收获》载《文物考古工作十年(1979—1989)》，文物出版社，1990年。
4. 孙维昌：《福泉山良渚文化墓地剖析》，《南方文物》1993年第3期。
5. 浙江省文物考古研究所、上海市文物管理委员会、南京博物院编著：《良渚文化玉器》，文物出版社、两木出版社，1989年。
6. 闻广、荆志淳：《福泉山与崧泽玉器地质考古学研究——中国古玉地质考古学研究之二》，《考古》1993年第7期。

[原载于《(台北)故宫文物月刊》1996年第165期]

上海市福泉山良渚文化墓地的新发现
——人殉墓及其随葬的精美玉器

我在《福泉山出土的良渚文化玉器》一文中，详细叙述了这一著名遗址出土的良渚文化玉器珍品，现对这一遗址第三阶段发掘的新收获作一补充。

第三阶段的发掘，是在1986年12月至1987年三月和1987年12月至1988年1月进行的。发掘面积800平方米，进一步探明了这一高台遗址的形成过程，发现良渚文化墓葬21座，出土石、玉、陶、骨制的文化遗物1 000余件。最重大的考古突破是：发现了3座良渚文化人殉墓葬，墓中出土了一批精美玉器，值得作为专题进行介绍，供良渚文化及其玉器的爱好者赏析研究。

一、良渚文化人殉墓概况

福泉山发现的良渚文化人殉墓葬，共有3座。其中第一座是位于第35号探方的第一三九号墓。这是一座长方形的浅坑墓，墓坑内的葬具是上下相合的两块凹弧形大木板，木质痕迹还很清晰。棺内有一仰身直肢的人骨架，头向朝南，经人类学家鉴定系一成年男性。在墓主人的头上饰有玉锥形器，口内发现含有半球形的玉琀一件，右臂上戴有一件玉镯，从腰部至下肢骨上分两行排列着玉石制作的斧、钺共12件，身旁还有玉纺轮和多件玉管、玉珠和玉饰片，连同骨器和陶器鼎、杯和缸形器等随葬品，共39件。其中有的陶罐、陶豆等还绘有鲜艳的红、黄色彩绘图案。而在此墓的东北角，即在此墓主人足后右侧，陪葬有一具保存较好的屈肢葬人骨架，经人类学家鉴定系一成年女性。她的头向朝西北，上、下肢骨弯曲分开，似跪着倒下的样子。她既无墓坑也无葬具，只有一些贴身小件玉器随葬，如在她头顶上有一件玉环，面颊旁有一片玉饰，颈部和下肢骨旁各有玉管2件。这具女性人骨架，压在墓坑东北角上，头、足都处于墓坑外,同一件大口缸形陶器合葬在一起。从这些迹象分析,当为第一三九号墓的主人掩埋后,以人牲作祭祀,其身份应为女奴(图一、二)。

图一　福泉山良渚文化第一三九号墓葬出土情景

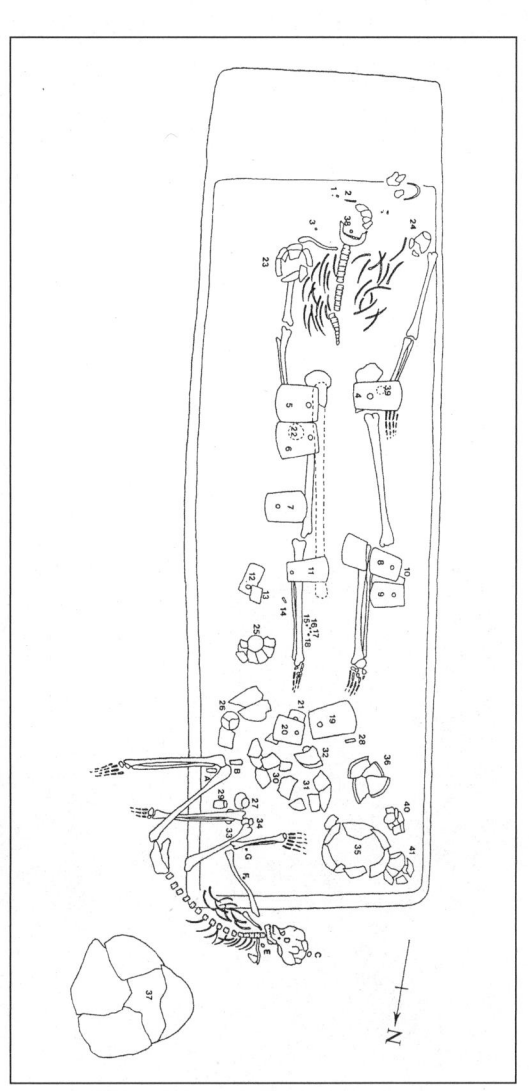

图二　福泉山第一三九号墓平面图

墓主随葬器物:1、3. 玉饰片　2. 玉锥形器　4—12、19—21. 石钺　13、28. 骨器　14. 玉管　15—18. 玉珠　22. 玉镯　23、36. 夹砂红陶鼎　24. 黑陶杯　25、30. 彩绘陶罐　26. 彩绘陶器盖　27、29、33. 小陶杯　31. 彩绘陶豆　32. 黑陶罐　34. 小陶罐　35. 灰陶豆　36. 夹砂红陶鼎　37. 缸形器　38. 玉琀　39. 玉纺轮

陪葬者随葬器物:A、B、E、F. 玉管　C. 玉环　D、G. 玉饰片

另一座是第一四五号墓。在墓坑上部发现有葬具的木板痕迹,板上放置了一件饰有红、黄色彩绘图案的陶罐,在墓底的木板痕迹上,发现了朽蚀的人骨和22件随葬

品,其中玉器有斧、钺、笄、琀、镯、珠和锥形器等。在墓坑的北部(当为墓主人的足后),发现一个附葬坑,东西长 0.97 米,南北宽 0.8 米,深 0.37 厘米。坑内埋葬两具头向朝东,侧身屈肢的人骨架,皆作面颊朝上、双臂向身后弯曲姿态,呈反缚挣扎状。人骨架旁没有任何随葬品。经人类学家鉴定,其中一个是七八岁的少儿个体,另一个是成年女性。此坑当是墓主人的人牲祭祀坑(图三、四)。

第三座是第一四四号墓。在此墓上部有三大堆按南北方向堆置的大块红烧土,

图三 福泉山良渚文化第一四五号墓葬出土情景

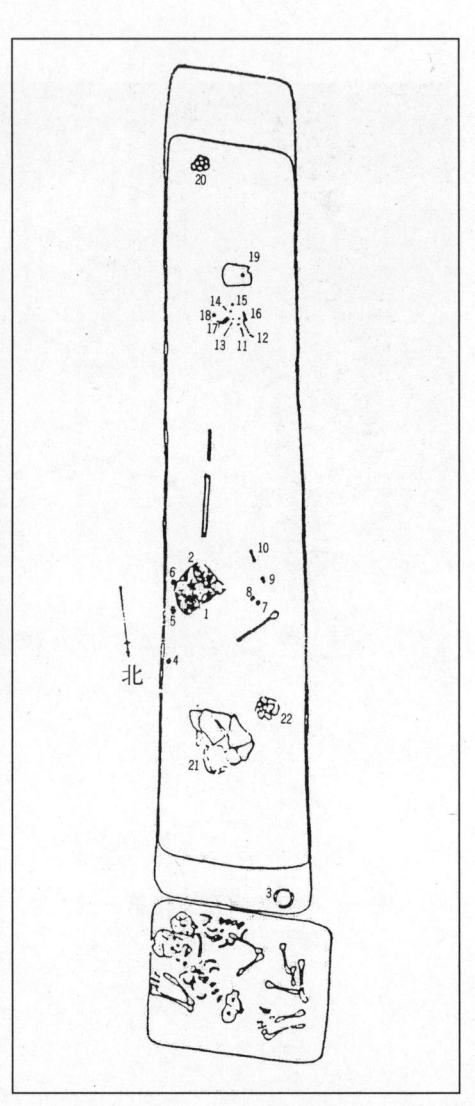

图四 福泉山第一四五号墓平面图

1. 彩绘陶罐 2. 缸形器 3. 玉镯 4—6、7—9、11—15、18. 玉珠 10. 玉锥形器 16. 玉笄 17. 玉琀 19. 玉斧 20. 残陶器 21. 陶鼎 22. 陶罐

当为祭祀遗迹。墓口在红烧土堆下,其东北角有一片木质痕迹,上面有一具头向朝北朽蚀严重的人骨架。其头部随葬有玉珠一粒,腰部有双鼻陶壶一件,足后有陶鼎一件,似为置于墓口的殉葬者。墓坑底部发现呈凹弧形的葬具痕迹,上面有一具头向朝南仰身直肢的墓主人骨架,随葬品有玉制的斧、钺、珠、镯、坠和多节形器,以及各类陶器共计20余件。

这3座良渚文化人殉墓的发现,对于研究良渚文化的社会关系具有重要的意义。

二、良渚文化人殉墓随葬的精美玉器

这三座人殉墓随葬的玉器,制作比较精致,富有特色,为研究良渚文化玉器提供了一批崭新的实物资料。下面对有代表性的各类玉器品种,加以介绍,供鉴赏研究。

双孔玉钺(福M144∶13) 1件。玉色青绿,间有灰黄和黑褐色斑纹,呈扁平梯形,刃部微弧略微外翘,并磨出刃口。上端中间有大小两个圆孔,大孔以单面管钻,小孔由两面对钻,孔内留有对钻旋痕。钺的一面有两道弧形制作痕迹。器高17.7厘米,刃宽10.9厘米(图五)。

玉镯 形制变化较多,一般是将圆筒形体横截成整体,以大环形的镯较常见。另有一种类型如福泉山M144出土的一件玉镯(福M144∶4),玉色青灰,紫褐相间,素面无纹。镯环一侧宽阔,另一侧窄细,内壁平直,外壁弧凸。孔壁有两面对钻的制作痕迹。器高1—2厘米,直径6.6厘米,孔径5.4厘米(图六)。还有一种为半环形玉镯(福M145∶3),玉质青灰色,带姜黄色斑纹,由两个半环形组合而成。半环的两端各有一个穿孔,可按手臂粗细系线调节。制作规整。直径7.8厘米,边宽1.3厘米(图七)。

图五 良渚文化双孔玉钺

玉多节形器(福M144∶25) 1件。淡青色,一端作圆锥形,中穿一孔,另一端呈圆柄形,器身上凸出六组方座,每组分为上、下两节,上节刻三条平行凹弦纹,象征神冠,下节有一块凸面,象征兽面纹。这类多节形器的造型,在良渚文化中尚属首次发现。器长10.3厘米,宽0.8厘米(图八)。

图六　良渚文化玉镯

图七　良渚文化半环形玉镯

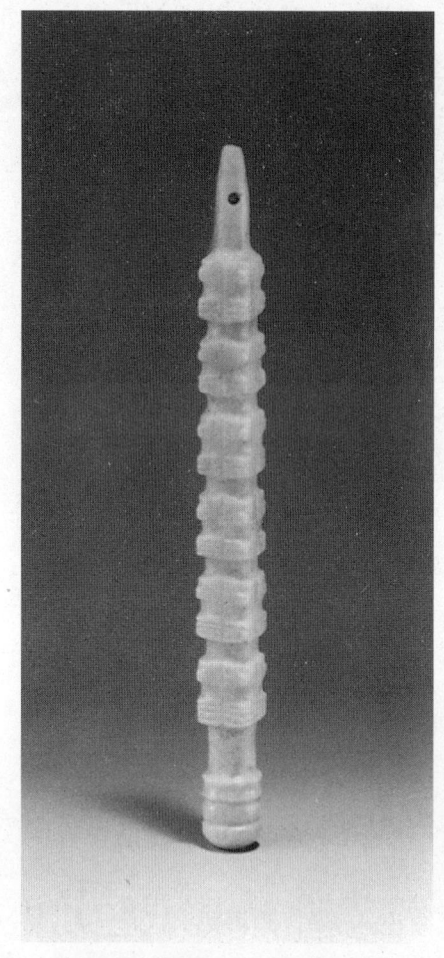

图八　良渚文化玉多节形器

图九　良渚文化玉管

图一〇　良渚文化玉管

玉管 其中的一件(福 M144∶2)以石髓制成,乳白色,半透明。器呈椭圆柱形,管孔由两面对钻而成。器表素面无纹,经过抛光,在管的两端留有切割痕迹。器长4.5厘米,宽1.15—1.5厘米,孔径0.5—0.6厘米(图九)。另一件玉管(福 M139∶14),玉色乳白,间有黄褐色斑纹。器呈椭圆柱形,中间圆孔由两面对钻而成。器表素面无纹,经过抛光,管的两端也留有切割痕迹(图一〇)。

玉玲 其中的一件(福 M139∶38)系用石髓制成,黄褐色,间有浅咖啡色斑纹,半透明。器呈半球形,表面经过高度抛光,器底制作较粗糙,并有一对斜向对钻的牛鼻孔。此玲发现于墓主人头骨口中,器高1.3厘米,直径2—2.1厘米(图一一)。另一件玉玲(福 M145∶17),玉质乳白色,间有黄色斑纹。一端为圆弧形,另一端平直,中间带有一孔,呈舌形,器表抛光(图一二)。

玉笄 一件(福 M145∶6)玉质青灰色,间有姜黄色斑纹,一端呈尖柱形,另一端呈圆弧口,中间钻有一孔,其下刻有三道平行直线,近似鱼形(图一三)。

图一一　良渚文化玉玲

图一二　良渚文化玉玲

图一三　良渚文化玉笄

玉纺轮 一件(福 M139∶39)玉色青绿,间有白色和黄褐色斑纹。器呈扁平圆饼

图一四 良渚文化玉纺轮

形,中间穿有一孔,由两面对钻而成,孔壁留有对钻痕迹,器表抛光(图一四)。

从这些玉器的质料看,多为透闪石、阳起石系列的软玉,造型优美,制作规整,令人喜爱。特别是首次发现的玉多节形器和各具特色的两件玉琀,为良渚文化玉器增添了新的实物例证。4 000余年前良渚先民们用智慧创造出来的绚丽多彩的珍品,其艺术魅力吸引着我们,令人赞叹不已!

[原载于《(台北)故宫文物月刊》1997年第166期]

我 与 福 泉 山

——今生难忘的考古经历

自从在20世纪50年代初参加上海市文物考古工作开始,我就一直活跃在工作的第一线,曾多次参加上海各郊县的文物普查、复查和古遗址、古墓葬的清理发掘,例如参加过青浦县(区)崧泽遗址、福泉山遗址,上海县(现为闵行区)马桥遗址,金山县(区)亭林遗址和松江县(区)广富林等重要遗址的一系列发掘,为谱写上海市的6 000年悠久历史和被全国考古界命名为"崧泽文化"、"马桥文化"的考古学文化的研究工作作出了一份贡献。而其中最令我激动不已、今生难以忘怀的,是参加了青浦福泉山遗址考古的全过程,其中两次意外的考古发现为揭开福泉山这座地下文物宝库的神秘面纱拉开了序幕。

一块良渚文化大玉璧的发现

1982年8月的一个上午,我接到青浦博物馆朱习理馆长打来的电话,他说最近接到群众反映,有筑路工人在福泉山旁擅自取土,福泉山被挖掉了一大堆土,并有数件古代陶器被打碎,他已去调查处理(图一)。因此,我就立刻动身乘长途汽车赶到福泉山,一眼看到福泉山的东坡已被挖去很多土方,在现场还有一些汉代陶器碎片被胡乱地丢弃在泥土堆中。当时我的心情感到十分沉重。接着,我便跑到正在附近筑路的工地上,在堆土里翻看是否有其他古物的迹象。忽然间,我在土堆里找到一块沾满泥土的"小石块",把泥土擦去,发现它打磨光洁,具有一种非比寻常的晶莹质感,我立刻判断出它很可能是一块玉璧的残片。而且从断口分析是新伤,这就意味着它是不久前挖土时打碎的,那么其他碎片很可能就埋藏在附近的泥土堆里。

图一 1982年8月19日，青浦博物馆朱习理馆长（右2）和蔡雪源副馆长（右1）等人在福泉山收集出土文物时的情景

这个推测使我的精神为之一振。我立刻动员周围的修路工人把刚才挖下来的泥土翻看一遍，把混杂在泥土堆里的破石、碎陶片什么的都尽量挑拣出来，然后又找到另一块，又一块……一共找到七八块玉器碎片。接下来要解决的疑问是，这些碎片是否是属于同一块玉璧上的。我抓紧时间，把所有玉片集中摊在地上相互拼接起来。越接近尾声，我心里就越是紧张、担心，生怕拼接不出一块完整玉璧，而当我把最后一块玉片拼接在最后的缺口上时，正好拼接成半块大玉璧，我感觉真是太幸运了！

这时，我立刻与青浦博物馆朱馆长联系，告知上述已拼接出半块玉璧的情况，同时了解到他在前一天也曾发现过半块玉璧，那它们是否同属一块玉璧呢？我马不停蹄地赶到青浦博物馆，把两次采集到的玉璧碎片集中起来再行拼接，终于拼接出一件直径为26、孔径4.4、厚度1.1厘米的基本完整的大玉璧（图二）！经鉴定，它是一件距今4000多年新石器时代良渚文化的大玉璧，系阳起石软玉琢制，玉色青白，间显深绿和铁锈斑纹，器表打磨、抛光精致，素面，中间孔壁留有清晰的对钻旋痕，这在上海考古工作中属首次发现。

这时，我们都为能抢救到这件良渚文化大玉璧而感到十分自豪！

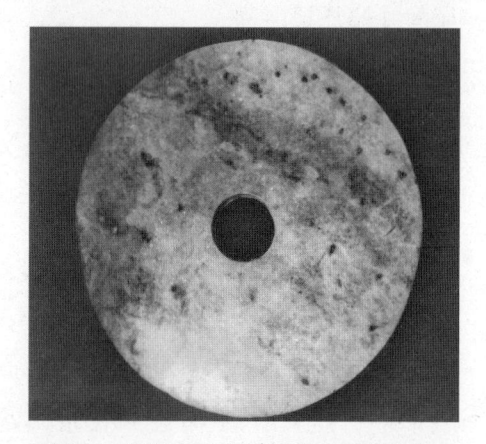

图二 良渚文化大玉璧修复后的情景

在风雨中抢救上海第一座良渚文化贵族大墓

1982年12月，一场寒冬腊月的暴风雨，不仅改变了福泉山的命运，而且还大大震

惊了全国考古学界！

这是怎么一回事呢？自从1982年8月，在福泉山泥土堆里抢救出一件良渚文化大玉璧后，引起了市文管委领导和考古部高度的重视，下决心要对福泉山遗址进行第一次正式发掘。经国家文物局批准，于1982年9月6日委派市文管委考古部的我和郑金星、王正书等三位同志对福泉山遗址进行发掘。当时大伙儿的热情很高，满怀期待地投入到这项神圣的工作中去。可是好事多磨，我们在福泉山上接连开了六个探方，虽然清理发掘了多座崧泽文化墓葬和西汉墓，但是出土器物都比较一般，没有令人惊喜的发现，这与大家原先期待的，想在良渚文化考古上有所突破相差甚远。不过大家还是沉得住气，坚持继续进行发掘。转眼已进入天寒地冻的腊月季节，土块开始冻得实实的，这给考古发掘带来了更大的难度，而大家还是充满期待，决心按照预定的目标进行发掘。

记得是在12月中旬，青浦一直下着大雨，田野发掘被迫暂停，我们便转向在室内整理出土器物。那天已是阴雨绵绵的第三天，雨水刚刚歇住了脚，我担心连日的大雨会给探方安全带来威胁，便和老郑一起赶到发掘工地察看，发现几个探坑里都积满了水，已变成了河塘。特别是福泉山东面一个探坑的东坑壁，已被雨水冲掉了一大片，而正是在那个被雨水冲垮的坑角边，显露出了几件石器叠压的迹象。接着我又在被雨水冲垮的泥土堆里，发现有两件石斧掉落在上面，幸好没有丝毫损伤。我急忙安排民工协助我们把垮掉的坑壁修理好，使其维持原来的坑壁高度，以防止出土器物再次滑落。

接着，我们按着显露出土器物的方向，清理掉覆盖的泥土，小心翼翼地探察该墓的结构和随葬文物的基本情况。

啊！考古奇迹出现了！一件连着一件的石斧、石钺互相叠压着开始呈现在我们眼前，然后竟然发现了玉器，其中有大玉璧、玉琮、玉钺、玉锥形器……我们简直不敢相信自己的眼睛了。

"老天开恩了！""老天爷有眼啊！"这些激动的话频频挂在我们的嘴边。我心里真是在想："这或许真的是老天爷的眷顾与雨水的恩赐吧！"三个月来，一直寻而不见的良渚文化贵族大墓，竟然以这样戏剧化的方式进入到我们的视野。我与老郑都被感动得忘记了一切劳累，我们都沉醉在发现良渚文化大墓的幸福中。

我考虑到天色已近黄昏，整个墓葬的清理工作不便展开，打算待次日天气放晴后再行全面清理。我按捺住内心的狂喜，绘制好已发现随葬器物的出土平面草图，请民工用泥土重新覆盖好，以便保护现场。同时为了确保该墓的绝对安全，我与老郑商定我们两人轮流在现场值班守护，另外请一个民工协助驻守值班。此外，我在当天晚上打电话给市文管委有关领导,通报了这一重要信息,并请增派考古技术力量协助清理好这座大墓。

次日上午,我馆考古部增派力量赶到福泉山,经大家通力协作、辛勤劳动,终于使这座上海市首次发现的良渚文化贵族大墓揭开了神秘的面纱。该墓在清理中未见墓坑,但在人骨架上、下发现有小块的朱红色薄片,可能是葬具上的残留痕迹。墓主头向正南,葬式为仰身直肢,人骨架胸部以上已被一座西汉墓葬所打破,但胸部以下的骨骼保存尚好,随葬器物极为丰富而珍贵,按个体计共有玉、石、象牙和陶器等119件。这些随葬品,一部分放置在人骨架上面,另一部分压在人骨架下面,还有一部分放在人骨架的右侧。其中随葬的文物珍品有玉琮、玉璧、玉钺、玉锥形器、玉项饰、兽面纹象牙雕刻器等,它不仅具有重要的文物价值和历史价值,而且为揭开福泉山良渚文化土筑高台墓地的奥秘,为发现大批随葬有玉、石、陶器的氏族显贵大墓拉开了序幕。这是我国长江流域新石器时代良渚文化考古上的一个重大突破(图三)。

图三　1982年12月,上海福泉山第一座良渚文化贵族大墓出土文物情景

(原载于《福泉山——上海历史之源》,文汇出版社,2007年)

良渚文化与文明起源

良渚文化是我国长江下游新石器时代晚期重要的考古学文化,因在1936年首先发现于浙江省杭县(今余杭区)良渚镇而被命名为良渚文化。这一文化的分布范围主要是环太湖流域,包括江苏南部、浙江北部和上海两省一市的广大地区。良渚文化,从首次发现到被逐步解析,至今已有67年了。在这一段历史时期内,由于苏、浙、沪两省一市考古工作者的不懈努力,先后在上述广大地区发现了良渚文化遗址和墓地500余处,并对其中80多处遗址和墓地进行了发掘,尤其是发掘了诸如寺墩、草鞋山、赵陵山、福泉山、反山、瑶山、普安桥、大观山等重要遗址,获得了大批的实物资料,使良渚文化研究取得了惊人的进展,为世人瞩目。

福泉山遗址[1]是长江下游太湖流域新石器时代的典型遗址之一。20世纪80年代,福泉山遗址的试掘与发掘是良渚文化研究的重大突破,当时在我国考古界引起震动。在发掘过程中发现并得以确认的人工堆筑的高土台贵族墓地、祭坛,为太湖地区良渚文化高土台性质的认定提供了重要的范例。此外,在福泉山良渚文化高土台的一些氏族显贵墓葬中,发现有大量玉、石、陶器随葬,这些玉、石礼器的数量之多和质量之高,使人们对良渚文化玉敛葬习俗的了解进一步加深,并对认识和探讨良渚文化的文明进程、所处社会的发展阶段和中国文明的起源,提供了重要的实物例证。

有位学者指出:良渚文化"中心地区大体可分为三个较大的群落。太湖南岸的群落以良渚遗址群为中心,包括嘉兴地区的荷叶地、雀幕桥、普安桥、千金角等一大批遗址。太湖东岸的群落以福泉山和赵陵山遗址为中心,包括苏州地区的草鞋山、张陵山、绰墩等一大批遗址。太湖北岸的群落以寺墩遗址群为中心,包括常州和无锡地区的高桥墩、嘉陵荡等一大批遗址"。[2]这是很有见地的。

本文拟就上海福泉山遗址特别是有关良渚文化墓地的基本情况加以剖析,并对所涉及的几个问题作些探讨,敬请专家、学者指正。

一、福泉山是专为显贵者修筑的高台墓地,是土筑金字塔

福泉山遗址位于上海市西郊青浦县重固镇西侧。1962年,上海市文物管理委员会进行考古调查时,发现福泉山的土层包含有新石器时代的石器和陶片,确认此处是一处古文化遗址。1979年作了试掘,1982—1987年,经国家文物局批准,进行三次正式发掘,合计发掘面积2 235平方米,清理了崧泽文化的居址1处、墓葬19座,良渚文化墓葬30座,以及战国墓6座、西汉墓96座、唐墓1座、宋墓2座,出土各类文物2 800余件,获得了重大考古成果。

福泉山是一座位于农田中间的大土墩,接近方形,东西长94、南北宽94、高7.5米,东、南、西三面作斜坡,北侧呈现二级台阶,顶面平整,似一个高土台。它的地层以T8东壁剖面为例,作如下介绍:在表土之下第1层为灰黄色五花土,其中包含大量马家浜文化遗物和部分崧泽、良渚文化遗物;第2层为黑褐色土,马家浜文化遗物减少,而崧泽文化遗物增多;第3层为黄土,遗物不多,仅有个别良渚文化陶片;第4层为灰黑土,为崧泽文化墓地;第5层为黄褐土,土质较纯,未见文化遗物;第6层为青灰土,发现崧泽文化居住遗迹与墓葬;第6层以下为生土。整个文化层厚达8.5米(图一)。

根据福泉山遗址的上三层土质杂乱,遗物的年代次序颠倒,以及最晚的遗物属良渚文化时期来看,它应是良渚文化先民在第4层崧泽文化墓地上堆筑起来的。在高土台上共发现良渚文化墓葬30座,其中第2、3层内的墓葬均为浅坑木棺墓,坑深仅20—30厘米,并有上下叠压现象,说明这两层是多次堆土形成的地层。坑中开在表土层下第1层的墓葬,大部分为深坑墓,坑深0.9—2.85米。根据土质、土色确定,这一层是一次堆成的。其中部堆土厚1—1.5米,周围厚2—3米,如果以平均厚约2米计算,此层的堆土量约在11 800立方米左右。第1层发现的墓葬都属大墓,墓内有大量精美的石、玉、陶器甚至象牙雕刻器随葬,有的墓葬上面还有祭祀遗迹,有的使用人牲,所以它应是一处动用

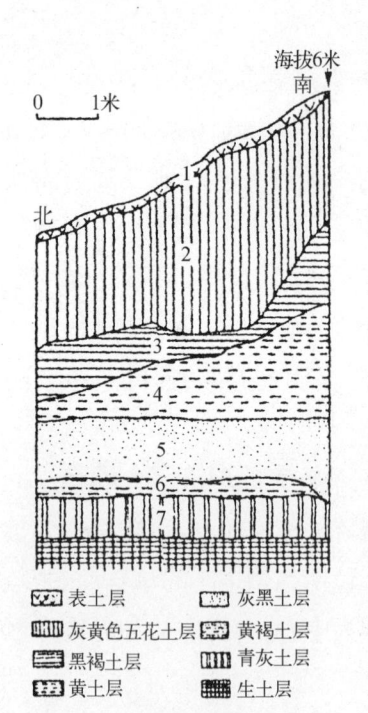

图一 福泉山遗址T8东壁地层剖面图

上万个人工专门为良渚贵族堆筑的墓地。[3]

二、福泉山墓地反映出存在不同阶层并已出现人殉

福泉山发现的30座良渚文化墓葬,根据地层的叠压打破关系以及器物形制的变化,可分为五期。其中属于第一期的8座,6座位于山顶平台,2座位于北坡第一台阶上。山顶上各墓有墓坑和木棺,随葬器丰富,并有一座(M139)墓使用人牲。M139为长方形浅坑,内有凹弧形大木上下相合的木棺,棺内人骨架仰身直肢,头向南,经鉴定为成年男性。头骨口内有玛瑙琀1件,上下肢骨上分两行放置石、玉钺12件,手臂上有玉镯,头前有玉锥形器,身上还有玉管和多粒小饰片,足后在葬具外有成堆的陶器,有些器表绘有红黄色彩绘图案,极为精致。在木棺的东北角葬有一具人骨架,为青年女性,屈身,上下肢弯曲而分开,状似跪着倒下的模样,头向西北,头顶有玉环1件,面颊旁有玉饰片1粒,颈部和下肢骨旁各有玉管2件。这具人骨压在墓坑角上,头足处于坑外,与一件大口缸在一起,按迹象分析,是M139掩埋后再以人牲作祭祀,其身份似为女奴(图二)。

发现于高台北坡台阶的两墓,未见墓坑痕迹,亦无葬具,人骨仰身直肢,头向一东一南,一墓无任何器物,一墓仅置一残陶罐,与山顶平台上诸墓相比,应属于不同的社会阶层。

第二期6座,都位于山顶平台上,同样有墓坑、葬具与大量随葬品,其中M145使用人牲。M145墓主人口中含玉琀,身旁有玉镯和彩绘陶罐。墓坑之北另有一祭祀坑,内埋2具人牲。第三期5座,情况亦与第二期相似,有一座(M144)人殉墓,墓挖深坑,有棺有椁,墓主人身旁葬有玉钺与彩绘石钺等,椁板上见

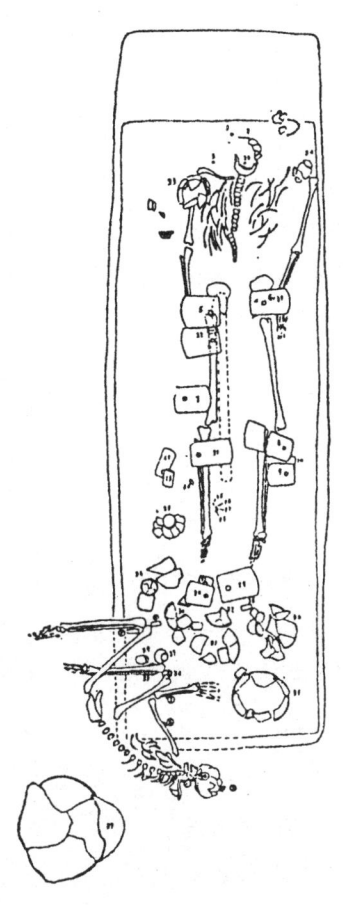

图二 福泉山M139平面图

墓主随葬器物:1、3. 玉饰片 2. 玉锥形器 4—12、19—21. 石钺 13、28. 骨器 14. 玉管 15—18. 玉珠 22. 玉镯 32—36. 夹砂红陶鼎 24. 黑陶杯 25、30. 彩绘陶罐 26. 彩绘陶器盖 27、29、33. 小陶杯 31. 彩绘陶豆 32. 黑陶罐 34. 小陶罐 35. 灰陶豆 36. 夹砂红陶鼎 37. 缸形器 38. 玉琀 39. 玉纺轮
陪葬者随葬器物:①②⑤⑥ 玉管 ③ 玉环 ④ 玉饰片

一人殉。上述第一、二、三期葬于山顶平台上的 M139、M144 和 M145 发现的人殉(人牲)现象,为探索奴隶制的发轫提供了重要例证。

第四、五期共 11 座,均位于燎祭祭坛之东或南侧,几乎各墓都随葬一批玉器和精美陶器,其中随葬玉器钺、琮、璧的有 3 座,有钺、璧而无琮的 11 座,有钺而无琮、璧的 3 座,有璧无琮、钺的 2 座。至于有玉钺的 7 座墓中,有 1 座出 4 件,有 1 座出 3 件,有 2 座各出 2 件,有 3 座仅出 1 件。这与反山、瑶山各墓仅出 1 件玉钺的情况不同。因此,综观福泉山五期墓葬,一至三期墓葬各有 1 座人牲或人殉大墓,其他为一般良渚墓,墓主有主次之分。四、五期则普遍为随葬玉器钺、琮、璧,生前掌握军政大权与神权的大墓,在墓地的中心。……这些现象与余杭的反山、瑶山墓地相比,后者的墓位在同一平面上排列,都有象征权力和地位的玉制斧、钺、琮、璧随葬,而福泉山墓群上下叠压分属不同时期,并且前三期尚有主次之分。因此如果反山与瑶山墓群是某一时期良渚王权诸显贵的墓葬,则福泉山该是某一贵族前后继承的家族墓地,既有显贵本人,也有一般成员。[4]

三、福泉山与本市其他良渚墓地存在等级与地位上的差别

以福泉山墓地与本市境内的其他良渚墓地相比较,发现有以下两种不同情况:(一) 位于金山区的亭林墓地[5],地形高出农田约 1.5 米,是一处小高地,发现的 23 座良渚墓成人字形排列,每座墓有墓坑、有葬具,各墓普遍随葬有斧、锛、凿、镰、犁、耘田器等石制生产工具,随葬的陶器也制作精良,玉器虽有一定数量,但除珠、管和锥形器以外,仅在人字形排列的墓群头前一墓出土玉琮 1 件,所以这是一处地位低于福泉山的家族墓地。(二) 闵行区的马桥遗址良渚文化墓地[6],它位于居住遗址边缘的平地上,各墓不见墓坑,亦无葬具,仅随葬有数件生前使用的鼎、豆、壶等陶器,有些甚至空无一物,由此可见,这是一处良渚平民墓地。所以,从福泉山高台到亭林的小高地,以至马桥等平地墓群,显示良渚文化先民在埋葬方面有地位上的差别。[7]

四、福泉山上发现良渚文化大规模的祭祀遗迹

在福泉山的发掘中,还发现了一系列良渚文化的祭祀遗迹,有祭坛、燎祭、灰坑和

祭祀时撒下的介壳堆，以及其他小型祭祀活动的祭祀坑等。祭坛发现于山顶的最高点，位于 T34 及 T35 的灰黄土层内，在两组上下层层叠压的大墓之上，福泉山发现的 3 座使用人殉或人牲的墓葬，即在其下。祭台呈台阶形，南北长 7.3、东西宽 5.2 米，自北而南，自下而上共有三级台面，每级升高约 34—44 厘米，呈不规整的长方形，面积约 10 平方米，用黄土与红烧土屑铺成，中间平整，面上撒有介壳屑，四周堆积红烧土块。烧土块是经过切割的用大火烧成的土块，每块大小不等，形状不一，但内外烧红（图三）。

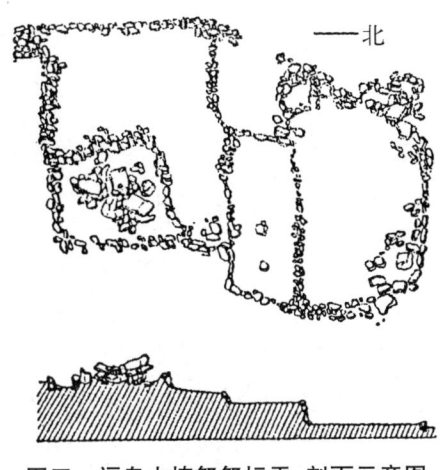

图三 福泉山燎祭祭坛平、剖面示意图 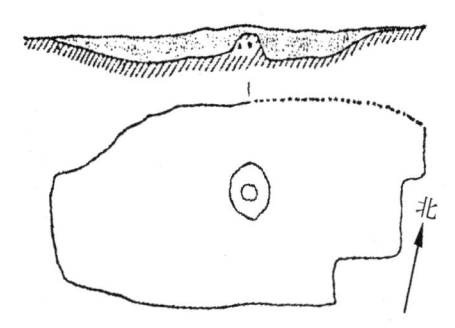　　图四 与祭祀有关的灰坑平、剖面示意图

在最高一台面的东南角，另有一堆烧土块，烧土块的中间搁一土台，台长 100、宽 40、厚约 10 厘米，上下及四边平整，平台中间坍塌，下压一件大口缸祭器。整座祭坛都经大火烧红，并且撒有介壳屑，但未见草灰。又在祭坛之北 T33 与 T26 及祭坛之西北 T37 内，有两条红烧土块堆积，均为东西向，土块与地面亦被烧红，同样未见草灰。这些都是举行大规模燎祭活动的场所。

此外，在山的北侧第一台阶上，发现有一个大体呈长方形的积灰坑，长约 19.25、宽约 7.5 米，四边较浅，中间较深，深 0.25—1.15 米，中间有一个略呈圆形的小土台，台径约 1、高 1.15 米（图四）。

坑中填满纯净的草灰，而坑壁、坑底和中间的土台都无任何火烧痕迹，亦无红烧土。因此，坑中积灰应是山上大火燎祭后，清扫积灰堆存于此的。在山的东坡上，有一长约 5、宽约 3、厚近 1 米的介壳屑堆积，介壳种类有蚬、蚶、蛤、牡蛎等，与距此以东 10 余公里的一条古海遗迹——竹冈地下的介壳屑一致，应是从那里搬迁至此，在燎祭时使用的。在发掘中，位于 M2 东北约 2 米处，曾发现 5 件

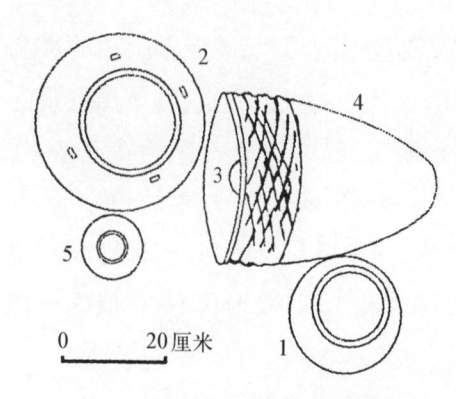

图五 良渚文化祭祀器物堆平面图
1、5. 陶罐 2. 四系陶罐 3. 陶壶 4. 陶釜形器

器物,在1件大口缸内置双鼻壶1件、猪趾骨2块,在大口缸的南、西两面置陶罐3件。大口缸属祭祀用器,故这堆器物应与祭祀有关(图五)。

据此分析,良渚人对福泉山上的大墓已有一种集中的大型祭祀仪式。程序似为先堆置土块,然后堆草火烧,在祭祀时还撒上介壳屑,礼成后将草灰清扫,置于山北专设的积灰坑中。这类堆土燎祭是专为氏族显贵祖先举行的礼仪。[8]

五、福泉山良渚文化大墓内出现礼器

福泉山良渚文化大墓内随葬的石、玉、陶制器物,大都器形规整,制作精细,并常刻有细密的纹饰。例如石制的斧、钺、锛、凿,器形规整,刃部往往钝口,不能实用,器表整体高度抛光,锃亮如镜;玉器中的斧、钺、琮、璧,其权力的象征性更为明显,锥形器、冠形器为宗教礼仪用器;随葬的陶器,如宽流阔把杯、双鼻壶的器表经过打磨,并且通体细刻神秘的鸟纹与鸟首盘蛇纹图像,这些器物应与祭祀有关。又如多件陶鼎属于泥质黑衣灰红陶,用于烹饪时器身会开裂,黑衣亦会氧化变红。其中一件黑衣陶鼎,从鼎盖到鼎足通体细刻鸟首盘蛇纹,盖上留有两孔一组的三组小镂孔,孔位与鼎足的孔相对,可以穿绳缚盖,可见它已脱离烹饪功能,变为纯粹的祭祀用器。还有一件象牙雕刻器,此器凹凸两面都满刻精细的兽面纹,在墓内置于人骨的左手部位(图六)。[9]

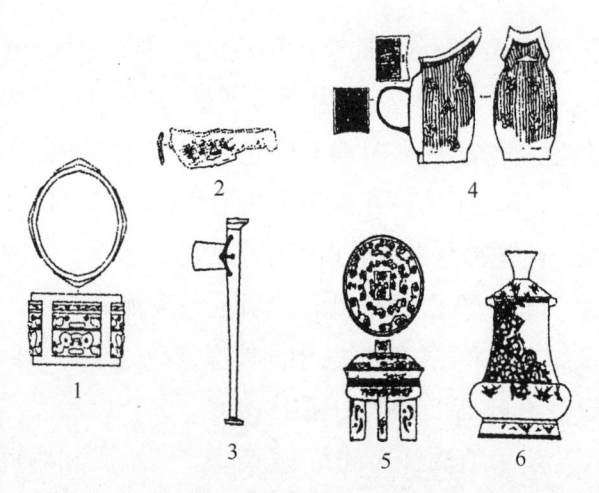

图六 福泉山良渚文化大墓随葬的礼器示例
1. 玉琮形镯 2. 象牙雕刻饰 3. 玉钺(附冒、玉镦)
4. 黑陶细刻纹壶 5. 黑陶细刻纹鼎 6. 黑陶细刻纹双鼻壶

六、福泉山良渚文化玉器质料的鉴定和分析

上海市文物管理委员会曾从福泉山出土的 613 件良渚文化玉器中,选择了琮、璧、钺、斧、镯和锥形器等共计 25 件玉器作为样品,邀请中国地质科学院地质研究所闻广、荆志淳两先生,对上述玉器样品作了室温红外吸收光谱、X 射线粉晶照相和扫描电子显微镜的分析测试,以确定其矿物成分和研究其显微结构。鉴定结果如下:

上海青浦福泉山良渚文化玉器样品玉质鉴定表

器物编号	器物名称	矿物(主类)
福 M9:7	玉锥形器	叶蛇纹石
福 M9:16	玉钺	透闪石
福 M9:17	玉璧	阳起石
福 M9:18	玉斧	(假玉)
福 M9:21	玉琮	透闪石
福 M9:25	玉钺	透闪石
福 M9:26	琮形管	叶蛇纹石
福 M40:21	柱形管(残)	叶蛇纹石
福 M40:86	玉钺	假玉
福 M40:91	玉琮	叶蛇纹石
福 M40:95	玉鸟首	叶蛇纹石
福 M40:110	玉琮	滑石
福 M40:118	玉璧	透闪石
福 M60:8(1)	玉角形器(浅沁)	透闪石
福 M60:8(2)	玉角形器(深沁)	透闪石
福 M60:14	玉璧	透闪石
福 M60:16	玉镯	透闪石
福 M60:46	玉璧	叶蛇纹石
福 M65:47	玉璧	透闪石
福 M67:4	玉琮	叶蛇纹石
福 M74:25	玉锥形器	透闪石

续表

器物编号	器物名称	矿物(主类)
福M74：33	玉钺	叶蛇纹石
福M109：2	玉镯	透闪石
福M150：1	玉镯	透闪石

从上表可看到：这25件玉器中有14件为软玉，一般为致密块状具交织纤维显微结构的透闪石—阳起石系列矿物集合体。所有软玉样品中，除福M9：17玉璧是阳起石外，其余13件样品全是透闪石。从显微结构看，软玉样品大都纤维较细，属中上乘，福M9：21玉琮及福M9：25玉钺等是其中的精品，但由于局部条件的差异，多数已不同程度受沁，且有些很深。福M60：8玉角形器(透闪石软玉)，其深沁与浅沁部分对比，Fe／(Fe＋MG)P. f. u％变化不大，约降低12％，而其显微结构有变松趋势。此外，8件为叶蛇纹石，1件为滑石，2件为假玉，其他经肉眼观察的玉器，还有玉髓及萤石。

福泉山良渚文化墓葬出土玉器，比诸同为良渚文化的浙江余杭反山和瑶山，总体而论，用玉数量约少一个数量级，质量也有逊色，真玉居多而杂有假玉，不如反山及瑶山的几乎全是真玉。但比诸亦同为良渚文化的浙江海宁荷叶地出土玉器，则福泉山的比例明显地高于荷叶地，后者多数墓用玉仅几件，以珠、管等小件居多，质量也差，其用玉总量中真假玉各半。总之，上述三处良渚文化墓葬代表了三个不同的用玉等级，即：

第Ⅰ等级：反山(YF)和瑶山(YY)；

第Ⅱ等级：福泉山(QF)；

第Ⅲ等级：荷叶地(HH)。

当然，实际还存在根本未用玉的第Ⅳ等级。

假玉中最常见的是叶蛇纹石，福泉山也如此，其受沁过程与软玉相似，但在同一遗址中一般均较软玉受沁为深。史前古玉中的叶蛇纹石假玉器，至今尚未见有未沁者，且多数均已遭受深沁。[10]

上述福泉山出土良渚文化玉器的玉质鉴定，为我们研究探讨其他遗址出土良渚文化玉器的玉质鉴定问题提供了重要的科学佐证。

七、良渚文化时期已出现了原始文字

有位学者认为："文字的出现是一件惊天地、泣鬼神的大事。它既可扩大和延长

·良渚文化与文明起源·

时空范围,是人类脑力劳动的一大飞跃,同时,又是社会物质和精神文明高度发展的结晶。因而,文字的出现便成为文明社会的主要标志。"[11]这是很有见地的。

中国的文字起源走过了一个从原始文字到成熟文字的发展过程。商代的甲骨文是目前得到确认的中国最早的成熟文字。河南二里头夏文化遗址发现了许多陶文,绝大多数都是单字,极个别是多字,但并未连接成句,只能称作原始文字。良渚文化是至今发现原始文字最多且字形最进步的一支史前文化,迄今发现24个字,大多数均以陶器作为文字的载体,也有一些刻在玉器的表面。到目前为止,发现陶文的计有江苏武进寺墩、吴县澄湖、上海马桥、金山亭林、浙江余杭南湖和良渚等遗址。

良渚文化原始文字的进步性,表现在出现了多字排列的完整句,这是原始文字发展过程中的一项突出成就,因为句子能够传递完整的信息,比起只能表达简单意思的单个字来,无疑是一个飞跃。[12]

迄今为止,良渚文字的句子出现在多件陶器上,但考古地层关系清楚或出土时周围埋藏环境明确的仅有5例,特作如下介绍:

其一,良渚文化阔把竹节形陶杯(B10∶11)。

20世纪60年代,在上海马桥遗址第5层——良渚文化层出土,口部稍残缺,器形扁矮,呈多棱竹节形,把手宽阔,上节有直条纹。残高6.5、圈足径10.6厘米。残存的陶杯圈足内底部位至少有两个刻划文字(图七)。[13]

这是得到公认的我国最早两字连用资料,对探讨我国文字的起源和演变具有重要的意义。因此,已被郭沫若主编的《中国史稿》[14]一书引用,作为中国早期文字的重要依据。黄宣佩认为这两字的字形与商代甲骨文相似。[15]李学勤则认为左面一个字的结构与澄湖陶罐的字近似,右面一个轮廓很像是"田"字,已不完全,不能准确释读。[16]

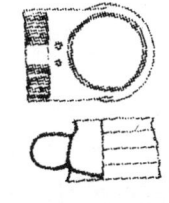

图七 上海马桥遗址下层出土良渚文化陶把杯器底的原始文字拓本

其二,良渚文化贯耳陶罐。

该器系江苏吴县澄湖遗址出土,器形如同鱼篓形,直口直颈,溜肩弧腹平底,肩附贯耳一对。器表施黑衣,腹部阴刻有陶文四字(图八)。口径8.8、通高12厘米。[17]

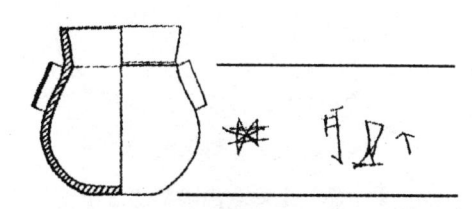

图八 江苏吴县澄湖遗址出土良渚文化贯耳陶罐上的原始文字

对于这件陶罐上的陶文,张明华、王惠菊认为:这4个字"如果自左至右读,它们似乎记录了距今4 000多年左右的澄湖地区一个以鱼为图腾的强大的部落联盟,曾经征伐吞并了许多与之毗邻的擅长造船的氏族这样一个重大的历史事件;如果自右至左读,这 4 个刻划文字,似乎是一个以鱼为图腾的部落,曾经制造了一批玉戚的记录",并指出它是"我国迄今发现的最原始的文章"。[18]陆思贤认为,鱼篓形罐上的陶文,表示了渔者生产、生活的一个过程,有明确的节令概念,并就此作了全面论证。[19]李学勤教授则将此陶罐上的陶文考释为"巫钺五偶",它的含意是"神巫所用的五对钺",尔后他还援引反山良渚大墓出土的众多石钺为证,认为这里说有五对钺是不足为奇的。[20]

其三,良渚文化黑陶圈足罐。

1986—1987 年,浙江余杭南湖出土,口微侈,广肩,鼓腹,圈足外撇,高 26.4、口径 12.8、腹径 25、底径 1.9 厘米。此器是在烧成后,再在肩至上腹部位按顺时针方向连续刻出 8 个图像(图九)。

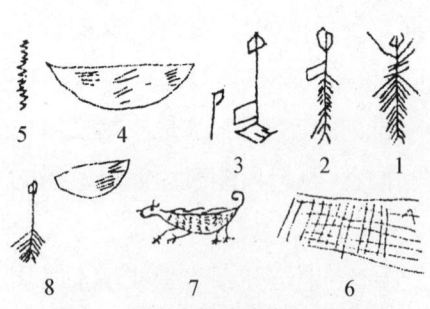

图九　浙江余杭南湖出土黑陶圈足罐所刻图文

李学勤曾对这些图像作了考释,"这些刻划符号实际上是环着罐口刻的,应当从上方观看,朝向罐口的是符号的下端,符号由左向右逆时针方向排列。如此,各个符号便不难辨识了。……不过报道摹本中编号 5 的图形,只是用来把两组符号分隔开的线,可以除外,而摹本中的 8 应分成两个符号"。这 8 个符号的意思是:朱去到石地,在石的领地内网捕老虎[21];沈德祥认为这些图像均围绕着野兽这一中心内容表达,"似一组围猎纪事"[22];牟永抗认为它"由象形符号和非象形符号混合编列……突破了符号孤立存在的局面,是这些符号具有文字性质的重要依据"[23];方向明认为"这件陶器图文意思即为神兽(龙)月夜在神的世界中穿越水田,是一幅先民想象的神域月夜走龙图"[24];笔者认为这些图文的特点是象形,故应结合中国文字的起源与发展的独特个性来分析,比较赞同李学勤、牟永抗、沈德祥三位的观点,这是一组围猎纪事的图文,具有原始文字的性质。

其四,良渚文化椭圆形陶豆盘(亭 T4∶31)。

系 1973 年上海市金山县亭林遗址出土,在它残存豆盘的内腹底一侧刻有一个符号,应是个原始文字(图一〇)。[25]

其五,良渚文化陶尊。

2001 年,上海市文物管理委员会对松江县广富林遗址进行考古发掘,在一座良渚文化墓葬随葬品中,发现一件陶尊的腹部以刻划技法画了一幅梅花

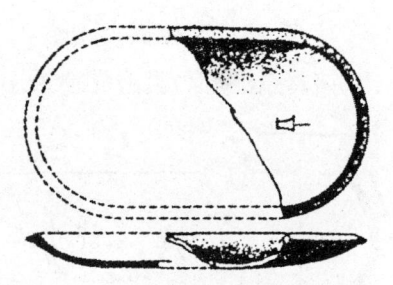

图一〇　上海金山亭林遗址出土良渚文化陶豆盘内底的刻划原始文字

鹿石钺图。一只梅花鹿长着两只长角,惟妙惟肖,旁有一件带柄的石钺,柄向外弧曲呈未张开的弓形,柄下端还安装着一镦。旁边还有一图,可惜已经大部分磨损,从残留痕迹看还似一只鹿(图一一)。

以前具象和抽象的石钺图曾被数次发现,例如在浙江桐乡新地里遗址出土的一块陶片上,就刻有梅花鹿的图像,但梅花鹿和石钺两种图形组合在一起,在良渚文化中还是第一次发现。从梅花鹿在良渚先民物质和精神活动中的重要地位和石钺的功能分析,我们有理由相信,这幅梅花鹿石钺图记录了一次大型的由氏族首领亲率的集体活动。石钺就是权杖,代表了权力和有组织的大规模行动,鹿为行动的对象。此图表示一次狩猎活动,以捕获鹿科动物为目的;也可以是表示一次祭祀活动,祭品就是梅花鹿。这幅梅花鹿石钺图,为探索中国文字的起源和发展提供了极其重要的线索。[26]

图一一　上海松江广富林遗址出土良渚文化陶尊腹部刻划的梅花鹿石钺图

八、关于良渚文化的社会性质

根据我国和世界各国原始社会史的普遍规律,随着私有财产的出现和阶级的萌芽,人们的社会生活和观念形态都将发生深刻的变化,丧葬习俗也显示出时代的特征。摩尔根在《古代社会》一书中谈到印第安人财产观念的变化时说:"生前认为最珍贵的物品,都成为已死的所有者的随葬品,以供他在幽冥中继续使用。"[27] 上述福泉山良渚文化大墓中随葬饰有精细刻纹的陶器和大批玉器,制作时都需耗费大量的劳动,这些器物为墓主人所有,正说明生前当可大量占有别人的劳动果实,同时也反映了当时氏族社会中已存在着明显的剥削和阶级的对立。尤应重视的是,在良渚文化大墓中随葬玉璧、玉琮和玉钺,还包含着更多特殊的意义。按照《周礼·春官·大宗伯》记载:"以玉作六器,以礼天地四方,以苍璧礼天,以黄琮礼地",说明玉璧、玉琮在周代是祭祀天地、祖宗之灵的礼器。《周礼·春官·典瑞》记载:"驵圭璋璧琮琥璜之渠眉,疏璧琮以敛尸",则反映了古代存在着以大量玉器敛尸的葬俗。《周礼》是奴隶制上层建筑的集中反映,是在长时期中逐步完善的,它的前身是殷礼,并可上溯至夏礼,其中某些礼制的历史渊源,似可追溯到原始氏族社会末期。而今在福泉山[28]、张陵山[29]、草鞋山[30]、寺墩[31]、反山[32]良渚文化大墓中,都随葬有玉璧和玉琮,可以认为是原始宗教祭祀的礼器。墓主人占有这些礼器,说明他们生前掌握有巨大的统治权力,即掌握有原始宗教的祭祀权。

在对福泉山的第三次发掘中,考古工作者还曾发现3座良渚文化人殉墓葬(M139、M144和M145),其中M139如前述,在一个年约25岁左右男性墓主人的木棺和墓坑的东北角上,有一女性屈肢葬人骨架,并随葬有小件玉器,似为地位较低属妻妾之类的女殉葬者。另一座M144的坑口北部,有一具殉葬人骨,惜肢骨朽蚀严重,仅辨痕迹。第三座人殉墓M145在墓坑北端,挖有一附葬坑,葬有一青年女性和一少儿人骨,双臂向身后弯曲,面部朝上,呈捆绑挣扎状。

综上所述,在良渚文化晚期,氏族内部已出现私有制,存在着明显的剥削和压迫,氏族贵族驱使大批劳动力为显贵者们堆筑高台墓地,在大墓中陪葬有大批玉、石、陶制礼器,有的还发现人殉墓和祭祀等迹象,这正反映了墓主人生前掌握有原始宗教的祭祀权,象征他们手中握有至高无上的统治权力,掌握有生杀大权,从而表明在原始氏族制度濒临崩溃的前夜,阶级对立已趋于不可调和,原始氏族社会已跨入了文明时期。

这正如当代中国考古学泰斗苏秉琦教授所指出的:"良渚文化随葬玉礼器大墓、人工堆筑坛台和大规模的遗址群的相继发现,使这一地区史前文化研究在中国文明起源研究中做出了突出的贡献。良渚文化可能已进入方国时代的问题已提到日程上来。"[33]他还指出:"良渚文化在中国古代文明史上,是个熠熠发光的社会实体。上海发掘了福泉山良渚文化墓地,出土大量精致的陶器和玉器,这些器物都不是寻常生活用品。但尤为重要的是它的如同丘陵的大封土堆。联系到远比它更早的近年在辽宁建平发现的属红山文化后期营建在山顶上成排的所谓'积石冢'。自秦汉以来用'山陵'一词称呼帝王冢墓,渊源甚古。我们这个号称具有五千年历史的文明古国的黎明期历史虽然还是'若明若暗',但已决不再是'虚无缥缈'的传说神话了。"[34]他的这些精辟论述,必将进一步推动良渚学研究向纵深发展,为探索中国文明起源开创新局面。

注释

[1][28] 上海市文物保管委员会:《上海福泉山良渚文化墓葬》,《文物》1984年第2期;黄宣佩、张明华:《上海青浦福泉山遗址》,《东南文化》1987第1期;上海市文物保管委员会:《上海青浦福泉山良渚文化墓地》,《文物》1986年第10期;上海市文物管理委员会:《福泉山——新石器时代遗址发掘报告》,文物出版社,2000年。

[2] 严文明:《良渚文化与文明起源》,载《良渚文化——中国文明的曙光》,日本勉诚社,1996年。

又见严文明：《农业发生与文明起源》，科学出版社，2000年。
[3][4][7]—[9] 上海市文物管理委员会：《福泉山——新石器时代遗址发掘报告》；黄宣佩：《福泉山遗址发现的文明迹象》，《考古》1993年第2期。
[5][6] 上海博物馆考古研究部：《上海金山区亭林遗址1988、1990年良渚文化墓葬的发掘》，《考古》2002年第10期。
[10][13] 闻广、荆志淳：《中国古玉地质考古学研究：福泉山玉器（附崧泽玉器）》，载《福泉山——新石器时代遗址发掘报告》。
[11] 林华东：《良渚文化研究》，浙江教育出版社，1999年，第486页。
[12][26] 宋建：《广富林考古新发现——梅花鹿石钺图》，《上海文博论丛》2002年第2期。
[14] 郭沫若主编：《中国史稿》，人民出版社，1976年。
[15] 黄宣佩：《良渚文化特征分析》，载《上海博物馆集刊》(5)，上海古籍出版社，1990年。
[16] 李学勤：《良渚文化的多字陶文——吴文化历史背景的一项探索》，《苏州大学学报》（吴学研究专辑）1992年第1期。
[17] 南京博物院：《江苏吴县澄湖古井群的发掘》，载《文物资料丛刊》(9)，文物出版社，1985年。
[18] 张明华、王惠菊：《太湖地区新石器时代的陶文》，《考古》1990年第10期。
[19] 陆思贤：《良渚文化陶文释例——最古的太阳年星历记录》，《考古》1993年第5期。
[20] 李学勤：《余杭县出土的良渚文化和马桥文化的陶器刻划符号》，《东南文化》1991年第5期。
[21] 李学勤：《试论余杭南湖良渚文化黑陶罐的刻划符号》，《浙江学刊》1992年第4期。
[22] 沈德祥：《余杭南湖出土的良渚文化陶文探讨》，载《上海博物馆集刊》(6)，上海古籍出版社，1992年。
[23] 牟永抗：《良渚文化的原始文字》，载《文明的曙光——良渚文化》，浙江人民出版社，1996年。
[24] 方向明：《南湖黑陶罐图文释读》，载《良渚文化论坛》1999年第一辑。
[25] 孙维昌：《上海市金山县查山和亭林遗址试掘》，《南方文物》1997年第3期。
[27] 摩尔根：《古代社会》，商务印书馆，1981年，第535页。
[29] 南京博物院：《江苏吴县张陵山遗址发掘简报》，载《文物资料丛刊》(6)，文物出版社，1983年。
[30] 南京博物院：《江苏吴县草鞋山遗址》，载《文物资料丛刊》(3)，文物出版社，1980年。
[31] 南京博物院：《1982年江苏常州武进寺墩遗址的发掘》，《考古》1984年第2期；汪遵国：《良渚文化"玉敛葬"述略》，《文物》1984年第2期。
[32] 浙江省文物考古研究所反山考古队：《浙江余杭反山良渚墓地发掘简报》，《文物》1988年第1期。
[33] 苏秉琦：《迎接中国考古学的新世纪》，载《华人、龙的传人·中国人——考古寻根记》，辽宁大学出版社，1994年，第241页。
[34] 苏秉琦：《太湖流域考古问题——1984年11月17日在太湖流域古动物古人类古文化学术座谈会上的讲话》，《东南文化》1987年第1期。

（原载于《良渚文化论集》，《浙江学刊》2003年增刊）

良渚文化的衰落原因剖析

关于良渚文化衰亡的原因,近年来有不少学者曾发表论文作探讨,但众说纷纭,存在的分歧很大。归纳起来,学术界提出的主要观点大致有以下四种:(一) 海侵导致良渚文化消亡说;(二) 洪水灾害说;(三) 良渚文化北迁说;(四) 战争导致良渚文化衰亡说等。有鉴于此,本文拟进一步展开讨论,以便就此问题达成共识。

笔者认为良渚文化衰亡的主要原因,是由于连年的对外征战和内部矛盾积重难返所致,一旦有外来势力入侵,便一触即发,演绎了一幕史前社会的历史悲剧。

一、良渚文化的发展与衰落历程

首先,我们从分析良渚文化的发展与衰落历程着手,可以得到有益的启示。

(一) 约为距今5 300—4 900年时,即在良渚文化早期的前段和后段,从对陶器和生产工具的特点(尤其是前者)剖析,前段尚处在崧泽文化向良渚文化发展的过渡阶段,这一时期的炊器主要是以吴家埠第二文化层、龙南第二期和福泉山第一期的陶器为代表,有鱼鳍形足鼎、扁凿形足鼎、鬹、甗等,而后段主要是以钱山漾遗址下层、张陵山上层、吴家埠第一文化层、良渚庙前M24、福泉山和龙南第二期为代表。其中张陵山与龙南第二期可能稍早,主要炊器仍然是鱼鳍形足鼎和扁凿形足鼎及鬹、甗等。而早期后段即已日趋成熟,形成了自己的鲜明个性,并构成了独特的文化体系。

(二) 上限约为距今4 900年,即至良渚文化中期前段,按反山、瑶山和福泉山第三期墓葬等遗物所反映的历史信息,当时的社会生产力水平和社会组织形态都已处于良渚文化鼎盛阶段,良渚古国业已出现,并在中国史前史中谱写了辉煌灿烂的历史篇章。而至中期后段与晚期前段(距今约4 650—4 200年)之时,社会生产力水平就有逐渐下降的趋势,特别是晚期后段,玉器制作已不如中期前段精巧,兽面纹(即"神徽")日趋简化,陶器装饰欠精,再也见不到如草鞋山 M198、福泉山 M65 中那样精美的陶器了,而且含有大量随葬品的大型墓葬已不多见(除寺墩 3 号墓外)。

(三)距今约 4 200—4 000 年,即在良渚文化晚期后段以降,玉器不但数量和品种明显减少,而且制作工艺和纹饰也十分简陋。陶器制作日益粗糙,以素面为主,石器也非昔日可比,呈现一派衰败气象。生产力与其后的马桥文化已差别不大,这从马桥遗址第 5 层即可看出。[1]

从上述良渚文化发展与衰落的历程分析,那种主张良渚文化像一颗绚丽多彩的流星,在令人目眩神迷了一阵以后突然衰落,跌入文化低谷的说法,是缺乏事实依据的。其原因是未曾搞清良渚文化中晚期已逐渐衰弱的脉络,而把良渚文化早晚期混为一谈。

二、军事部落联盟阶段战争频频发生

众所周知,当历史的步伐跨入父系氏族社会晚期,也即军事部落联盟时期,此时正处于中国古史的传说时代,氏族部落联盟或古国纷纷出现。这正如有位学者指出的:"良渚文化中晚期已经出现的文明国家,规模不大,水平也不高,还处于国家的最初阶段,或可称其为原始的部落方国……估计当时在黄河、长江流域地区,类似良渚文化时期的那种部落方国,为数不少。"[2] 随着古国政治的加强,集有王权、军权和神权于一体的统治者,在对内实行血腥统治的同时,为了聚敛更多的财富,扩大地盘和人口,同周邻部落方国间发生激烈的掠夺性战争也就在所难免。其中尤其是有关黄帝与蚩尤大战的传说,虽附有浓厚的神话色彩,但也折射出良渚古国间战争频繁的历史。蚩尤是位勇武强悍的君主,被后人尊为战神。他为争夺生存空间与财富,与黄帝发生了规模空前而残酷的战争。"蚩尤作兵伐黄帝,黄帝乃命应龙攻之冀州之野。"[3]"蚩尤作乱,不用帝命,于是黄帝乃征师诸侯,与蚩尤战于涿鹿之野,遂禽杀蚩尤。"[4]古史传说自然不能作为信史,但当时战争经常发生却是事实,它为我们展现出良渚时代各军事部落联盟或古国间战争频频发生的历史背景,它对社会发展造成的破坏是非常严重的。这对破译良渚文化衰落之谜不无借鉴作用。

三、从良渚大墓中出土的石、玉钺看崇尚武力

对江、浙、沪各处良渚文化大墓出土的玉钺、石钺的数量和质量进行分析比较,也

使我们可依稀领悟到良渚古国对兵器的注重,这从一个侧面反映了当时战争的频繁。

石钺,既是一种生产工具,又是近身砍杀格斗的武器。从制作精美、上刻神徽与神鸟图像的玉钺王来看,良渚文化的石钺和玉钺应是兵器的象征,是集王权、军权和神权于一体(特别是玉钺)的标志。我们从余杭星桥横山、反山、瑶山、汇观山和昆山赵陵山、上海青浦福泉山、苏州草鞋山、武进寺墩等随葬大量石钺、玉钺的良渚大墓来看,这种石(玉)钺的盛行为国内其他史前文化所未见。尽管它多未开刃,并非实用兵器,但透过大量石钺随葬的现象,说明崇尚武力已成为良渚社会的潮流。又如在上海亭林良渚晚期遗址出土的成堆石镞(多达50多件),江苏昆山赵陵山良渚墓地(约为中期前段上下)中被杀殉的大批牺牲(很可能是战争的俘虏),以及安徽省肥东县与定远县及淮河地区出土的良渚遗物,似乎都是良渚文化中晚期对外征战的反映。

四、良渚文化的消亡,战争是主要原因

笔者认为,良渚文化的消亡是由外因和内因造成的,而战争则始终是最主要原因,例如它同海岱地区大汶口—龙山文化社会发生频繁而持久的战争有重大关系,也有来自中原地区(河南龙山文化和陶寺类型)、江淮地区和浙西地区的武力冲击。良渚社会正处在我国古史传说中的军事部落联盟时代,当时的战争既频繁而又残酷无情。试举其中一典型实例:1993—1997年,上海考古工作者曾对上海马桥遗址先后进行四次发掘,总面积2 728平方米。清理了12座良渚文化墓葬(分布在Ⅰ区的有2座,Ⅱ区的有10座),其中一座(ⅠM5)良渚文化墓葬,未见墓坑,单人仰身葬,墓主人为一年约45—50岁的女性,头向346°,面向上,下肢伸直,上肢折向肩部。左侧胸腹部放置3件一组的随葬陶器,鼎、豆、双鼻壶各1件。特别值得注意的是,在她左胸部还发现有1件石镞,镞锋斜插入肋骨。头向近北和上肢折向肩部是良渚文化中一种不同寻常的葬式,应当与被石镞射入而死亡这一特殊的死因有关。[5]由此可以想象当年战争是多么残酷。

此外,我们试以汇观山墓地的祭坛与瑶山的祭坛作一比较:汇观山墓地的祭坛,以挖沟填土的方式,用不同的土色形成"回"字形的内外三重,在规模上与瑶山的祭坛相类似。而墓葬的出土器物,尤其是玉器的数量、质量却远不及瑶山。发掘的4座墓葬,只有4号墓保存比较完整,其他3座墓都遭到不同程度的破坏。以玉琮为例,4号墓出土2件,器身矮、穿孔小、壁较厚,制作粗糙,纹饰细部未加细琢,就连神面纹的眼睛也未镌刻,四面纹饰不规整。其他随葬器物如玉器中尚有钺、璧、冠状饰、三叉形

器、镯、串饰、带钩、锥形器等17件(组),石钺48件,陶器7件。[6]规格相当高的4号墓,随葬玉器的数量大为减少,石钺明显增多,一反以往常态。再结合上述玉琮制作的粗糙,这些现象都反映了良渚文化在开始衰退。

笔者主张良渚文化衰亡主要是因战争而非自然灾害所致,还基于如下几点思考:

一是上海青浦福泉山的一座良渚墓中,曾出土过一件典型大汶口文化彩绘陶背壶(福M67：46)[7],这在上海地区新石器时代文化中尚属首次发现。而这座墓的主人是良渚文化氏族显贵或继承人。从这一实例说明,良渚文化与大汶口文化的交流融合是双向的,互有来往。此外,在良渚文化中还出土有夹砂陶缸形器和黑陶鬶等,从其器形特征分析,很可能是同大汶口—龙山文化彼此接触或影响的产物。

二是海岱地区的大汶口—龙山文化遗址发现过同良渚文化相同或相类似的玉琮、玉璧、玉钺、玉锥形器、石钺、有段石锛、半月形双孔石刀以及兽面纹等。诸城呈子M65、M59号墓和邹县野店31号墓与江苏邳县大墩子302号墓中(同属大汶口文化晚期)都出土过与良渚文化接近的双鼻陶壶。[8]

三是二里头文化曾有与良渚文化晚期相近或稍变化了的玉琮和筒形镯等,晋南的陶寺遗址中也有与良渚类似的玉(石)琮及石耨刀发现。

四是陕西延安芦山峁村也有与良渚晚期相似的玉琮、玉璧、玉钺及石耨刀等文物发现。纪仲庆先生联系到《拾遗记》中"轩辕去蚩尤之凶,迁其民善者于邹鲁之地,迁恶者于有北之乡"的记述,认为延安的这批良渚式玉器,"可能就是被黄帝迁往'有北之乡'蚩尤部落集团的遗民所留下来的遗存"。[9]

五是浙江淳安[10]、江西丰城荣塘乡弓塘村官坟山、德安湖湾乡和新余拾年山[11]、湖北石家河文化与湖南安乡度家岗[12],以及广东曲江石峡[13]、海丰田圻和封开县鹿尾村都出土有与良渚文化相同或相似的琮,有的地点还见有玉(石)钺、玉锥形器和良渚式陶器等。[14]

上述这些良渚文化的器物,出现在大大超出太湖流域范围之外的地区,应是属于良渚文化"北渐"、"南渐"的反映,是强势文化向外拓展的物证,这些地区古文化的自身特征仍然延续,只不过相对较弱的文化接受强势文化的渗透,无论是主动的吸收,还是被动的接纳,都会逐渐进入融合、凝汇的过程。

五、好川墓地、广富林遗存的考古新发现

近年来,浙江遂昌好川、上海松江广富林、浙江桐乡新地里等遗址的发掘,获得了

良渚文化晚期或末期和良渚文化与马桥文化中间阶段的大量新资料,为我们探索良渚文化行将消亡阶段发生的变化,包括良渚文化的去向等问题,提供了重要信息。在良渚文化的衰落时期,有外来文化进入环太湖地区的迹象,其中以同王油坊类型关系密切的广富林遗存最为典型,可能还有来自其他地区类型的龙山文化。良渚文化同浙江南部早有来往,以后在环太湖地区取代良渚文化的马桥文化就来自浙南闽北地区。由于多种因素的共同作用,环太湖地区经历了激烈的社会动荡。[15]

好川墓地共清理发掘了 80 座墓葬,出土陶、玉、石、漆器等 1 028 件(组)随葬品,资料十分丰富,文化面貌显示了多样性和复杂性。报告编写者列举了它与良渚文化、花厅墓地类型、昙石山文化、樊城堆文化、山背文化、石峡文化、马桥文化(肩头弄类型)乃至与当地商周时期遗存等关系的分析,通过类型学的排比,推论"好川墓地的年代大体在良渚文化晚期(后段)至夏末商初",又将"延续时间绝对年代初步定为距今约 4 300—3 700 年,前后长达 600 年左右"。[16]对这个年代的确定,笔者并不赞同。

好川墓地的文化面貌虽然多样和复杂,但其主体和主要特征还是来自良渚文化。曾有学者指出:"'好川类型'各方面的面貌都说明它不是一支原生型的文化,从好川墓地最早的第一期开始,墓主人就是一批外来户,陶鼎、簋、豆、壶、圈足盘组合与良渚文化晚期墓葬随葬陶器组合相同。鼎、簋、圈足盘等陶器的形态特征与桐乡喇叭浜遗址出土的良渚文化晚期同类陶器十分近似。M8∶12 双鼻壶与雀幕桥 M4∶5 双鼻壶造型基本相同。好川墓地Ⅰ式陶造型风格与雀幕桥遗址发现的陶相同。为此,我们认为好川墓地的年代上限约在良渚文化晚期后段。"良渚文化晚期阶段,由于"自身的衰败,外族的入侵,洪水的泛滥,良渚文化的各个族群为了寻找生存空间,向各处迁徙。任何一支文化、一个族群、一个民族,在本土生存条件难以为继的情况下,必然向别处迁徙。良渚文化是高度组织化的社会结构,这种迁徙不会是散乱的个人行为,而是族群的集团式活动"。"好川墓地中非常值得探讨的现象,是花厅类型的若干特点在此如此之多。从墓地的选择、墓坑的形制、墓向东偏南的一致等葬俗方面比较,简直是同一族群所为。……如果说花厅墓地是反映了良渚文化较早阶段与大汶口文化的关系,那么好川墓地反映了良渚文化行将消亡,又离开了自己的本土,但仍与大汶口文化融为一体的那种面貌。"[17]笔者十分赞同这种见解,好川墓地这一考古新发现,为我们研究良渚文化去向及后续文化等问题,提供了极为重要的线索和脉络。

综上所述,我认为良渚文化的消亡是由外因和内因造成的,而战争则始终是主要原因,正因为连年频繁的战争而导致良渚文化在中期以后一蹶不振,直至最终消亡。其中大部分良渚先民仍居住在本地,某些能工巧匠则可能被俘北去或西去,而有部分良渚先民也确曾先后(良渚中期至晚期)向西部和南部迁徙,并与当地土著文化融合,形成了今日浙西和浙南乃至皖南、江西和湖北所见的良渚文化因素。遂昌"好川文化"类型的发现,应是近年东南地区史前考古的一大重要突破,为相邻地区诸多学术问题的研究提供了最新实物资料,尤其是对探讨良渚文化的消亡和去向问题,更增添了崭新的线索。

注释

[1] 林华东:《良渚文化研究》,浙江教育出版社,1998年,第515页。
[2] 吴绵吉:《试论良渚文化的社会性质》,《南方文物》1992年第1期。
[3] 《山海经·大荒北经》。
[4] (西汉)司马迁:《史记·五帝本纪》。
[5] 上海市文物管理委员会:《马桥1993—1997年发掘报告》,上海书画出版社,2002年。
[6] 浙江省文物考古研究所、余杭市文物管理委员会:《浙江余杭汇观山良渚文化祭坛与墓地发掘简报》,《文物》1997年第7期。
[7] 上海市文物管理委员会:《福泉山——新石器时代遗址发掘报告》,文物出版社,2000年,第51页;上海市文物保管委员会:《上海青浦福泉山良渚文化墓地》,《文物》1986年第10期。
[8] 南京博物院:《江苏邳县大墩子第二次发掘》,载《考古学集刊》(1),中国社会科学出版社,1981年。
[9] 纪仲庆:《良渚文化的影响与古史传说》,《东南文化》1990年第5期。
[10] 鲍艺敏:《从淳安发现的玉琮、玉钺看淳安古文化与良渚文化的关系》,《南方文物》1993年第3期;万德强:《丰城出土的良渚文化玉器》,《江西文物》1989年第2期;万良田、万德强:《江西出土的良渚文化型玉琮》,载《东方文明之光——良渚文化发现60周年纪念文集(1936—1996)》,海南国际新闻出版中心,1986年。
[11] 周迪人:《德安县几件馆藏文物》,《江西文物》1990年第3期;《新余出土一批新石器时代玉石器》,《中国文物报》1988年7月28日。
[12] [日]中村慎一:《中国新石器时代的玉琮》,载《东京大学文学部考古学研究纪要》第8辑,1999年。
[13] 广东省博物馆等:《广东曲江石峡墓葬发掘简报》,《文物》1978年第7期。
[14] 广东封开和海丰出土玉琮,见《中国考古学年鉴》(1985年),又《广东海丰县发现玉琮和青铜兵器》,《考古》1990年第8期。
[15] 林华东:《良渚文化研究》,第518—520、524—525页。
[16] 浙江省文物考古研究所、遂昌县文物管理委员会:《好川墓地》,文物出版社,2001年。
[17] 王明达:《良渚文化的去向——当前良渚文化研究的一点思考》,载《长江下游地区文明化进程学术研讨会论文集》,上海书画出版社,2004年。

(原载于《良渚文化探秘》,人民出版社,2006年)

良渚文化细刻纹陶器探析

良渚文化是我国长江下游太湖地区的一支新石器时代晚期古文化,因在1936年首次发现于浙江省杭县(今杭州市余杭区)的良渚镇而得名。经过72年来许许多多考古工作者的不懈努力和辛勤探索,在浙江、江苏和上海两省一市的广大地区发现的良渚文化遗址已有数百处,并对其中部分遗址进行了试掘和发掘,取得了很多重大突破。特别是在20世纪70年代以后,江苏省主要发掘了吴县草鞋山和张陵山、武进寺墩、昆山赵陵山、新沂花厅、吴江梅埝龙南等遗址,浙江省主要发掘了反山、瑶山、汇观山、莫角山、新地里、周家浜、荷叶地、普安桥等遗址,上海市主要发掘了青浦福泉山、金山亭林、闵行马桥和松江广富林等遗址。从墓地、祭祀址、居住址等几个方面,大大丰富了对良渚文化的认识。

良渚文化时期,由于许多农业生产工具的出现和使用,耕种技术的改进和耕种规模的扩大,促使原始农业有较大发展。而随着当时农业经济社会的发展,各项手工业如制陶、制玉、纺织业等也跟着兴旺起来。就以良渚文化制陶手工业来说,与距今5 000余年前的崧泽文化时期比较,又有了进一步的发展,很可能已形成专业性的手工业作坊。良渚文化时期的陶器,以夹细砂的灰黑陶和泥质灰胎黑衣陶为主,此外还有夹砂红陶和少量泥质红陶。当时在陶器的制作技术方面,除了已普遍运用高超的轮旋成型的方法以外,一些精致陶器的器表还经过打磨,入窑烧制采用还原和渗炭的方法,因此良渚黑陶乌黑光亮,外表类似金属器皿,造型美观,品种丰富多彩。器表除常见的凹凸弦纹外,少量有精细的刻划纹饰、镂孔和施以彩绘图案,其工艺之精湛,令人赏心悦目,爱不释手。在造型上习见贯耳、双鼻、圈足、三足、阔把、翘流和竹节形把,代表性的器形有鱼鳍形足或断面呈丁字形足的鼎、竹节形把的豆、高颈扁鼓腹带圈足双鼻壶、鱼篓形贯耳壶、翘流直筒形腹阔把壶、大圈足盘或盆以及阔把杯等。

本文就目前考古发现良渚文化陶器上的细刻纹饰作一展示和探索,敬请专家、学者指正。

一、江苏吴县草鞋山遗址良渚文化大墓(M198)出土

(一) 细刻鸟头蛇身纹带盖陶鼎

夹砂红陶制,侈口折沿,器身盆式,浅腹平底,腹外壁有平行弦纹,安三个丁字形足,足内侧中部有圆形和新月形组成的镂孔。上有覆盆形器盖,泥质红陶制,盖面弧凸,盖沿宽平,桥形宽纽。器盖的内外壁施一层光亮黑皮,部分已剥落。盖面外圈饰一周竖向曲折纹,内圈对称阴线细刻四组龙纹图案,作圆头尾四旋盘曲状,形如鸟头蛇身,并填刻由卷云纹、短直线、弧线组合而成的纹饰。通高 26 厘米,口径 26 厘米(图一)。[1]

图一 细刻鸟头蛇身纹带盖陶鼎

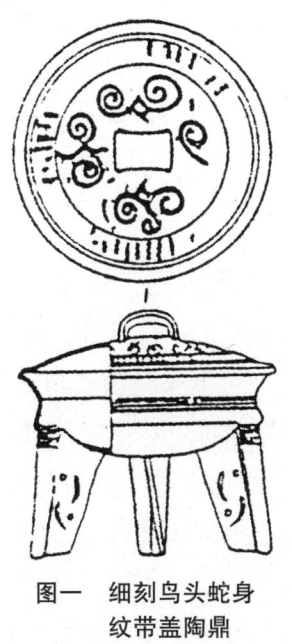

图二 细刻鸟纹、曲折纹带盖贯耳陶壶

(二) 细刻鸟纹、曲折纹带盖贯耳陶壶

泥质灰陶,外施黑衣,轮制。小口微侈,高颈内弧,鼓腹微扁,圈足外侈。壶口外有一对贯耳,在贯耳处饰平行弦纹七周,圈足根部有三周凸弦纹和对称的长方形小镂孔四个。壶颈部位饰阴线细刻向曲折纹,腹部相对应部位饰阴线细刻鸟纹一对,皆作长嘴圆眼、展翅飞翔形象。壶上带盖呈覆豆形,器盖边缘处有数周弦纹,一侧边缘处有一对小圆孔。通高 17.1 厘米,口径 6.8 厘米(图二)。[2]

(三) 细刻鸟纹、卷云纹带盖贯耳陶壶

泥质灰陶,外施黑衣,轮制。器呈小口微侈,高颈内弧,鼓腹微扁,圈足外侈。口部一对贯耳处饰平行弦纹两组,其间饰圆涡纹(卷云纹)十余组,颈部主体形象系由不同形式的卷云纹组成的展翅飞翔鸟纹,以贯耳为界线分为相对应的两组,底纹则由卷云纹、横竖短直线纵横交错组成网状图案,并延伸至壶腹中部。圈足根部有三周凸弦纹和对称的长方形小镂孔四个。壶上带盖呈覆豆形,器盖边缘处有数周弦纹,一侧边缘处有一对小圆孔。通高 18.7 厘米,口径 7.8 厘米(图三)。[3]

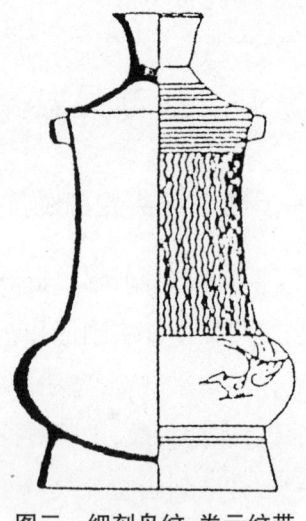

图三 细刻鸟纹、卷云纹带盖贯耳陶壶

二、上海市青浦区福泉山遗址良渚文化大墓出土

(一) 细刻鸟头蛇身纹带盖陶鼎

夹砂黑衣红陶。此鼎造型稳重端庄,器表打磨光滑,器盖为浅覆盆形,宽扁捉手。器盖边沿有三组小圆孔,孔径与镂孔足上下对应,似用于穿孔缚盖。器呈侈口,折沿浅腹,底部近平。器足为典型的良渚文化丁字形足。足上镂刻圆形与新月形孔,全器遍施一层黑衣,鼎身和盖满刻细密的花纹,纹饰的基本单元是螺旋盘卷的鸟头蛇身纹,蛇体上填刻云纹与横直线组成的图案。端庄的造型与神秘的细刻纹饰,反映了良渚文化的特殊意识观念。

这件精美的陶鼎不是用于烹饪的器物,而是与玉琮、玉璧等礼器一样,专门用于祭祀天地、祖宗,开创了鼎作祭器的先河。1984 年上海青浦区福泉山高台墓地 65 号墓出土,通高 26 厘米,口径 26 厘米(图四)。[4]

图四 细刻鸟头蛇身纹带盖陶鼎

(二) 细刻鸟纹、蛇纹陶豆

泥质黑衣灰陶。敞口、折腹式豆盘、喇叭形高圈足和圈足饰竹节纹,均为良渚文化所常见,但是在陶豆上施以细刻鸟纹和蛇纹两种母题,则属于罕见。刻工娴熟,线条清晰。

鸟纹以三鸟为一个单元，两边是两只侧面形象的鸟，鸟首相对，尖长喙，圆首，曲体，长尾上翘，两鸟之间又有一只正面展开双翼的飞鸟，鸟身均填刻云纹与短直线。三鸟栩栩如生，在良渚文化陶器的细刻鸟纹中最为吸人眼球。豆盘内外均刻有三鸟图案，圈足上以七周凸棱纹分隔，刻有六周三鸟图案。豆盘外与三鸟纹相向，还刻有螺旋盘卷的蛇纹。蛇身也填刻云纹和短直线。此外，蛇身上还凸出许多小圆点。精细的刻工和繁缛的图案，使这件陶豆成为一件不可多得的艺术佳作，是一件代表良渚文化意识观念的重要礼器。1986年青浦区福泉山高台墓地67号墓出土，通高18.8厘米，口径17.7厘米（图五）。[5]

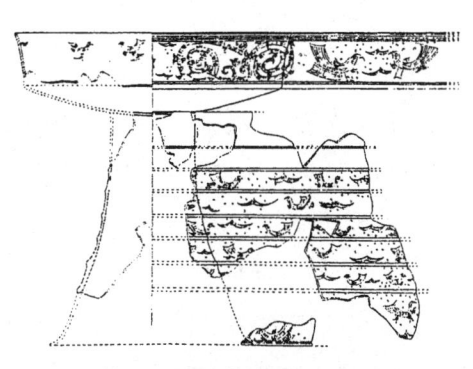

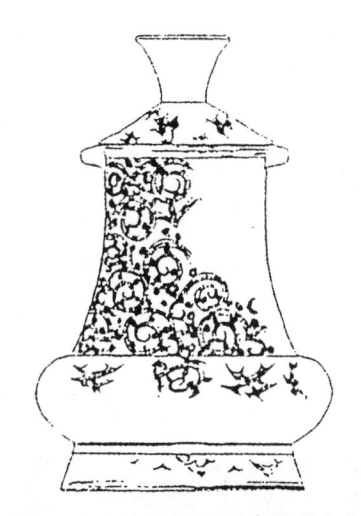

图五 细刻鸟纹、蛇纹陶豆　　　　图六 细刻鸟纹、蛇纹双鼻带盖陶壶

（三）细刻鸟纹、蛇纹双鼻带盖陶壶

泥质黑衣灰陶。双鼻壶的盖、长颈、扁腹和圈足上刻满细密的花纹，富有层次，是件重要的礼器。盖上细刻鸟在飞翔时的侧视形象；长颈上刻满作螺旋形盘卷的蛇纹，蛇身附有多个鸟首状的小圆点；腹部刻纹则以蛇纹与鸟纹相间；圈足上细刻正视和侧视的两种飞鸟。无论鸟纹或蛇纹，身上都填刻云纹与横直弧线组成的图案，刻纹工整而纤细，充分展示了陶工的高超技艺。1983年青浦区福泉山高台墓地74号墓出土，通高19厘米，口径7.9厘米（图六）。[6]

（四）细刻鸟头蛇身纹双鼻陶壶

泥质黑衣灰陶。侈口、高颈、扁圆腹、圈足外撇、口沿外附一对小鼻。整器外表刻满细密的花纹，器口外沿和圈足上、下部各饰多道弦纹，在口沿两组弦纹之间饰双线曲折纹。壶颈、腹和圈足上遍饰鸟头蛇身纹。为了突出主题纹饰,增加层次感,还加刻了细密的涡状地纹。圈足上部弦纹中有一长方形镂孔。此器纤细流畅的刻工和周密的布局,充分展示了良渚时期陶工的高超技艺。这件双鼻壶是用于祭祀的珍贵礼器。1983年青浦区福泉山高台墓地74号墓出土,通高16.2厘米,口径9厘米(图七)。[7]

(五) 细刻鸟纹、折线纹阔把陶壶

泥质黑衣灰陶。壶身浑圆,上为粗颈,下为圈足。壶口前侧上翘成宽流,相对的另一侧为半环形阔把手,宽把外壁饰以密集的直条纹,上有两个小圆孔,用于穿绳系盖。壶身经过打磨,乌黑光亮,其上满刻精细花纹。在它流下部位刻一双翼展开的飞鸟正视形象;壶腹的主题纹饰是十余只图案化的飞鸟,双足下垂,鸟尾分叉,具有浓郁的写实性;鸟身填刻纵横相对的平行短线。壶身的地纹是线条纤细如发丝的折线纹。刻工精细不苟。

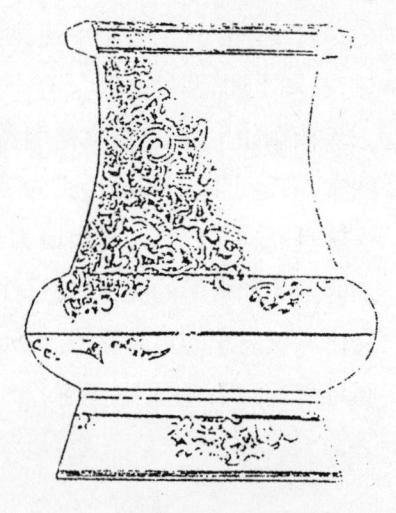

图七 细刻鸟头蛇身纹双鼻陶壶

此壶胎薄轻巧,器表显金属般光泽。阔把上的直条纹是用数十根细若铅笔芯一样的泥条拼排而成的。其优雅的造型与精美的纹饰,是迄今良渚文化考古发现中最精致的一件艺术珍品。1984年上海青浦福泉山高台墓地65号墓出土,通高15厘米,腹径9.5厘米(图八)。[8]

图八 细刻鸟纹、折线纹阔把陶壶

三、浙江海盐龙潭港遗址良渚文化墓地出土

(一) 细刻长身动物纹、蝉形纹宽把带盖陶杯

泥质夹细砂灰胎黑皮陶。此杯形体硕大,粗矮筒形,箕状口部,流较宽短,与流相对的环形把很宽大,器身围绕宽把装饰的主题纹饰是上下两条具有流线型身躯的长身动物,头部特征突出,尖牙利齿,双目圆睁,长长的身体由简洁的线条和相

间布列的小圆孔构成,与头部相对的另一侧是呈向上弯曲的动物尾部。宽流下方的纹饰也是一种动物面部的简化形象,双目上方长着双角;宽把上侧的纹样以两个蝉形动物为主,中间有模糊的简单纹饰。宽把的制作也很繁琐,表面由50条细泥条紧密贴塑而成。通高15.3厘米,口部长径14厘米,腹径16.3厘米(图九)。[9]

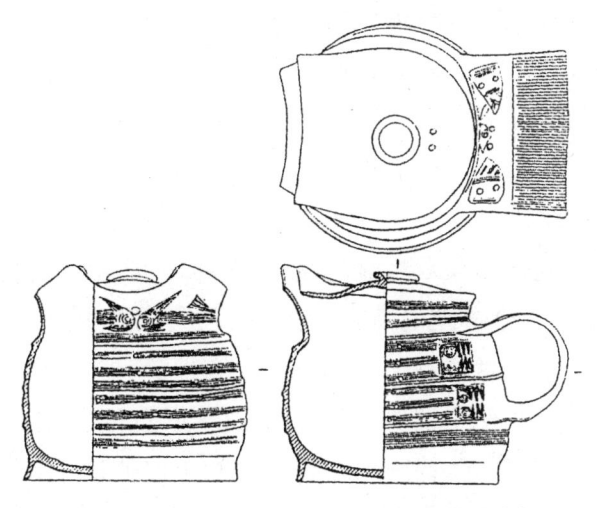

图九 细刻长身动物纹、蝉形纹宽把带盖陶杯

(二) 细刻鸟纹、结网状纹三足陶盘

泥质灰陶,器表黑皮脱落严重。敞口、束颈、浅腹、圈底近平,下附三个丁字形足。足内侧饰月牙形镂孔;器表自口沿下至足部正面饰三重罕见的细刻纹,最上重是结网状纹样,中间一重在结网状纹样的中部,布以叉形交体鸟纹,三足正面则饰垂直组合的叉形交体鸟纹和正视单体飞鸟纹,三重细刻纹之间以数条旋纹加以连缀和过渡。此器所饰细刻纹意韵生动,工艺飘逸,内涵深刻。1997年浙江海盐龙潭港良渚文化28号大墓出土,通高14.7厘米,口径21.8厘米(图一〇)。[10]

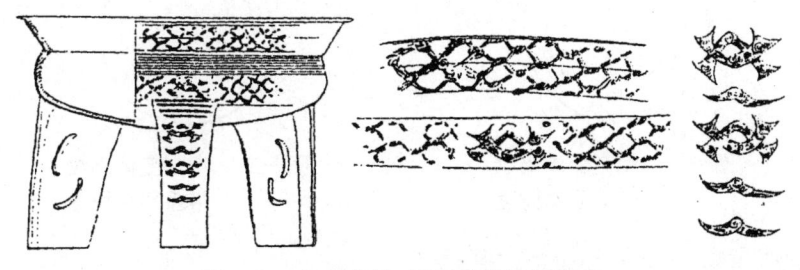

图一〇 细刻鸟纹、结网状纹三足陶盘

四、浙江海盐周家浜遗址良渚文化墓地出土

细刻变体鸟纹带盖双鼻陶壶

泥质灰胎黑皮陶。敞口、高颈、扁腹、附圈足外撇,口沿外侧附一对小鼻。其中一件双鼻壶颈中部饰六道凸弦纹,而在壶身和盖均满刻变体鸟纹。通高19厘米,口径9厘米,底径10.6厘米(图一一)。另一件双鼻壶也在壶身和盖均满刻变体鸟纹,而与上述不同的是在壶颈中部饰三道凸弦纹。通高17.6厘米,口径9厘米,底径11.2厘米(图一二)。据浙江省文物考古研究所、海盐县博物馆发掘者介绍,此两件细刻变体鸟纹双鼻壶均在1999年7月至9月出土于M12良渚文化墓中。根据该墓在整个墓地的特殊位置,以及同出的共48件(组)随葬品,其中主要有玉璧1件、圈足盘罐各1件、双鼻壶13件、石钺11件,此外有嵌玉漆器和锥形器、坠、管、珠等小件玉器等。M12是周家浜良渚文化墓地中出土随葬品数量最多和等级最高的墓葬,特殊的埋葬位置和玉璧的出土,表明该墓可能是拥有周家浜部族统治权的显贵者。[11]

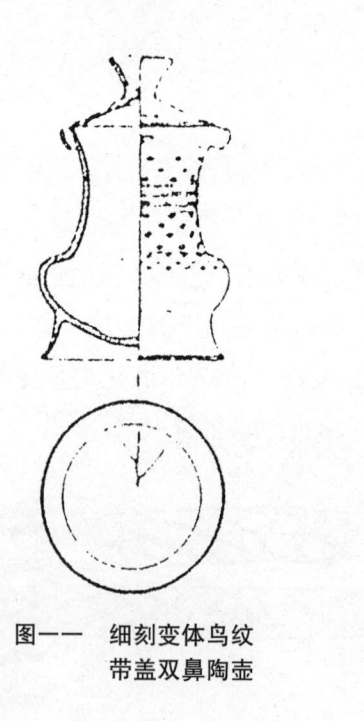

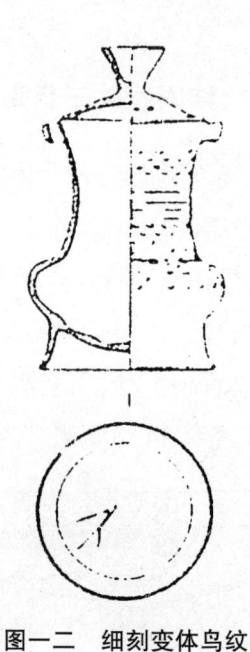

图一一 细刻变体鸟纹带盖双鼻陶壶

图一二 细刻变体鸟纹带盖双鼻陶壶

五、浙江平湖戴墓墩遗址良渚文化墓葬出土

细刻蛇鸟纹、网格纹带盖宽把杯

泥质夹细砂黑皮陶。敞口、短颈、直筒形腹，带圈足。杯口前侧上翘成流，杯的另一侧附一宽把。宽把外侧用39条纤细的泥条拼粘而成。杯附椭圆盖，圆纽。杯身通体饰蛇鸟纹和用以链接的网格纹、直线纹。器形规整，纹饰精美，是良渚文化陶器中罕见的艺术珍品。2001年3月，平湖博物馆对该遗址进行抢救性发掘，在M1中共出土2件，器形和纹饰均相同，通高15.8厘米，腹径9厘米，底径8.2厘米（图一三）。[12]

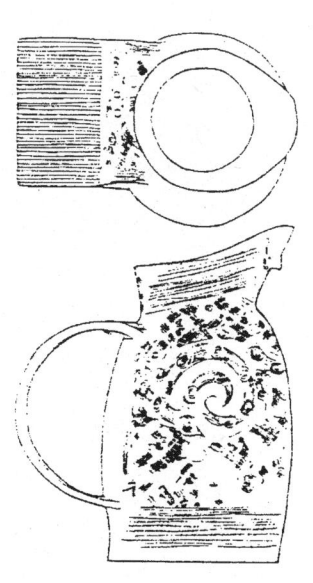

图一三　细刻蛇鸟纹、网格状带盖宽把杯

六、零星出土良渚文化细刻纹饰展示

（一）浙江奉化名山后遗址 H14 出土陶豆盘外壁的细刻鸟头蛇身纹

泥质黑皮陶。该残豆盘器外表经认真打磨，黑皮乌黑光亮。残存部分约为豆盘的三分之一，所刻纹饰虽连贯成一体，但据花纹布局、结构，似可分成基本相同的三组，前后两组残缺，中间一组完整。它是以盘曲的躯体（蛇身）和尖嘴、羽冠高耸的鸟头为主体，蛇身上有卷云纹、弧线、直线组合的纹样（图一四）。[13]

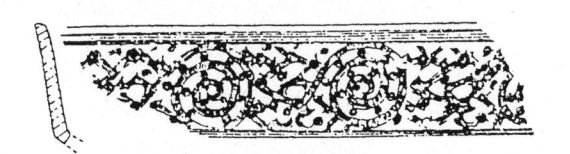

图一四　陶豆盘外壁的细刻鸟头蛇身纹

（二）浙江杭州余杭卞家山遗址出土双鼻陶壶残件上的细刻鸟头蛇身纹

这件泥质灰胎黑陶壶残件，因其光亮的表面和繁缛的鸟头蛇身线刻纹而备受关注。残片高8.8厘米，口径6.6厘米（图一五）。[14]

图一五 双鼻陶壶的细刻鸟头蛇身纹　　图一六 黑陶器盖上的细刻鸟头蛇身纹

（三）上海金山亭林遗址采集的黑陶器盖上的细刻鸟头蛇身纹（图一六）[15]

（四）江苏昆山周庄太史淀遗址出土黑陶飞禽纹贯耳壶

泥质灰胎黑皮陶。在器颈、腹部线刻 67 只飞禽纹，排列有序，纵横成行，颇有韵律。通高 10.5 厘米，口径 6.1 厘米。

七、有关良渚文化细刻纹饰陶器若干问题的探讨

（一）综上所述，浙江、江苏和上海两省一市考古工作者在环太湖区域内发现的良渚文化细刻纹陶器，主要出土于江苏吴县草鞋山、上海青浦福泉山、浙江海盐龙潭港、浙江海盐周家浜、浙江平湖戴墓墩等五个遗址的良渚文化墓地范围内。此外，在浙江奉化名山后遗址、余杭卞家山遗址、上海金山亭林遗址和江苏昆山周庄太史淀遗址也有零星残陶器片出土。从出土细刻纹陶的器类排比分析，仅有鼎、豆、双鼻壶、宽把杯、阔把壶和三足盘等 6 种器类。而在同一个墓地中出土细刻纹陶器的墓葬，在整个墓地中都处于很重要的位置。例如江苏吴县草鞋山遗址 M198 贵族大墓出土有细刻纹陶鼎、贯耳壶（双鼻壶）等 3 件，伴出的有玉琮、玉璧、玉钺等重要礼器。又如上海青浦福泉山遗址出土细刻纹陶鼎、阔把壶的贵族大墓 M65，伴出的有玉琮、玉璧、玉钺等重要礼器；出土的细刻纹陶豆的 M101，伴出的有玉钺、玉冒和玉镦以及玉锥形器等重要礼器。浙江海盐龙潭港遗址良渚文化墓地出土细刻纹单把杯的 M12，伴出的有 2 件玉璧；M28 虽然其主体部位受到破坏，但还是出土了细刻纹的三足盘和双鼻壶，这两座墓在龙潭港良渚文化墓地中的规格是最高的。[16] 此外，又如同属海盐县的周

家浜遗址良渚文化墓地出土2件细刻鸟纹双鼻壶的M12,伴出的有1件玉璧、11件石钺在内的48件随葬品,发掘者认为M12是周家浜良渚文化墓地中,出土随葬品数量最多和等级最高的一座墓葬,特殊的埋葬位置和玉璧的出土,表明墓主可能是拥有周家浜部族统治权的显贵,而多达13件双鼻壶随葬也充分体现了区域特色。[17]鉴于上述种种随葬情况分析,充分说明刻有单一主题纹样的这些陶器,已经成为墓主身份和等级的标志物,其主题具有很强烈的同一性,使我们相信这些细刻纹陶器是良渚文化礼器的重要组成部分。

（二）从上列各遗址良渚文化墓地出土陶器上的细刻纹饰来看,鸟纹和鸟头蛇身纹两个母题是很值得我们认真思考和研究探索的问题。笔者认为,良渚文化鸟纹图案如此频繁地出现和流行,是由很多因素促成的,而作为一定的社会意识形态观念的反映,具有特定的社会功能是其主要的原因。有位学者指出:"商周青铜器上的动物花纹(鸟兽之类的纹样),是与原始宗教祭祀有关的精灵(或形象),是原始巫师在人神之间交通的一种工具。"[18]这是很有见地的。笔者认为:商周青铜器上的鸟兽之类动物纹样,有些是承袭原始氏族社会部落文化的艺术图像而来的。鉴于原始氏族社会时期,先民们在向自然界争取生存的斗争中,势必会遇到很多我们难以想象的困难,对自然界发生的各种现象也无法作出科学解读,便认为只有祈求神给予保佑。而神是在天上,原始人无法直接与之相通,看到鸟能腾空飞翔,具有神奇的魔力,希望借助它的力量,以达到与神相通的目的。因此,在很多祭祀礼器上发现细刻鸟纹图案,这既反映原始先民在思想意识上对鸟的崇拜,同时又反映了他们的虔诚愿望,祈求通过鸟的神奇魔力,以沟通人神之间的交往。这种细刻鸟纹图像,很可能就是良渚氏族部落的图腾。

良渚先民的图腾是什么？学者林华东在他撰写的《试论河姆渡文化与古越族的关系》和《再论越族的鸟图腾》两文中,率先提出良渚先民的图腾应是鸟。[19]笔者对这一见解表示赞赏。

在我国上古神话中,鸟被看做是神物的记载,不胜枚举。曾有学者指出:"它可以替天帝管理地上的土坛,它可以驱怪降魔,它可以救人于危难,它的出现带来和平。鸟被赋予了多种功能,这可能与鸟善于飞翔有关。它翱翔于云端,栖于高枝,伫于地面,天上地下自由往来,所以被看做是很神秘、很吉祥的动物,用它做图腾,沟通神人天地、祈福禳灾是很现实的,人们可以看得见、摸得着。"[20]如果再查阅一下历史文献,也常见将一个部落或一位伟大人物与鸟连在一起的记载。例如《诗经·商颂》"天命玄鸟,降而生商",明确指出商是以鸟为图腾的氏族。《潜夫论·志氏姓》、《汉书·地理志》都说太皞风姓,风者,凤也,凤者,鸟也。太皞风姓,表明其氏族崇鸟。《左传·昭公十七年》:"我高祖少皞之立也,凤鸟适至,故纪于鸟,为鸟师而鸟名。"少皞族也以鸟为图腾。

其次,再来探索一下良渚文化细刻鸟头蛇身纹的内涵和寓意。笔者查阅《山海经》,其中有不少关于鸟蛇的神话记载,值得我们重视和思考。例如《山海经·北山经》:"有鸟焉,其状如蛇,而四翼、六目、三足,名曰酸与,其鸣自詨,见则其邑有恐(郭璞云或曰食之不醉)。"《山海经·中山经》有"鸟翼而蛇行,见则其邑大水"的"化蛇"的记载,这种有翼的蛇类有点类似后期的翼龙(或飞龙)和美洲的飞蛇。这些记载,是否与良渚文化陶器上的细刻鸟头蛇身纹这一主题有关呢?这正如有位学者所指出的:"其一,可能是群体集团之间交流和融合的反映。……文化交流可以存在于仍处于独立阶段但已彼此趋同的群体集团之间,也可以由于征服、吞并,文化产生包容、辐合和摒弃,上面曾提及的钱塘江南、北两岸对鸟、蛇注重的浅深,是否意味着这一图案反映了进入良渚文化时期两岸文化的进一步交流和融合,或许是可能的。这种由于群体集团交流或变异导致在'艺术品'上的反映还可以有许多参证。……闻一多先生在《伏羲考》中曾提及'因部落的兼并而产生的混合图腾,古埃及是一个最显著的例子。在我们历史上,五方兽的北方玄武,本是龟蛇二兽,也是一个好例'。考古学上也有反映,内蒙古敖汉旗兴隆洼村小山尊形器'鸟兽图',这件属赵宝沟文化的器上主要形象是鹿、猪、鸟三个动物的侧视图,有学者解释为是不同先民集团之间交流和联系的反映。其二,关于对鸟蛇组合整体的这一'新种'所寄予的或企盼的探讨,这大概只能求助于民族学的资料,而其中多是反映'祖先'性质或者'生命繁殖'方面的。例如台湾蕃族,每一蕃社,必有他们祖先起源的历史传说,鸟蛇化身而为其社祖先者甚多。同处于环太平洋文化圈的古代玛雅人,以鸟象征天,代表太阳和光明,以蛇象征地,代表泥土和黑暗;天地、鸟蛇结合才有了人类。"[21]

此外,还有学者提出:"从图腾意义上说,'鸟头蛇身'纹可视为复合图腾,是信奉鸟图腾的先越人和崇拜蛇图腾的北方民族交流融合的反映。这种'鸟头蛇身'纹也可视做鸟龙,它是后代'角似鹿,头似蛇,腿似兔,颈似蛇,腹似蜃,鳞似鱼,爪似鹰,掌似虎,耳似牛'的龙形象的雏形。"[22]笔者认为这一见解给人以启迪。

综上所述,鉴于这些细刻纹陶器制作精美,装饰华丽,寓意深刻,全无日常使用的痕迹,绝大多数都随葬于良渚文化贵族大墓,伴出的还有玉琮、玉璧、玉钺等重要礼器,它既证实墓主是个氏族显贵和拥有氏族的最高权力和军事统帅权,同时佐证了这些细刻纹陶器,也同样被纳入了礼器的范畴,是作为礼器使用的。陶质礼器与玉质礼器交相辉映,更扩展了良渚文明的深层次内涵。

笔者深切企盼,今后随着我国考古工作者的不懈努力,辛勤探索,进一步扩大协作,涌现更多良渚文化的重大考古发现,使学术研究进一步深化。

注释

[1][2][3] 南京博物院：《江苏吴县草鞋山遗址》，载《文物资料丛刊》(3)，文物出版社，1980年；《苏州草鞋山良渚文化墓葬》，载《东方文明之光——良渚文化发现60周年纪念文集(1936—1996)》，海南国际新闻出版中心，1996年。

[4]—[7] 上海市文物保管委员会：《上海青浦福泉山良渚文化墓地》，《文物》1986年第10期。上海市文物管理委员会：《福泉山——新石器时代遗址发掘报告》，文物出版社，2000年；《上海考古精粹》，上海人民美术出版社，2006年。

[8][16] 浙江省文物考古研究所、海盐县博物馆：《浙江海盐县龙潭港良渚文化墓地》，《考古》2001年第10期。

[9][17] 浙江省文物考古研究所、海盐县博物馆：《海盐周家浜遗址发掘概况》，载《崧泽——良渚文化在嘉兴》，浙江摄影出版社，2005年。

[10]—[12] 平湖市博物馆：《平湖戴墓墩遗址良渚墓葬发掘简报》，载《崧泽、良渚文化在嘉兴》。

[13][22] 名山后遗址考古队：《奉化名山后遗址第一期发掘的主要收获》，载《浙江省文物考古所学刊(1980—1990)》，科学出版社，1993年。

[14] 中国国家博物馆、浙江省文物局编：《文明的曙光——良渚文化文物精品集》，中国社会科学出版社，2005年。

[15] 孙维昌：《良渚文化陶器纹饰研究》，《上海博物馆集刊》(6)，上海古籍出版社，1992年。

[18] 张光直：《商周青铜器上的动物纹样》，《文物与考古》1981年第1期。

[19] 林华东：《试论河姆渡文化与古越族的关系》，载《百越民族史论集》，中国社会科学出版社，1982年；《再论越族的鸟图腾》，《浙江学刊》1984年第1期。

[20] 杨菊华：《浅谈良渚文化的崇鸟习俗》，《江汉考古》1994年第3期。

[21] 方向明：《良渚文化"鸟蛇样组合图案"试析》，《东南文化》1992年第2期。

(原载于《良渚文化论坛》，浙江摄影出版社，2008年)

上海出土新石器时代稻谷和农具

上海位于长江三角洲冲积平原的最前缘。新中国建立前,上海的地下古代遗迹仅知金山区戚家墩一处,年代为春秋战国至汉代。新中国建立59年来,上海考古工作者经过多次全面文物普查,迄今已发现了古文化遗址28处,其中最重要的是青浦区崧泽遗址,将上海的人类发展史提早至距今6 000年的马家浜文化。20世纪70年代后半叶,我国考古学术界确立了对"崧泽文化"和"马桥文化"的命名,对其在环太湖地区考古学中的重要地位达成共识,上海古代文化的时空分布有了比较清晰的轮廓,初步构建起自马家浜文化为始,经崧泽文化、良渚文化,至马桥文化和商周时期文化的年代学框架。20世纪80年代以后,上海考古进入新阶段,瞄准重点课题,先后在青浦福泉山、闵行马桥和松江广富林等遗址,开展有计划的考古发掘。福泉山与中国文明起源、良渚文明进程的研究,广富林与上海早期移民文化的追寻,马桥与人类生存发展和自然发展变迁相互关系的探索等,成为近20年来上海考古的三大支柱。笔者回顾新中国建立59年来上海考古的工作历程,发现其中有关农业考古方面的实物资料也是十分丰富和重要的,现特作如下探索论述,以飨读者。

一、崧泽遗址下层发现马家浜文化的稻谷颗粒

1961年,上海市文物管理委员会对青浦县崧泽遗址进行了首次发掘,揭露面积457平方米。这次发掘,除了在地层上了解该遗址的新石器时代遗存,可以分为崧泽文化、马家浜文化上下两层外,重点清理了崧泽文化墓葬50座。1974—1976年,该会为配合当地基本建设工程,又进行了第二次发掘,揭露面积202平方米,清理了崧泽文化墓葬46座。它为研究太湖地区的原始文化和上海的古代史提供了重要实物资料。其中特别是在1961年崧泽遗址下层发掘中,出土了马家浜文化的稻谷颗粒,经请浙江农业大

学游修龄教授鉴定,为籼、粳两个不同亚种,这在当时是中国出土的年代最古老的标本之一,为研究水稻起源和开展农业考古研究,提供了珍贵的实物资料。

现将浙江农业大学农学系种子教研组叶常丰、游修龄提供的《崧泽遗址古代种子鉴定报告》摘录于下:

下层标本

1. 稻谷颗粒(61T2-34)呈长椭圆形。属籼稻型。内外颖脉纹(维管束)残痕十分清晰,颖尖亦很清楚,但护颖已脱落。

2. 从稻谷及米(61T2-37)的外部形态观察,无疑是属于籼型的。稻谷颖壳脉纹明晰可辨,颖尖及护颖均残缺。稻米形状完整,但胚部已脱落。

3. 根据炭化米(T1采集)的形态,显然可分为两类。一类米粒瘦长,对其中6颗进行长宽比测定,平均为2.59,应属籼型。另一类米粒短圆而厚,6颗完整的长宽比平均为1.55,应属粳型。其学名,按我国丁颖所定,前者为Oryza satival, Subsp Keng(即国外所称的O·Sativa L,Japonica)(图一、二)。

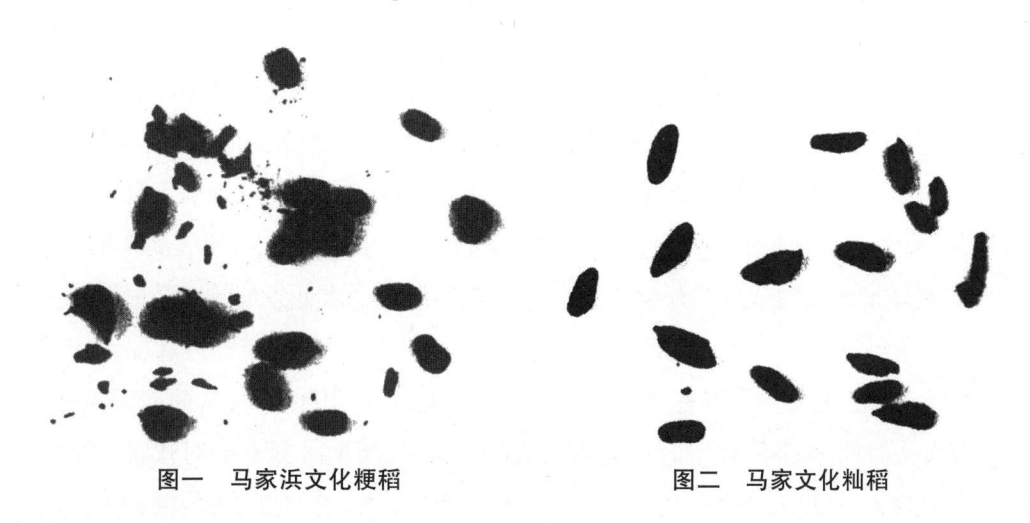

图一　马家浜文化粳稻　　　　　图二　马家文化籼稻

4. 陶器座(T1-14)上的稻谷印痕很多,有侧面的,也有正面嵌入的。其中有3颗印痕较为清晰,可看到稻谷内、外颖匀结部分的维管束印痕,根据测定,其长宽比平均为2.88,属典型的籼稻。另2颗谷粒形状较短,长宽比平均为1.9,应属典型的粳稻。

对崧泽遗址同时出土有籼、粳稻遗存,我们的看法是:崧泽遗址下层距今已近6 000年,出土稻谷兼有籼、粳两类,这在其他新石器遗址中较少见。籼稻和粳稻在分类学上是稻属(ORYZA)下的两个不同亚种,由长期的生殖隔离所形成,彼此杂交不易结实。既然在6 000年前原始氏族的人们已经知道种植籼和粳稻,表明这两个类型分化完成的时间更要早得多,其分化的下限决不能迟于六、七千年前(考虑到河姆渡遗址出土稻谷近 7 000 年)。籼和粳的稻谷及印痕同见于遗址的稻草屑中的土块上,表明它们是加工后遗弃的残余部分,所以混在一起。从栽培的角度看,籼、粳在田里是分开种植的,当然,也有可能在原始的稻田里,时常因加工、贮藏发生混杂而使籼和粳在同一田里生长。又,出土的稻谷其形状大小差别较大,不及现代品种整齐,是合乎客观实际的,表明原始农业种植的水稻(籼或粳),与其说是一个品种,不如说是一个群体更切实际。群体内的个体变异远较现代为大,也是原始的种植多样化的一个证明。

崧泽地处太湖流域,这一带自古是粳稻的分布中心,往北即进入粳稻区,但这一带又是籼、粳交叉的地带,籼稻要求平均温度在 17℃ 以上,当从南向北推进到北纬 30°左右(苏南、浙北)时,即到了籼稻分布的北界。崧泽出土的籼稻证明了这一点。

二、上海各遗址、墓葬出土的农具纪实

(一) 崧泽文化石犁

石犁是耕田的农具。图三上的石犁系 1980 年松江区汤庙村遗址崧泽文化 1 号墓出土,体形扁薄,平面呈等腰三角形,两腰为刃部,单面斜刃,上下两面打磨比较平整,犁身上琢出圆孔。石犁系磨制,遗留有使用痕迹,底角略残,它是我国目前发现时代最早的石犁之一。据对该墓随葬陶器的热释光测定,其绝对年代距今 4 860±230 年。石犁的出现,说明当时的农业生产开始从锄耕进入犁耕阶段,是农业发展的一个里程碑。

经笔者研究认为:石犁不能单独使用,必须与犁床、犁架安装在一起。考古发掘中未见犁床、犁架,估计因其是木质的,早已腐朽无存。犁的使用,前面应有拉力,后面应有人扶持操作。犁入土较深,需要很大的力量,江浙地区新石器时代遗址中发现很多水牛遗骸,是否为驯养尚无证据,一般认为当时用人力拉犁的可能性较大。器高 13.9 厘米,底宽 10.4 厘米(图三、四)。

(二) 良渚文化凸底石犁

良渚文化因 1936 年首次发现于浙江省杭州市杭县(今余杭区)良渚遗址而得名。上海地区现有良渚文化遗址 15 处。经碳十四测定,其年代为距今 5 100—4 000 年。

这件石犁呈等腰三角形,两腰部位磨出单面刃,犁身钻有一大二小三孔,底弧凸出,嵌入犁床,可减少前推石犁时的晃动。1961 年松江区广富林遗址出土,器高 15 厘米,底宽 17.5 厘米(图五)。

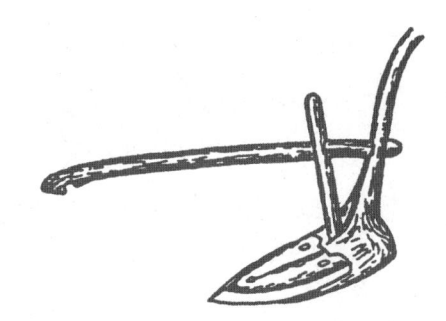

图三　崧泽文化石犁　　　　　图四　石犁使用示意图

图五　良渚文化凸底石犁　　　图六　良渚文化凹底石犁

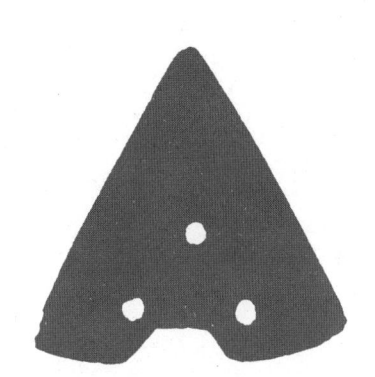

(三) 良渚文化凹底石犁

该犁体形扁薄,平面呈等腰三角形,两腰为刃部,单面斜刃,底部成凹字形,上面打磨比较平整,下面在板岩石料裂开后未作修整。犁身上琢出呈品字形分布的三个圆孔。这种石犁不能单独使用,必须安装犁床、犁架。多孔石犁使犁头与犁床的结合更加稳定。

从石犁的形制观察,崧泽文化时期为一孔,良渚文化时期出现多孔,且在规格上由小变大,磨制更加精细。由于器大则入土阻力增大,需要多人或大的牲畜牵拉,说明农耕翻土能力有很大提高,农业经济有明显发展。1975年松江区机山遗址出土,器高24厘米,底宽24厘米(图六)。

(四) 良渚文化双孔、三孔石犁

1988年、1990年,上海市文物管理委员会为配合当地基本建设工程需要,对金山区亭林遗址进行抢救性发掘,揭开面积968平方米,清理良渚文化墓葬23座。其中发现良渚文化石犁5件,器形均呈扁薄锐角等腰三角形,两腰磨出单面刃,背面琢出两三个孔不等。琢孔方法明显不同于当时最流行的管钻法,是用硬器单面凿击而成的。犁背的孔周能见击打留下的碎裂痕。个别犁体残缺。根据两腰的变化分两型：

A型3件。两腰斜直。亭M1：10背面琢有两个孔，器高19.5厘米，宽14.5厘米，厚0.95厘米(图七)。亭M18：9背面琢有三个孔，A型器高25.8厘米，宽22.2厘米，厚0.7厘米(图八)。B型2件，两腰鼓凸。其中亭M16：69石犁器表及刃口均未经磨制。器高25厘米，宽27厘米，厚0.8厘米(图九)。

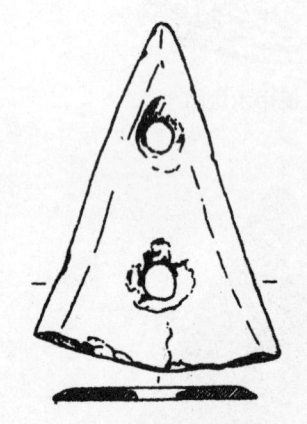

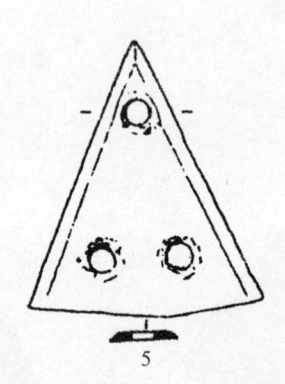

图七　良渚文化双孔石犁　　图八　良渚文化A型三孔石犁　　图九　良渚文化B型三孔石犁

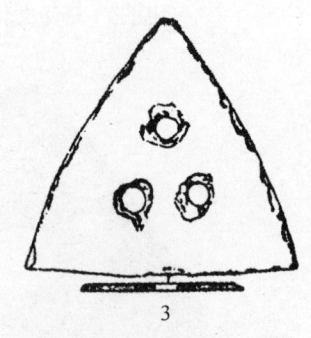

(五) 广富林文化石犁

广富林文化是因2000年首先在上海市松江区广富林遗址发现并得到全国考古界确认而命名的，年代距今约4000年。此后在江苏、浙江两省的多处遗址中均发现有该类型遗存。

这件石犁呈长三角形，小圆头，底微弧，体型扁薄，两腰为刃部单面斜刃，上下两面打磨平整。犁身上琢出四个小圆孔，其中三个近头部，一个近底部，可插销，以固定于犁床上使用。2003年松江区广富林遗址47号沟出土，器高52厘米，底宽34厘米，厚1.3厘米(图一〇)。

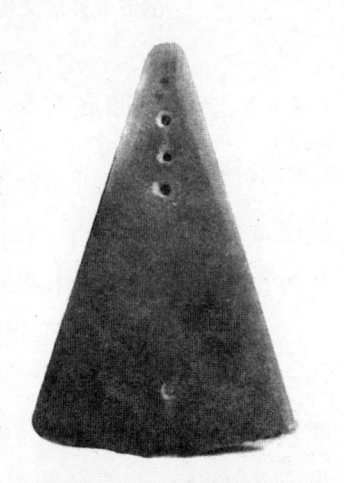

图一〇　广富林文化石犁

(六) 良渚文化双孔石镰

石镰是收割农作物的农具。它在长江下游地区首见于新石器时代崧泽文化晚期。当时农业经济得到长足发展，特别是水稻的广泛种植，仅靠石刀已经不能适应收割的要求，于是一种弯若新月的装柄石镰应运而生。

这件石镰呈弯条形，凹弧刃，拱背，单面斜刃，装柄一端琢出两个圆孔，可将这一端嵌入在木柄上凿出的槽内,再用绳索穿过双孔捆绑结实。这类带孔的石镰比较少见。这件石镰刃口十分锋利,显然是日常使用的生产工具。在遗址中经常发现的砺石,就是保持镰刀锋利的磨刀石。该石镰系1979年青浦区福泉山遗址出土,器长17.9厘米(图一一)。

图一一　良渚文化双孔石镰　　　　图一二　良渚文化有槽石镰

(七) 良渚文化有槽石镰

这件石镰,单面斜刃,刃部留有使用时碰损形成的缺口,在装柄一端的下部制一凹槽,可以缚绳,使之嵌入木柄后不致松动。1979年青浦区福泉山遗址出土,器长16.8厘米(图一二)。

(八) 良渚文化石耘田器

耘田器是稻田中耕的农具。这种耘田器形体扁薄轻巧,经过精细打磨,十分规整。外形近似弯月,两端上挑,又似展开双翼的小鸟,凹弧形背,中间凸出的部分向两侧外勾,下面单面钻出一小圆孔。凸弧形刃的两面都有明显的磨擦痕,属于反复使用后留下的遗迹。因器小轻薄,特别适宜松土锄草。该器1988年金山区亭林遗址良渚文化10号墓出土,器长15厘米(图一三)。

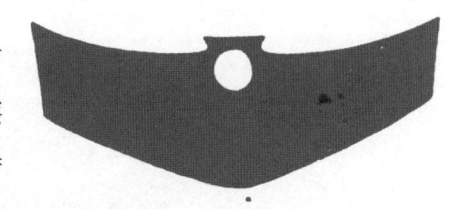

图一四　良渚文化石耘田器

良渚文化时期不但有中耕农具,而且还有石犁和石镰,这从一个侧面反映了良渚文化具有发达的农业经济。

(九) 马桥文化石镰

马桥文化,是因在上海市闵行区马桥遗址发现的典型文化遗存而命名的,其年代距今约3 900—3 200年,相当于夏商时期。文化内涵有良渚文化的延续,也有来自浙、闽等南方文化和中原夏商文化的因素,并出现了削、镞等小件青铜器及原始瓷器,这标志着马桥文化已进入青铜时代。

石镰在长江下游太湖地区最早见于崧泽文化晚期,盛行于良渚文化和马桥文化,有左手镰和右手镰两种,良渚文化以左手镰为主,马桥文化则多为右手镰。这件石镰,似用其他残器改制而成的,背部残留半个琢制孔。单面刃,右镰,即右手使用。此镰利用板岩石块的自然层理剥离出平整的石片再行加工,打制成镰形后,研磨出刃部。斜刃的一面研磨较精,平整光滑,另一面较粗糙。1994年闵行区马桥遗址出土,器长17厘米(图一四)。

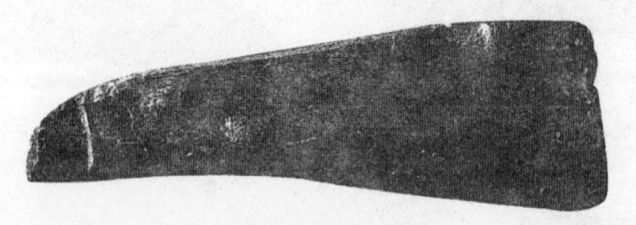

图一四　马桥文化石镰

(十) 马桥文化鹤嘴形石锄

这件石锄,通体精磨,器呈长条形,顶部弧凸,两侧凹弧,刃钝圆,形似鹤嘴。背面平整,正面隆起,两侧单面刃,近顶部琢钻一孔。1994年上海闵行区马桥遗址出土,器高12.5厘米(图一五)。

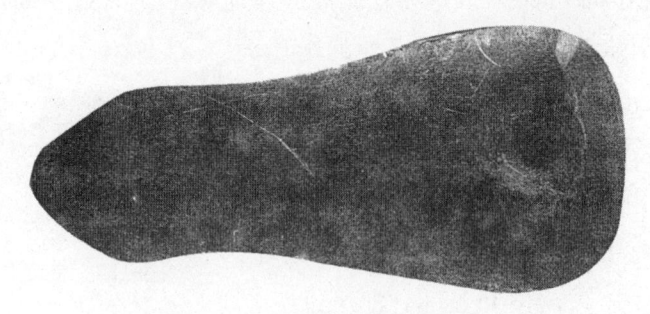

图一五　马桥文化鹤嘴形石锄

(十一) 马桥文化半月形石刀

半月形石刀是马桥文化的特征器物之一,是收割农作物的工具。这件石刀,磨制较精,形似半月,平背,圆弧单面刃。近刀背处用锃钻钻出双孔,中心偏下处又琢钻一孔,三孔均采用两面对钻穿孔的技法。1994年上海闵行区马桥遗址出土,器长13厘米(图一六)。

(十二) 马桥文化长方形石刀

这件长方形石刀,其形制是从良渚文化时期的多孔长方形石刀演变而来的,为农作物的收割工具。刀背平直,用锃钻钻成偏离中线的双孔,单面刃,刃弧凸。1994 年上海闵行区马桥遗址出土,器长 9 厘米(图一七)。

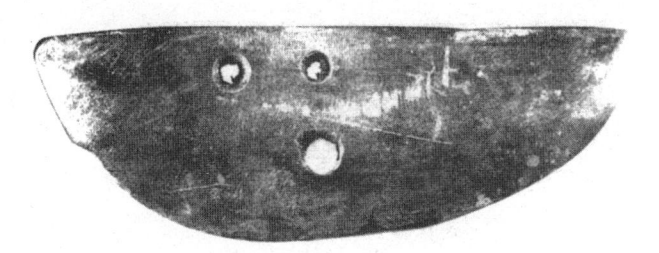

图一六 马桥文化双孔石刀

图一七 马桥文化长方形石刀

参 考 文 献

1. 上海市文物保管委员会:《崧泽——新石器时代遗址发掘报告》,文物出版社,1987 年。
2. 上海市文物管理委员会:《上海考古精粹》,上海人民美术出版社,2006 年。
3. 上海市文物保管委员会:《上海松江县汤庙村遗址》,《考古》1985 年第 7 期。
4. 上海博物馆考古研究部:《上海金山区亭林遗址 1988、1990 年良渚文化墓葬的发掘》,《考古》2002 年第 10 期。
5. 上海博物馆考古研究部:《上海松江区广富林遗址 1999—2000 年发掘简报》,《考古》2002 年第 10 期。
6. 上海市文物管理委员会:《马桥 1993—1997 年发掘报告》,上海书画出版社,2006 年。

(原载于《农业考古》2009 年第 1 期)

上海考古发现的新石器时代水井

水井是人类历史上的一项重大发明。中国历来有"黄帝穿井"、"伯益作井"的传说。那么,中国的水井究竟始于何时?发明者究竟是"黄帝"还是"伯益"?值得我们进行思考和探索。近年来,随着全国文物考古事业的发展,先后在长江流域和黄河流域的新石器时代遗址中,均发现有原始木构井或土构井,为我们研究水井的起源提供了重要的实物资料。这些考古发现证实,水井并不是一朝一夕由哪一位圣人发明的,它是处于新石器时代原始氏族先民们,经历长期的生活实践和经验积累的产物。上海考古工作者在历年发掘的新石器时代遗址中,曾发现中国最早的两口水井实例以及后续的一系列水井遗迹。本文拟就这一上海重大考古发现作一阐述,为广大读者提供研究参考。

一、青浦崧泽遗址发现两口马家浜文化水井

1987年、1989年,上海进行大规模水利建设,开挖油墩港。因水道涉及青浦区崧泽遗址西侧的保护范围,上海市文物管理委员会随即派考古部人员前往进行抢救性发掘,发现了大量的遗迹和遗物,为研究长江三角洲地区古文化增添了新的资料。其中特别是发现两口马家浜文化晚期的直筒腹水井,是目前发现时代最早的水井遗迹,都位于该遗址中心——土墩的西侧。

87崧J3,井口呈椭圆形,直径67—75厘米,井体为直筒形,深226厘米,井壁平滑,中下部为不规则的椭圆形,向下斜收成圜底。从井口往下约100厘米填满黑灰土,质地松软,出土夹砂深腹红陶盆及夹砂釜等残陶器,还有人们食后丢弃的麋鹿等动物骨骸和红烧土块。井底是深灰色填土,未见文化遗物(图一)。

图一　87崧 J3　　　　　　图二　87崧 J5

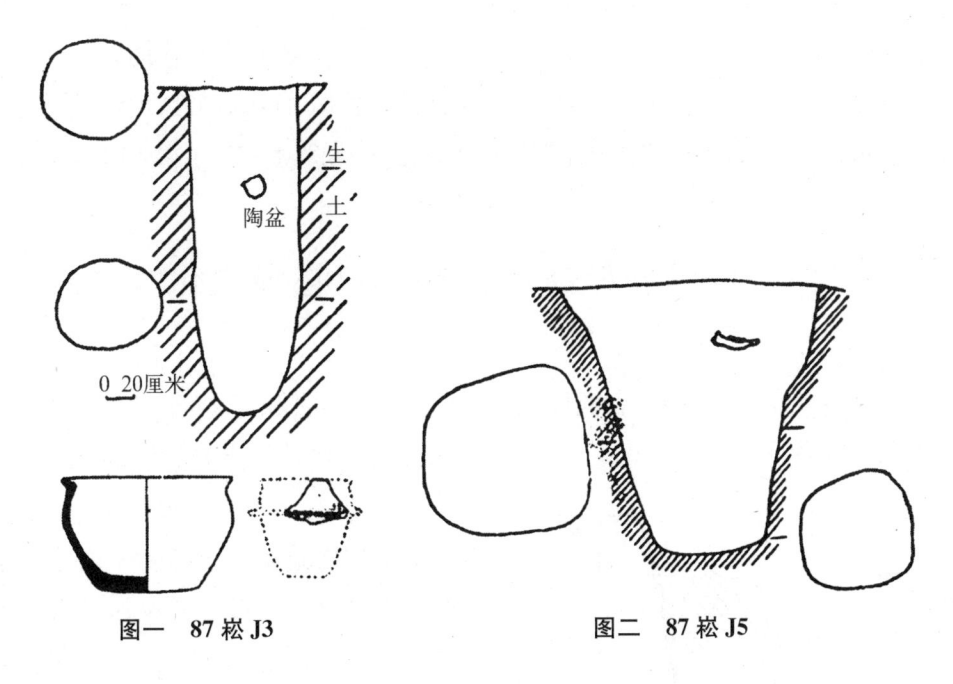

87崧 J5[1]，井口为不规则圆形，直径160—170厘米，大口小底呈斗形，深1.7米，中部横剖面与底为不规则的圆角方形，底近平。近口的井壁倾斜度较大，中部以下较直，井壁平滑，井内填满深灰土，质地松软，纯净，出土少量陶釜与陶罐残片、梅花鹿下颌骨（图二）。这两口水井都开口于崧泽遗址最底层下，打破生土，出土遗物也都属于马家浜文化晚期。据碳十四测定：ZK55，木头，距今 5 360±105 年；BK79004，木炭，距今 5 390±180 年。树轮校正年代分别为距今 5 985±140 年和 6 130±130 年。

此前，在考古界影响最大，曾被一些学者认定为中国最早、最典型的水井，是在浙江河姆渡遗址发现的。河姆渡遗址位于宁绍平原地区，是河姆渡文化的典型遗址。根据考古学研究，河姆渡文化可以分为四期。所出土的水井发现于遗址第2文化层下，属于河姆渡文化三期，绝对年代为距今 6 000—5 600 年。另外，从河姆渡遗址这个水井的结构来看，它由200余根桩木、长圆木等组成，分内外两部分。主体是内部边长约2米的方形竖坑，深1.35米。竖坑四壁有密集的桩木护围，上部用16根圆木组成一个近似方形的平面，用以加固坑口和坑壁。这种做工考究的方形木结构遗迹，在近年的田螺山遗址发掘中也有发现。田螺山遗址的木构遗迹中都出土有大量的橡子等植物，所以，这类遗迹应该是储存橡子的储存坑，而与水井的关系不大。

因此，从考古发现而言，崧泽遗址发现的两口马家浜文化晚期的水井，是目前中国发现最早的水井，距今已有 6 000 年的历史。此外，在江苏省苏州市的草鞋山遗址也发现与水田遗迹相关的水井，大体与崧泽遗址的水井年代相近。[2] 在水井发明以前，远古先民只能逐水而迁，傍水而居。然而，随着人口数量的增长和生产力的不断发展，为了扩大生存空间,开辟新的水资源已成为了当务之急。我国新石器时代的先民们在长期的生活实践中,不断地总结经验,逐渐认识到除了地表水可以利用外,地表以下还有丰富的水资源。于是,在生产技术具备的情况下,先民们用双手开凿了第一口水井。

二、松江汤庙村遗址发现一口崧泽文化水井

从水井的构造技术来看,它的技术水平是在不断改进和提高的。距今6 000年左右的马家浜文化水井基本结构是土构井,井壁没有任何防护措施。但是至少到了崧泽文化晚期,远古先民开始有意识地在井壁上附加防护措施,以防止在打水时水器触碰井壁而破坏井壁导致水源受污染。目前已发现用竹箍苇编加固型水井一例。1980年,上海市文管委考古部对上海市松江县汤庙村遗址进行发掘,曾在遗址下层发现一口崧泽文化水井。该井呈直筒形,中腹微鼓,最大腹径0.7米,深2米余,壁面见有芦苇印痕和零星的残竹片,芦苇印痕都呈纵向排列,间距4—5厘米。根据楚都南城发现春秋战国水井有紧贴井壁用竹子和柳条编织成圆筒形井圈的情况,汤庙村水井井壁上的竹苇作用,应与之类似,系芦苇作经,贴住井壁,再用竹片条横向作苇,成圈状箍支撑井壁。井底出土腰鼓形灰陶瓶1件,小口矮颈弧腹灰陶罐2件,其陶质及形制特征明显属崧泽文化类型(图三)。[3]据上海博物馆科学实验室采制标本进行热释光测定,距今4 860±230年。

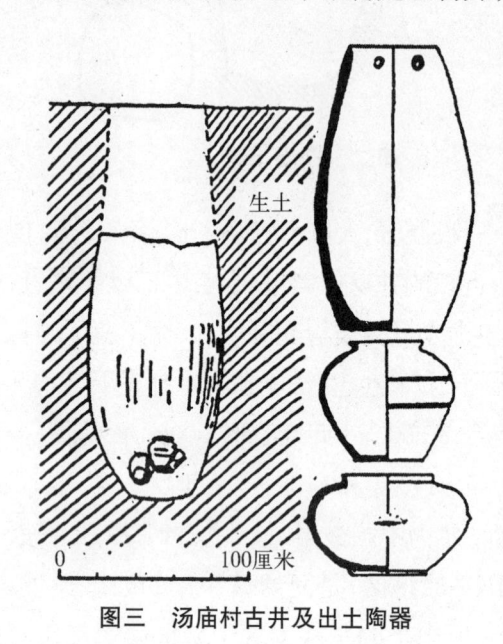

图三　汤庙村古井及出土陶器

三、青浦西洋淀、松江广富林相继发现两口
　　　良渚文化水井

到了良渚文化时期,先民的筑井技术更加先进,出现了板材加固型水井。上海地区曾发现两例,介绍如下:

1. 1990年,在位于青浦区朱家角镇的西洋淀,发现了一口良渚文化水井,圆筒形,口径0.98米,深约2米。井体用一棵相对剖开的大木,中间挖空后对合作井壁,木质已经炭化朽蚀。井底似铺木板。井内出土器物都是良渚文化常见陶器,有黑衣灰陶贯耳壶、高颈壶、细砂红陶袋足和黑陶实足等(图四)。

图四　西洋淀古井　　　　图五　广富林古井

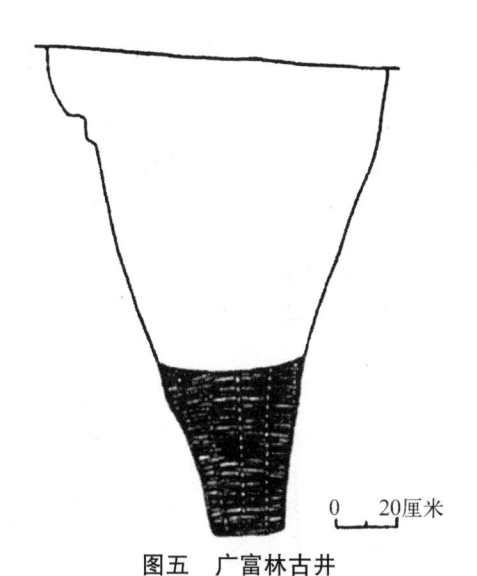

2. 2001年,上海市文物管理委员会考古部对本市松江区广富林遗址又进行了一次发掘,取得了一系列新的成果。其中又新发现一口良渚文化水井(01松J14),井口近圆形,斜直壁下内收,平底。口径243—250、底径30—50、深310厘米。在距井口深44.6厘米处各有一个不规则踏步。在距井底深110厘米处有一筐形竹编物。竹编筐因长年受周围泥土的侵压而变形,筐口已呈椭圆形,口外有两个用竹篾编成的小提圈。竹编筐亦是斜直壁内收、底平。筐口径93—96、底径30—50、深110厘米(图五)。井内出土陶鼎2件、陶壶3件和印纹陶罐1件。根据J14出土的遗物特征分析,我们将它归属于良渚文化末期。井内出有一件印纹陶罐,其表面进行过"着黑"处理,这是目前见到最早采用"着黑"工艺的陶器,比浙南闽北的肩头弄文化遗存和马桥文化都早许多年。[4]

此外,1982年4月,嘉兴地区文物普查队在嘉善县新港大队清理了一口良渚文化木筒水井。清理时,井口已暴露在地面上,井壁为一木筒,井内充满灰、黑色淤土,含少量陶片,井底垫一层厚10厘米的河蚬贝壳。井筒断面呈椭圆形,口部略残,南北直径63、东西直径45、残长163、壁厚5厘米。是将原生木段剖为两半,挖空后拼合并用长榫固定而成,每半边距底部79厘米处凿有长宽各7厘米的斜方孔两个,用长穿榫穿过方孔连接。穿榫作中间凸起的长条形,南榫长42、宽6、中间厚4、两端厚2厘米;北榫长42.5、宽5.8、中间厚2.5、两端厚1.9厘米。清理中发现现存小木榫两个。木筒靠剖口处有竖向小孔,西半边两孔,东半边一孔,估计这些小孔是作穿绳绑扎用的。木筒底部,榫和卯孔都留有石器加工痕迹。出土陶片除两块灰红陶鬶片外,以泥质黑陶为主,复原得单把陶罐和陶尊各1件。它与嘉兴雀幕桥出土的陶器相似,应属良渚文化晚期(图六)。[5]

另外,1988年,上海金山区亭林遗址出土的一件良渚文化黑陶罐(M3∶1)底部阴刻有一"井"字(图七)[6],它与甲骨文、金文乃至今天的"井"字笔画分毫不差,且与浙江嘉善大舜新港大队、庙前遗址良渚文化水井、江苏太史淀、河南汤阴白营龙山文化遗址水井木构件的"井"字形俯视图一致。这一发现为中国早期水井起源的研究,中国象形文字的发明创造,都提供了十分重要的依据。[7]

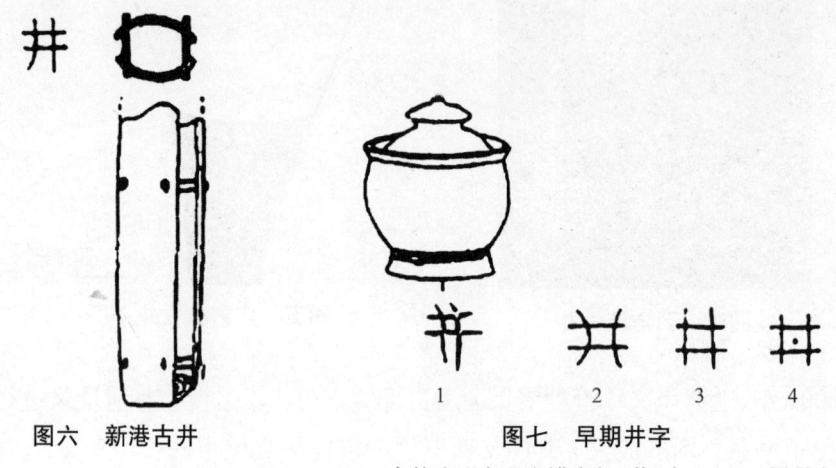

图六　新港古井　　　　　图七　早期井字

1. 亭林遗址出土陶罐底部"井"字　2、3. 甲骨文"井"字　4. 金文"井"字

综上所述,上海先民已在距今6 000年前的马家浜文化晚期发明了水井。水井的发明,标志着人类已经掌握了开发和利用地下水资源的技术与方法,大大减少了对江河湖泊地表自然水资源的依赖,使人们可以到远离地表水的纵深地带定居生活。因此,水井的出现不仅扩大了人们的活动范围,也增加了人们生产、生活的内容,是史前人类征服自然、改造自然能力的具体体现。

注释

[1] 上海市文物管理委员会:《1987年上海青浦崧泽遗址的发掘》,《考古》1992年第3期。
[2] 陈杰:《实证上海史——考古学视野下的古代上海》,上海古籍出版社,2010年;张明华:《上海

6 000 年》,上海人民出版社,2011 年。
[3] 上海市文物保管委员会:《上海松江县汤庙村遗址》,《考古》1987 年第 5 期。
[4] 周丽娟:《广富林遗址良渚文化墓葬与水井的发掘》,《东南文化》2003 年第 11 期。
[5] 陆耀华、朱瑞明:《浙江嘉善新港发现良渚文化木筒水井》,《文物》1984 年第 2 期。
[6] 上海博物馆考古研究部:《上海金山区亭林遗址 1988、1990 年良渚文化墓葬的发掘》,《考古》2002 年第 10 期。
[7] 张明华:《上海 6 000 年》,上海人民出版社,2011 年。

(原载于《农业考古》2013 年第 3 期)

上海地区几何印纹陶遗存的分期[*]

几何印纹陶在我国东南地区的古文化中是主要陶系之一。建国以来,由于各省市考古工作的迅速发展,在这一地区大量地发现这类文化遗存。因此,搞清这类陶系的分期问题,进而探讨它的发生、发展、衰落以及传播和族属等问题,是研究我国东南地区古文化的重要手段之一。上海地区目前已发现自新石器时代至春秋战国时代的古文化遗址共 23 处,经调查其中包含几何印纹陶遗存的就有 21 处。我们对其中 7 处遗址进行了不同规模的发掘或试掘,还清理了随葬有印纹陶的墓葬 13 座。通过这一系列的工作,结合太湖流域其他地区的考古发现,为我们探讨这一地区的印纹陶分期问题提供了必要的条件。

上海地区发现的有关印纹陶遗存,在地层关系上呈现出下列一些现象:

一、在汉代文化层下,叠压着一种晚期印纹陶文化遗存。

例如,金山县戚家墩遗址[1],它的上层是汉代文化层,周围有西汉时代的古井,下层即叠压着以印纹陶坛、盅、罐和原始瓷器碗、杯为特征的晚期印纹硬陶遗存。

二、上、中层为不同时代的印纹陶遗存,下层叠压着良渚文化层。

例如,上海县马桥遗址[2],它的上层为相当于戚家墩下层的印纹陶遗存(惟其上限略早),中层出现一种在器形上以圜底内凹为主要特征的罐、壶、杯、盆、碗等早期泥质印纹陶遗存,下层叠压着一层典型的良渚文化。

至于金山县亭林遗址[3],它的上层除了面上有一部分相当于戚家墩下层印纹硬陶遗存以外,还有一种以纹饰深刻的罍、瓿、罐和原始瓷豆为特征的印纹硬陶遗存。中层出现以圜底内凹为特征的泥质印纹陶遗存,而在器形变化上,又显示出上部多卷唇、高颈的罐和器形瘦长的壶,下部则以折唇、矮胖的罐和壶为主。这在时代上又可

---

[*] 本文与黄宣佩先生合作。

把马桥中层早期泥质印纹陶区分出早晚的不同。下层也叠压着一层良渚文化。

此外,在墓葬方面,获得的随葬器物群也显示出三种类型:

第一类 以折沿矮颈的印纹陶坛、鼓形盉和内底轮旋纹平浅不清的原始瓷碗、杯为典型器的器物群。这类墓,可以以戚家墩校场大队墓地 M2 为典型墓例。

第二类 以卷沿的印纹陶坛、直唇罐和内底有粗深轮旋纹的原始瓷杯为典型器的器物群。这类墓,可以以青浦县寺前村 M1[4] 为典型墓例。

第三类 随葬器是一些纹饰深刻的印纹陶罍、瓿和原始瓷豆等器物。这类墓,在镇江、无锡等地往往有随葬器物成群的大墓,在上海地区,仅见一些附有个别随葬器的小墓。

上列三类墓葬,对照上海地区印纹陶遗存的地层关系,一、二类都为戚家墩下层所常见,说明戚家墩下层存在着进一步分期的可能。第三类的时代大体属于亭林上层。

根据上述地层和墓葬资料,我们认为这一地区的几何印纹陶遗存在时代上至少可以分为三期:

第一期 这期遗物的特征以泥质灰陶、黑衣陶和红褐陶为主,带有细砂的硬陶极少,烧制火候的高低差距很大,因而有的质地较软,似容易脱落陶衣的良渚黑陶,有的硬度极高,击之有似金属声,与后期硬陶区别很小。拍印印纹后,器内壁留下的垫印窝都明显可见。器底全系圜底内凹,几乎无一例外。器表纹饰盛行篮纹、叶脉纹、蓆纹、大方格纹等编织纹,同时还出现一部分与青铜器纹饰有关的云雷纹和回字纹。这一时期的典型器有:

1. 罐 主要有两式:

Ⅰ式 折沿凹底,器形矮胖,是这一期罐的主要形制。

Ⅱ式 卷沿高颈凹底,器形较高,有的在肩部附一对扁耳。这类器多出现在亭林中层的上部,时代稍晚。

2. 鸭形壶 有圜底和圜底带圈足的两种,大体器形矮胖的出现在这一期地层的下部,瘦长的出于地层上部。

3. 带把圜底杯。

4. 折沿凹底碗。

5. 折沿凹底盆。

共存的其他陶系有,夹砂绳纹陶鼎和甗(无鬲),泥质黑衣陶簋、豆、觚、觯、尊等。未见原始瓷器。此外,还有大量石器,如有段石锛、半月形石刀、有柄石刀、带柄三角形石刀、石镰、翘刃石斧、石镞,以及小件青铜器铲和凿等(图一,第一期;图二,第一期)。

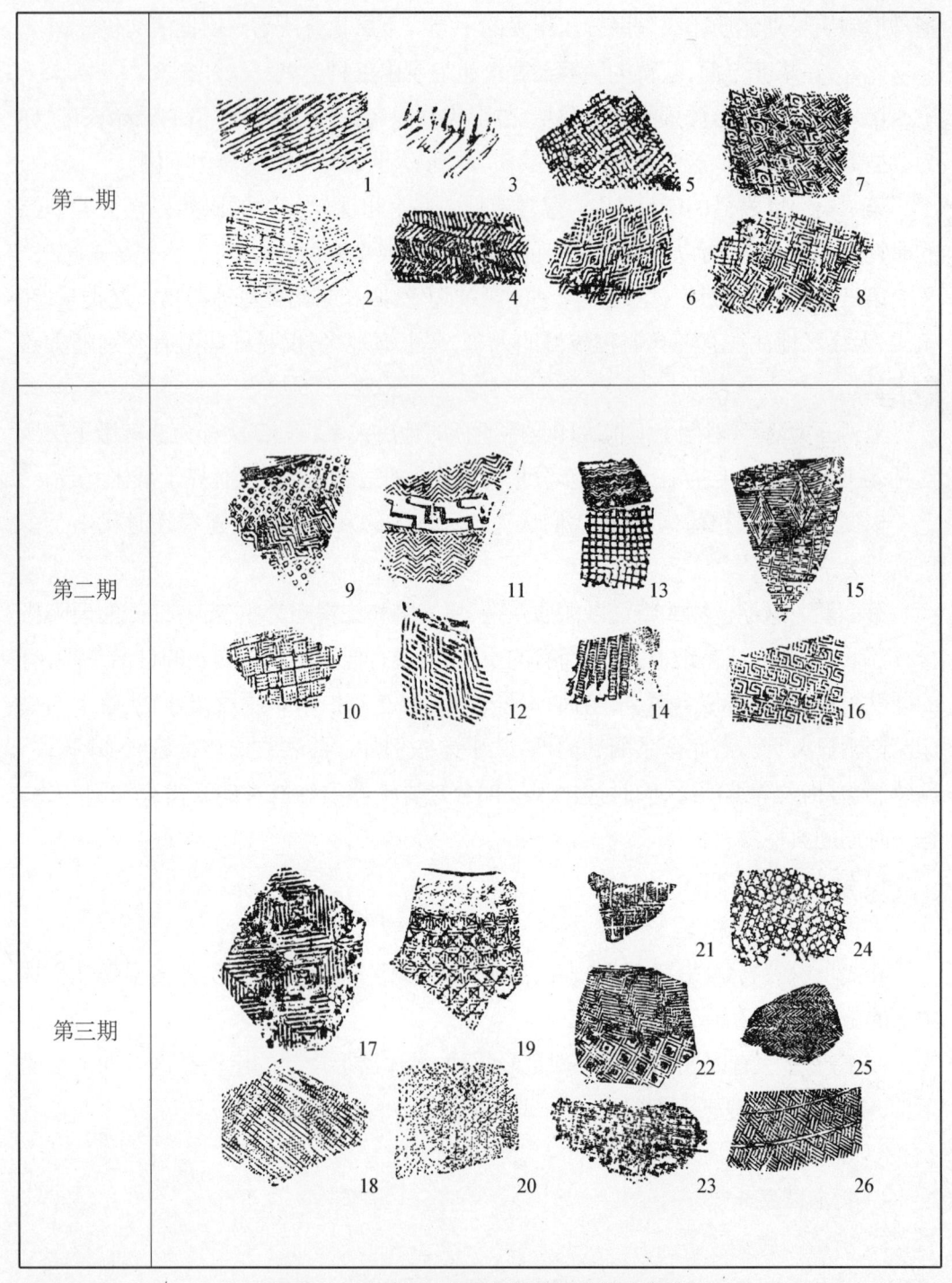

图一 上海地区几何印纹陶主要纹饰分期表

1—3. 篮纹 4. 叶脉纹 5. 大方格纹 6、16. 云雷纹 7. 蓆纹、回字纹组合 8、10、26. 蓆纹 9. 回字纹、矩形组合 11. 折线纹、矩形纹组合 12. 折线纹 13. 波浪纹、大方格纹组合 14. 梯形纹 15. 弦纹叠套菱形纹、回字纹组合 17. 填线方格纹 18. 小方格纹 19. 填线方格纹、波浪纹组合 20. 米字纹 21. 双线叠圈纹 22. 回字纹、折线纹组合 23. 麻布纹 24. 米筛纹 25. 细叶脉纹

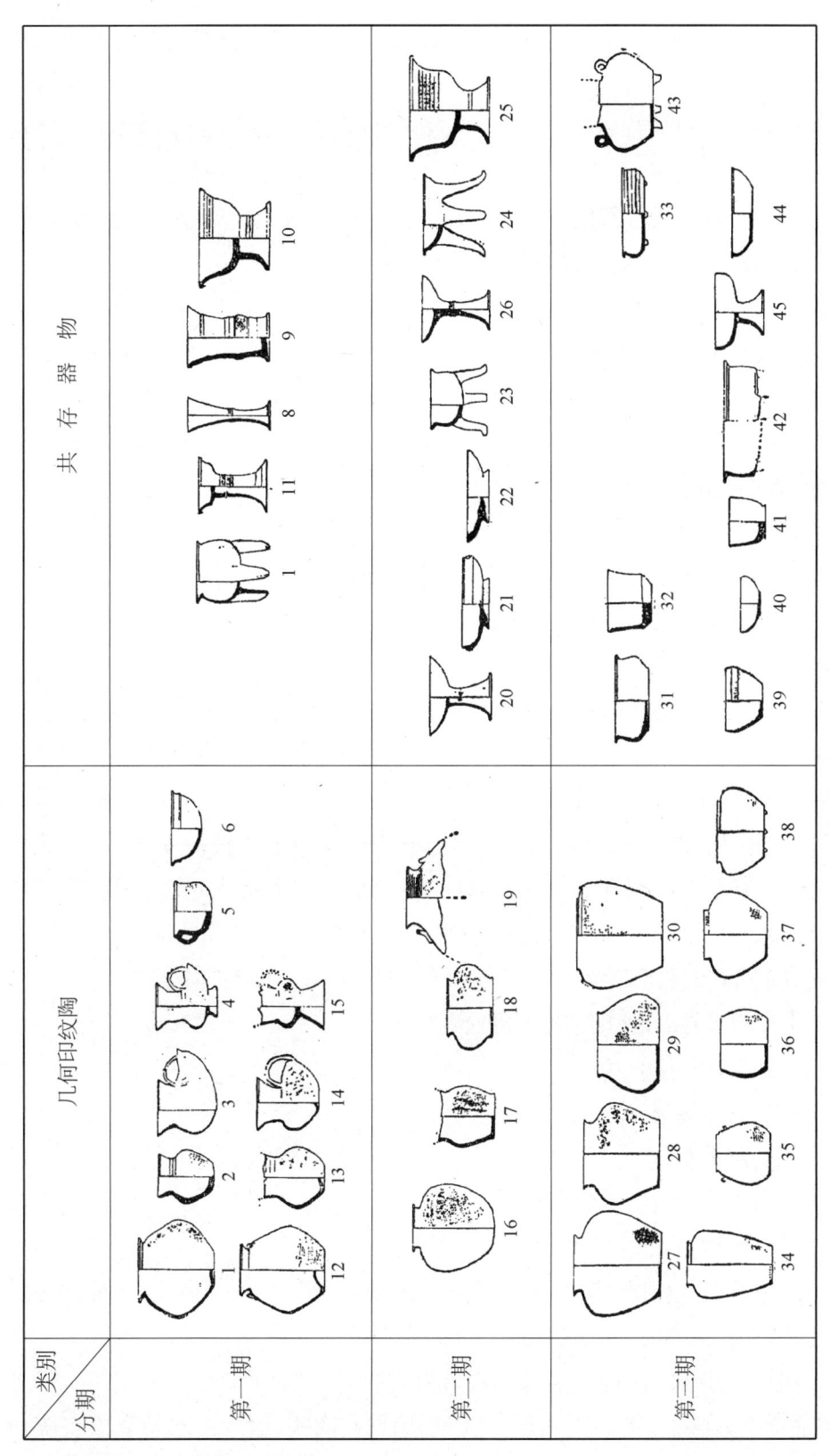

图二 上海地区几何印纹陶分期比较图

1—12、14. 马桥遗址中层出土 13、15. 查山遗址中层出土 16、18. 青浦路驼墩墓葬出土 17、20. 崧泽遗址上层出土 21、22. 马桥遗址上层出土 23—26. 寺前村遗址中层出土 27. 黄泥墩墓葬出土 28. 张堰口遗址采集 29、31—33、43. 戚家墩遗址下层出土 30. 寺前遗址下层出土 34—36、40—45. 戚家墩遗址下层出土 37—39. 马桥遗址上层出土属于这一期的遗址有本市的马桥、亭林、查山[5]的中层,和浙江钱山漾[6]、水田畈[7]上层的一部分。

第二期　这期的遗物特征是,陶质以带细砂的硬陶为主,陶色有紫褐和灰褐两种,器内壁垫印窝经过抹平,不很明显,器底除少数圜底外,习见平底。纹饰特点是粗深有力,常见折线纹、回字纹、蓆纹、矩形纹、大方格纹、波浪纹、梯形纹和云雷纹,也偶见弦纹叠套菱形纹。这一时期的典型器有:

1. 卷沿圆球腹圜底的罍。

2. 扁矮平底的瓿。瓿的形制,大体从二期沿袭到三期初,其中为二期所独有的特征,大体是肩部有一对附耳,或两条环形附加堆纹。

3. 卷沿弧腹的坛。这类坛与后期不同之处,除纹饰以外,颈部微束,肩部鼓出,弧腹最大径在器的中部。

4. 卷沿高颈平底的罐。

其他陶系,有器足外撇的夹砂陶鼎、泥质灰陶三足盘和细把豆等。开始出现原始瓷器豆。与这期印纹陶共存的尚有部分石器,如石镰、带柄石刀、石镞等(图一,第二期;图二,第二期)。

属于这一期的遗址和墓葬,在上海有亭林上层、崧泽上层、寺前村中层和戚家墩遗址已被潮水冲毁的部分,墓葬有骆驼墩墓群。其他如江苏无锡荣巷 M10[8]、华利湾古墓[9]、溧水周墓[10]以及句容浮山果园一号墩 M2、M5、M11[11]等,也可归属这一期。

第三期　这期遗物的特征,陶质上基本同于第二期,但器壁比较匀薄,器底习见平底,有的附有三乳钉足,器肩常附贯耳,不见圜底器。纹饰精巧、细浅,在这一期的早期常见米筛纹、填线方格纹、回字纹、折线纹、蓆纹、小方格纹、双线叠圈纹、细叶脉纹等。晚期以小方格纹、麻布纹和米字纹为主,其他纹饰少见。这一时期的典型器有:

1. 坛　早期的多卷沿,晚期常见折沿矮颈。

2. 罐　常见的有四种型式:

Ⅰ式　卷唇,呈鱼篓形。

Ⅱ式　直唇,圆弧腹。

Ⅲ式　直唇,弧肩,平底,有的下有三乳钉足。

Ⅳ式　直唇,弧腹,肩部常有两对贯耳。

大体上Ⅰ、Ⅱ式时代较早,多饰米筛纹、填线方格纹、回字纹、折线纹等,Ⅲ、Ⅳ式时代较晚,饰方格纹、麻布纹、米字纹等。

3. 盅　扁鼓形,平底,有的带鋬,下有三乳钉足。

其他陶系有夹砂陶鼎、夹砂陶角形器、泥质黑衣灰陶罐、盆等。原始瓷器有碗、杯、匜。这时已不见石器,而出现铁器铲、锄、刀等(图一,第三期;图二,第三期)。

属于这一期的遗址,最典型的是戚家墩下层,其他如马桥、查山、寺前村上层,也属于这一期,但其上限时间稍早。墓葬有上海地区的戚家墩校场大队古墓、金山石化总厂古墓、福泉山古墓、黄泥墩古墓等处。其他如浙江绍兴漓渚古墓[12]和凤凰山古墓[13],江苏淹城出土陶器[14]、吴县五峰山烽燧墩[15],浙江吴兴苍山古战堡[16]也属于这一时期。

上述三期遗存,大体上反映了这一地区印纹陶陶质、器形、纹饰的发展与演变过程。例如:陶质上,从有软有硬的泥质陶,发展到带有细砂的硬陶;陶色上,由灰黑、橘黄、紫红色演变为紫褐和灰褐色;纹饰上,由实用的各种竹编纹转变为深刻、繁复、具有浓厚青铜器影响的纹饰,再发展演变为精巧细浅的几何形图案,最后则衰退为简单的小方格纹、麻布纹等;器形上,唇沿部位由折沿向卷沿、直唇以至小折唇矮颈发展,底部由圜底内凹向平底以至常见平底附三乳钉足方向发展,器身则从单纯矮胖的罐演变为圆形的罍、扁矮的瓿和高大深腹的坛等。

关于三期印纹陶的年代问题,它们的相对年代已有戚家墩、马桥、亭林等遗址的地层资料可资参考。这里主要对绝对年代作一分析。

第一期年代,可资参考的有经碳十四测定的:查山中层,距今 3 114±120 年;亭林中层,距今 3 730±150 年(以上均用树轮校正年代)[17]。我们认为,这两个测定数据大体符合我们的分析,可以将 3 730±150 年看作它们的上限,3 114±120 年作为其下限。主要依据有以下两个方面:

一、这一期所出的石镰、有段石锛和良渚文化非常接近,带柄三角形石刀、半月形石刀可能承继良渚文化发展而来,泥质黑衣陶与良渚黑陶也有一脉相承的感觉,似乎在年代上不可能距良渚文化太远,而受这一期遗存叠压的亭林下层良渚文化的年代,碳十四测定为距今 4 200±145 年[18],与上述间距基本相称。

二、与这一期共存的其他器物,如扁平三角形石镞、陶觚、鬹等与中原地区早商文化有一定联系,而中原早商文化中出现的如鸭形壶和凹底印纹陶罐,似乎也受到南方的影响。双方文化交流的年代都在商代,因此,将这一期定为商代,问题当不大。

第二期年代,这期印纹陶罍和坛曾见于江苏溧水乌山二号墓[19],此墓出土有西周的青铜鼎、卣、盘、戈等,可以帮助断代。印纹陶瓿,在安徽屯溪出于二号墓[20]中,墓的年代也被定为西周。伴存的原始瓷豆更是各地商末周初墓中常见的器物,例如山东益都苏埠屯晚商墓、洛阳庞家沟西周墓、长安普渡村西周墓以及江苏丹徒烟墩山西周墓的附葬坑中,都曾出土这类瓷豆。因此,这一期可以定为西周的遗存。

第三期年代,历来都被笼统称为春秋战国时代,但时至今天,由于清理发掘的遗迹和墓葬资料逐渐丰富,已具备了进一步划分时代的条件。例如,凡是卷沿坛和直唇圆弧腹罐,几乎都与卷沿扁鼓腹的瓷碗共存。而这类瓷碗,在吴县五峰山烽燧墩和吴兴苍山古战堡,这两处春秋时代吴越的边防遗迹中都是习见之物。卷沿坛和直唇圆弧腹罐,在武进淹城还与一批春秋时代的铜器如编钟、尊、盘、牺觥等同层出土。另一类内底有粗深轮旋纹的瓷杯,在山西侯马牛村古城遗址[21]也出土于战国早期文化层中。这些发现说明,这一类器物群的时代可定为春秋至战国早期。

另一类器物,如小折沿矮颈的坛、直颈米字纹罐、麻布纹扁鼓腹盉和内底轮旋平浅的瓷碗、杯等,在浙江绍兴漓渚古墓和凤凰山木椁墓中,都可见到它们的器物群。而在这些墓中,与它们共存的具有战国时代风格的铜戈、铜剑、漆豆和瓷鼎、瓷鐎等,都是重要的断代依据。因此,时代上大致可定为战国中、晚期。

这一地区的三期印纹陶遗存,大体上还反映了这样一个史实:

大约在夏商时代,在上海的近邻宁镇地区已分布着一种以鬲为主要炊器的、与商文化关系极为密切的湖熟文化时,这里还保持着一种与浙闽地区相一致的以鼎为主要炊器的越族土著文化——第一期印纹陶遗存。

商代晚期,即在《史记》记载"太伯之奔荆蛮,自号勾吴"[22]之后,苏南一带已是吴国的属地。上海地区第二期印纹陶的演变与镇江、无锡等地具有的共同特征,正是吴的政治与文化影响到达上海的真实反映。

春秋战国是这一地区历史大变动的时期。春秋末,越灭吴,而到了周显王三十五年(前334年),楚又灭越。相传上海地区曾为楚春申君的封地,因而上海有"申"的简称。从第三期印纹陶遗存来看,春秋战国时期从苏北到苏南,从太湖流域到浙北地区,确实显示出同一文化面貌。而在楚灭越以后,上海地区清理的战国晚期墓中,印纹陶逐渐消失,出现具有楚文化特征的鼎、豆、壶、盒和泥质冥币——郢爰。到了西汉早期,在出半两钱的墓中,印纹陶就一件不见了,已为釉陶和原始瓷器所代替。所以,上海地区的三期印纹陶,可说是这一地区夏商至战国时代物质文化的反映。

注释

[1] 上海市文物保管委员会:《上海市金山县戚家墩遗址发掘简报》,《考古》1973年第1期;第16页。
[2] 上海市文物保管委员会:《上海马桥遗址第一、二次发掘》,《考古学报》1978年第1期。
[3] 上海市文物管理委员会:《上海市金山县亭林遗址试掘资料》,待发表。
[4] 上海市文物管理委员会:《上海市青浦县寺前村遗址试掘资料》,待发表。
[5] 上海市文物管理委员会:《上海市金山县查山遗址试掘资料》,待发表。
[6] 浙江省文物管理委员会:《吴兴钱山漾遗址第一、二次发掘报告》,《考古学报》1960年第2期,第73页。
[7] 浙江省文物管理委员会:《杭州水田畈遗址发掘报告》,《考古学报》1960年第2期,第93页。

[8] 朱江：《江苏南部"硬陶与釉陶"遗存清理》，《考古通讯》1957年第3期，第8页。
[9] 魏百令、谢春祝：《无锡华利湾古墓清理简报》，《文物参考资料》1956年第12期，第47页。
[10] 刘兴、吴大林：《江苏溧水发现西周墓》，《考古》1976年第4期，第274页。
[11] 南京博物院：《江苏句容县浮山果园西周墓》，《考古》1977年第5期，第292页。
[12] 浙江省文物管理委员会：《绍兴漓渚的汉墓》，《考古学报》1957年第1期，第133页。
[13] 绍兴县文物管理委员会：《绍兴凤凰山木椁墓》，《考古》1976年第6期，第392页。
[14] 倪振逵：《江苏淹城遗址出土一批印纹硬陶器》，《考古通讯》1958年第8期，第49页。
[15] 朱江：《吴县五峰山烽燧墩清理简报》，《考古通讯》1955年第4期，第50页。
[16] 丘鸿炘：《浙江吴兴苍山古战堡试掘》，《考古》1966年第5期，第282页。
[17][18] 夏鼐：《碳-14测定年代和中国史前考古学》，《考古》1977年第4期，第229页。
[19] 镇江博物馆：《江苏溧水乌山二号墓清理简报》，载《文物考古资料汇编》，第19页。
[20] 安徽省文化局文物工作队：《安徽屯溪西周墓葬发掘报告》，《考古学报》1959年第4期。
[21] 侯马市考古发掘委员会：《侯马牛村古城南东周遗址发掘简报》，《考古》1962年第2期，第55页。
[22] （西汉）司马迁：《史记·吴太伯世家》。

［原载于《文物集刊》(3)，文物出版社，1981年］

略论太湖地区几何印纹
陶遗存的分期[*]

几何印纹陶在我国东南地区的古文化中,是主要陶系之一。地处长江下游的太湖流域也不例外,各新石器时代遗址之上,往往叠压着一层以几何印纹陶为主的文化遗存。因此,探讨这类文化遗存的分期问题,不仅是研究这一地区印纹陶本身的需要,而且也是推断新石器时代下限的重要依据之一。这一地区发现的包含印纹陶遗存的遗址,据已发表的资料统计,苏南地区计46处,杭嘉湖地区14处,上海地区有21处。考古工作者对浙江的钱山漾、水田畈,江苏的锡山公园、仙蠡墩、越城,以及上海地区的马桥、崧泽、戚家墩、查山、亭林、寺前村等遗址已进行了试掘或发掘,同时还清理了一批包含这类文化遗存的墓葬。这一系列的工作,为我们探讨它的分期问题提供了条件。

关于印纹陶遗存所处的地层概况:

1956—1959年,浙江省文管会通过对钱山漾[1]和水田畈遗址[2]的发掘,发现了印纹陶遗存叠压在良渚文化层之上的地层关系。例如水田畈遗址,上层出土的陶器以夹砂红陶和印纹陶为主,印纹陶的陶质既有泥质陶,也有夹细砂硬陶,器形有凹底和平底两种,纹饰比较复杂,大致包含了一个比较长的时期。下层出土的陶器,以夹砂灰陶和泥质灰黑陶为主,器表除饰弦纹、镂孔和彩绘以外,多素面,未见印纹陶片,属于良渚文化时期。

1963—1965年,清理了金山县戚家墩遗址[3],发现了汉代文化遗存叠压于晚期印纹陶之上的地层关系。它的上层遗物,有西汉时代的青瓷鼎、豆、壶、盒和陶井圈、小口翻领圜底灰陶罐,以及绳纹筒瓦、板瓦等,这里未见印纹陶器。下层即叠压着以印纹陶坛、盅、罐和原始瓷器碗、杯为特征的晚期印纹硬陶遗存。

---

[*] 本文与黄宣佩先生合作。

1960年,上海马桥遗址[4]的发掘,发现叠压于良渚文化层之上的印纹陶遗存,还可以分为早、晚两期。该遗址包含的上(第三层)、中(第四层)、下(第五层)三层文化遗存,上层为相当于戚家墩下层的印纹陶遗存(惟其上限略早)。中层出现一种在器形上以圜底内凹为主要特征的罐、壶、杯、盆、碗等早期泥质印纹陶遗存。下层叠压着一层以T字形足鼎、贯耳壶、高领罐、圈足盘、三实足盉以及袋足鬶为特征的典型良渚文化。

1973—1975年,金山县亭林遗址[5]的发掘,反映属于马桥上、中层的印纹陶遗存可以再进一步分期。它的地层概况是:上层除了面上有一部分相当于戚家墩下层的印纹硬陶遗存以外,是一种以纹饰深刻的罍、瓿、罐和原始瓷豆为特征的印纹硬陶遗存。中层出现以圜底内凹为特征的泥质印纹陶遗存,而在器形变化上,又显示出中层上部多卷唇、高颈的罐和器形瘦长的壶,下部则以折唇、矮胖的罐和壶为主。下层也叠压着一层良渚文化。

上述这些地层关系,说明有关印纹陶遗存的地层序列是:汉代文化遗存——以戚家墩下层为代表的晚期印纹陶遗存——以亭林上层为代表的中期印纹陶遗存——以马桥中层为代表的早期印纹陶遗存——良渚文化。

此外,在墓葬方面,获得的随葬器物群也显示出三种类型:

第一类 以折沿矮颈的印纹陶坛、鼓形盅和内底轮旋纹平浅不清的原始瓷碗、杯为典型器的器物群。这类墓,可以以戚家墩校场大队墓地M2为典型墓例。发现的迹象是:离地表较浅,不见墓坑,葬具和人骨架朽蚀不见痕迹。随葬陶器计54件,按东西向排成7列,每列以3件几何印纹硬陶坛为主,有的陶坛口部覆盖黑衣陶盆1件,在陶坛旁边还堆放麻布纹硬陶盅10件,泥质灰陶罐2件,泥质灰陶甗1件,夹砂红陶鼎1件,以及夹砂红陶釜2件。

第二类 以卷沿的印纹陶坛、直唇罐和内底有粗深轮旋纹的原始瓷杯为典型器的器物群。这类墓,可以青浦县寺前村M1[6]为典型墓例。发掘时也未见墓坑、葬具和人骨架等痕迹。随葬器物计13件,其中有印纹硬陶坛6件,黑衣陶盆3件,原始瓷碗3件,原始瓷杯1件。

第三类 随葬器是一些纹饰深刻的印纹陶罍、瓿和原始瓷豆等器物。这类墓,在镇江、无锡等地往往有随葬器物成群的大墓。例如江苏溧水乌山二号墓[7]清理时,发现在生土层上有用天然石块平铺的长方形石床,未发现墓坑、葬具和人骨架等痕迹。随葬器物位于石床两端和石床外的两侧,共计11件,其中有铜器方鼎、提梁卣、盘、戈等4件,陶瓷器有印纹硬陶坛、红砂陶鼎各2件,黑陶尊、黑陶盘、原始瓷豆各1件。而在上海地区,仅见一些附有个别随葬器的小墓。例如,我们清理青浦县骆驼墩M2,仅见随葬印纹硬陶罍1件。

上列三类墓葬,从它们习用平地掩埋的葬俗和出土各种印纹陶器来看,应是同一类文化的三个不同时期的墓葬,对照太湖地区印纹陶遗存的地层关系,一、二类都为戚家墩下层所常见,可以帮助我们认识戚家墩下层存在着进一步分期的可能。第三类的时代大致属于亭林上层(见下表)。

太湖地区几何印纹陶遗存地层概况表

地层时代＼遗址	钱山漾	水田畈	马桥	亭林	戚家墩	查山	寺前村	崧泽	邱城	锡山公园	其他
西汉					上层						
战国	上层	上层		上层	下层	上层	上层		表土层	上层	戚家墩校场大队M1、M2、M4、M6、M7,金山石化总厂古墓,福泉山古墓,黄泥墩古墓,寺前村M1。
春秋											吴县五峰山烽燧墩、吴兴苍山古战堡、武进淹城出土器物,骆驼墩M6、M7,无锡墙门镇M5、M28,金坛鳖墩M1、M2。
西周				上层			中层	上层			骆驼墩M2,无锡荣巷M10,华利湾古墓,溧水周墓,句容浮山果园一号墩M2、M5、M11。
商代中晚期夏末商初			中层	中层		中层					
良渚	下层	下层	下层	下层						下层	
崧泽							下层	中层	中层		
马家浜								下层	下层	下层	

根据上述地层和墓葬资料,我们认为这一地区的几何印纹陶遗存,在时代上至少可以分为三期:

第一期　这期遗物的特征是以泥质灰陶、黑衣陶和红褐陶为主,带有细砂的硬陶极少,烧成火候的高低差距很大,因而有的质地较软,有似容易脱落陶衣的良渚黑陶,有的硬度极高,击之有似金属声,与后期硬陶很少区别。拍印印纹后一般器内壁留下的垫印窝都明显可见。器底全系圜底内凹,几乎无一例外。器表纹饰盛行篮纹、叶脉纹、蓆纹、大方格纹等,同时也出现一部分与铜器纹饰有关的云雷纹和回字纹(附图一,一期;附图二,一期)。这一时期的典型器有:

1. 罐　主要有两式:

Ⅰ式　折沿凹底,器形矮胖,是这一期罐的主要形制。

Ⅱ式　卷沿高颈凹底,器形较高,有的在肩部附一对扁耳,这类器较多地出现在亭林中层的上部,时代稍晚。

2. 鸭形壶　有圜底和圜底带圈足的两种,大体器形矮胖的出现在这一期地层的下部,瘦长的出于上部。

3. 带把圜底杯。

4. 折沿凹底碗。

5. 折沿凹底盆。

共存的其他陶系有夹砂绳纹陶鼎和甗,泥质黑衣陶簋、豆、觚、觯、尊等。未见原始瓷器。此外,还有大量石器,如有段石锛、半月形石刀、有柄石刀、带柄三角形石刀、石镰、翘刃石斧、石镞,以及小件青铜器铲和凿等。

属于这一期经过发掘的遗址,有上海马桥、亭林、查山[8]的中层和浙江钱山漾、水田畈上层的一部分。

第二期　这期的遗物特征是,陶质以带细砂的硬陶为主,陶色有紫褐和灰褐等种,器内壁垫印窝开始经过抹平,不很明显,器底除少数圜底外,习见平底,纹饰特点是粗深有力,常见折线纹、回字纹、蓆纹、矩形纹、大方格纹、波浪纹、梯形纹和云雷纹,也偶见弦纹叠套菱形纹(附图一,二期;附图二,二期)。这一时期的典型器有:

1. 卷沿圆球腹圜底的罍。

2. 扁矮平底的瓿。瓿的形制,大体从第二期沿袭到第三期初,其中为第二期所独有的特征是肩部有一对附耳,或两条环形附加堆纹。

3. 卷沿弧腹的坛。这类坛与后期不同之处,是颈部微束,肩部鼓出,弧腹最大径在器的中部。

4. 卷沿高颈平底的罐。

其他陶系,有器足外撇的夹砂陶鼎、泥质灰陶三足盘和细把豆等。开始出现原始瓷器豆。与这期印纹陶共存的尚有部分石器,如石镰、带柄石刀、石镞等。

属于这一期的遗址和墓葬,在上海有亭林上层、崧泽上层、寺前村中层和戚家墩遗址已被潮水冲毁的部分,墓葬有骆驼墩M2。在江苏有无锡荣巷M10[9]、华利湾古墓[10]、溧水周墓[11],以及句容浮山果园一号墩M2、M5、M11[12]等,浙江杭州老和山遗址发现的数件陶瓿,也可归属这一期。

第三期　这期遗物的特征,陶质基本同于第二期,但器壁比较匀薄,器底习见平底,有的附有三乳丁足,器肩常附贯耳,不见圜底器。纹饰精巧、细浅。在这一期的早期常见米筛纹、填线方格纹、回字纹、折线纹、蓆纹、小方格纹、双线叠圈纹、细叶脉纹等。晚期以小方格纹、麻布纹和米字纹为主,其他纹饰少见(附图一,三期;附图二,三期)。这一时期的典型器有:

1. 坛　早期的多卷沿,晚期常见折沿矮颈。

2. 罐　常见的有四种型式:

Ⅰ式　卷唇,呈鱼篓形。

Ⅱ式　直唇,弧肩,平底,器较高。

Ⅲ式　直唇,弧肩,平底,器扁矮,有的下有三乳丁足。

Ⅳ式　直唇,弧腹,肩部常有两对贯耳。

大体上Ⅰ、Ⅱ式时代较早,多饰米筛纹、填线方格纹、回字纹、折线纹等,Ⅲ、Ⅳ式时代较晚,饰方格纹、麻布纹、米字纹等。

3. 盅　扁鼓形,平底,有的带鋬,下有三乳丁足。

其他陶系有夹砂陶鼎、夹砂陶角形器、泥质黑衣陶罐、盆等。原始瓷器有碗、杯、匜。这时已不见石器,而出现铁器铲、锄、刀等。

属于这一期的遗址,最典型的是戚家墩下层,其他如马桥、查山、寺前村上层也属于这一期,但其上限时间稍早。墓葬有上海地区的戚家墩校场大队古墓、金山石化总厂古墓、福泉山古墓、黄泥墩古墓等处,其他如江苏淹城出土陶器[13]、吴县五峰山烽燧墩[14]、浙江吴兴苍山古战堡[15]也属于这一时期。

上述三期遗存,大体上反映了这一地区印纹陶陶质、器形、纹饰的发展与演变过程。例如:陶质上,从有软有硬的泥质陶,发展到带有细砂的硬陶;陶色上,由灰黑、橘黄、紫红色演变为紫褐和灰褐色;纹饰上,由实用的各种竹编纹转变为深刻、繁复、具有浓厚青铜器影响的纹饰,再发展演变为精巧细浅的几何形图案,最后则衰退为简单的小方格纹、麻布纹等;器形上,唇沿部位由折沿向卷沿、直唇以至小折沿矮颈发展,底部由圜底内凹向平底以至常见平底附三乳丁足方向发展,器身则从单纯矮胖的罐演变为圆形的罍、扁矮的瓿和高大深腹的坛等。

至于三期印纹陶的年代问题，它们的相对年代，已有戚家墩、马桥、亭林等遗址的地层可资参考，这里主要对绝对年代作一分析。

第一期年代，可资参考的有碳十四测定，查山中层距今 3 114±120 年；亭林中层距今 3 730±150 年(以上均用树轮校正年代)。[16]经热释光测定的，查山中层有 3 个数据：距今 2 930±322 年、2 890±318 年、3 260±359 年。马桥中层有 2 个数据：距今 3 030±333 年、3 470±382 年。我们认为这些测定数据与我们的分析大体相近，可以将距今 3 852 年看作它们的上限，距今 3 114 年作为其下限(热释光测定数据采用加数)。主要依据有以下两个：

一、这一期遗存与之共存的石器及其他陶系陶器，与良渚文化非常接近，地层关系上又往往直接叠压在良渚文化层之上，似乎在年代上不可能距良渚文化太远。而受这一期遗存叠压的亭林下层良渚文化的年代，碳十四测定为距今 4 200±145 年[17]，与上述间距基本相称。

二、与这一期共存的其他器物，如扁平三角形石镞、陶觚、鬹等与中原地区二里头等夏商文化有一定联系，而中原夏商文化中出现的如鸭形壶和凹底印纹陶罐，似乎也受到南方的影响。双方文化交流的年代都在夏、商。因此，将这一期定为夏代晚期至商代中晚期，问题当不大。

第二期年代，这期印纹陶罍和坛曾见于江苏溧水乌山二号墓[18]，此墓的年代有共出的青铜鼎、卣、盘、戈等可作考证。铜鼎呈方形，它和下腹垂大的提梁卣，都具有西周早期铜器的显著特征。铜盘的器形和纹饰，同江苏丹徒烟墩山大墓中出土的铜盘相一致；铜戈的形制，也与北京房山琉璃河镇西周成康时期墓中出土的一件长胡三穿铜戈类同，都属西周时期的器物，可以帮助我们断代。这一期伴存的原始瓷豆，更是各地商末周初墓中常见的器物，例如山东益都苏埠屯晚商墓、洛阳庞家沟西周墓、长安普渡村西周墓以及江苏丹徒烟墩山西周墓的附葬坑中，都曾出土这类瓷豆。因此，这一期可以定为西周的遗存。

第三期年代，历来都被笼统的称为春秋战国时代，但时至今日，清理发掘的遗迹和墓葬资料逐渐丰富，已具备了进一步划分时代的条件。例如，凡是卷沿坛和直唇弧肩平底罐，几乎都与卷沿扁鼓腹的瓷碗共存。而这类瓷碗，在吴县五峰山烽燧墩和吴兴苍山古战堡这两处春秋时代吴越的边防遗迹中，都是习见之物。卷沿坛和直唇弧肩平底罐，在武进淹城还与一批春秋时代的铜器如编钟、尊、盘、牺觥等同层出土。另一类内底有粗深轮旋纹的瓷杯，在山西侯马牛村古城遗址[19]也出土于战国早期文化层中。这些发现帮助我们将这一类器物群的时代定为春秋至战国早期。

另一类器物,如小折沿矮颈的坛、直唇米字纹罐、麻布纹扁鼓腹瓿和内底轮旋纹平浅的瓷碗、杯等,在浙江绍兴漓渚古墓[20]和凤凰山木椁墓[21]中,都可见到它们的器物群。而在这些墓中,与它们共存的具有战国时代风格的铜戈、铜剑、漆豆和瓷鼎、瓷镳等,都是重要的断代依据。因此,时代上大致可定为战国中、晚期。

最后,关于这一地区印纹陶的发生、发展与衰落问题。在第一期遗存直接叠压下的良渚文化层中,印纹陶至今一片未见。而在第一期遗存的诸遗址中,印纹陶在出土陶片总数中约占41.1%～49.5%,已成为主要陶系,并且器形有碗、杯、盆、壶、罐等,已很丰富,说明它在商代已相当盛行。到了西周时期,即在《史记》记载"太伯之奔荆蛮,自号勾吴"[22]之后,随着吴越的兴起,印纹陶发展到了高峰。但到达战国中期,又随着越族的衰退以及原始瓷器的兴起,印纹陶逐渐趋向衰落,以致到战国后期以后,如上海嘉定外冈的战国楚墓和太湖周围西汉早期墓葬中,印纹陶就一件未见,已为原始瓷器所代替。

这里对于印纹陶是否起源于本地区良渚文化的问题,至今还有待于我们进一步探索。我们的初步分析是:以第一期遗存与良渚文化作比较,它们的石器具有一脉相承的迹象,良渚的主要石器如有段石锛和石镰,在第一期遗存中出土仍然极为普遍;反之,第一期遗存具有特征性的三角形带柄石刀、半月形石刀和石耘田器等,在良渚文化晚期也个别的有所发现,可以看出它们的发展趋向。而在第一期遗存的陶器方面,存在着两大类别:一类是泥质陶,以灰陶和黑衣灰陶为主,陶质软而细腻,陶衣容易脱落,制法多轮制,无论在陶质和制法上都源于良渚类型,因此有时被误认为是良渚陶器。同时在器形上,如簋、觚、觯、尊等,在良渚文化陶器中也可以找到它们的类似器形,可以说两者关系极为密切。但是,另一大类印纹陶,是使用泥条叠筑法制作,陶土颗粒较粗,烧成后质地较硬,且多红褐色陶,而且器形习用折唇、圜凹底,器表满拍印纹,无论从制法、器形、纹饰以至入窑烧造的方法,与良渚文化比较,都有一个突变的感觉。因此,第一期遗存给予我们的印象,似乎在本地是一种新产生的因素。至于这一因素从何而来,目前我们还不能作出确切的结论。这是由于现在我们对良渚文化的探索还是初步的,今后随着对良渚文化调查发掘的进一步开展,还不能完全排除在良渚文化中发现产生印纹陶线索的可能。

但在另一方面,根据已有资料,从太湖地区出现印纹陶的时期较晚,而在江西修水山背、清江筑卫城和广东曲江石峡等地都已发现新石器时代的印纹陶,以及我们这一地区印纹陶消失的时间又较早,而江西、广东等地直到汉代墓葬中还存在一定数量的印纹陶器来看,我们认为这是一种这里不处于印纹陶分布中心的象征。这样,也就存在着它来源于江西、广东等地的另一种可能。

附图一 太湖地区几何印纹陶器型分期比较图

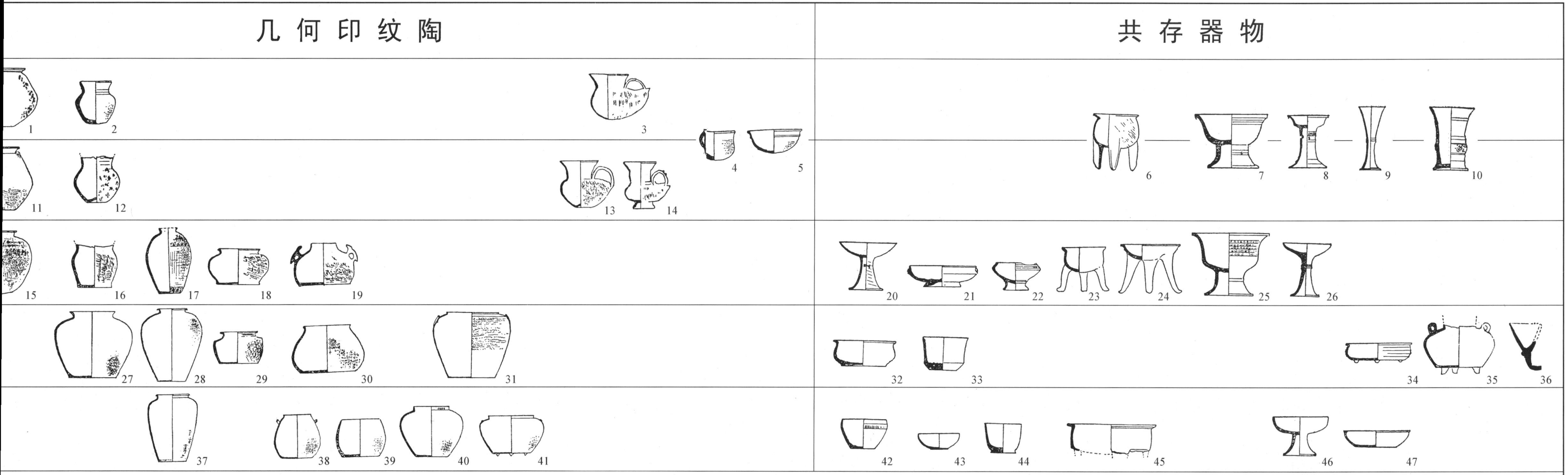

| 几何印纹陶 | 共存器物 |

1、13、14. 上海马桥遗址中层出土　12. 金山查山遗址中层出土　15、18. 青浦骆驼墩墓葬出土　16、20. 青浦崧泽遗址上层出土　17. 溧水乌山二号墓出土　19、22. 无锡华利湾古墓出土　21、40—42. 上海马桥遗址上层出土　23—26. 青浦寺前村遗址中层出土　泥墩墓葬出土　29. 金坛鳖墩西周墓出土　31. 青浦寺前村遗址上层出土　30、32—35、37—39、43—47. 金山戚家墩遗址下层出土　36. 杭州水田畈遗址上层出土

附图二　太湖地区几何印纹陶主要纹饰分期图

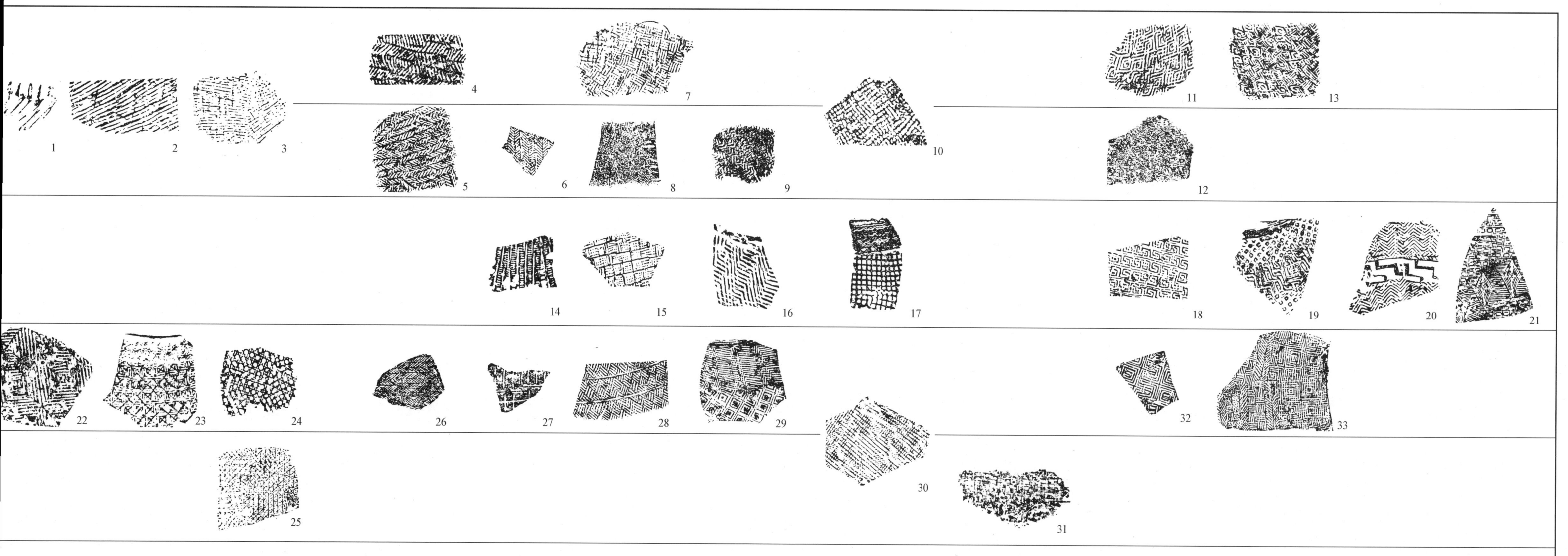

篮纹　4—6.叶脉纹　7、8、15、28.蓆纹　9、16.折线纹　10.大方格纹　11、12、18、32.云雷纹　13.蓆纹、回字纹组合　14.梯形纹　17.波浪纹、大方格纹组合　19.回字纹、矩形纹组合　20.折线纹、矩形纹组合　21.弦纹、叠套菱形纹、回字纹组合　23.填线方格纹、波浪纹组合　24.米筛纹　25.米字纹　26.细叶脉纹　27.双线叠圈纹　29.回字纹、折线纹组合　30.小方格纹　31.麻布纹　33.云雷纹、叶脉纹、席纹组合

注释

[1] 浙江省文物管理委员会：《吴兴钱山漾遗址第一、二次发掘报告》，《考古学报》1960年第2期，第73页。

[2] 浙江省文物管理委员会：《杭州水田畈遗址发掘报告》，《考古学报》1960年第2期，第93页。

[3] 上海市文物保管委员会：《上海市金山县戚家墩遗址发掘简报》，《考古》1973年第1期，第16页。

[4] 上海市文物保管委员会：《上海马桥遗址第一、二次发掘》，《考古学报》1978年第1期。

[5] 上海市文物管理委员会：《上海市金山县亭林遗址发掘资料》，待发表。

[6] 上海市文物管理委员会：《上海市青浦县寺前村遗址试掘资料》，待发表。

[7][18] 镇江市博物馆：《江苏溧水乌山二号墓清理简报》，载《文物资料丛刊》(2)，文物出版社，1978年，第19页。

[8] 上海市文物管理委员会：《上海市金山县查山遗址试掘资料》，待发表。

[9] 朱江：《江苏南部"硬陶与釉陶"遗存清理》，《考古通讯》1957年第3期，第8页。

[10] 魏百龄、谢春祝：《无锡华利湾古墓清理简报》，《文物参考资料》1956年第12期，第47页。

[11] 刘兴、吴大林：《江苏溧水发现西周墓》，《考古》1976年第4期，第274页。

[12] 南京博物院：《江苏句容县浮山果园西周墓》，《考古》1977年第5期，第292页。

[13] 倪振逵：《江苏淹城遗址出土一批印纹硬陶器》，《考古通讯》1958年第8期，第49页。

[14] 朱江：《吴县五峰山烽燧墩清理简报》，《考古通讯》1955年第4期，第50页。

[15] 丘鸿炘：《浙江吴兴苍山古战堡试掘》，《考古》1966年第5期，第282页。

[16][17] 夏鼐：《碳-14测定年代和中国史前考古学》，《考古》1977年第4期，第229页。

[19] 侯马市考古发掘委员会：《侯马牛村古城南东周遗址发掘简报》，《考古》1962年第2期，第55页。

[20] 浙江省文物管理委员会：《绍兴漓渚的汉墓》，《考古学报》1957年第1期，第133页。

[21] 绍兴县文物管理委员会：《绍兴凤凰山木椁墓》，《考古》1976年第6期，第392页。

[22] (西汉) 司马迁：《史记·吴太伯世家》。

[本文原载于《上海博物馆集刊》(1)，上海古籍出版社，1981年]

马桥类型文化分析

在我国东南沿海各地,从新石器时代晚期至汉代,都包含有一种以几何形印纹陶为主要特征的文化遗存。新中国建立33年来,随着我国文物考古事业的飞速发展,各省市考古调查、发掘工作陆续展开,至今把这类文化已可分作若干类型。上海地区的马桥遗址[1]第四层即作为太湖地区(包括杭州湾地区)的一个典型遗存,被称为马桥类型文化。本文现就这一类型的若干问题作一分析。

一、马桥类型的特征、年代和分布范围

这一类型文化,经过历年的试掘和发掘,除在上海县马桥、金山县亭林[2]和查山[3]、青浦县福泉山[4]等遗址都有发现以外,在浙江吴兴钱山漾[5]、杭州水田畈[6],江苏苏州的越城等遗址也包含有这类遗存。根据调查资料,还在浙北宁绍平原发现了半月形石刀、篮纹折沿圜凹底陶罐和黄衣灰陶豆把等马桥类型的典型器物。因此,它的分布范围不仅是太湖流域,大致还包括浙北地区。

马桥类型的主要文化特征是:

(一)出现了刀、凿、镞等小件青铜器(但未发现铸铜工具)。

(二)石制生产工具仍极为盛行,有翘刃石斧、有段石锛、长三角形石犁、带柄三角形石刀、斜柄长条形石刀、石镰、半月形石刀、石耘田器,以及扁平三角形石镞和石矛等。

(三)陶器有三大陶系:

1. 夹砂绳纹(或篮纹)红陶约占25.9%。器形主要是鼎。鼎足有凹弧形、圆锥形和舌形三种,其次为甗和釜。甗是连成一体的甑和鼎的组合。炊器中未见有鬲。

2. 呈各种陶色的印纹陶(有浅黄、橙黄、紫红、紫褐色)约占41.1%。纹饰有叶脉

纹、篮纹、蓆纹、方格纹、回字纹和云雷纹等。器内壁一般都留有填印窝,器底都是圜底内凹,有折沿弧腹的罐和盆,带圜把的杯和鸭形壶等器形。在这些器物的唇沿上往往有一个或数个相同的刻划符号。

3. 灰陶、黑衣灰陶和黄衣灰陶约占33%,都是平底或圈足器。器表以素面为主,有的在肩腹部习见压印一条带形的云雷纹或鱼鸟纹。器形有觚、觯、尊、豆、簋、瓦足盘、袋足盉和澄滤器等。

上列各陶系的制法,前两种为泥条盘筑法加轮修,后一种为轮制,明显不同。

关于马桥类型文化的时代,我们从以下三个方面分析:

(一) 从地层关系来看,以上海金山县亭林遗址为例,它被压于西周印纹陶遗存之下,而叠压于良渚文化层之上。因此,它的时代上、下限应是早于西周而晚于良渚文化。

(二) 根据碳十四和热释光测定的数据分析,碳十四测定数据有两个:亭林遗址中层木头距今为3 730±150年;查山遗址中层木头距今为3 114±120年。热释光测定数据有五个:马桥遗址中层陶片距今为3 030±333年和3 470±382年;查山遗址中层陶片距今为2 930±322年、2 890±318年、3 260±359年。[7]

(三) 出土遗物中如觚、觯、尊、簋、瓦足盘以及拍印的云雷纹等的特点显示,其与中原地区河南偃师二里头[8]、郑州二里岗[9]的夏商文化有着紧密的联系。所以其年代应相当于夏商时代。

二、马桥类型文化的来源和去向

马桥类型的文化渊源,从其特征来看,大致来自如下三个方面:

其一,它继承了良渚文化的传统。在生活用具中炊器多为鼎,无鬲,这是良渚炊器的特点。陶系中有一类泥质黑衣灰陶,质软而细腻、陶衣容易脱落,制法多用轮制,其陶质和制法都源于良渚文化。从马桥的基本生产工具来看,如有段石锛、三角形石犁、石镰和石耘田器等,其形制也都与良渚文化一脉相承。在地域上,马桥与良渚文化也处于同一分布范围。

其二,与浙南、闽北、赣北地区以几何印纹陶为特征的诸文化遗存有密切联系。马桥类型几何形印纹陶与良渚文化诸陶系相比,不论在制法、造型或纹饰等各方面都不相同,而且在良渚文化中未见其早期因素,从良渚至马桥类型显然是起了一个突变。例如良渚陶器采用轮制方法,但马桥类型陶器则是泥条圈叠加轮修制成。

良渚多素面,偶有刻划纹、锥刺纹或镂孔,而马桥类型陶器则遍体(包括器底)拍印印纹。器形上,良渚多平底和圈足器,马桥几乎千篇一律的作圜凹底。但在福建闽侯县石山遗址[10]中层新石器时代文化遗物中,已经存在拍印篮纹或绳纹的印纹陶。在距今约5 000年的江西修水山背文化中,也出现了折线纹圜底罐。在浙南江山地区还发现了可与新石器时代相接,器形与马桥类型极为相似的遗存[11],因此,我们认为浙江太湖一带马桥类型的几何印纹陶,有可能是受浙南、闽北或赣北印纹陶遗存影响的产物。

其三,它与中原地区夏商文化存在着一定联系。这反映在以下两个方面:一是在石器方面,扁平三角形石镞是河南偃师二里头文化的典型器物,凡是早商遗址都有出土,往后则逐渐不见。在太湖地区,石镞的传统形制则是柳叶形或菱形带铤或带翼。而马桥第四层,除出土上述形制的石镞以外,还出现了大量扁平三角形石镞。半月形带孔石刀在中原地区也是常见的器形,它从河南陕县庙底沟新石器时代文化起,至商周文化都一直沿用,可说是粟稷种植地区的收割工具。而在我国东部沿海地区从山东龙山、浙江良渚文化起,沿用的都是石镰。马桥类型遗址中,除有石镰以外,也同时有大量的半月形石刀共存。二是在陶器方面,值得研究的是觚、觯、尊等一类器物,从它的陶质与制作方法来看,虽然是沿袭良渚文化而来的,但压印的带状云雷纹与郑州二里岗商代早期文化的极为相似,觚、觯的造型与河南偃师二里头的也很近似。其是否为马桥类型受中原地区文化影响的产物,也是一个值得探讨的问题。所以,我们认为马桥类型可能是起源于良渚文化而接受南方印纹陶和中原地区文化影响的文化遗存。

至于马桥类型的去向问题,可以从上海地区的亭林遗址上层文化遗存中找到它的脉络。亭林类型的文化特征是:石器尚残存三角形带柄石刀、石镰和石镞;印纹陶以硬陶为主,有圆球腹圜底的罍、扁腹平底的瓿、卷沿弧腹的坛和浅盆形高圈足带镂孔的豆等;夹砂陶仍有鼎无鬲,鼎的特点是器足外撇,泥质灰黑陶中以浅盘细高把带二凸棱的豆和浅腹器足外撇的三足盘最具特征;原始瓷器还较少见。[12]这与江苏句容浮山果园西周土墩墓[13]鼎、鬲共存,以及常见原始瓷器的特点存在一定区别。

亭林类型的各器物,石镞和三角形带柄石刀,显然是继承马桥类型而来的,鼎是马桥圆锥足或舌形足鼎的演变,镂孔硬陶豆也来源于马桥的泥质陶豆。灰陶三足盘是太湖地区古文化习见的器形。从这些器物的特征可以看到马桥类型与亭林类型两者之间的密切关系。至于如罍、瓿、原始瓷豆的制法和形制,与湖熟文化二期同类器物很近似,可能是受湖熟二期文化的影响。

三、马桥类型文化与吴越文化的关系

马桥类型到底是先吴文化,还是先越文化呢,这可以通过与相邻的湖熟文化的比较来加以认定。

湖熟文化[14]是1951年在江宁县湖熟镇首次发现而命名的青铜时代文化。它的分布范围,大体是南部和西部入安徽省境,北部抵江淮之间,东部以茅山为界,而以宁镇山脉及秦淮河流域分布最为密集。

湖熟文化的主要特征是:

(一)有较多的青铜器发现,种类有刀、镞、斧、凿、铃、鼎耳、鼎足和鱼钩等,在北阴阳营遗址上层还发现炼铜用的陶钵、陶勺以及铜炼渣等。

(二)石器以锛、镰、刀、镞所占数量最多,器形为有段石锛、有槽石斧、穿孔石斧、石镰、半月形石刀、近似等腰三角形的石矛头与石镞等。

(三)陶器有四大陶系:

1. 夹砂陶,器形以鬲、盆、罐较多,也有甗。鬲有带把手的。纹饰多绳纹、附加堆纹和指窝纹。

2. 泥质印纹红陶,器形有罐和钵,纹饰多蓆纹、篦纹、回字纹、方格纹、菱形纹和曲折纹,也有云雷纹和编织纹的组合。

3. 灰陶和泥质黑衣灰陶,器形以豆、罐、盆、钵、盘较多,此外尚有罍和瓿。纹饰多弦纹、贝纹、凹点纹、镂孔纹、菱形划纹、折带纹和云雷纹。

4. 夹砂质几何印纹硬陶,多发现在上层,器形有瓿、尊和缶。纹饰多回字纹、变形云雷纹、波浪纹和编织纹。

(四)发现了卜骨和卜甲。

湖熟文化究竟是从哪一体系发展来的呢?从这一地区的文化发展序列来看,湖熟文化的前面是北阴阳营文化。北阴阳营是以鼎和彩陶为特征的文化,时间约在5 000年以上,湖熟文化以鬲、印纹陶为主,时间约在3 000多年。二者相比,时间脱了一大节。目前对湖熟前一阶段的文化面貌还不清楚。我们试从以下两个方面加以探讨:

(一)与中原殷周文化关系密切。湖熟文化下层的陶器,在类别、器形或纹饰等方面与殷周的陶器有很多共同点,如都出大量的鬲和甗,其次是罐、豆和盆等,鼎则很少见。特别是北阴阳营第三层出土的内壁有刻划纹的陶钵,这在郑州二里岗、洛阳东干沟、陕县七里铺等地皆有发现,是仅见于殷商早期遗址的典型器物。[15]湖熟文化发现的青铜镞和铜鼎的耳和足都与殷周的形制相同。锁金村发现的青铜小刀与江苏徐州高皇庙遗址殷代文化层所出的也相同。[16]在生产工具中,湖熟所出的各式石斧、石刀和石镞绝大部分都为殷周遗址所常见。在北阴阳营第三层发现的只钻不凿的卜骨和卜甲也与商代前期的风格类同。这些都说明了它与商周文化的密切关系。

此外,湖熟的印纹陶与马桥类型一样,也存在着来自南方的因素,而有段石锛、黑衣陶则与良渚文化有密切关系。我们认为,湖熟文化可能是商周文化与江南诸土著文化相结合的文化遗存。

上述诸点与马桥类型相比,究竟哪个是先吴文化？哪个是先越文化呢？

我们先从地理位置上来分析：

据《史记·越王勾践世家》记载："越王勾践,其先禹之苗裔,而夏后帝少康之庶子也。封于会稽,以奉守禹之祀。"他的政治中心在会稽(今浙江绍兴东南)。马桥类型分布于长江下游、太湖流域和浙北地区,与上述传说地点比较相符。并且浙北地区出土的这一时期遗物也与马桥一致,而与湖熟差异较大。

湖熟文化的分布范围主要在宁镇地区和皖南、赣北一带。据《史记·吴太伯世家》"自号句吴"的"索隐"中注："……吴名起于太伯,明以前未有吴号。地在楚越之界。"这里讲的所谓"楚越之界",同治《上元、江宁两县志》卷二上《考》中曾提出："周武王有天下,封周章于其地。"这即指今南京地区,吴的立国应在宁镇地区。我们赞同这一见解。

从文化主流来看,马桥类型来源于良渚,而湖熟文化以商周文化为主体,已见前述。《史记·吴太伯世家》记载："吴太伯,太伯弟仲雍,皆周太王之子……太王欲立季历以及昌,于是太伯、仲雍二人乃奔荆蛮,……太伯之奔荆蛮,自号句吴。荆蛮义之,从而归之千余家,立为吴太伯。"这种周文化与当地文化结合成为吴文化的传说,是与湖熟特点相吻合的。

(二) 从马桥和湖熟文化的去向来看,马桥文化的延续是周代的亭林类型,在浙江宁绍一带也发现有这类文化遗存。而湖熟文化的延续是锁金村、安怀村类型。这一类型所出的遗物,炊器以红砂陶鬲和陶鼎为主,鬲和鼎上还多带有角状把手。食器以喇叭形高圈足的原始瓷豆最具特征,并且常有青铜礼器伴出,例如江苏溧水乌山二号墓,出土有青铜鼎、提梁卣、盘、戈等,铜鼎呈方形,腹部饰有两组细线条组成的大云雷纹,提梁卣下腹垂大；又如句容浮山果园二号墩八号墓出土的青铜戈,长胡三穿,锋为直线三角形,援上刃和内上缘连成一线,均与中原地区西周墓的同类器物相似。[17]所以,从两者的延续来看,似乎湖熟类型晚期遗存更像是西周时代的吴文化。

因此,我们认为马桥类型是良渚文化接受印纹陶文化和商文化影响的产物,应是越文化的先驱;而湖熟文化是来自中原地区的商周文化,接受了印纹陶等当地土著文化的影响,可能即是吴文化的先驱。

注释

[1] 上海市文物保管委员会:《上海马桥遗址第一、二次发掘》,《考古学报》1978年第1期。
[2][12] 上海市文物管理委员会:《上海市金山县亭林遗址试掘资料》,待发表。
[3] 上海市文物管理委员会:《上海市金山县查山遗址试掘资料》,待发表。
[4] 上海市文物管理委员会:《上海市青浦县福泉山遗址试掘资料》,待发表。
[5] 浙江省文物管理委员会:《吴兴钱山漾遗址第一、二次发掘报告》,《考古学报》1960年第2期。
[6] 浙江省文物管理委员会:《杭州水田畈遗址发掘报告》,《考古学报》1960年第2期。
[7] 夏鼐:《碳-14测定年代和中国史前考古学》,《考古》1977年第4期;王维达:《古代陶器的热释光测定年代》,《考古》1979年第1期。
[8] 中国科学院考古研究所洛阳发掘队:《河南偃师二里头遗址发掘简报》,《考古》1965年第5期。
[9] 河南省文化局文物工作队:《郑州二里岗》,科学出版社,1959年。
[10] 福建省博物馆:《闽侯县石山遗址第六次发掘报告》,《考古学报》1976年第1期;庄锦清:《福建地区几何印纹陶分期初探》,载《文物集刊》(3),文物出版社,1981年。
[11] 浙江省文物考古所、江山县文管会:《江山县南区古遗址墓葬调查试掘》,载《浙江省文物考古所学刊(1981年)》,文物出版社,1981年。
[13] 南京博物院:《江苏句容县浮山果园西周墓》,《考古》1977年第5期;镇江市博物馆:《江苏句容浮山果园土墩墓》,《考古》1979年第2期。
[14] 曾昭燏、尹焕章:《古代江苏历史上的两个问题》,载《江苏省出土文物选集》,文物出版社,1963年;曾昭燏、尹焕章:《试论湖熟文化》,《考古学报》1959年第4期。
[15] 南京博物院:《南京市北阴阳营第一、二次发掘》,《考古学报》1958年第1期;河南省文化局文物工作队:《郑州二里岗》;考古研究所洛阳发掘队:《1953年洛阳东干沟遗址发掘简报》,《考古》1959年第10期;黄河水库考古工作队河南分队:《河南陕县七里铺商代遗址的发掘》,《考古学报》1960年第1期;张永年:《关于"湖熟文化"的若干问题》,《考古》1962年第1期。
[16] 南京博物院:《南京锁金村遗址第一、二次发掘报告》,《考古学报》1957年第3期;江苏省文管会:《徐州高皇庙遗址清理报告》,《考古学报》1958年第4期。
[17] 南京博物院:《南京锁金村遗址第一、二次发掘报告》,《考古学报》1957年第3期;南京博物院:《南京安怀村古遗址发掘简报》,《考古通讯》1957年第5期;肖梦龙:《初论吴文化》,《江苏社联通讯》1980年第1期;刘兴、吴大林:《江苏溧水发现西周墓》,《考古》1976年第4期;镇江市博物馆:《江苏溧水乌山西周二号墓清理简报》,载《文物资料丛刊》(2),文物出版社,1978年;南京博物院:《江苏句容县浮山果园西周墓》,《考古》1977年第5期。

(原载于《考古与文物》1983年第3期)

越国贵族大墓出土玉器初探

一、前　　言

　　1996—1998年,浙江省文物考古研究所、绍兴县文物保护管理所联合发掘了春秋晚期的绍兴印山越王陵,一举改变了越文化研究的徘徊局面,成为20世纪东周考古的重大发现之一,在全国考古界和史学界引起了极大的反响,被评为"1998年全国十大考古新发现之一"。最近10年,浙江的考古工作又陆续发现与抢救性发掘了一批春秋晚期至战国时期的越国贵族大墓。此外,南京博物院、江苏省考古研究所、无锡市锡山区文物管理委员会在无锡锡山区抢救性发掘了鸿山越国贵族墓地,又为全面系统地进行越国贵族埋葬制度、礼乐制度的研究,提出了新的课题和研究方向。

　　今借由中国百越民族史研究会、浙江省社会科学院历史研究所、绍兴县文化广电新闻出版局主办"中国柯桥·越国文化高峰论坛"的机会,笔者拟就个人对印山越王陵和越国贵族大墓中出土玉器的文化内涵,谈一些粗浅认识,尚请各位专家、学者批评指教。

二、印山越王陵墓出土玉器与分析

　　绍兴印山越王允常墓葬的发现[1],首次揭开了越国王陵的神秘面纱。王陵规模之宏大,构筑之精细,填筑之讲究,墓室形制之独特与豪华,乃至巨大的独木棺和四周保存完好的隍壕设施,都为全国先秦墓葬所鲜见。特别是断面呈三角形的长条形两面坡木结构墓室,不但在浙江地区并无先例,甚至在全国也尚属首次发现,它的发现具有特别重大的意义。

但是令人遗憾的是，印山越王陵墓室内的随葬器物，几乎被盗墓者洗劫一空，仅残存玉器、石器、漆木器和残陶器等41件(组)，另外还发现了一些雕花漆木器的残块。这些残存的随葬器物绝大部分发现于墓的中室，从其分布情况看，大多已非原来的摆放位置。而在中室底部，还发现了两处竹席或竹编痕迹。其中东北角一处竹编痕迹，平面为东北—西南向的长方形，长1.20米，宽0.85米，仅见几道经纬相交的朽烂的竹篾，在这片竹编痕之上压有两件玉镇，还发现了几件较小的玉饰品，为研究玉镇的功能和用途问题提供了最直接的证据。另在独木棺的北侧底面上，又发现了一大片细密的竹席，说明当时在中室底面上局部是垫有竹编织物的。

印山越王陵出土的玉器共计31件(组)，均见于中室内，种类有镇、钩、剑、镞、玦、珠、管、长方形玉饰和纽扣形玉饰等，现就其中的镇、钩、剑、镞分别作如下记述和分析：

1. 玉镇19件。其中18件出土于墓室内(M1：15—32)，另1件发现于6号盗洞扰土中(M1：采1)。这19件玉镇的质料、形制、装饰花纹完全一致。玉质较差，结构呈较疏松的片状，呈白色，内有灰黑色夹心。表面通体抛光。受损处呈片状或粉末状脱落。器体略有大小，整体似馒头形，实心，顶面呈弧形隆起，器体一周有八条纵向的折棱，将器物分为八个等分的区域，底面平，底平面也分为等边八边形。弧顶的中心有一个扁圆形小纽，纽上横穿细孔可穿丝线。除底部平面外，器物通体阴刻精细的勾连卷云纹，如标本M1：17，高6.8厘米，底径8.2厘米(图一，1)；M1：27，残高5.8厘米，底径7.7厘米(图一，2)。

2. 玉钩2件(M1：4和M1：14)。分别发现于独木棺的北侧和中室北侧挡坎的东端。M1：4出土时基本完整，长12.3厘米，宽2.7厘米，厚1.9厘米(图一，3)。弯钩为半圆弧形，钩头部分卷起，加工成龙首形，龙嘴微启，上唇上翘，钩身截面呈扁方形，尾部方折成钩柄，柄端一节微内缩似凸榫状。器物整体都经抛光处理，仅柄端尾部收缩的凸榫处未作抛光，表面较为粗糙，这部分当时可能是嵌入木质钩架上的。而M1：14已断为三节，器表有黄褐色锈斑。

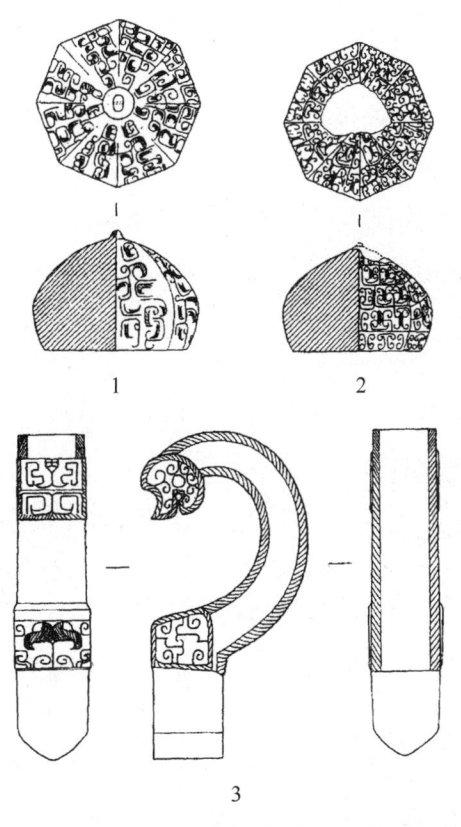

图一 印山越王陵出土玉器

1. 玉镇(M1：17) 2. 玉镇(M1：27)
3. 玉钩(M1：4)

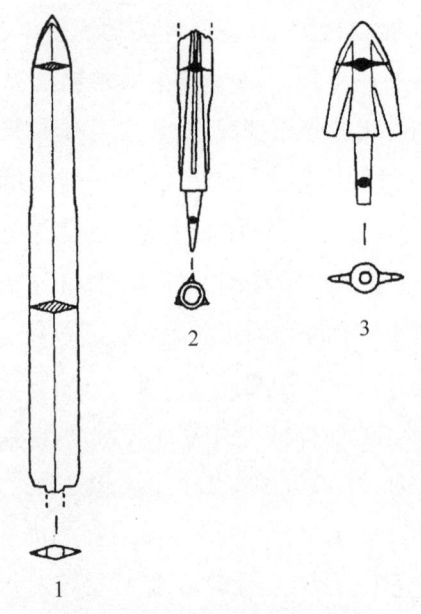

图二 印山越王陵出土玉器
1. 玉剑（M1:6） 2. 玉镞（M1:3）
3. 玉镞（M1:9）

3. 玉剑 1 件（M1:6）。素面，出土时已断为五截，散乱分布于独木棺的北侧。玉质较硬，呈灰褐色，剑身呈扁长条形，中脊起凸棱，断面呈扁菱形，剑宽均匀，前段略窄，剑锋锐尖。剑鞘为木质，外面缠绕丝线，再整体涂黑漆。剑长 42.4 厘米，宽 3.2—4.2 厘米，厚 0.8 厘米（图二,1）。

4. 玉镞 2 件（M1:3、9）。分别见于独木棺的南侧和东侧。玉质细腻、色白。M1:3 为三棱形镞，锋残缺，中脊截面呈圆形，边侧伸出三条扁薄的凸棱，即为镞的刃部，脊下有铤，呈尖锥状，实心，截面圆形。残长 4.9 厘米，宽 0.8 厘米（图二,2）。M1:9 为双翼式镞，锋尖圆，中脊截面圆形微鼓，双翼扁薄，翼侧边较直，铤为实心圆柱体。长 4.1 厘米，宽 1.7 厘米（图二,3）。

印山越王陵残存的 31 件（组）玉器中，最令我重视的是 19 件玉镇。镇在古代为压席之物，放置在竹编或草编的坐席四角，镇压坐席使之平整。它主要见于我国东南地区，有青铜、玉石、陶瓷等不同质地，其中以玉质的镇最为古人所重，《楚辞》中有"瑶席兮玉镇，盍将把兮琼芳"（《九歌·东皇太一》），又"白玉兮为镇，疏石兰兮为芳"（《九歌·湘夫人》）等诗句，就清楚地反映了这一点。绍兴印山越王陵中出土的玉镇，充分显示出墓主人身份的高贵。

墓内出土的玉剑和玉镞，是一种代表身份、地位的玉兵器；另有 2 件玉钩，当时可能是用来悬挂青铜或玉石质的编钟、编磬等礼乐器的，表明墓内可能随葬有代表墓主生前具有很高地位的成套礼乐器。

先秦时期青铜镇的出土地区，主要在广东、湖北、江苏和浙江，具体地点有：广东四会县高地圆 M1 出土 2 件（报告称为圆球形器）[2]、广东广宁县铜鼓岗 M14 出土 1 件（报告称为圆球形器）[3]、江苏淮阴高庄战国墓出土 6 件（报告称之为坠）[4]、湖北随县曾侯乙墓出土 4 件[5]、浙江绍兴县福全镇洪家墩村猪头山坡出土 3 或 4 件（报告称之为权形器）[6]。另外，浙江省博物馆也藏有这种青铜镇。各地出土的青铜镇器形基本一致，特征为：器体呈馒头状或半球形，底部大多敞开，但也有封闭的（如江苏高庄战国墓），中空，有的腹内有少量灌铅锡现象（如广东铜鼓岗 M14 等地出土者），顶上有纽，纽内套可活动的环，纹饰上也有所不同。

陶瓷质的镇只发现于浙江北部和江苏南部春秋晚期到战国时期的越国贵族墓

葬,是一种比较多见的现象。大型的墓葬中以原始青瓷镇为多见,有的同时也有硬陶镇;有的较小型的墓葬中,甚至还有随葬泥质陶镇的现象。随葬的陶瓷质的镇,是越墓中一种很有特色的现象。

从出土情况看,陶瓷镇都是空心的,青铜镇除少量为增加重量、提高压席效果而腹内灌铅外,大部分也是空心的。而体内空心的陶瓷镇,重量显得很轻,要起到镇压坐席以防卷起的作用,恐怕很难胜任,加之陶瓷器本身所存在的易碎的弱点,不便使用。因此我们非常赞同周燕儿先生提出的观点,越地出土的这种内腔空心的陶瓷镇,与青铜镇和玉石镇还是有区别的。青铜镇和玉石镇是实用器,而陶瓷镇绝不会是实用器,它应该与常见于越墓中的其他甬钟、磬、錞于等仿青铜陶瓷乐器一样,也是青铜镇的仿制品,是一种专门用于墓葬的明器。[7]

三、东阳前山 D2M1[8] 出土的玉石器与分析

2003 年 4—6 月,浙江省文物考古研究所与东阳市博物馆共同对东阳前山 D2M1 土墩墓进行了抢救性发掘。发掘结果表明,此墓未遭盗掘破坏,是一座保存完好的春秋时期越国贵族大墓。

东阳前山 D2M1 出土随葬器物近 3 000 件(组),全部为玉石器。除 1 件玉樽体形较大和并非饰品外,其余全为各类饰品。主要器类有樽、臂环、璜、觽、玦、环、管、珠、条、剑格、剑首、月牙形饰、璜形花牙饰、拱形条饰和菱角形饰等,还有一部分半成品和原料,其中以各类微细型的管、珠、条占绝大多数。

综观此墓出土的玉石器,从数量的众多到形式的丰富,都是前所未有的,是一批十分重要的考古新资料。特别是在加工技术上具有许多明显的特点:

第一,这批玉石器都充分利用了玉石天然的颜色和斑纹之美,并极力地表现出来,例如最大的一件玉樽,口径达 9.5 厘米,通高 11.5 厘米,虽素面无纹,但显得工艺精致,表面磨光平整,器形规范,轮廓坚挺。

第二,粘接技术的广泛运用。这表现在很多饰品上都使用了粘接技术。

第三,钻孔技术显得相当娴熟与高超。如个体小于油菜籽的绿松石珠上竟然钻有圆孔,真是令人叫绝! 还有在一些体型微细,直径仅 1—2 毫米的细长形圆管上,同样钻有两端纵向贯通的圆孔,足见当时钻孔技术的高超。

第四,成品、半成品和原料同时存在,比较清晰地反映了当时部分玉器制作的程序与方法。[9]

四、浙江长兴鼻子山 M1[10] 出土玉石器与分析

  2003年12月4日,长兴市五丰三村农民新村的建设施工过程中,在鼻子山北坡挖掘出数十件体形硕大的战国仿青铜原始瓷甬钟、錞于等重要文物。文物考古部门随即派人对出土文物的原存残迹进行了清理,并对紧挨文物出土处的山顶一座大墓进行考古发掘,其墓内出土的随葬器物,按质地分有原始瓷器、陶器和玉石器,实际数量为60件(组)。本文只就该墓出土的36件(组)玉、石器,器形有璜、管、带钩、剑首、小玉璧、瑗、珠、环等,进行分析研究。

  1. 玉璜2件。半璧形,器体扁薄规整,内外缘均做出扉牙,两面均饰浅浮雕云纹,拱背上有一个单面钻的小圆孔。M1:32,玉色白中微泛青色,局部因土沁呈黄色,长8.4厘米,宽1.8厘米,厚0.3厘米(图三,1)。M1:31,玉色白中泛青,局部有黑斑,出土时略残。长8.8厘米,宽1.7厘米,厚0.3厘米(图三,2)。

  2. 玉管2件。圆扁长方形,横断面呈扁圆形,两侧有对称的扉牙,中心有两端贯通的圆孔,两面饰浅浮雕云纹(图三,3、4)。M1:28,一端齐平,另一端在孔两侧壁上有对称的凹口。长3.1厘米,宽1厘米,厚0.6厘米。

  3. 小玉璧2件。体形很小,肉与好基本相等,内外缘均有扉牙,两面均饰浅浮雕谷纹,做工精致。M1:27,直径3.4厘米,好径1.2厘米,厚0.3厘米(图三,5)。

  4. 玉带钩2件。器形均较小,整体呈琵琶状,钩头作兽头形,钩身丰满,钩背身有一圆形纽。正面中间部位阴刻卷云纹,边缘刻斜线纹。M1:55,长3.6厘米,宽0.5—1厘米,厚0.5厘米(图三,6)。M1:56,钩头作龙首形,通体光滑圆润,素面无纹。长3.7厘米,宽0.5—0.9厘米,厚0.5—0.6厘米(图三,7)。

  5. 玉剑首1件(M1:40)。玉色青白,器体圆形扁薄,中有一圆孔,形似小玉璧。正面的内外缘均有凸起的廓线一周,肉部饰浅浮雕云纹,孔内嵌塞有圆形石片。背面肉部内凹,光素无纹,中心孔内镶嵌有小颗粒绿松石。直径4厘米,厚0.4厘米(图三,8)。

  6. 石璜4件。石呈青灰色,质地较松,根据形状的不同,可分二型:

  A型2件。体形较大,整体接近半环形,内外缘做出扉牙,两面饰浅浮雕云纹,拱背上有一小圆孔(图三,9、10)。M1:35,长8.8厘米,宽1.3厘米,厚0.5厘米。

  B型2件。体形较小,呈半环形,内外缘未做出扉牙,横断面呈长方形(图三,11、12)。M1:37,长6.3厘米,宽1厘米,厚0.6厘米。

图三　长兴鼻子山 M1 出土玉器

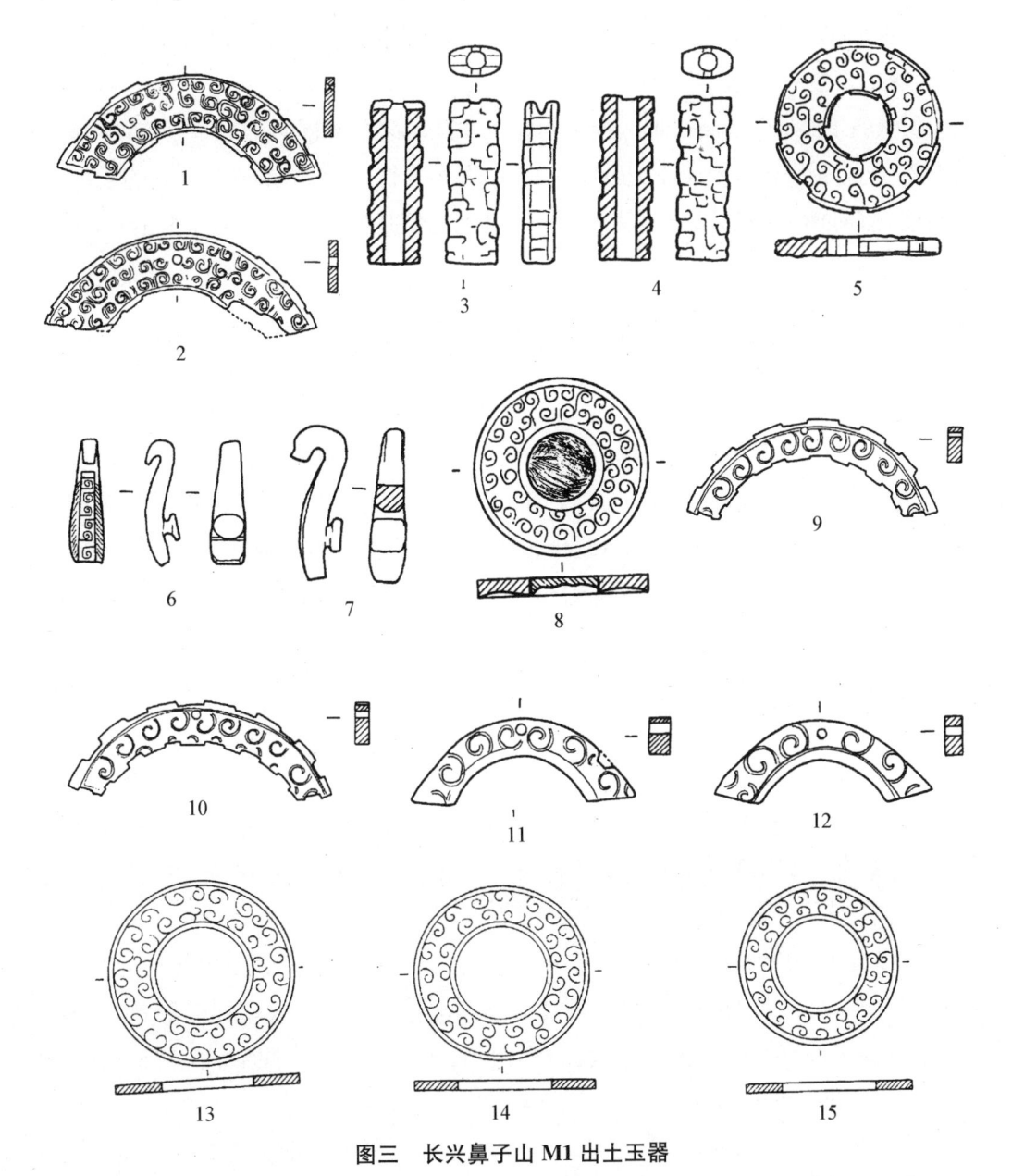

1. 玉璜(M1：32)　2. 玉璜(M1：31)　3. 玉管(M1：28)　4. 玉管(M1：35)　5. 玉璧(M1：27)　6. 玉带钩(M1：55)　7. 玉带钩(M1：56)　8. 玉剑首(M1：40)　9. A 型石璜(M1：35)　10. A 型石璜(M1：36)　11. B 型石璜(M1：37)　12. B 型石璜(M1：38)　13. 大型石瑗(M1：11)　14. 中型石瑗(M1：7)　15. 小型石瑗(M1：15)

7. 石瑗 14 件。均为滑石质,青灰、青白或灰白色,形制与纹饰均相一致。整体器形圆形扁薄,制作规整,内外缘整齐平直。好大于肉,两面阴刻云纹,单面钻。有大、中、小型三类:大型石瑗 5 件。其中 M1：11,青灰色,直径 8 厘米,好径 4 厘米,厚 0.4 厘米(图三,13)。中型石瑗 8 件。其中 M1：7,青灰色,直径 7.7 厘米,好径 4 厘米,厚 0.4 厘米(图三,14)。小型石瑗 1 件(M1：15)。青灰色,直径 6.8 厘米,好径 3.7 厘米,厚 0.3 厘米(图三,15)。

长兴鼻子山 M1 是浙江地区继东阳前山 D2M1 之后发掘的第二座王陵以下的越国贵族大墓,而且墓内未遭盗掘破坏,随葬品保存完整,组合关系清楚。它的发现,为我们进一步研究认识越国王陵以下高等级贵族墓葬提供了十分重要的考古新资料。

五、无锡鸿山越国贵族墓[11]出土玉器与分析

鸿山越国贵族墓地位于无锡市锡山区鸿山镇的东北约 1 公里处,与苏州市相城区的黄埭镇毗邻。其中特大型贵族墓——邱承墩出土的原始瓷器、陶器、玉器、琉璃器等多达 1 098 件。鸿山越国贵族墓出土的玉器在以往发现的越国贵族墓葬中数量最多,种类也最为丰富,对于研究越国的佩玉制度和丧葬用玉有着重要意义,因而被评为"2004 年中国十大考古新发现之一"。

鸿山越国贵族墓地共计出土玉器 48 件,其中老虎墩 3 件、曹家坟 1 件、邹家墩 6 件,其余 38 件(其中 3 件为石质)皆为特大型墓葬邱承墩出土。本文就邱承墩墓出土的玉器进行分析探讨。

根据玉器在墓葬的出土位置和玉器造型,可将其分为葬玉和佩玉。葬玉有覆面、带钩以及石璧。葬玉的主要特征为单面纹饰,与佩玉有明显的差异,而仿玉的石璧则制作草率。

1. 龙纹覆面(WHD M1：27)1 件。青白玉,夹有绿色花斑,半透明。长圆形,外耳凸出,上有两穿,正面以十字形条带纹分为四部分,各有一浅浮雕"S"形龙纹、条带及周边阴刻云纹、斜线纹、细方格纹,背面微凹,素面。长 7.9 厘米,宽 5.8 厘米,厚 0.2—0.4 厘米(图四,1)。

2. 蛇凤纹带钩(WHD M1：21)1 件。青白玉,局部呈黄褐色,半透明。钩为蛇首状,阴刻鳞形纹、细斜线纹,间以浅浮雕谷纹、斜方格纹。带钩身的中部为一绞丝纹圆环,中心为一椭圆形浅浮雕,上阴刻细密的斜方格纹,其外框为透雕的四凤,四角向内出凤首,四蛇身与四凤相连,蛇首穿过中心的圆环,凤身、蛇身皆阴刻羽状纹、细斜线纹、鳞纹。背为素面,有一椭圆扣。为罕见的越国玉器。长 5.8 厘米,宽 3.7 厘米,扣径 1.5×1.7 厘米,厚 1.2 厘米(图四,2)。

3. 蟠螭纹璧形佩(WHD M1：32)1 件。白玉,受沁呈白色,局部边缘呈黄褐色,微透明。正反两面满饰浅浮雕的蟠螭纹。外径 6.5 厘米,内径 2.8 厘米,厚 0.3—0.4

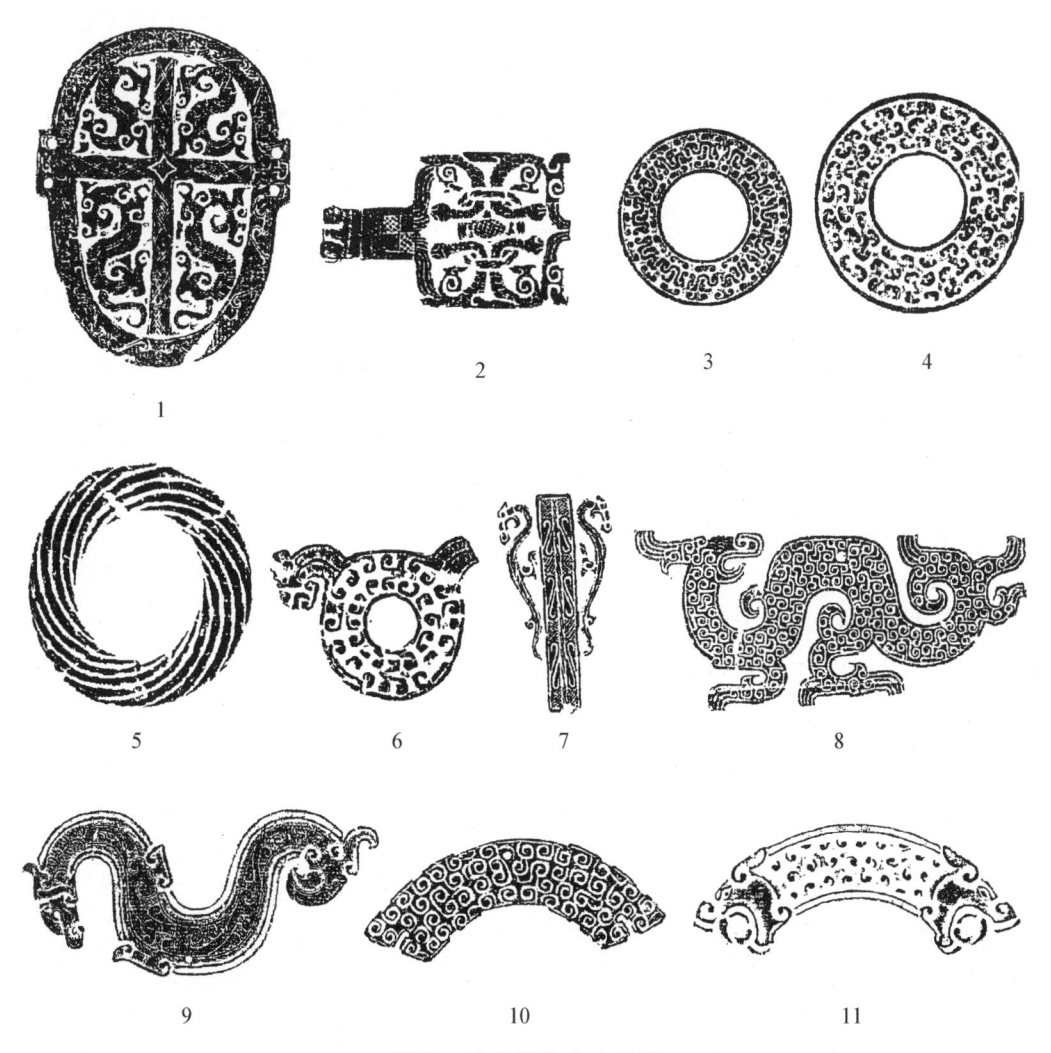

图四 鸿山越墓出土玉器

1. 龙纹覆面(WHD M1:27) 2. 蛇凤纹带钩(WHD M1:21) 3. 蟠螭纹璧形佩(WHD M1:32) 4. 螭凤纹璧形佩(WHD M1:44) 5. 绞丝纹环形佩(WHD M1:41) 6. 出郭龙纹璧形佩(WHD M1:22) 7. 双龙管形佩(WHD M1:20) 8. 龙形璜(WHD M1:35) 9. 龙凤璜(WHD M1:36) 10. 云纹璜(WHD M1:40) 11. 双龙首璜(WHD M1:33)

厘米(图四,3)。

4. 螭凤纹璧形佩(WHD M1:44)1件。白玉,局部边缘呈褐色,半透明。正反两面均满饰浅浮雕的螭纹和凤纹,螭与凤相互纠结,减地部分阴刻斜线纹,形成两层纹饰,一面纹饰在加工后又磨去,但仍可见有纹饰的残留痕迹,可谓罕见的战国玉器。外径5.1厘米,内径2.6厘米,厚0.4厘米(图四,4)。

5. 谷纹环形佩(WHD M1:28)1件。青白玉,受沁呈白色,不透明。圆形,边缘对称出牙,正反两面均饰减地谷纹。外径4.8厘米,内径3.3厘米,厚0.4厘米。

6. 绞丝纹环形佩(WHD M1∶41)1件。青白玉,受沁呈白色,局部边缘呈黄褐色,不透明。正反两面均阴刻绞丝纹。外径4.4厘米,内径2.5厘米,厚0.3厘米(图四,5)。

7. 出郭龙纹璧形佩(WHD M1∶22)1件。青白玉,受沁呈白色,间有绿色花斑,不透明。正反两面均减地成云纹和卷云纹,龙首、龙尾出郭,阴刻直线和弧线组成大鳞纹。长4.4厘米,宽3.6厘米,厚0.4厘米(图四,6)。

8. 双龙管形佩(WHD M1∶20)1件。青白玉,受沁呈白色,上部呈橘红色,中部、下部间有绿色花斑,半透明。中部为方形管,一孔上下贯穿,管的正反面均阴刻双钩云纹,间以细斜方格纹。两侧各有一透雕的龙,龙回首张口,身体弯曲呈"S"形,龙身阴刻绞丝纹,间以细密的鳞纹。此为战国玉器中首次发现的新器形。长4.6厘米,宽2.4厘米,厚0.6厘米(图四,7)。

9. 龙形璜2件。其中1件(WHD M1∶34),璜呈回首卷尾的龙形,龙身蜷曲,背部向上呈弧形弯曲,有一穿。两面纹饰相同,头、角、爪、尾部均有阴刻细平行线纹,龙身阴刻云纹,边缘阴刻绞丝纹。呈现浓郁的楚玉风格。长12.6厘米,宽4.8厘米,厚0.4厘米。另1件(WHD M1∶35),器形和纹饰均与上述相同,唯尺寸略异,长11.8厘米,宽5.3厘米,厚0.4厘米(图四,8)。

10. 龙凤璜(WHD M1∶36)1件。龙形身体蜷曲,背部向上呈弧形弯曲,有一穿,两面纹饰相同,一端为龙首,有角,龙目变为一穿,一端为凤首,有冠。璜上阴刻极浅与极细的鳞形纹、弧线纹、卷云纹,间有细方格纹。其治玉工艺为越国玉器的代表。长9.6厘米,宽4.4厘米,厚0.3厘米(图四,9)。

11. 云纹璜2件。其中1件(WHD M1∶42),青白玉,间有绿色花斑,两端呈黄褐色,半透明。上下均出牙,两端开条形槽,两面纹饰相同,阴刻云纹,中部上方有一穿。长0.6厘米,宽2厘米,厚0.3厘米。另1件(WHD M1∶40),形制、大小和纹饰均与M1∶42相同(图四,10)。

12. 双龙首璜(WHD M1∶33)1件。两端作龙首形,口内獠牙呈一圆圈形,成圆穿,中部上方有一穿。上阴刻极细的平行线纹,身饰减地谷纹,边缘减地成凹槽。为罕见的越国玉器。长7.5厘米,宽1.9厘米,厚0.4厘米(图四,11)。

13. 龙首璜(WHD M1∶5)1件。一端为龙首,一端为上卷龙尾,中部上方有一穿。两面纹饰相同,阴刻粗细相间的云纹和卷云纹。长6.5厘米,宽1.4厘米,厚0.2厘米(图五,1)。

14. 云纹觿(WHD M1∶3)1件。弯月状,一端宽而平,有一穿,两侧出牙,一端细尖。两面纹饰相同,上部阴刻谷纹,下部阴刻云纹,边缘阴刻斜线纹。长6.2厘米,宽1厘米,厚0.3厘米。

图五 鸿山越墓出土玉器

1. 龙首璜(WHD M1∶5) 2. 凤形佩(WHD M1∶11) 3. 凤形佩(WHD M1∶18) 4. 凤形佩(WHD M1∶17) 5. 兔形佩(WHD M1∶13) 6. 兔形佩(WHD M1∶12) 7. 神兽管(WHD M1∶14) 8. 削形佩(WHD M1∶39) 9. 兽面纹鞣形佩(WHD M1∶23)

15. 凤形佩3件。其中1件(WHD M1∶11),凤作振翅欲飞状,冠、翅及尾采用边缘切割成型,一小孔上下贯穿。两面纹饰相同,颈及身体阴刻羽纹,翅阴刻云纹和斜线纹,腿和尾阴刻斜线纹。长3.8厘米,宽3.4厘米,厚0.4厘米(图五,2)。另1件凤形佩(WHD M1∶18),凤作振翅欲飞状,冠、翅和尾用边缘切割成型,一小孔上下贯穿。造型逼真,极富动感。长3.7厘米,宽2.6厘米,厚0.4厘米(图五,3)。

16. 兔形佩2件。其中1件(WHD M1∶13),兔作回首奔跑状,两面纹饰相同,有一小孔上下贯穿。长1.8厘米,宽1.3厘米,厚0.6厘米(图五,5)。

17. 乳丁纹管(WHD M1∶15和WHD M1∶16)2件。大小相同,青白玉,受沁呈浅黄色,微透明。管状,一小孔上下贯穿,表面减地成乳丁纹。2件均为长2.45厘米,径0.7厘米。

18. 神兽管2件。其中1件(WHD M1∶14),青白玉,半透明。管状,截面呈三角形,一小孔上下贯穿,上下两端均为神兽,身上盘绕三条蛇,一蛇头在背面,二蛇头在正面。整器采用高浮雕技法,局部透雕,身体的低凹处阴刻极细的网格纹,背面则为羽状纹。构思奇特,布局严谨。长 3.7 厘米,宽 1.4 厘米,厚 0.8 厘米(图五,7)。

19. 剑首(WHD M1∶30)1 件。白玉,受沁呈白色,间有黄褐色条纹,微透明,素面。首径 4 厘米,下径 1.7 厘米,高 1.6 厘米。

20. 剑格(WHD M1∶31)1 件。青白玉,受沁呈白色,间有绿色花斑和黄褐色条纹,微透明。正反两面均减地成浅浮雕谷纹,中有茎孔。长 5.7 厘米,宽 2.1 厘米,厚 1.2 厘米。

21. 削形佩(WHD M1∶39)1 件。环首,两面纹饰相同,削与环首阴刻云纹,柄阴刻直线纹和斜方格纹。长 11.4 厘米,宽 1.3 厘米,厚 0.5—1 厘米(图五,8)。

22. 兽面纹鞢形佩(WHD M1∶23)1 件。青白玉,受沁呈白色,局部呈浅黄色,间有绿色花斑,半透明。孔一端大,一端小,一侧出一方錾,正面浅浮雕一兽面纹,两侧阴刻卷云纹。上下有一穿。鞢为拉弓射箭之用,而鞢形佩尽管形似,然其上部有穿,且内壁及其边缘皆有纹饰,显然用于佩戴。径 4×2.7 厘米,高 1.35 厘米,錾长 1.1 厘米,宽 0.7 厘米,厚 0.6 厘米(图五,9)。

23. 绞丝纹环形佩(WHD M1∶45)1 件。青玉,受沁呈黄褐色,半透明。两面均饰绞丝纹。外径 2.1 厘米,内径 0.9 厘米,厚 0.2 厘米。

24. 云纹璧形佩(残)(WHD M1∶48)1 件。青玉,半透明,两面均阴刻卷云纹。外径 4.4 厘米,内径 2.1 厘米,厚 0.2 厘米。

综合上述邱承墩贵族墓出土玉器的情况,笔者有如下一些认识:

(1) 龙纹覆面用的是龙纹,蛇凤纹带钩用的是蛇纹,龙与蛇的纹饰组合代表了越国最高贵族的身份。杭州石塘出土的一套玉剑饰上,玉剑格上刻有"越王"、"越王之子"字样,可证墓主的身份之高,而玉剑鞘的纹饰则正是龙蛇组合纹饰,其龙纹与覆面上的龙纹如出一辙。

(2) 邱承墩墓出土的玉璜,自大而小呈现五种不同的形态,即龙形璜、龙凤璜、云纹璜、双龙首璜和龙首璜。另外还出土一对云纹觽。从出土情况推测,璜应是成对的,可能因盗墓而有所缺失。大小有序的五对璜与一对觽,表明墓主生前使用的是"五璜佩",应是佩戴在胸前两侧的。

璜是贵族身份的象征,璜的数量代表了贵族身份的高下。从已发掘的贵族墓分析,春秋战国时期的贵族墓有一璜、二璜、三璜和五璜的等级之分,诸侯为五璜;至于天子佩的是七璜还是九璜,由于东周的王室墓尚未发掘,所以不得而知。

(3) 邱承墩墓还出土有璧形或环形的佩饰,自大而小是蟠螭纹璧形佩、螭凤纹璧形佩、谷纹环形佩,绞丝纹环形佩和出郭龙纹璧形佩,再加双龙管形佩组成的"五环(璧)佩",应自上而下佩戴在胸前的中部,即两列玉璜之间,与两侧成对的璜和觿组成一套完整的"正佩"。

(4) 鸿山越玉的造型,由于受中原礼制的影响,而采用"五璜"和"五环(璧)",在造型上与楚玉相同或相近。除此之外,在非"五璜"的玉器上,则凸显越玉的风采。如蛇凤纹带钩上四蛇、四凤相互交织,三角形神兽管上三条蛇从双头神兽的胸前盘至脑后,振翅欲飞的凤形玉佩,羽毛纹饰细到肉眼难辨,双龙管形佩、龙凤璜和双龙首璜的造型和纹饰融为一体。这些都表现了越人独特的宗教信仰和审美情趣。

(5) 鸿山越玉不仅有越地传统的治玉工艺,如镂孔、边缘切割、减地、钻孔、抛光,阴刻单线或双钩云纹、网格纹、鳞纹、羽状纹、绞丝纹等,亦有新出现的器形和纹饰,如剑首、剑格、鲽形、削形佩和减地谷纹璧等,而凤形佩、神兽管、龙凤璜、双龙首璜、螭凤纹璧形佩等,则反映出越玉奇巧和细腻的特征。

鸿山越国贵族墓出土的玉器为春秋战国玉器中的一朵奇葩,它不仅展示了越人治玉的高超技艺,更展示了越国王侯玉器的风采。

注释

[1] 浙江省文物考古研究所、绍兴县文物保护管理所:《印山越王陵》,文物出版社,2002年。
[2] 何纪胜:《广东发现的几座东周墓葬》,《考古》1986年第4期。
[3] 广东博物馆:《广东广宁县铜鼓岗战国墓》,载《考古学集刊》(1),中国社会科学出版社,1981年。
[4] 洛阳市博物馆:《淮阴高庄战国墓》,《考古学报》1988年第2期。
[5] 湖北省博物馆:《曾侯乙墓》,文物出版社,1989年。
[6] 周燕儿:《对绍兴出土战国权形器的思考》,《江汉考古》1998年第1期。
[7][8][10] 浙江省文物考古研究所编著:《浙江越墓》,科学出版社,2009年。
[9] 洛阳市文物工作队:《洛阳市针织厂东周墓的清理》,《文物》2001年第12期。
[11] 南京博物院、江苏省考古研究所、无锡市锡山区文物管理委员会:《鸿山越墓发掘报告》,载《鸿山越墓出土玉器》,文物出版社,2007年。

(原载于《中国柯桥·越国文化高峰论坛文集》,浙江人民出版社,2011年)

明文徵明书陆深墓志铭考辨

一、文徵明及其书法成就

　　文徵明,是中国明代中叶"吴门画派"的旗手,一生致力于绘画和书法创作,将中国文人画推向了一座高峰,在沈周(1427—1509年)去世后,独领画坛风骚凡五十年。其弟子众多,直到第五代孙,皆画坛名手,传其画法,左右一代画风。只有在董其昌(1555—1636年)崭露头角之后,才逐渐替代了他的位置。文徵明,在中国绘画史上和中国书法史上,是一位不可多得的天才,而且又是一位极为重要的代表人物。最先出现于苏州的文人画家有谢缙、杜琼、刘珏、赵同鲁、沈恒、沈贞等人,他们是元代文人画的继承者,可以说是"吴门画派"的先声。是由他们将文人画直接传授给了沈周,再传授给了文徵明。沈周以他博学的文化素养,诚恳宽厚的人品道德,精湛高超的绘画技巧,成为苏州画坛盟主,并且将他的影响扩展到全国,掀起了文人画创作高潮。沈周,可以说是"吴门画派"的开创者和奠基人,文徵明则是其继承人。

　　文徵明,在中国书法史上亦占有重要的地位,曾被誉称为"吴中三家"之一,为一代书风的代表。他书法功底深厚,不遗余力地学习古人,认真地临写研究过魏钟繇、王羲之,唐虞世南、褚遂良、欧阳询等人的碑帖和墨迹,由晋入唐,将晋人的风流韵致与唐人的严谨法度结合起来,形成了自己的风格特点。他的作品,无论行书,还是小楷,从笔法、结体到篇章,表现出端庄、典雅、俊秀、工稳的美。陆树声对他评价为:"书体姿媚,至其藏锋处亦遒劲,晚年多作山谷(黄庭坚)体,笔意稍纵。"早、中年的严谨,与他的人生态度有关,晚年的俊逸,反映出他解脱科举之累后,处世稍见旷达。文徵明的书风受赵孟頫的影响极深,技巧精熟,笔法圆润,姿态优美,气质典雅,始终如一。一直到89岁高龄,他的笔法仍然是那样的稳健,例如他所书《独乐园记》(台北故宫博物院藏),就像是盛年时所书而更为圆润。因此他的书法赢得了许多的追随者,一时

"文书"风靡天下。[1]

王世贞在评论文徵明的书法时曾经说过："于整栗遒劲中，不失虚和舒徐意致。"（《艺苑卮言》）这本是针对王氏所看到的文徵明所书的一本《千字文》而言的，但讲得很精到，完全可以适用于对文徵明整体书法的评价。[2]

文徵明(1470—1559年)，初名壁，或作璧，字徵明，后以字行，又更字徵仲，其以字行，始于明正德八年癸酉(1513年)，号衡山居士，私谥贞献先生，长洲(今江苏苏州)人。贡至京师，授翰林待诏，参加编修国史。其子文嘉撰其《先君行略》中说："公少拙于书，经刻意临学，亦规模宋、元。既悟笔意，遂悉弃去，专法晋、唐。小楷虽自《黄庭》、《乐毅》中来，而温润精绝，虞、褚而下弗论也。隶书法钟繇，独步一世。"文氏善楷、行、草、隶诸体，然最为人称道的是他的小楷书，年九十时犹作蝇头书，人以为仙。

《真赏斋铭并序》为其88岁时所书小楷，依然骨力劲健，楷法不懈，此后至卒前，还能书楷不辍，确是前所罕见的。综观文氏楷书作品，大多师法《乐毅论》、《黄庭经》等传为王羲之的楷法，形体端正方整，风格秀雅和劲。又有师唐欧阳询的一种，如《归去来辞》，结体偏长，挺劲遒逸。世传其楷书作品甚多，亦颇多伪作。[3]文氏生平雅慕赵孟頫，每事多师之。论者谓其诗、文、书、画虽与赵同，而出处纯正若或过之。

二、一代词匠陆深及其墓志铭的出土

陆深(1477—1544年)，是我国明代著名文学家、书法家。初名荣，字子渊，号俨山，华亭(今上海市松江)人。弘治十八年(1505年)进士，二甲第一。明世宗南巡，陆深掌行在翰林院印，进詹事府詹事致仕，历国子司业、祭酒、充经筵讲官、太常卿兼侍读学士。陆深在馆阁四十余年中著作成果颇丰，计有《俨山集》一百卷、《俨山集续集》十卷、《俨山外集》四十卷，以及《行远集》、《行远外集》、《南巡日录》、《淮封日记》、《南迁日记》、《蜀都杂钞》、《科场条贯》、《史通会要》、《同异录》、《书辑》、《古奇器录》、《河汾燕闲录》、《停骖录》、《传疑录》、《春雨堂杂钞》、《玉堂漫笔》、《金台纪闻》、《春风堂随笔》、《知命录》、《溪山余话》、《愿丰堂漫书》等。为此，《明史》将其列入《文苑传》，称颂他的书法艺术谓："工书，仿李邕、赵孟頫，赏鉴博雅，为词匠冠。"[4]陆深不但"以文章有名"，而且还是一位著名书法家。嘉靖首辅夏言在赞颂陆深的书法艺术时称："文裕书法妙逼钟王，比赵松雪而遒劲之。"明代著名书法家董其昌亦赞扬陆深的书法艺术谓："陆官詹以书名家，虽卒尔作应酬字，俱不苟且。"[5]

陆深生于明代成化丁酉(1477年)八月十日,卒于嘉靖二十三年(1544年)七月二十五日,享年六十有八。特赠礼部右侍郎,谥文裕。其子楫于明(年代缺失)二月二十七日葬父于上海黄浦之原。陆氏墓地坐落在今上海市浦东新区陆家嘴轮渡东南海兴路典堂弄附近。鉴于陆氏门第是明代中叶上海地区的名门贵族,黄浦江流经外滩与吴淞江汇合后,折而向东形成一沙嘴,世称陆家嘴,即由陆深的老宅所在地的声望而得名。1969年,正值"文革浩劫"时期,该处因人防施工,在民宅宅基下发现了明陆深及其子陆楫的夫妇合葬墓地。由于工人夜间擅自挖墓清理,致使墓葬遗迹及墓葬陪葬品遭到严重破坏。幸亏上海市文物管理委员会闻讯,及时派人赶往现场处理,在当地公安部门的积极配合下,终于追回了大部分出土文物,计有金、银、玉、铜、石质等文物149件[6],其中特别重要的是:发现了一合由明著名书法家文徵明书丹的陆深墓志铭,通体小楷全文近3000字,是文徵明在75岁高龄时书写的,但仍笔法圆润,气质典雅,挺拔遒劲,始终如一。这不仅为研究文徵明的书法艺术,提供了一份极其珍贵的实物见证,而且也为研究陆深的生平和明代中叶的社会矛盾等情况,提供了一份新的实物资料。

陆深墓志铭一合,为大青石制作,分志盖和志底上下两块,呈正方形,长宽边长均为72厘米,志文54行,行满55字,通体小楷。墓志题首为"明通议大夫詹事府詹事兼翰林院学士赠礼部右侍郎谥文裕陆公墓志铭。""特进光禄大夫上柱国少师兼太子太师吏部尚书华盖殿大学士知制诰经筵国史总裁贵溪门生夏言撰"文。"翰林院待诏征仕郎兼修国史长洲文徵明书丹"(附图一)。志盖篆书,六行三十字,为"通议大夫礼部左侍郎兼司经局正经筵官预修会典实录邑人门生张电篆盖"(附图二)。志文详细记叙了陆深的生卒年月、籍贯、家庭情况、生平经历和学术成就。因为陆深与夏言原有师生关系,情谊极深,夏言在志文中提及"予为公丁丑所取士,受知于公最久。公尝语其子曰:'平生知己莫如桂洲。'予不忍铭公,然非予又谁宜铭?!"夏言(1482—1548年)字公谨,号桂洲,贵溪(今江西贵溪)人。正德十二年(1517年)进士,官至吏部尚书、华盖殿大学士,谥文愍。以才隽居首揆,天下重其书。著有《赐闲堂稿》、《桂洲文集》。[7]故由夏言所撰的这篇墓志铭,是我们研究陆深生平的一份极其珍贵的实物史料,可以弥补历来文献志书记载的不足。而为陆深墓志铭篆盖的作者张电,据有关历史文献记载:张电(1497—1547年),字文光,号宾山,上海人。学书于陆文裕(深),能通其秘,笔法宗李邕,而以二沈为模。以儒士荐于朝,受知世宗供奉馆局,官至礼部左侍郎。工书,授鸿胪寺序班,朝廷匾额多出其手。[8]

鉴于这合墓志铭不仅有重要的史料价值,而且因志文是由吏部尚书、华盖殿大学士夏言撰文,尤其重要的是志文是由翰林院待诏征仕郎兼修国史、一代书风的杰出代表人物文徵明书丹,志盖是由礼部左侍郎兼司经局正经筵官预修会典实录、著名书法家张电篆书,所以它又具有很高的书法艺术价值。兹为便于史学界、书法学术界据此展开进一步研究,笔者特将这合陆深墓志铭全文,按原款式抄录于下。

三、明陆深墓志铭录文

  明通议大夫詹事府詹事兼翰林院学士赠礼部右侍郎谥文裕陆公墓志铭
  特进光禄大夫上柱国少师兼太子太师吏部尚书华盖殿大学士知制诰　经筵国史总裁贵溪门生夏言撰
  翰林院待诏征仕郎兼修　国史长洲文徵明书丹
  通议大夫礼部左侍郎兼司经局正　经筵官预修会典实录邑人门生张电篆盖
  俨山先生陆公既卒之明年为嘉靖乙巳其子楫以又明　二月二十七日甲寅葬公于上海黄浦之原先期奉宪副唐龙江先生状以墓铭请龙江先少师象峰公丙辰甲榜同年也文高行卓于人慎许可至状公行缕缕万言若未能尽可谓知公备矣谨按公讳深字子渊姓陆氏自号俨山学者称为俨山先生其先自汉晋以来为三吴著姓元季讳子顺者居华亭马桥镇子曰余庆公之高祖也国初以横累惧法自沉于江遗孤德衡才五龄伶仃孤苦暨长稍振迁居上海洋泾之原长子讳璿号筠松生五丈夫子仲讳平号竹坡并有隐德公之曾祖祖父也竹坡初娶于瞿继娶吴有贤行方娠夜梦海潮涌一童子以朱盒盛冠带排户而入觉而生公及晬筠松翁见之曰儿腰圆异日纡金相也五六岁即能属对奇语惊人甫成童淹贯经史文词隽拔辛酉举南京乡试第一乙丑举进士　赐二甲第八人改庶吉士授翰林院编修寻丁母夏时刘瑾乱政诸馆职悉改部曹授南京精膳司主事以忧未赴服阕还　朝瑾已诛乃还旧职先是上　两宫徽号恩典未与至是援例陈请获给　勅命考封文林郎翰林院编修母赠孺人壬申补　经筵展书官其年充副使偕武平伯持节往　封淮王以疾乞归丙子疾起入　朝念竹坡公不忍行留妻子侍养丁丑会试充同考官是年状元舒芬及诸名士皆公所取戊寅陞国子监司业博搜六书义旨并历代名家书法作书辑庚辰　武庙巡边郊祀逾期公屡省牲　南郊分献　风云雷雨坛　驾还有银牌绯绮之赐辛巳春竹坡翁弃养哀毁骨立居庐三年足不出户阈戊子春以廷匠臣　诏起公入备耕读甫及都门升国子监祭酒模范卓然多士以得师自庆仲秋丁祭公上疏言牺牲当用水　上嘉允之著为令己丑　上祀南郊再充分献官　赐明伦大典三月　经筵进讲大学士桂公萼阁公讲章辄加窜易公即　文华殿讲毕面奏云今日讲章非臣原撰乞自今容讲臣得尽其愚　上欣然可之退而人谓公曰　经筵面奏非故事公乃上疏谢罪奉　御笔批答云尔昨奏讲章不欲内

阁阅看此系旧规不必更改尔果有所见当别具闻公感优遇至于流涕乃条奏有关圣学事凡千余言大抵仍欲使讲官之言得尽达于上然后聪明日启无壅蔽之患当路益忌之疏下吏部竟左迁延平府同知抵任专理清戎公尽心事职稽核奸蠹至无遗弊暇日诠次杨龟山罗豫章李延平三儒要语名道南三书以嘉惠后学未几升山西按察使副使总理学政著河汾燕闲录阳曲生员刘镗父为知县笞死恝于巡按赵御史御史下镗于狱公曰父死非辜人子不共戴天奈何罪之与力辩不合即上疏劾赵赵亦劾公奉　旨俱还籍已而科道官勘实以闻赵谪外任公得复职是岁作史通会要壬辰补浙江按察史副使仍理学政痛革时文险怪之习升江西布政使参政决淹狱数十被公德者争肖像以祀作豫章杂抄不数月迁陕西布政司右布政未履任转四川左布政使乙未夏抵保宁大旱公易服却驷从率属祷雨辄应至成都视事悯蜀人凋瘵政从宽简民以安堵所著有蜀都杂抄平胡录威茂诸夷作乱　朝廷命将进剿公移文何总兵卿亹亹数千言洞悉夷情曲中事机当事者多采用其议公复悉力调度兵食未几夷患悉平捷　闻受白金文绮之赐建昌行都司地震雨坏公私庐舍殆尽兼饥馑死者枕藉公力议发官帑赈贷全活甚众台臣交章论荐是冬擢光禄寺卿著知命集诗准去蜀吏民感恋倾城泣送焉光禄供亿繁浩中贵旁午势难裁抑公至不动声色而弊除横戢戊戌　内阁特疏荐改太常寺卿兼翰林院侍读学士领修　玉牒充　廷试读卷官扈　驾天寿谒诸陵奉　勅撰泗洲　祖陵碑文撰上　太神册表冬至　圜丘大报礼成　赐百官诰勅公以三品赠及祖考俱太常卿兼翰林院侍读学士祖妣尤氏妣吴氏俱淑人己亥春以册立　皇太子恩廕子楫为国子生扈　驾幸承天给行在印章　上见公名御笔去侍读二字改行在翰林院学士至承天侍朝　龙飞殿陪祀　社稷山川复从　驾谒　显陵行大享礼有白金之赐四月回銮　内阁属公草百官谢表所著有南征稿是年考察京朝官公自陈乞罢黜奉温旨留公以二代恩赠尚仍旧衔又前母未沾恩典特上疏陈乞俱被　俞旨于是祖考改赠詹事兼学士瞿氏追赠淑人　国朝赠典不及前母惟一二大臣有之皆出自　特恩公得此盖异数也每陪祀　玄极宝殿　奉先殿有脯醢酒果品物之赐充　经筵日讲官有蜀扇炙鹅饼果之赐士林荣之会天变自陈仍被　旨勉留辛丑元旦雪词臣献瑞雪颂　上览公颂独加称赏焉　廷试再充读卷官值　九庙灾　诏百官修省公退志久决乃上疏词极恳切得　旨致仕抵家杜门谢事以馆阁频年禄赐建三环桥于浦口行路称便循古制特建家庙辟芦洲为田百余亩以备赈恤乡闾皆义举也日居东堂读诸子书参酌经史疑义作传疑录甲辰春俄感疟疾寻苦脾胃伤餐泄不止日渐羸惫公知不可起呼楫命之曰汝四举子不育标侄季子可育为嗣命名曰邻犹手集古隐逸事作山居经濒危始辍笔先一夕家人见大星陨庭中公闻遽命具后事索衣冠衾敛视之一一称惬已而命楫以昔蒙　圣旨忠敬二字令勒扁金书恭揭中堂以识荣遇家庙工未毕可亟为我成之语毕而逝七月二十五日昧爽也公生成化丁酉八月十日享年六十有八配梅氏初封孺人加封淑人子男一即楫隽才伟器克承公世女一赘贵州布政司

副理问瞿学召公姿度英挺器量渊邃孝友明哲发自天衷于书无所不读非疾病甚倦未尝手释卷是以造诣精深发为文章成一家言作诗直写性情得风人之旨书法妙逼钟王比于赵松雪而遒劲过之平生慕李邺侯韩魏公程伯子邵康节之为人其气味特似自翰林出剔历中外多所谙练文章礼乐之外如刑名钱谷甲兵之事咸精甚能平生砥节厉行直道正辞不于利害有所迎避视于进苟容一切时态尤所深耻喜谈　国朝典故及前辈风烈至商确事理品骘古今谈锋洒然听者倾服不录人细过有片善必极口称扬之故贤不肖咸乐就公以是得公教者多成材平生无他嗜好唯古书名画商彝周鼎则时取鉴赏为博古之助馆阁先辈目公才识性度类东坡天下士大夫称公文章节概为今之欧阳子非谀言也少宰徐少湖公乡人也尝谓松先达如张庄简公之政事钱文通公之风猷张庄懿公之器量顾文僖公之才望二沈学士之书翰皆一代名流俨山先生殆兼而有之至于问学之宏博词赋之精工直与先朝宋文宪李文正争衡斯实录哉公平生著述甚富楫方辑公诗文又百余卷要皆必传于世无疑讣　闻　皇上轸念讲筵旧学　特赠礼部右侍郎谥文裕　命礼部遣官　谕祭工部奏遣中书舍人万采董治葬事赉终恩典至隆极备公所不朽者多矣独惜夫退身太早天不慭遗卒不获相　天子以康济生民是则世之不幸而斯文有余憾也予为公丁丑所取士受知于公最久公尝语其子曰平生知已莫如桂洲予不忍铭公然非予又谁宜铭铭曰

陆自汉晋氏著三吴华亭马桥元季世居　国初处困再迁洋泾植本既固于兹乃萌筠松有子蕃北燕窦竹坡亢宗式昌厥后狉文裕公间世豪贤积德之发奚啻百年公之文章日星江河晶莹类白汪洋若坡公之容仪长身岳峙抑抑武公岩岩孟氏　经筵正色　天子改容振铎桥门多士景从忤权被谪公则安之所至树绩人有去思楚越蜀晋驰驱万里簿书缤纷靡辍文史晚岁　召还望悬海内曾几何时乞身勇退归来云卧江东故庐安石短屐尧夫小车惟公一身进退以道天不永年斯文之悼　明明　天子轸痛旧学赐谥易名赠官改爵治窆遣使谕祭有文一时哀荣千古令闻黄浦之原高塚峨峨诏千万祀我铭不磨

四、陆深墓志铭校勘及结语

　　笔者在对上述出土的明陆深墓志铭进行整理研究时,曾查阅明夏言著《桂洲文集》中所刊载的《通议大夫詹事府事兼翰林院学士赠礼部右侍郎谥文裕陆公墓志铭》[9]一文,将两者逐一进行对照,发现其中有很多不同之处。现为便于专家、学者研究参阅方便起见,特作如实校勘摘录于后(见附表)。
　　综合上列出土的石刻明陆深墓志铭与夏言著《桂洲文集》刊载的明陆深墓志铭全文进行校勘对照,从中可以发现其文字不同的共计十六处,而以其内容来看,主要有以下三个方面：(一)属于对文字进行修改或作文字上润色的(例如第一、十七、二十六、三十、三十五、三十六、四十八行等内容)；二、属于增加和充实文字内容的(例如第二、三、四、五、三十九行等内容)；三、属于对一些具体日期进行修改或订正的(例如第十四、十五、三十八行等内容)。因此，笔者认为：这合由夏言撰文、文徵明书丹、张电篆盖的出土石刻明陆深墓志铭的发现，以及上述对两者墓志铭的校勘对照实录，为研究一代词臣陆深的生平历史以及在创作和学术研究上的重大贡献，增添了一份极其珍贵的实物例证，它不仅可以弥补过去历史文献、志书记载的不足，而且订正了夏言著《桂洲文集》上刊载的陆深墓志铭在文字上的笔误或在对一些具体日期的记忆失实之处。其次，这块由一代书风的代表、著名国画、书法大师文徵明书丹的陆深墓志铭，全文通体小楷近三千字，是文徵明在75岁高龄时书写的，通篇笔法圆润，气质典雅，挺拔遒劲，一丝不苟，气势雄伟，令人赞叹。它又为书法界、史学界、艺术鉴赏界研究文徵明的书法艺术，提供了一件艺术瑰宝，弥足珍贵。其三，根据该墓志铭记载，陆深自弘治十八年中进士后致仕，共历三朝。当时正处于明代中叶社会矛盾愈加激化的时期，广大人民不但要忍受封建社会的残酷剥削，而且还时遭水、旱灾荒的侵袭，例如嘉靖十四年，陆深任四川左布政使时，"保宁大旱"、"蜀人凋瘁"；"建昌行都司地震，雨坏公私庐舍殆尽，兼饥馑死者枕藉"，墓志铭真实反映了当时社会的悲惨景象。又如墓志中记载，威茂地区"诸夷作乱，朝廷命将进剿"等等，这又为研究明代中叶的社会矛盾加剧情况，提供了重要的实物史料。

附表：明陆深墓志铭校勘对照表

墓志文本 出土墓志行数	出土石刻《明通议大夫詹事府詹事兼翰林院学士赠礼部右侍郎谥文裕陆公墓志铭》	明夏言撰：《桂洲文集》刊载的：《通议大夫詹事府(詹)事兼翰林院学士赠礼部右侍郎谥文裕陆公墓志铭》
第1行	明通议大夫詹事府詹事兼翰林院学士赠礼部右侍郎谥文裕陆公墓志铭	通议大夫詹事府事兼翰林院学士赠礼部右侍郎谥文裕陆公墓志铭
第2行	特进光禄大夫上柱国少师兼太子太师吏部尚书华盖殿大学士知制诰　经筵国史总裁贵溪门生夏言撰	
第3行	翰林院待诏征仕郎兼修　国史长洲文徵明书丹	
第4行	通议大夫礼部左侍郎兼司经局正　经筵官预修会典实录邑人门生张电篆盖	

续表

墓志文本 出土墓志行数	出土石刻《明通议大夫詹事兼翰林院学士赠礼部右侍郎谥文裕陆公墓志铭》	明夏言撰：《桂洲文集》刊载的：《通议大夫詹事府（詹）事兼翰林院学士赠礼部右侍郎谥文裕陆公墓志铭》
第5行	俨山先生陆公既卒之明年为嘉靖乙巳其子楫以又明　二月二十七日甲寅葬公于上海黄浦之原	俨山先生陆公既卒之明年为嘉靖乙巳其子楫以是年某月葬公于上海黄浦之原
第8行	长子讳璿号筠松生五丈夫子仲讳平号竹坡并有隐德公之曾祖祖父也	长子璿号筠松生五丈夫子仲平号竹坡并有隐德公之曾祖祖父也
第14至第15行	辛巳春竹坡翁弃养哀毁骨立居庐三年足不出户阈	辛丑春竹坡翁弃养哀毁骨立居庐三年足不出户阈
第15行	戊子春以廷臣荐　诏起公入备讲读	戊戌春以廷臣荐　诏起公入备讲读
第17至18行	退而人谓公曰　经筵面奏非故事公乃上疏谢罪奉　御笔批答云尔昨奏讲章不欲内阁阅看此系旧规不必更改尔果有所见当别具闻	退而人谓公曰　经筵面奏非故事乃上疏谢罪上批答云尔昨奏讲章不欲内阁阅看此旧规也不必更改尔果有所见当别具闻
第26行	是冬擢光禄寺卿著知命集诗准去蜀吏民感恋倾城泣送焉	是冬擢光禄寺卿著知命集诗准去蜀吏民感恋倾城泣送
第30至31行	四月回　銮内阁　属公草百官谢表所著有南征稿	四月回　銮　内阁属公草百官谢表所著有征南稿
第35行	循古制特建家庙辟芦州为田百余亩以备赈恤乡间皆义举也	循古制立家庙辟芦州为田百余亩以备赈恤乡间皆义举也
第36至37行	犹手集古隐逸事作山居经濒危始辍笔	犹手集古隐逸事作山居经方濒危始辍笔
第38行	公生成化丁酉八月十日享年六十有八	公生天顺丁酉八月十日享年六十有八
第39行	公世女一赘贵州布政司副理问瞿学召	公世女一赘太学生瞿学召
第48至49行	公尝语其子曰平生知己莫如桂洲予不忍铭公然非予又谁宜铭	公尝语其子曰平生知己莫如桂洲予不忍铭公然非予又谁宜铭

附图一　明张电篆陆深墓志铭盖拓本

附图二　文徵明书丹陆深墓志铭全文拓片

注释

［1］杨新：《勤奋的天才——试论文徵明其人其艺》，载《文徵明》画集，上海人民美术出版社，1996年。
［2］刘纲纪著：《文徵明》，吉林美术出版社，1996年。
［3］刘九庵：《帖学鼎盛期的明代书法》，载《明代书法》，上海书画出版社、上海人民美术出版社，1989年；俞剑华编：《中国美术家人名辞典》第39页，上海人民美术出版社，1985年。
［4］(清)张廷玉等：《明史》卷二八六。
［5］马宗霍著：《书林藻鉴》。
［6］上海博物馆：《上海浦东明陆氏墓记述》，《考古》1985年第6期。
［7］俞剑华编：《中国美术家人名辞典》，第672页。
［8］俞剑华编：《中国美术家人名辞典》，第864页。
［9］(明)夏言撰：《通议大夫詹事府事兼翰林院学士赠礼部右侍郎谥文裕陆公墓志铭》，载《夏桂洲先生文集》卷一六，辑自《四库全书存目丛书》，齐鲁书社，1997年。

(原载于《中国文物世界》2001年第185期)

清钱大昕墓志铭述异

一、一代儒宗钱大昕

钱大昕,是我国清代乾嘉时期著名的史学家、考据学家、音韵学家和文字学家,是乾嘉学派的杰出代表,一代儒宗的典范。其治学范围广博精深,在史学、经学、小学、算学、校勘学及金石学等学术领域均有建树和创见,一生著述宏富,作品有《廿二史考异》、《十驾斋养新录》、《元史艺文志》、《元史氏族志》、《声类》、《潜研堂文集》、《潜研堂金石文跋尾》和《潜研堂诗集》等各类著作30多种400余卷。其中成就最高的是史学著作——《廿二史考异》100卷,这部不朽的史学名著,可以说是凝结了钱大昕大半生的心血。因此,他在乾嘉之世即已名闻遐迩,推为一代儒宗。例如清代学者段玉裁说过:"若先生于儒者应有之艺,无弗习,无弗精。""凡文字、音韵、训诂之精微,地理之沿革,历代官制之体例,氏族之流派,古人姓氏、里居、官爵、事实、年龄之纷繁,古今石刻划,篆隶可订六书,故实可稗史传者,以及古《九章算术》,自汉迄今中西历法,无不了如指掌。"[1]清代另一学者阮元指出:"国初以来,诸儒或言道德,或言经术,或言史学,或言天学,或言地理,或言文字、音韵,或言金石、诗文,专精者固多,兼擅者尚少,惟嘉定钱辛楣先生能兼其成。"[2]又如清代著名学者江藩指出:"先生学究天人,博综群籍,自开国以来,蔚然一代儒宗也。"[3]

钱大昕,字晓征,又字及之,号辛楣,别号竹汀居士,晚年号潜研老人。清雍正六年(1728年)生于江苏太仓州嘉定县望仙桥河东宅(今属上海市嘉定区人)。乾隆十九年(1754年)中进士,历任翰林院庶吉士、编修、侍读学士等职,官至詹事府少詹事,历充山东、湖南、浙江、河南主考官和广东学政,并充任《续文献通考》、《续通志》、《大清一统志》和《天球图》的纂修官。乾隆四十年(1775年),因父丧归里,从此绝意仕途,乡居三十年,潜心著作,期间,先后任钟山、娄东、紫阳书院主讲,培养造就了大批人才。嘉庆九年(1804年)卒于苏州紫阳书院,享年七十七岁。在他卒后的次年十二月,由其子东壁等护柩返里,于嘉庆十年十二月初六日与其妻王氏合葬于嘉定县外冈镇徐秦村东约500米处,练祁河西岸。当时由其子东壁等请钱大昕生前挚友、清代著名学者、光禄大夫刑部右侍郎青浦王昶撰写墓志铭,请清代书法家、朝议大夫江南扬州府知府宁化伊秉绶书丹,又请清代书法家、文林郎陕西乾州直隶州州判钱坫篆盖,随葬于墓中。

1966年,钱大昕墓遭受破坏,而墓中出土的墓志铭幸免于难,由嘉定县博物馆收藏保存了下来。这合墓志铭为大青石制作,分志盖和志底上下两块,呈正方形,长宽均为100厘米,厚20厘米。志盖镌"皇清诰授中宪大夫詹事府少詹事钱公墓志铭"共19字,分5行,篆书;志底镌墓志铭及序,自右而左竖书阴刻隶书,共39行,每行字数为45至48字,共1700余字(附图一、二)。志文详细记叙了钱大昕的生卒年月、籍贯、家庭情况、生平经历和学术成就。因为王昶与钱大昕是同乡(嘉定、青浦同属苏州府)、同学(同在紫阳书院肄业)和同官(同于乾隆十九年中进士入仕)的挚友,知之极深,故由王昶所撰的这篇墓志铭的发现,是我们研究钱大昕生平的一份极其珍贵的实物资料,可以弥补历来文献志书记载的不足。鉴于这合墓志铭不仅有重要的史料价值,而且因志盖是由钱坫篆书,志文系由伊秉绶隶书书丹,钱坫、伊秉绶两人均为清代著名书法家,前者以篆书著称,后者则以隶书闻名,而今钱篆伊隶珠联璧合,且镌刻精细,所以又具有很高的书法艺术价值。为便于学术界据此展开研究,笔者特将志文按原款式抄录于后(志文中的标点为笔者点校)。

二、钱大昕墓志铭录文

皇清诰授中宪大夫詹事府少詹事钱君墓志铭并序
  光禄大夫 予告刑部右侍郎青浦王昶撰文
  朝议大夫江南扬州府知府宁化伊秉绶书丹
  文林郎陕西乾州直隶州州判犹子坫篆盖
  乾隆十三年夏,昶肄业于苏州紫阳书院,时嘉定宗兄凤喈先中乙科。在院同学知其妹婿钱君晓徵,幼慧善读书,岁十有五补博士弟子,有神童之目。及院长常熟王次山侍御,询以嘉定近日人才,凤喈则以君对。转告巡抚宗室公蔚文喜甚,招君至院,试以《周礼》、《文献通考》两论。君下笔千言,于是惊异,院中诸名宿莫不敛手敬之。后三年, 高宗纯皇帝南巡,君献赋,召试 赐举人,官内阁中书。与同年褚晋升、吴荀叔讲《九章算术》。时礼部尚书大兴何公瑫如领钦天监，精于推步，每与君论宣城梅氏之学及明季利马窦、汤若望、罗雅谷，日离月离、五星诸表，君洞若观火。何公又以　　　御制《数理精蕴》，于中西两家之妙实总其全，君悉心研究，曲邕旁通，故于平三角、弧三角、割圜八线，剖晰无遗。繇是用以观史，自《太初》、《三统》、《四分》，中至《大衍》，下迄元之《授时》，尽能得其推算之法。故于各史朔闰、薄蚀凌犯、进复强弱之殊，指掌而知其误，悉抉摘更定之。初，君在书院时，吴江沈冠云、元和惠定宇两君，以经术称吴下，而惠君三世传经，其学必求之《十三经注疏》，又求之诸子史并注，参之以《方言》、《释名》、《玉篇》、《广韵》、《释文》诸书，而总归于《说文》，以洗宋元来庸陋。君推而广之，更多前贤体会未到处，且谓"形声相附、双声叠韵"之秘，实具于三百篇中，即字母所繇始，初不传自西域，亦古人所未发者。近海内言六书，如大兴翁振三、朱竹君、石君兄弟，高邮王怀祖、伯申父子，余姚卢召弓、邵二云，宝应刘端临，仪征阮伯元，阳湖孙渊如、洪稚存，金坛段若膺，皆同声相应也。尤嗜金石文字，访有所得，则句栉而字，比之考群书，以证其同异得失。同好者如毕湘蘅、武虚谷、黄小松及振三、伯元，咸有记撰。而君更熟于历代官制损益、地理沿革，以暨辽金国语、蒙古世系，故其考据精密，多有出于数君之外者。所著《经史答问》、《廿二史考异》、《通鉴注辨正》、《元史氏族表》、《补艺文志》、《三统术衍》、《四史朔闰考》、《金石文跋尾》、《养新录》诸书，凡二百余卷行于世。君弱冠与东南名士吴企晋、赵损之、曹来殷、张蒂时、汪辇怀、朱吉人辈，精研风雅，兼有唐宋。逮入翰林十余年，所进应奉文字及　大考诗赋，恒邀睿赏。故诗格在白太傅、刘宾客间，古文法欧阳文忠、曾文定，暨明之归太仆，春容渊雅，质有其文，读者知其为端人正士焉。君入中书后十九年成进士，改庶吉士授编修，迁右赞善侍读侍讲学士，充　日讲起居注官，擢詹事府少詹事。君以绩学著闻，秦文恭公辑《五礼通考》及奉　敕撰《音韵述微》皆请相助。时　朝廷修《热河志》、《续文献通考》、《续通志》、《一统志》、《天球图》各书，君咸与纂修。己卯、壬午、乙酉、甲午，充山东、湖南、浙江、河南主考官，庚辰、丙戌，充会试同考官　京察一等者三，即于主考河南之岁授广东学政，明年丁父忧归。先是君以在　上书房行走，每预　内廷锡宴，先后蒙　赐福字貂皮缎匹，恩　礼有加。盖　上深知其硕学淹通，将次简畀。顾君淡于荣利　尝慕邴曼容之为人，谓"官至四品可休"，故于奉讳归里，即引疾不再出。嘉庆四年　今上亲政，询问君在家状，朝臣寓书劝驾，君辄婉言谢之。是以林下三十年，历主钟山、娄东诸讲席，而在紫阳至十六年，门下士积二千余人，其为台阁、侍从、发名成业者不胜计，皆钦其学业，高其行谊，士林闻风兴起，当事咸以师道尊礼之。今巡抚汪君稼门待君，尤独挚云。君讳大昕，号竹汀，晓征其字，生雍正六年正月初七日，以嘉庆九年十月二十日卒于书院，年七十有七。君卒之日，尚与诸生相见，谭笑不辍，及少疲，倚枕而卧不逾时,家人走视,则已与造化者游矣,非天怀静定,涵养有素者能与于此哉!君先世自常熟迁居嘉定,曾祖讳岐,潜德弗耀,祖讳王炯,父讳桂发,并邑诸生,耆年笃学,长厚有余。以君贵赠祖奉政大夫、翰林院侍读;父中宪大夫、詹事府少詹事;祖妣朱 赠宜人;妣沈 封太恭人;配王恭人,即凤喈之妹也,婉娩有妇德,先君三十七年卒。君事庭闱以孝闻,待乡党宗族以睦姻闻,而与弟大昭尤以古学相切劘,故后以孝廉方正征,赐六品顶带,他如犹子江宁府学教授塘、乾州州判坫。举人东垣,附监生绎,廪生侗,率能具其一体。文学之盛,萃于一门,亦可以觇世泽矣。子二:东壁,附监生;东塾,廪贡生,侯补训导,昆季皆友爱,克守家学。女二:一适同邑附贡生,侯补布政司理问瞿中溶;一适青浦县诸生许希冲,并浦孺人出。孙三:师慎、师康、师光,尚幼。东壁等自苏州奉君柩归家,将以乙丑冬十二月初六日合葬王恭人于城西外冈镇火字之原。先期具状来请铭。呜呼!昶长君四岁,回忆与君及凤喈同居学舍,时距今忽忽五十七年,逮同年同籍,同官同朝亦几二纪,中间昶以奉使滇、蜀,与君别日较多,而音问往还无时不以学问文章相质。盖著作渊源,性情趋向,有非侪辈中所得道其详者。然则窀穸之文,非昶谁能尽也。凤喈先以光禄寺卿退归十二年,而君继之又二十九年,而昶始以年届七十蒙恩予告。三人者所居百里而近。春秋佳日常聚于吴中,诸弟子执经载酒称为"三老"。曾几何时,而凤喈先逝,君归道山又期年矣,独昶龙钟衰病,奄息床笫,且念企晋、损之、来殷诸友,更无一人在者,执笔而书君行事,得无层欷感叹而不能自已耶!铭曰:博文约礼道所基,下包河洛上璇玑。三才万象谁测蠡,君也闳览兼旁稽。海涵地负参精微,儒林执苑资归依。龙蛇入梦未告期,文昌华盖沉光辉。丸丸松柏临练祁,三尺堂斧千秋思。

三、钱大昕墓志铭校勘及结语

笔者在对上述出土的钱大昕墓志铭进行整理研究时,曾查阅王昶《春融堂集》所刊载的《詹事府少詹事钱君墓志铭》[4]一文,将两者作一对照,发现其中有很多不同之处,现为便于研究者参阅方便,特作如实校勘抄录于后。(见附表)

综合上列对墓中出土王昶所撰的《皇清诰授中宪大夫詹事府少詹事钱君墓志铭》,与王昶所撰而在《春融堂集》刊载的《詹事府少詹事钱君墓志铭》,两者作一对照、校勘,就可清楚地看到:载入《春融堂集》的钱大昕墓志铭,显然是王昶在事后重新加以修改的,在全文 1 700 多字中,经过修改、增删的竟有 140 多处,它从一个侧面反映了王昶治学的严谨态度。这些修改的内容,主要是有以下两个方面:其一是作者在文字结构上作了润色,使之更加精炼,文采更为增色;其二是作者在内容上作了较多的增删,举例而言,如出土石刻钱大昕墓志铭中所列举的与钱大昕交往的诸多名士被删去了好几个;又如关于钱大昕墓的下葬日期,由原石刻墓志铭记载的"十二月初六日"而被更改为"十二月初十日"。因此,笔者认为:这合石刻钱君墓志铭的发现,以及上述两者的校勘实录,为研究钱大昕的生平历史和在学术研究上的重大贡献,增添了一份极其珍贵的实物资料。它不仅可以弥补历史文献记载的不足,而且又使我们具体了解其中修改、增删的内容,从中获得很多启迪。

附表:钱大昕墓志铭校勘对照表

墓志文本 出土墓志行数	出土石刻"皇清诰授中宪大夫詹事府少詹事钱君墓志铭"	王昶:《春融堂集》刊载的"詹事府少詹事钱君墓志铭"
第1行	在院同学知其妹婿钱君晓徵,幼慧善读书,岁十有五补博士弟子,有神童之目。	在院同学因知其妹婿钱君晓徵,幼慧善读书,岁十五补博士弟子,有神童之目。
第2行	及院长常熟王次山侍御,询以嘉定近日人才,凤喈则以君对。	及院长常熟王次山侍御,询嘉定人才,凤喈则以君对。
第3行	转告巡抚宗室公蔚文喜甚,招君至院,试以《周礼》、《文献通考》两论。君下笔千言,于是惊异,院中诸名宿莫不敛手敬之。	侍御转告巡抚雅公蔚文,檄召至院,试以《周礼》、《文献通考》两论。君下笔千余言,悉中曲要。于是院长惊异,而院中诸名宿莫不敛手敬之。
第3至4行	后三年,高宗纯皇帝南巡,君献赋,召试赐举人,官内阁中书。	后三年,高宗纯皇帝南巡,君献赋,召试赐举人,以内阁中书补用。
第4行	与同年褚晋升、吴荀叔讲《九章算术》。时礼部尚书大兴何公瀚如领钦天监,精于推步。	明年入京,与同年褚晋升、吴荀叔讲《九章算术》。时礼部尚书大兴何公瀚如久领钦天监事,精于推步。
第5行	每与君论宣城梅氏之学及明季利马窦、汤若望、罗雅谷,日离月离,五星诸表,君洞若观火。	时来内阁,君与论宣城梅氏及明季利马窦、汤若望诸家之学,洞若观火。
第5至6行	何公又以御制《数理精蕴》,于中西两家之妙实总其全,君悉心研究,曲鬯旁通,故于平三角、弧三角、割圜八线,剖晰无遗。	何公辄逊谢以为不及。又以御制《数理精蕴》兼综中西法之妙,悉心探核,曲鬯旁通。

续　表

出土墓志行数 \ 墓志文本	出土石刻"皇清诰授中宪大夫詹事府少詹事钱君墓志铭"	王昶：《春融堂集》刊载的"詹事府少詹事钱君墓志铭"
第6至7行	繇是用以观史，自《太初》、《三统》、《四分》，中至《大衍》，下迄元之《授时》，尽能得其推算之法。	繇是用以观史，则自《太初》、《三统》、《四分》，中至《大衍》，下迄《授时》，尽能得其测算之法。
第7行	故于各史朔闰……指掌而知其误，悉抉摘更定之。	故于各史朔闰……指掌立辨，悉为抉摘而考定之。
第7至8行	初，君在书院时，吴江沈冠云、元和惠定宇两君，以经术称吴下，而惠君三世传经，其学必求之《十三经注疏》，又求之诸子史并注，参之以《方言》、《释名》、《玉篇》、《广韵》、《释文》诸书，而总归于《说文》，以洗宋元来庸陋。	君在书院时，吴江沈冠云、元和惠定宇两君，方以经术称吴中。惠君三世传经，其学必求之《十三经注疏》暨《方言》、《释名》、《释文》诸书，而一衷于许氏《说文》，以洗宋元来庸俗鄙陋。
第9行	君推而广之，更多前贤体会未到处，且谓"形声相附、双声叠韵"之秘，实具于三百篇中，即字母所繇始，初不传自西域，亦古人所未发者。	君推而广之，错综贯串，更多前贤未到之处，谓右人属辞不外双声叠韵，而其秘实具于三百篇中，双声即字母所由始，初不传自西域，皆说经家所未尝发者。
第10至12行	近海内言六书，如大兴翁振三、朱竹君、石君兄弟，高邮王怀祖、伯申父子，余姚卢兆弓、邵二云，宝应刘端临，仪征阮伯元，阳湖孙渊如，洪稚存，金坛段若膺，皆同声相应也。尤嗜金石文字，访有所得，则句栉而字，比之考群书，以证其同异得失。同好者如毕湘蘅、武虚谷、黄小松及振三、伯元，咸有记撰。	尤嗜金石文字，举生平所阅经史子集，证其异同得失，说诸心而研虑。海内同好如毕湘蘅、翁振三、阮伯元、黄小松、武虚谷，咸有记撰。
第13行	而君更熟于历代官制损益……故其考据精密，多有出于数君之外者。	而君最熟于历代官制损益……故其考据精密，多有出于数君之外。
第13至15行	所著《经史答问》……《元史氏族表》、《补艺文志》……《养新录》诸书，凡二百余卷行于世。	所著《经史答问》……《补元史氏族表》、《补元史艺文志》……《养新录》诸书，悉流传于世。

墓志文本 出土墓志行数	出土石刻"皇清诰授中宪大夫詹事府少詹事钱君墓志铭"	王昶:《春融堂集》刊载的"詹事府少詹事钱君墓志铭"
第15行	君弱冠,与东南名士吴企晋、赵损之、曹来殷、张蒂时、汪铧怀、朱吉人辈,精研风雅,兼有唐宋。	君弱冠,与东南名士吴企晋、赵损之、曹来殷辈,精研风雅,兼有唐宋。
第15至17行	逮入翰林十余年,所进应奉文字及大考诗赋,恒邀睿赏。故诗格在白太傅、刘宾客间,古文法欧阳文忠、曾文定,暨明之归太仆,春容渊雅,质有其文,读者知其为端人正士焉。	官翰林十余年,所进应奉文字及御试诗赋,恒邀睿赏。故诗格在白太傅、刘宾客之间,文法欧阳文忠、曾文定、归太仆,从容渊懿,质有其文,读其全集,如见为端人正士也。
第17至18行	君入中书后 十九年成进士,改庶吉士授编修,迁右赞善、侍读、侍讲学士,充日讲起居注官,擢詹事府少詹事。	君入中书后十九年成进士,改庶吉士,散馆授编修。二十三年大考二等一名,擢右赞善,寻迁侍读。二十八年大考一等三名,擢侍讲学士,充日讲起居注官。三十七年改补侍读学士,其年冬,擢詹事府少詹事。
第18行	君以绩学著闻,秦文恭公辑《五礼通考》及奉敕撰《音韵述微》,皆请相助。	君以绩学著闻,京师秦文恭公辑《五礼通考》及奉敕修《音韵述微》,皆请相助。
第18行	时朝廷修《热河志》……《天球图》各书,君咸与纂修。	其时朝廷修《热河志》……《天球图》,君咸充纂修官。
第19行	己卯、壬午、乙酉、甲午……庚辰、丙戌,充会试同考官,京察一等者三,即于主考河南之岁授广东学政,明年丁父忧归。	己卯、壬午、乙酉、甲午……庚辰、丙戌,充会试同考官,又充会试磨勘官者三,充乡试磨勘官、殿试执事官者各一,京察一等者三,即于主考河南之岁授广东学政,明年夏以丁父忧归。
第19至20行	先是君以在上书房行走,每预内廷锡宴,先后蒙赐福字貂皮缎匹,恩礼有加。	先是君以侍读学士特命入直上书房,授皇十二子书。每预内廷锡宴,赋诗称旨,前后蒙赐福字貂皮缎匹,恩礼有加。
第20至21行	盖上深知其硕学淹通,将次简畀。顾君淡于荣利,尝慕郗曼容之为人,谓"官至四品可休",故于奉讳归里,即引疾不再出。	盖上深知其学行兼优,将次简畀。顾君淡于荣利,益以识分知足为怀,尝慕郗曼容之为人,谓"官至四品可休",故于奉讳归里,即引疾不复出。
第21行	嘉庆四年今上亲政,询问君在家状,朝臣寓书劝驾,君辄婉言谢之。	嘉庆四年今上亲政,垂询君在家形状,朝臣寓书劝令还朝,君皆婉言报谢。

续 表

出土墓志行数 \ 墓志文本	出土石刻"皇清诰授中宪大夫詹事府少詹事钱君墓志铭"	王昶:《春融堂集》刊载的"詹事府少詹事钱君墓志铭"
第22至24行	是以林下三十年,历主钟山、娄东诸讲席,而在紫阳主十六年,门下士积二千余人,其为台阁、侍从、发名成业者不胜计,皆钦其学业,高其行谊,士林闻风兴起,当事咸以师道尊礼之。	是以归田三十年,历主钟山、娄东、紫阳三书院,而在紫阳至十六年之久,门下士积二千余人,其为台阁、侍从、发名成业者不胜计。盖皆钦其学行,乐趋函文,即当事亦均以师道尊礼之。
第24行	今巡抚汪君稼门待君尤独挚云。	而今巡抚汪君稼门待君尤独挚云。
第25行	君卒之日,尚与诸生相见,谭笑不辍,及少疲,倚枕而卧不逾时,家人走视,则已与造化者游矣,非天怀静定,涵养有素者能与于此哉!	君卒之日,尚与诸生相见,口讲指画,谈笑不辍,及少疲,倚枕而卧不逾时,家人趋视,则已与造化者游矣,非其天怀淡定,涵养有素能如此哉!
第26行	君先世自常熟迁居嘉定,曾祖讳岐,潜德弗耀,祖讳王炯,父讳桂发,并邑诸生,耆年笃学,长厚有余。	君先世自常熟徙居嘉定,曾祖岐、祖王炯、父桂发,皆邑诸生,两世耆年笃学,乡里称善人。
第27至28行	以君贵,赠祖奉政大夫、翰林院侍读……配王恭人,即凤喈之妹也,婉娩有妇德,先君三十七年卒。	以君贵,赠祖奉政大夫、翰林院侍读……配王恭人,即凤喈之妹,善记诵,有妇德,先君三十七年卒。
第28行	君事庭闱以孝闻,待乡党宗族以睦姻闻……赐六品顶戴。	君事庭闱以孝闻,待乡党宗族以睦姻闻……赐六品顶戴。亦称儒者。
第29至30行	他如犹子江宁府学教授塘、乾州州判坫。举人东垣,附监生绎,廪生侗,率能具其一体。文学之盛,萃于一门,亦可以觇世泽矣。	其余犹子江宁府教授塘、乾州州判坫。举人东垣,诸生绎、侗等,率能具其一体。文学之盛,萃于一门,亦可以觇其流泽矣。
第30至31行	子二:东壁,附监生;东塾,廪贡生,侯补训导,昆季皆友爱,克守家学。女二:一适同邑附贡生、侯补布政司理问瞿中溶;一适青浦县诸生许希冲,并浦孺人出。	子二:东壁,诸生;东塾,廪贡生,侯补县学训导,咸克守家学。女二:一适同诸生瞿中溶;一适青浦县诸生许荫堂,皆侧室浦氏出。
第31至32行	东壁等自苏州奉君柩归家,将以乙丑冬十二月初六日合葬王恭人于城西外冈镇火字之原。先期具状来请铭。	东壁等自苏州奉柩归家,将以今年十二月初十日合葬王恭人于城西外冈镇李字之原。实来请铭。

续表

出土墓志行数 \ 墓志文本	出土石刻"皇清诰授中宪大夫詹事府少詹事钱君墓志铭"	王昶：《春融堂集》刊载的"詹事府少詹事钱君墓志铭"
第32至33行	呜呼！昶长君四岁……中间昶以奉使滇、蜀，与君别日较多，而音问往还无时不以学问文章相质。	呜呼！昶长君四岁……中间昶以出使滇、蜀，敷历中外，与君别日较多，而书问往还无时不以学问文章相质。
第34行	凤喈先以光禄寺卿退归十二年，而君继之又二十九年，而昶始以年届七十蒙恩予告。	凤喈先以光禄寺卿告归，后十二年君继之，又十三年，而昶以年届七十蒙恩予告。
第36至37行	曾几何时……且念企晋、损之、来殷诸友，更无一人在者，执笔而书君行事，得无层欷感叹而不能自已耶！	曾几何时……且念企晋、损之诸友，更无一人在者，执笔而书君行事，可胜悲夫！
第38至39行	铭曰：博文约礼道所基，下包河洛上璇玑。三才万象谁测蠡，君也闳览兼旁稽。海涵地负参精微，儒林执苑资归依。龙蛇入梦未告期，文昌华盖沉光辉，丸丸松柏临练祁，三尺堂斧千秋思。	铭曰：博文约礼道所基，下包河洛上璇玑。三才万象森端倪，君也闳览兼旁稽。海涵地负参精微，儒林执苑资归依。龙蛇妖梦未告期，文昌华盖沉光辉，丸丸松柏临湖湄，三尺堂斧千秋思。

附图一　清钱大昕墓志铭盖全文

附图二　清钱大昕墓志铭全文

注释

[1]（清）段玉裁：《潜研堂文集序》。
[2]（清）阮元：《十驾斋养新录·序》。
[3]（清）江藩：《汉学师承记》。
[4]（清）王昶：《詹事府少詹事钱君墓志铭》，载《春融堂集》卷五五。

（原载于《东南文化》1998年第3期）

二、文物鉴赏

上海出土的新石器时代崧泽文化玉器鉴赏

上海市青浦县崧泽古文化遗址,是我国长江下游太湖流域新石器时代的典型遗址之一。该遗址发现的中层文化遗存包含有大量的崧泽文化墓葬群,从其随葬文化遗物——石器、陶器、玉器和骨器的文化特征来看,它既不同于马家浜文化,又与良渚文化有很大区别,在太湖地区是一种新的文化类型,很有典型性,因此于1982年被全国考古界命名为"崧泽文化"。特别是其中出土一批量多质优的玉器,不仅使人们对崧泽文化玉器的随葬习俗、用途、品种和琢玉工艺等方面获得具体认识,而且也为海内外考古界和玉器鉴赏家们所青睐。作者现就崧泽遗址的发掘概况、主要收获和出土的玉器,作一概括介绍,以飨读者。

一、历次发掘概况

崧泽遗址[1]位于上海市青浦县城厢镇东约五公里,赵巷乡的崧泽村北侧,当地称为假山墩的土墩上及其周围的农田下。遗址面积,东西长约500米,南北宽约300米。崧泽村地势低平,海拔仅3.03米,地下水位很高。村中河道纵横,有南北向的崧泽塘,东西向的假山浜,村南还有大河横泖。村北的假山墩,长宽各约90米,原高约4米。崧泽村,在宋代绍熙《云间志》中称为"袁崧宅",据记载:"旧经云间袁山松居此,因以为名。"推测"崧之后就居于此"。清乾隆《青浦县志》记载:"相传晋左将军袁崧冢墓及居址在此。"

1957年,上海市文物保管委员会的考古专家们,对青浦县进行考古调查时,在此土墩上并未发现任何晋代遗物,但在土墩坡面上却发现数片新石器时代陶器残片,引起了考古专家们的重视。1958年,上海市出版局饲养场在该村北挖掘河塘,又发现了鹿角、石器和陶片,并送交市文管委,从而确定该处存在一处古文化遗址。1960年11—12月,市文物保管委员会对该遗址进行了试掘,计开探方六个,试掘面积44平方米,初步摸清了该遗址的分布范围和古文化内涵,发现了丰富的新石器时代文化遗存。后来于1961年、1974—1976年、1987年和1994—1995年,此遗址又进行了四次大规模的考古发掘,揭开面积1 031平方米。通过上述试掘和发掘探明,在假山墩内含有三层文化堆积:上层是春秋战国时代的戚家墩类型文化;中层是新石器时代的崧泽文化墓地;下层是新石器时代马家浜文化的村落遗址。据对崧泽遗址下层的碳十四年代测定,该遗址下层距今为5 985±140年。

考古专家们在崧泽遗址中层崧泽文化墓地上,总共发现136座古墓葬。墓地按墓位分布现象有东北、北、西北、南和西部五个墓群,是一处原始氏族墓地。它的埋葬方式是将人体平放于地上,堆土掩埋。这与黄河流域挖土坑埋葬的习俗不同。人骨架仰身直肢,头向东南,周围放置数件墓主人生前使用的斧、锛等石器,以及鼎、豆、壶、罐和杯等陶器。而在14座墓葬人骨架的颈、胸部位,还发现佩戴项饰——玉璜,在三座墓葬人骨架的口内还含有玉琀,在两座墓内随葬玉环,尤其是在一座崧M92号墓的人骨架口内含有玉琀,颈部佩戴玉璜,手臂上戴有玉镯,十分罕见,这可能与墓主人生前在氏族社会中具有重要的地位有关。出土的陶器以灰黑色陶为主,系使用泥条盘叠加轮修的方法制成,器上的纹饰盛行压划编织纹,镂刻圆形和弧边三角形,彩绘宽带纹、波浪纹等红褐色图案,以及饰锯齿形的堆纹。这些均为崧泽文化的主要特征。

上海自然博物馆古人类学专家对崧泽文化墓地人骨架保存较好的50座墓葬中的52具人骨架所作的年龄和性别的鉴定结果表明,两座两人合葬墓都是女性与儿童合葬,反映了当时盛行子女从母的习俗。又从不同性别墓葬随葬品的数量、质量分析来看,一般都是女性略多于男性,而且有的女性还有玉器和彩绘陶器等陪葬。这些现象说明,女性在当时的社会上具有受尊重的地位,其社会结构尚处于母系氏族社会阶段。又经对该遗址中层的碳十四年代测定,其年代距今为5 860±245年和5 180±140年。

综上所述,通过对崧泽遗址的四次发掘,不仅发现了一千多件石器、陶器、玉器和骨器,为研究太湖流域原始文化和上海地区原始社会历史提供了极其重要的实物例证,而且在遗址下层发现了马家浜文化遗存,这就把上海地区古史研究上溯到距今6 000年,这是上海地区考古的一次历史性突破。其次,值得重视的是在崧泽遗址中层,清理了136座古代墓葬,大批随葬器物很有代表性,反映了一种新的文化类型,这又为研究我国长江下游太湖流域的原始文化系列,填补了一个重要的环节,因此,被全国考古界命名为"崧泽文化"。这是上海考古工作者对中国考古学作出的一个重要贡献。

这正如当代中国考古学泰斗、著名考古学家苏秉琦教授所指出的："1977年10月在南京召开了'长江下游新石器时代文化学术讨论会'。会上所取得的共识至少有两点：第一，东南沿海这一面向海洋的广大地区，相对于中原、西北黄土带来说，有其共同的一些文化特征，其间社会发展大体同步，并在中国多民族国家形成中一直起着重要作用。第二，东南沿海地区存在着不同的文化区系。……钱塘江、太湖地区，即古吴越区属于马家浜—崧泽—良渚文化区；至于江淮之间似可基本上归入崧泽—良渚区系。"[2]这是对崧泽文化在太湖流域原始文化中的作用和地位的科学评价。

二、色彩斑斓、造型美观的崧泽文化玉器

考古专家们在对崧泽遗址中层氏族墓地的清理发掘中，共清理出璜、玲、环、镯等各类玉器二十四件，均是用火山碧玉琢制而成的。此外，上海青浦福泉山的一座崧泽文化墓葬(福T8M4)出土玉耳饰、玉坠、玉玲、玉环等四件玉器。现选择其中的一些实例，配以照片、插图作一介绍，以供鉴赏。

玉璜 共出土十八件，玉色有墨绿色、湖绿色、淡绿色、黄绿色、虎黄色和乳白色等，器形有长条形、半环形、桥形、鱼形、鱼鸟形和半璧形等六种。现按其不同形制试举实例介绍如下。

长条形玉璜 共出土三件，其中一件玉璜(崧M59∶13)，墨绿色，器呈长条形，中间凹弧，璜的两端较宽朝上，并各钻一圆孔，是用尖锥形器从单面钻透，然后再在另一面稍加修整。两孔上侧留有因系线佩戴而磨损的明显凹痕。全器琢磨规整，器表光素无纹。器长13.6厘米，最宽处1.8厘米。玉璜的出土位置介于人骨架的胸颈之间。因此，玉璜应是作为颈饰佩戴用的(图一)。另一件长条形玉璜(崧M62∶3)，器呈乳白色，璜的两端各钻一圆孔，是用尖锥形器从单面钻透，然后再在另一面稍加修整。长弧的两端收缩较狭。玉璜出土于墓主人人骨架的胸颈之间，应是作为项饰佩戴用的。器长8.6厘米(图二)。

半环形玉璜 共出土二件，其中一件玉璜(崧M60∶6)呈黄绿色，璜的两端均有断裂面，似为玉镯残断后改制成璜的。璜的两端各钻有一圆孔，系单面钻透，穿孔上端也有因系线佩戴而磨损的凹痕。器长8.5厘米，宽1.3厘米(图三)。

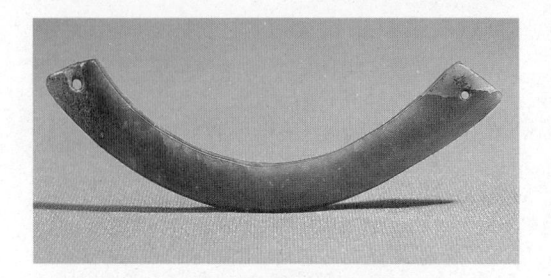

图一 长条形玉璜（崧 M59∶13）
崧泽文化 （距今 5 800—4 900 年）长：13.6 厘米
宽 1.8 厘米

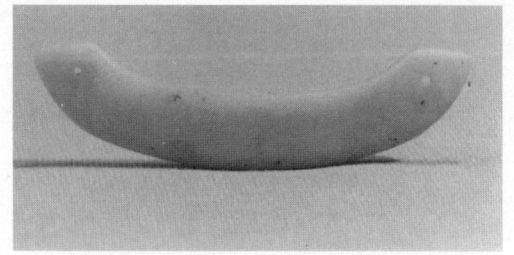

图二 长条形玉璜（崧 M62∶3）
崧泽文化 （距今 5 800—4 900 年）长：8.6 厘米

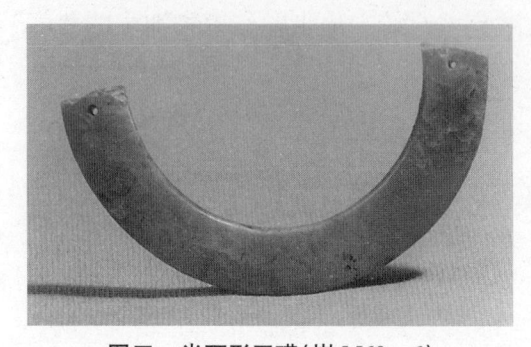

图三 半环形玉璜（崧 M60∶6）
崧泽文化 （距今 5 800—4 900 年）长：8.5 厘米
宽：1.3 厘米

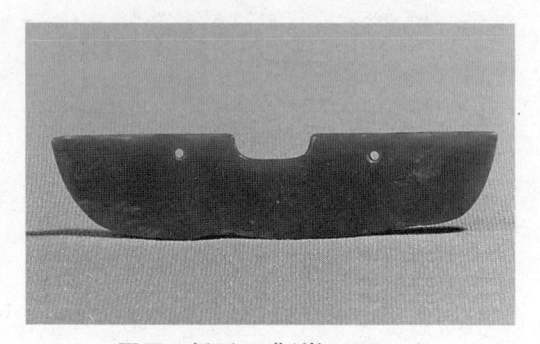

图四 桥形玉璜（崧 M92∶5）
崧泽文化 （距今 5 800—4 900 年）长：11.2 厘米
最宽：2.6 厘米

桥形玉璜 共出土两件，其中一件（崧 M92∶5）器呈墨绿色，间有淡绿色斑痕。倒置如扁平拱桥形，上端两侧各钻有一圆孔，为单面钻透，另一面稍加修整。通体琢磨光洁。出土时位于墓主人骨架的胸颈之间，应是作为项饰佩戴用的。器长 11.2 厘米，最宽处 2.6 厘米（图四）。

半璧形玉璜 共出土九件，其中一件（崧 M97∶11）器呈翠绿色，形状如璧的一半。琢制时先将玉料切割成片状后，再加以琢磨，正面磨制光滑，而在另一面遗留有明显的切割痕迹。璜的上端两侧，各有一穿孔，且有因悬挂磨损的凹痕。出土时位于墓主人骨架的胸颈之间，应是作为颈饰使用的。器长 10.6 厘米，宽 5 厘米（图五）。另一件（崧 M65∶9）玉璜，器呈乳白色，间有虎黄色。此璜大于半璧，璜的一端上翘，其上端两侧各有一穿孔，并有因

图五 半璧形玉璜（崧 M97∶11）
崧泽文化 （距今 5 800—4 900 年）长：10.6 厘米 宽：5 厘米

悬挂磨损的凹痕。器长 7.9 厘米,宽 3.2 厘米(图六)。

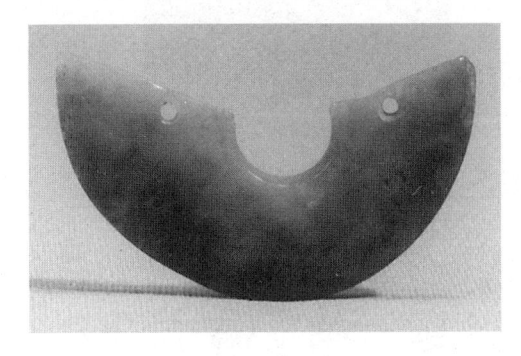

图六 半璧形玉璜(崧 M65:9)
崧泽文化 (距今 5 800—4 900 年)长:7.9 厘米
宽:3.2 厘米

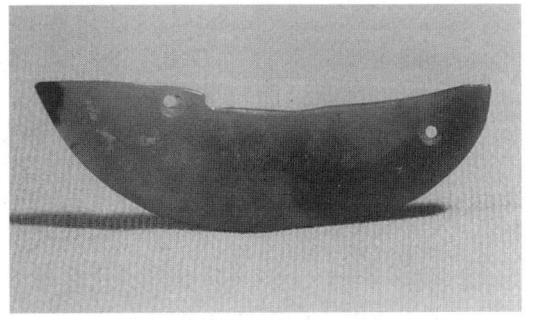

图七 鱼形玉璜(崧 M62:2)
崧泽文化 (距今 5 800—4 900 年)长:7.2 厘米
宽:2.1 厘米

鱼形玉璜 出土一件(崧 M62:2)。淡绿色,器呈鱼形,一端略宽作鱼首形,以穿孔作眼。上端两侧各有一穿孔,系单面钻孔,且有因悬挂磨损的凹痕。此器造型别致,出土时位于墓主人骨架的胸颈之间,应是作为颈饰使用的。器长 7.2 厘米,宽 2.1 厘米(图七)。

鱼鸟形玉璜 出土一件(崧 M64:5),璜为湖绿色,间有灰白斑纹。一端琢制似鱼首形,鱼嘴呈张开状;另一端琢制似鸟首形,喙部也呈张开状。此器造型极为别致,器表磨制光洁。上端两侧各有一穿孔,系单面钻孔,且遗留有因悬挂磨损的清晰凹痕。出土时位于墓主人的胸颈之间,应是作为颈饰使用的。器长 6.6 厘米,宽 2.1 厘米(图八)。

图八 鱼鸟形玉璜(崧 M64:5)
崧泽文化 (距今 5 800—4 900 年)长:6.6 厘米
宽:2.1 厘米

玉环 共出土两件,其中一件(崧 M65:10)为黄绿色,器呈扁平圆形,中间有一圆孔,为单面钻孔,器表光素无纹,磨制光洁。出土时发现于墓主人的头前。器直径 4.1 厘米,好径 2 厘米(图九)。

玉玲 共出土三件,形制各异,器形有扁平圆饼形、璧形和鸡心形三种。它们都是在墓葬人骨架口中发现的。在太湖流域原始文化中,这一器形首先出现于崧泽文化。其中一件(崧 M60:10)为淡绿色,器呈扁平圆饼形,一侧穿一小孔,器表磨制光洁,直径 1.6 厘米(图一〇)。另一件(崧 M82:4)为淡绿色,间有灰白斑纹。器呈璧

图九 玉环(崧 M65∶10)
崧泽文化 （距今5 800—4 900年）
直径：4.1厘米 好径：2厘米

图一〇 玉玲(崧 M60∶10)
崧泽文化 （距今5 800—4 900年）
直径：1.6厘米

形,中间有一圆孔,为单面钻成,器表磨制光洁。直径3.7厘米(图一一)。又一件(崧M92∶4),为墨绿色,器呈鸡心形,中穿一大圆孔,以管钻从单面钻成,通体琢磨光洁。器长4.2厘米,宽2.6厘米(图一二)。

图一一 玉玲(崧 M82∶4)
崧泽文化 （距今5 800—4 900年)
直径：3.7厘米

图一二 玉玲(崧 M92∶4)
崧泽文化 （距今5 800—4 900年）
长：4.2厘米 宽：2.6厘米

玉镯 出土一件(崧 M92∶6),为翠绿色,器呈环形,用翠绿色板岩琢制而成,横剖面呈三角形。出土时位于墓主人骨架的手臂部位。直径8.6厘米(图一三)。

此外,福泉山遗址的一座崧泽文化墓葬(福 T8M4)随葬有玉耳饰、玉坠、玉环、玉玲等四件玉器,其中玉耳饰出土于人骨架的耳边,因器小且残缺不全,无法复原;玉玲出土于墓主人的口中;玉坠出土于人骨架的肢骨旁,系利用玉器残件改制而成,器上钻有两圆孔;玉环的琢制较规整,中间有一圆孔,出土于人骨架左上角的最外端(图一四)。

图一三　玉镯(崧 M92∶6)
崧泽文化　(距今 5 800—4 900 年)直径：8.6 厘米

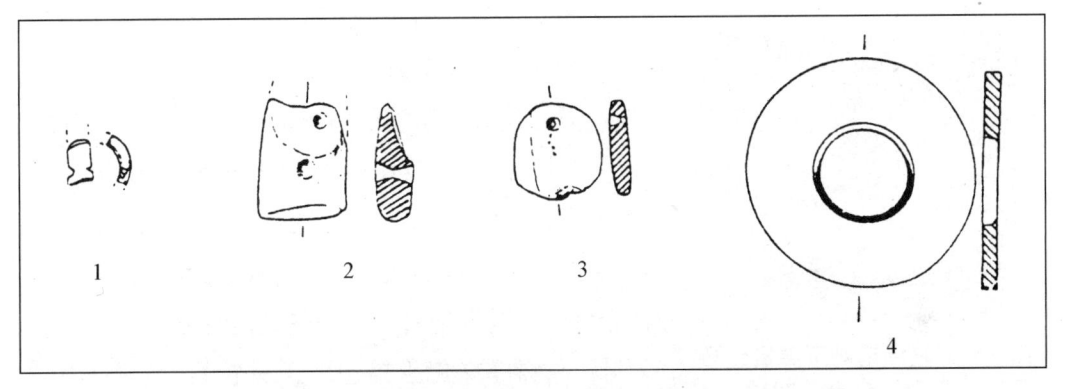

图一四　上海福泉山遗址崧泽文化墓葬(福 T8M4)出土玉器
1. 玉耳饰　2. 玉坠　3. 玉玲　4. 玉环　崧泽文化　(距今 5 800—4 900 年)

三、与崧泽文化玉器有关问题的探讨

(一) 崧泽文化玉器与马家浜文化、良渚文化玉器的比较

根据近三十年来的考古发现,在我国长江下游、钱塘江北岸、太湖流域周围,广泛分布着马家浜文化、崧泽文化和良渚文化遗存,它们的发展脉络清晰,地层关系清楚,自成体系。马家浜文化距今约六七千年,出土的玉器均为小件饰品,大体上以玦为主,兼有个别的管、环、镯和璜。马家浜玉器在制作时先将玉材切割成型,然后再进行钻孔和琢磨,但器表不甚平整。玦的形制有圆珠形、管形和环形等三种(图一五)。一

```
    1              2              3
```

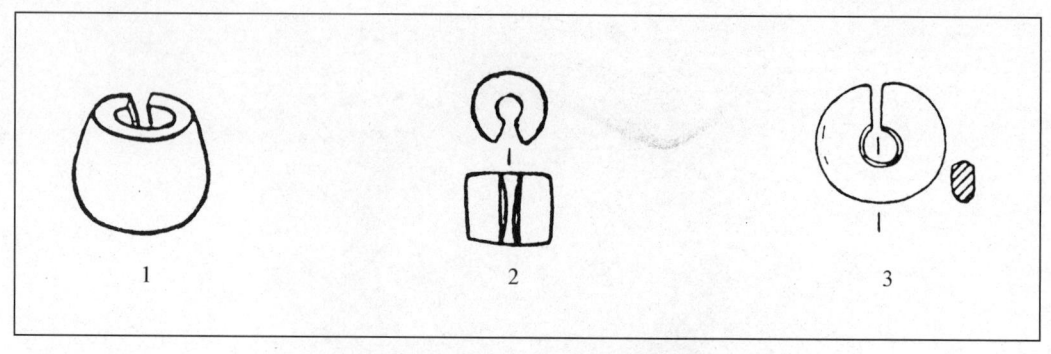

图一五　马家浜文化玉玦器形示意图
1. 圆珠形　2. 管形　3. 环型

般是选用硬玉髓或玛瑙石琢制而成的。本市崧泽遗址马家浜文化层内，曾出土一件马家浜文化玉玦（崧T4：28），是用硬玉髓琢制而成的，乳白色，环形，虽通体琢磨，但厚薄不匀，一侧有一缺口，表面有磨制痕迹，直径3.1厘米（图一六）。

图一六　崧泽遗址下层出土马家浜文化玉玦（崧T4：28）

马家浜文化　（距今6 000—7 000年）

崧泽文化距今为5 800—4 900年。近年来在上海青浦崧泽遗址和福泉山遗址，在江苏圩墩、吴县草鞋山以及浙江丘墩等遗址已清理的二百多座墓葬中，均有一些玉器出土，但其中以上海青浦崧泽遗址出土的较为丰富，品种多样，为我们进行对比研究提供了较好的条件。现就以这批玉器为例试与马家浜文化玉器相比较，可以发现有以下一些文化特征：

其一，崧泽文化玉器选取玉材较好，大都采用透闪石—阳起石系列的真玉玉材制作，器形都为扁平小型，系将玉材切割成片状再琢磨而成，器表光素无纹。即使是仿动物型的鱼形玉璜、鱼鸟形玉璜，也只是粗具轮廓，仅用钻孔的方法表示鱼、鸟的眼睛部位，除此别无其他纹饰。从总体上而言，以璜为主是崧泽文化玉器的一大特色；玉玦除了在崧泽文化早期还能遇见外，而至中、晚期则已经消失；琀，则是从崧泽文化时期开始新出现的玉器造型；璜的造型增多，以长条形、扁平半璧形为主，半环形、桥形璜次之，还有仿动物形象的鱼形璜和鱼鸟形璜，形制十分别致。崧泽文化玉璜都为两端各穿一圆孔，系用管钻从单面钻成，器表琢磨光洁。

新出现的玉琀，有圆饼形、璧形和鸡心形三种，出土时均发现在墓主人口中。据《周礼·春官·典瑞》记载："大丧共（供）饭玉含玉。"《广韵》称："琀，送死口中玉。"另外，在道家典籍晋葛洪《抱朴子》中，则有"金玉在九窍，则死人为之不朽"的记载。过去一般认为这一传统习俗出现在商周，盛行于西汉。现在距今5 000余年前的崧泽文化氏族墓地人骨架口中,就发现了玉琀这一器形,据此分析,这一原始的思想意识早在新石器时代崧泽文化时期就已开始产生了。

关于玉琀的起源,根据近年来的考古发现,大汶口文化和北阴阳营文化中已有不少墓葬的人骨架口内含有石卵,并且已使颌骨变形。[3]这反映在我国东南部地区的古代先民,生前有口含小石卵的习俗,故在死后仍沿习口内含石卵随葬。而今发现的崧泽文化玉琀,其器形均呈圆形或是圆的演变形状,因此分析,它的起源可能是与这一习俗的承袭有关。

其二,在琢玉工艺上,崧泽文化首创线切割琢玉工艺。在崧泽遗址中层——崧泽文化氏族墓地,在一座墓葬中曾出土一件崧泽文化玉璜(崧M91:3),该器呈扁薄形,器物一面几乎布满了起伏不平的凹弧痕。这是器物在制作过程中留下的切割遗痕,现以此为例加以分析说明。有位学者认为,这是线切割遗留的痕迹,笔者赞同这一观点。他曾对此作过实验分析。使用软索加砂加水反复(自左向右)拉割,由于用力方向的不同,软索绷成的弧度也不同,可使玉器上留下千变万化的弧度。玉璜上弧大、下弧小(急收)的形状,我们只要把软索下部一头方向上提,上部一头不变,用力拉割就是(图一七、图一八)。有人对此不甚理解,这么难看的凹痕为什么不去磨掉它呢?我们认为,一方面在当时尚未发明更先进的切割工艺之前,这种痕迹多得磨不胜磨,另一方面,当时的玉材相当稀贵,尤其是崧泽文化时期,所制玉器大多是些扁浅的小件,如果把这种凹痕磨平,这件玉璜,恐怕就像薄纸一样了。[4]

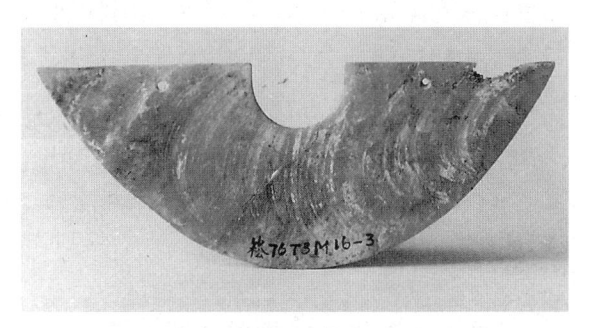

图一七 崧泽文化玉璜上遗留的线切割凹弧痕(崧M91:3)

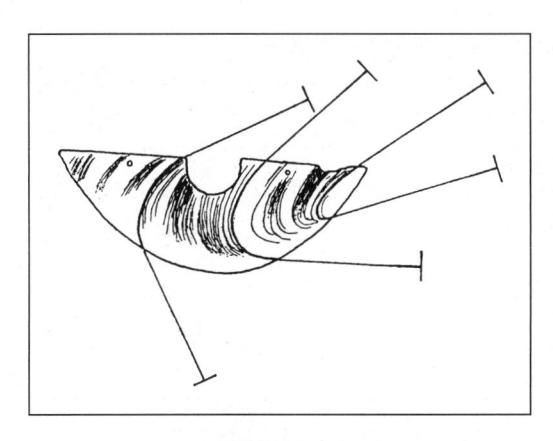

图一八 与凹弧痕吻合的崧泽文化玉璜线切割示意图(线图)

良渚文化,是马家浜文化、崧泽文化的继续和发展。良渚文化的年代,经碳十四和陶片热释光测定,距今为5 100—4 200年。琢玉工艺的高度发展,是良渚文化的一个显著特点。良渚文化先民继承了前人的用玉传统,对玉材的选择比较重视，主要采用透闪石、阳起石和叶蛇纹石玉材琢制玉器，而在品种、数量和琢玉工艺上则大大地超越了前人。良渚文化的玉制品，不仅数量繁多、品种丰富，用途广泛，而且起始的源流、序列都比较清楚。就琢玉工艺而言，制品的造型规整，厚薄均匀，周边转角端正，轮廓分明，这说明在玉料的最初成型加工中，已经比较普遍地应用拉丝、管钻、锯切割等多种以砂为介质的开料手段，并逐步形成了独立的琢玉工艺。[5]

良渚文化时期，开始大量制作用于宗教和礼仪方面的玉器，是它在琢玉工艺上的又一个显著特点。新出现的玉礼器如琮、璧、钺、斧、锥形器、冠形器和柱形器等。"它在艺术上的创新之举，是在坚硬的玉制件外表，成功地雕琢上了令人叹为观止的装饰纹样，突破了先前玉器光素无华的传统风格，从而极大地提高玉制品的艺术水平。其表现手法有圆雕、半圆雕、浅浮雕、透雕和细如发丝的繁密阴线刻等等。在构图上着重表现头部时，突出刻划眼睛、鼻子和嘴巴等器官，而舍弃头颅外形，在许多时候甚至连嘴巴也省略掉，只留有眼睛和鼻子。……在制作上，良渚人将阴线刻和浮雕两种技法巧妙地结合，出现了由主体纹、装饰纹和地纹三重组合的装饰章法。这种特有的装饰章法，一直到商周时代青铜器的制作，仍然经常沿用。"[6]这对后世的青铜工艺产生了深远的影响。

（二）关于崧泽文化玉器的玉质鉴定

上海市文物管理委员会曾选择青浦县崧泽遗址出土的六件崧泽文化玉器，邀请中国地质科学院地质矿产研究所闻广教授与他的助手荆志淳，对它采取室温红外吸收光谱或X射线粉晶照相和扫描电子显微镜，以鉴定其矿物成分和研究显微结构，并完成了玉质鉴定报告（表1）。[7]

表1 上海崧泽遗址出土崧泽文化玉器玉质鉴定报告

器物编码	器物名称	矿物（玉类）
崧 M47：2	崧泽文化玉璜	滑石
崧 M59：6	崧泽文化玉环（璧）	透闪石
崧 M60：6	崧泽文化玉璜	透闪石
崧 M91：3	崧泽文化玉璜	透闪石
崧 M93：9	崧泽文化玉璜	透闪石
崧 M97：11	崧泽文化玉璜	透闪石

从上表可看到，这六件崧泽文化玉器的玉质，除其中一件（崧 M47：2）为假玉

矿物滑石外,其余五件均为透闪石—阳起石系列矿物集合体,属真玉(软玉)。一般为致密块状具交织纤维显微结构,硬度为6—6.5度。且就总体而言,崧泽文化玉器的用玉特征,是以真玉居多而杂有假玉。"联系到已经研究的新石器时代早期的河姆渡—马家浜文化玉器全属假玉,故就现有资料而言,江南用玉始于河姆渡—马家浜文化,但广泛用真玉却始于崧泽文化,当然不能排除个别真玉器出现更早的可能。"[8]

为了便于读者了解和研究上海青浦福泉山良渚文化玉器玉质,笔者特将闻广教授与其助手荆志淳所作的《上海青浦福泉山良渚文化玉器玉质鉴定报告》转录[9]于下,以供研究参考(表2)。

表2　上海青浦福泉山良渚文化玉器玉质鉴定报告

器物编码	器物名称	矿物(玉类)
福 M9∶7	良渚文化玉锥形器	叶蛇纹石
福 M9∶16	良渚文化玉钺	透闪石
福 M9∶17	良渚文化玉璧	阳起石
福 M9∶18	良渚文化玉斧	假 玉
福 M9∶21	良渚文化玉琮	透闪石
福 M9∶25	良渚文化玉钺	透闪石
福 M9∶26	良渚文化琮形管	叶蛇纹石
福 M40∶21	良渚文化残柱形器	叶蛇纹石
福 M40∶86	良渚文化玉钺	滑 石
福 M40∶91	良渚文化玉琮	叶蛇纹石
福 M40∶95	良渚文化玉鸟首	叶蛇纹石
福 M40∶110	良渚文化玉琮	滑 石
福 M40∶118	良渚文化玉璧	透闪石
福 M60∶8(1)	浅沁,良渚文化角形器	透闪石
福 M60∶8(2)	深沁,良渚文化角形器	透闪石
福 M60∶14	良渚文化玉璧	透闪石
福 M60∶16	良渚文化玉镯	透闪石
福 M60∶46	良渚文化玉璧	叶蛇纹石
福 M65∶47	良渚文化玉璧	透闪石
福 M67∶4	良渚文化玉琮	叶蛇纹石

续 表

器物编码	器物名称	矿物(玉类)
福 M74∶25	良渚文化玉锥形器	透闪石
福 M74∶33	良渚文化玉钺	透闪石
福 M74∶37	良渚文化玉钺	叶蛇纹石
福 M109∶2	良渚文化玉镯	透闪石
幅 M150∶1	良渚文化玉镯	透闪石

从上表可以了解,福泉山出土的二十五件良渚文化玉器的玉质,除其中八件为叶蛇纹石、两件为滑石、一件为假玉外,其余十四件均为透闪石—阳起石系列矿物集合体,属真玉(软玉)。"从其显微结构看,大都纤维较细属中上乘,尤其是福 M9∶21 良渚文化玉琮及福 M9∶25 良渚文化玉钺是其中的精品。"[10] 但是,福泉山良渚文化墓葬出土玉器,比诸同为良渚文化的浙江余杭反山及瑶山,总体而论,用玉数量约少一个数量级,质量也有逊色,真玉居多而杂有假玉,甚至大件琮璧也杂有假玉,不如反山及瑶山的几乎全是真玉。但比诸亦同为良渚文化的浙江海宁荷叶地,则福泉山明显地高于荷叶地,后者多数墓用玉仅几件,而以珠、管等小件居多,且质量也差,其用玉总量中真假玉约各参半。综合比较,上述三处良渚文化墓葬代表了三个不同的用玉等级,即:

第Ⅰ等级:反山(YEM12);

第Ⅱ等级:福泉山(QFM9);

第Ⅲ等级:荷叶地(HHM8)。[11]

(三) 关于崧泽文化玉器的岩石类型及来源

上海市文物管理委员会曾邀请上海同济大学海洋地质系董荣鑫先生协助进行实地考察,并对崧泽遗址出土石器、玉器的岩石类型及质地作了研究鉴定,他的主要结论如下:

1. 崧泽遗址出土石器、玉器的岩石类型及质地

岩石具不同程度的绿色,为隐晶致密块体。这类岩石是火山作用晚期和其后的喷气及热液作用交代蚀变的产物。岩石摩氏硬度为 6—6.5 度。因质地致密、细腻、色彩柔和、鲜艳,磨光后具有美观的绿色花纹,是当时人类制作玉环(璧)、玉璜、玉琀等佩带饰件的主要材料。

2. 崧泽遗址出土石器和玉器的原料来源

经对北干山、佘山等基岩出露区进行实地考察，发现山上出露的基岩同属一套中酸性火山岩系，是中生代侏罗——白垩纪时期火山喷发的产物。崧泽遗址出土的石器和玉器的主要岩石类型和岩性，与这些山上出露的基岩一致。因此，上海最早期的人类在制作石器和玉器时基本上是就近取材的，当时人类的活动范围可能西至苏州太湖边，南至嘉兴地区海滨。

上述用于制作石器和玉器的岩石，在崧泽附近几公里到数十公里范围内均有出露，且火山岩系统石中节理发育，石英砂岩和泥板岩成层产出，易于采取。河谷和湖、海滨的石英岩卵石，则随手可拣。这是上海最早期人类就近取材制作工具和装饰件的有利条件。[12]

此外，地质矿产研究所闻广教授近年来对崧泽与福泉山的软玉样品作了地质产状特征的研究。他认为："其主体应系取自镁质大理岩中软玉。经作者研究其稳定同位素特征，发现其主体不在变质岩的范围之内，说明可能是热液交代成因，于是开拓了对这类软玉的找矿方向。据此认识，检查镁质大理岩接触带中透闪石的显微结构，发现了江苏省溧阳县小梅岭产于中生代燕山期花岗岩与下二叠纪栖霞组镁质大理岩接触带的透闪石软玉。"[13]

"溧阳小梅岭透闪石软玉地表露头所见矿石，除有灰白色不透明致密块状者外，还有具斑杂构造的青黄玉，即半透明部分与不透明部分呈斑杂构造，现藏南京市博物馆的浦口营盘山崧泽文化遗址所出(软)玉料PYM31与其非常相似，类似的软玉在江南崧泽文化及良渚文化古玉中亦属常见。"[13]因此，如果要研究崧泽文化与良渚文化古玉的原料来源问题，就应当开拓思路，首先考虑当地类似小梅岭类型软玉的存在。可以预期，随着今后地质考古界对这一课题研究工作的进一步展开，将会有更多的透闪石矿藏的发现，有助于江南新石器时代玉器的原料来源问题的进一步解决。

注释

[1] 上海市文物保管委员会：《崧泽——新石器时代遗址发掘报告》，文物出版社，1987年出版。

[2] 苏秉琦：《迎接中国考古学的新世纪》，《东南文化》1993年第1期。

[3] 韩康信、潘其风：《大墩子和王因新石器时代人类颌骨的异常变形》，《考古》1980年第2期。

[4] 张明华：《崧泽文化玉器考略》，载《东亚玉器》，香港中文大学中国考古艺术研究中心，1998年。

[5] 牟永抗：《良渚文化玉器——前言》，载《良渚文化玉器》，文物出版社、两木出版社，1989年。

[6] 云希正、牟永抗：《中国史前艺术的瑰宝——新石器时代玉器巡礼》，载《中国玉器全集》第1分册《原始社会》，河北美术出版社，1992年。

[7]—[11] 闻广、荆志淳：《福泉山与崧泽玉器地质考古学研究——中国古玉地质考古学研究之二》，《考古》1993年第7期。

[12] 董荣鑫：《崧泽遗址出土石器、玉器的岩石类型及来源》，载《崧泽——新石器时代遗址发掘报告》，第121—124页。

[13] 钟华邦：《江苏省溧阳县透闪石岩研究》，《岩石矿物学杂志》1990年第2期，第131—135页；闻广：《对〈江苏省溧阳县透闪石岩研究〉一文的补充》，《岩石矿物学杂志》1990年第2期。

(原载于《中国文物世界》1999年第168期)

崧泽文化陶器珍品鉴赏

崧泽文化是我国长江下游地区新石器时代的考古学文化。它是以上海市青浦区崧泽遗址的中层——新石器时代氏族墓地的文化遗物、遗迹为代表而确立的。鉴于这一地层的历史文化面貌，既不同于距今7 100—5 900年的新石器时代马家浜文化，又与距今5 200—4 200年的良渚文化有区别，该层应是一种新的文化类型。由于该遗存在考古学上具有典型性和代表性，1982年全国考古学界取得共识，将其命名为"崧泽文化"。

由于崧泽文化陶器代表了我国新石器时代一种已趋成熟而且具有文化特色的制陶工艺，它那丰富多彩的陶器造型、先进的慢轮修整、独创的加固技术，以及绮丽优美的装饰艺术，历来为考古学界、历史学界、美术学界和文物鉴赏家们所重视和赞赏。现精选一件崧泽文化陶器珍品——镂孔纹陶豆，作一具体赏析，以飨读者。

镂孔纹陶豆

陶豆是我国古代盛放食物的器皿，是新石器时代开始制造的新器形，它由豆盘和圈足两部分组成。

呈现在您面前的这件崧泽文化镂孔纹陶豆，由泥质灰陶制成，器表施有一层黑色陶衣，打磨光滑，乌黑铮亮。敞口，平唇，坦腹，下部安一喇叭形高把。原来在豆盘口沿、盘内及高把部位饰有红褐色彩绘，惜已脱落仅存残痕。豆把上部饰竹节形纹数周，下部饰圆形和凹弧边三角形镂孔图案，显得十分美观。尤其值得重视的是，在该豆盘内底刻划有一个神秘的几何形编织纹图案，为一方形体与一圆形体组合，呈相互盘绕旋绞状，布局对称协调。整器制作精致，造型优美，装饰绮丽，堪称是一件极为难得的文物瑰宝(图一、二)。

图一　崧泽文化镂空纹陶豆(1961年上海市青浦县崧泽遗址出土)

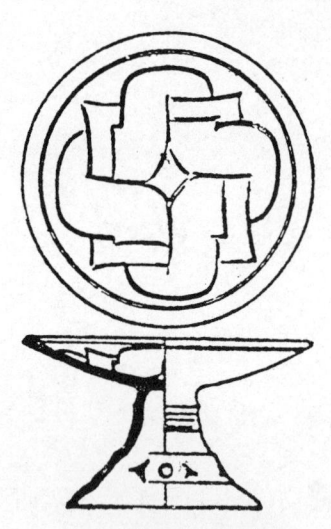

图二　崧泽文化镂空纹陶豆线描图

这件陶豆是1961年市文管委对青浦县(今青浦区)崧泽遗址进行考古发掘时,在一座崧泽文化墓葬中出土的,器高11.8厘米,口径20.7厘米。据对有关出土遗物作碳十四测定,并经树轮校正年代,陶豆的年代为距今5180±140年。

方圆结蒂绞形纹

近年来,南京博物院的三位学者在研究江苏省昆山市赵陵山遗址良渚文化墓葬出土的一件陶盖上的刻纹图案——赵陵山族徽(赵陵山M56∶17)(图3)的造型渊源过程中,结合崧泽文化镂孔纹陶豆的盘内底刻划的几何形图案作了探讨,并提出可将该纹饰定名为"方圆结蒂绞形纹"。他们认为,这一纹饰"已包含了阴阳,当中的结蒂形可作为方圆之共形,又如女阴或脐孔、花芯、瓜蒂等等之象形。它与赵陵山族徽相比,不同之处在于阴阳分体,方圆二形尚属组合,尚未进入复合高度,但这已不是一般组合,而是互相盘绕旋纹,无法分开,已十分接近于复合性类相思维了。"

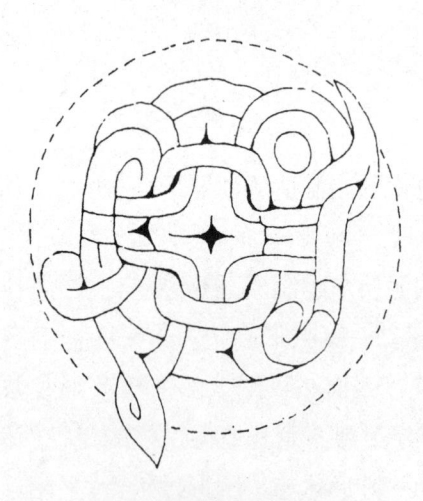

图三　良渚文化陶盖上的刻纹——赵陵山族徽线描图(1991年江苏省昆山市赵陵山遗址出土)

我也认为:"崧泽文化的方圆结蒂绞形纹是

赵陵山族徽的雏形。"这一研究论述给人以启迪,充分说明了崧泽文化镂空纹陶豆盘内底刻划图案的神秘含义,为我们进一步认识崧泽文化的历史价值与文物价值,提供了重要的借鉴。

(原载于《上海文博论丛》2002年第2期)

汤庙村崧泽文化墓葬出土文物珍赏

松江汤庙村遗址是上海市市级文物保护单位,位于黄浦江上游泖河东约1公里、松江城西偏北约10公里的昆冈乡汤庙村,走马塘和华田泾在此处交汇。1962年,上海市文物保管委员会对松江县进行考古调查时,在华田泾两岸曾发现新石器时代至晋代的陶、瓷片、残石器和砖瓦等。1980—1982年,市文管会为配合基建工程,对汤庙村遗址进行了三次小规模的发掘,揭开面积共159平方米,发现了新石器时代的水井、墓葬和文化遗物。这些考古发现为我们研究上海古代历史和崧泽文化向良渚文化的演变,提供了一批重要的实物资料。

一、发现的遗迹与墓葬

通过上述考古发掘,现就发现的遗迹与墓葬作如下概述:

(一) 遗迹

在81T1的发掘中,发现水井和灰坑各4座,均在黑土层下的生土(原始土)中,其深度为黑土层以下的残存部分。

1. 古井4座(J1-4)

均略呈直筒形,井壁留有芦苇印痕,呈纵向排列,间距4—5厘米。井中都出土残竹片。井深2、1.3、1.5、1.2米不等。根据湖北楚都纪南城遗址发现的5座东周以前的竹圈井还有用竹子和柳条编织成圆筒形井圈的情况,我们推测这4座井的加固方法应与之类似,系芦苇作经,贴住井壁,再用竹片条作纬,成圈状箍支撑井壁。20世纪80年代以来,江苏省吴县(今苏州市吴中区)澄湖曾发现大批新石器时代古井,且有汲水陶器出土,为我们确认汤庙村古井提供了有力佐证。

2. 灰坑 4 座(H1-4)

其形制除 H1 呈不规则圆形外,余均为直筒形。H1 直径 1.04 米,深 0.36 米,口部出土鹿角。H2 直径 0.6 米,深 0.64 米,出土西周曲折纹硬陶罐残片。H3 直径 0.55 米,深 0.5 米,出土晋代青釉瓷片。H4 直径 0.6 米,深 0.4 米,出土宋划花满釉越窑瓷碗。

3. 在 80T3 南部灰黑土层发现扰乱沟一条,深入生土约 0.3 米

南端尚未到头,北端宽而残,最宽处 1 米,打破 M4 一半。沟中土质松散呈铁锈色,其内涵与灰黑土层一致,出土器物有石镰、砺石和绳纹砖等。扰乱沟西侧和北部深约 40 厘米的生土层出土小木板三块。从小木板的排列位置看,应有四块,缺西北角一块,木板间距 4 米。木板规格相似,以东北角的小木板为例,长 23 厘米,宽 21 厘米,厚 1.5 厘米,这可能是在建筑物四角作柱础用的垫板。经华东师范大学河口海岸研究所碳十四实验室测定,该木板树轮校正的年代为距今 2385±63 年。

(二) 墓葬

在 1962 年的考古调查中,汤庙村遗址曾发现残墓 1 座。该墓位于华田泾河坡上,南北向。北端尚有破碎的黑皮灰陶器 2 件,在其附近还采集到良渚式的灰黑陶片、丁字形鼎足、石刀、石斧、石锛和矢镞等。1980 年在 T3 坑发现 4 座(M1-4)新石器时代墓葬(图一)。

M1 深 1.22 米(以原耕土层——蓝灰土层面为准,下同)。头向 185°,成年女性,仰身直肢,胸腹部骨架朽蚀。随葬品 12 件,头前置陶杯、壶、盆各 1 件,罐 2 件,胸部置陶盘 1 件,膝部有陶盆 2 件,其下有石斧 1 件,足下置石犁、陶豆、陶甗各 1 件。

M2 深 1.04 米。头向 188°,中年男性,仰身直肢,胸部骨架稍残。随葬品 12 件,头部置陶杯、罐各 1 件,腹下和足部有石斧、陶鼎、豆、盘各 1 件,盆、罐、杯各 2 件。

M3 深 1.22 米。头向 185°,青年女性,仰身直肢,因被破坏使腹以下骨架残缺。随葬品 5 件,头前置陶豆、罐各 1 件,杯 3 件。

M4 深 1.22 米。腹以下被扰乱沟破坏,仅存部分股骨、胫骨,头向不明,具中年男性特征,仰身直肢。随葬品 10 件,腹和足部有陶杯、罐各 2 件,残石器、陶鼎、豆、盘、瓶、纺轮各 1 件。

以上 4 座墓葬的基本特征为:(1) 头向南略偏西,为单人仰身直肢葬。各墓间距约 50 厘米,由东向西各墓依次北移 30 厘米左右,M1—M3 在同一平面上,M2 略高出

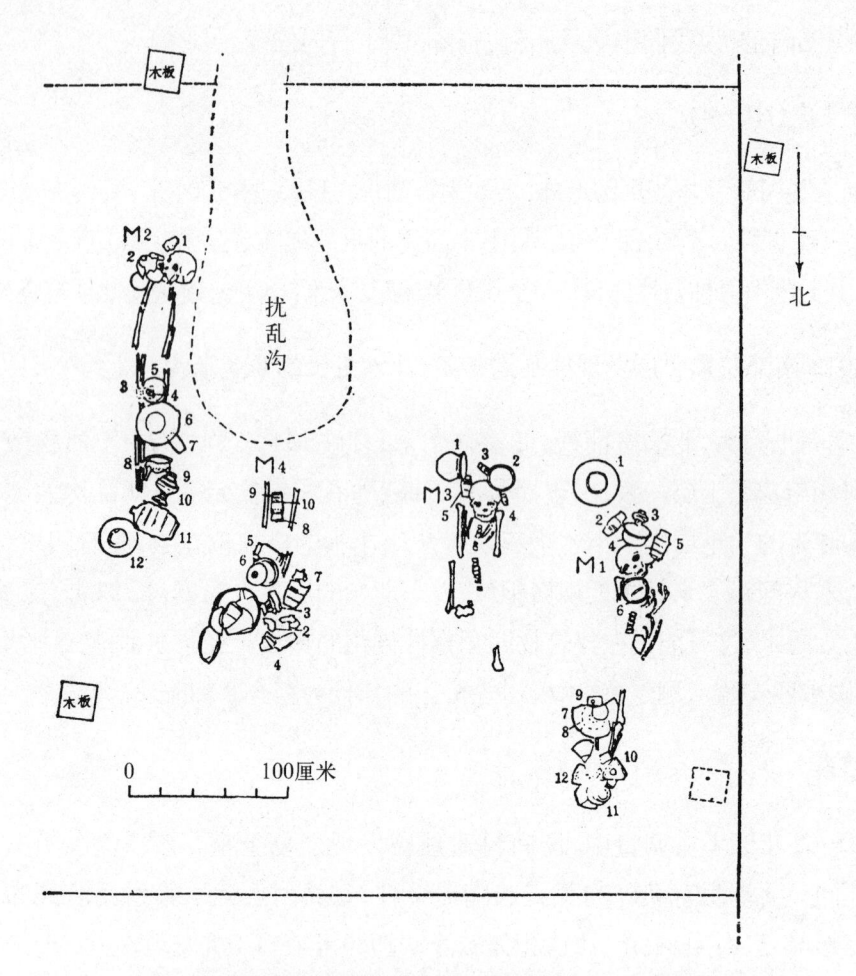

图一 松江汤庙村遗址出土遗迹、墓葬(M1－4)平面图

M1：1、4、7、8. 陶盆　2. 陶杯　3. 陶壶　5. 陶罐　6. 盘　9. 石斧　10. 石犁　11. 陶豆　12. 陶甗

M2：1、4、7. 陶杯　2、11、12. 陶罐　3. 石斧　5、6. 陶盆　8. 陶鼎　9. 陶盘　10. 陶豆

M3：1. 陶罐　2. 陶豆　3—5. 陶杯

M4：1、7. 陶罐　2. 残石器　3. 陶盘　4. 陶鼎　5. 陶瓶　6. 陶豆　8、9. 陶杯　10. 陶纺轮

约10厘米。(2)未发现葬具痕迹,人骨架平置于生土上的低凹处。各墓早期都受到不同程度的扰乱,未见墓坑或堆土掩埋的迹象。从人骨架下生土低凹面都呈不规则形分析,可能无墓坑。(3)随葬品较丰富,尽管各墓都遭到不同程度的扰乱,除M3随葬品仅见5件外,其他各墓都在10件以上。随葬品的石质工具有犁、斧,陶质工具有纺轮,陶器有鼎、甗、罐、盆、豆、盘、杯、瓶、壶。各墓的器物组合与青浦崧泽遗址中层的相似,但杯、罐有所增加。随葬品大多放在头及腹下部,石斧、纺轮在手部,石犁和陶炊器在脚部,杯多数在头部,余无明显区别。

上述四墓出土的石与陶器的器形、纹饰等特征和基本组合,与青浦崧泽遗址中层墓葬、江苏吴县(今苏州市吴中区)越城遗址中层墓葬出土的相类似;越城遗址中层良渚文化墓葬、汤庙村下层墓葬的扁平长方形石斧同青浦果园村遗址良渚文化石斧一致,黑皮陶比例明显增大,而且陶器上广泛使用与上海闵行区马桥遗址良渚文化层陶壶上完全一致的弧线三角和凹点剔刻纹。据此推测,汤庙村遗址下层墓葬是目前发现的崧泽文化墓葬中最晚的一类遗存。由于汤庙村遗址崧泽文化墓葬随葬品比较丰富,地层单纯,器物形制有比崧泽遗址第三期更晚的因素,绝对年代(随葬陶器经上海博物馆科学实验室热释光测定,距今 4 860±230 年)更加接近于良渚文化早期类型。所以汤庙村遗址发现的 4 座崧泽文化墓葬及随葬器物,是研究崧泽文化向良渚文化演变的一批重要实物资料。墓葬反映的社会形态大致和崧泽遗址中层第三期墓葬相同,处于母系氏族社会向父系氏族社会过渡的阶段。

二、汤庙村崧泽文化墓葬出土文物珍品展示

1. 崧泽文化三角形石犁

耕田农具,高 13.9 厘米,底宽 10.4 厘米(图二、三)。石犁系 1980 年松江汤庙村遗址 1 号墓出土,体形扁薄,平面呈等腰三角形,两腰为刃部,单面斜刃,上下两面打磨比较平整;犁身上琢出圆孔,底角略残;有使用痕迹。这是我国最早的石犁之一。它充分说明上海先民率先从锄耕农业进入到犁耕阶段,石犁对原始农业发展起到了里程碑式的重要作用。经研究分析,石犁不能单独使用,必须与犁床、犁架安装在一起。考古发掘中未见犁床、犁架,估计因其是木质早已腐朽无存。犁在使用时,前面

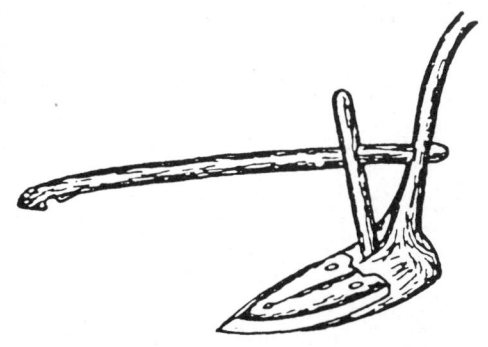

图二　崧泽文化三角形石犁　　　　图三　崧泽文化三角形石犁耕地示意图

应有拉力,后面应有人扶持操作。犁入土较深,需要很大的力量。江、浙、沪地区新石器时代遗址中,发现很多水牛遗骸,但是否为驯养的尚无证据。一般认为,当时用人力拉犁的可能性较大。

2. 崧泽文化带盖侧足陶甗

炊煮器,通高 31.2 厘米,口径 21.4 厘米(图四)。夹砂灰黄陶,带有覆盘形盖,器呈侈口、折沿、直腹、圜底,下附三个扁长侧足;腹部饰锯齿形堆纹和双弧线压划纹,内壁有一周凸棱,可承箅。考古工作者至今没有发现该时期陶甗内的箅,估计箅是用竹木莎草等编成的,已腐朽无存。

图四 崧泽文化带盖侧足陶甗   图五 崧泽文化带盖扁凿足陶鼎

3. 崧泽文化带盖扁凿足陶鼎

炊器,通高 18.3 厘米,口径 17.7 厘米(图五)。夹砂灰黄陶,带有覆盘形圈纽盖,上有穿气孔。器呈侈口,沿外折,浅折腹,圜底,下附三个扁凿足。折腹处饰一周锯齿形堆纹。

4. 崧泽文化带盖叠鼓腹陶罐

盛贮器,通高 21.4 厘米,口径 10.7 厘米(图六)。泥质灰陶,肩有两周折棱,附四系,腹壁由四组叠鼓组成,平底附矮圈足,罐上有泥质黑衣灰陶覆盘形盖。黑衣陶盖应用渗炭还原焰烧成,与罐体仅用还原焰烧制不同,它们应该是分别烧成后再配套使用的。

图六 崧泽文化带盖叠鼓腹陶罐　　图七 崧泽文化带盖四系陶罐

5. 崧泽文化带盖四系陶罐

盛贮器,通高19.2厘米,口径9厘米(图七)。泥质灰陶,器呈敛口,折肩折腹,肩置四系,腹呈筒形,折腹处有一周凸棱,腹部及凸棱上饰凹弦纹,底附矮圈足。器盖呈覆盘形,有圈足形捉手。

6. 崧泽文化筒形腹陶罐

盛贮器,高22.2厘米,口径8.5厘米(图八)。泥质黑衣灰陶,器呈敛口、直沿、圆肩,直筒形腹,平底。腹壁饰凹弦纹和弧线三角、凹点剔刻组合纹。

7. 崧泽文化素面陶瓶

盛食器,高16厘米,口径8厘米(图九)。泥质灰红陶,器呈小口,矮直颈,折肩,深斜腹,近底部折收,矮圈足。素面无纹。

8. 崧泽文化曲腹陶杯

盛水、酒饮器,高9.2厘米,口径4.8厘米(图一〇)。泥质灰黄陶,器呈敛口、卷唇,腹部弧曲,似两个叠鼓,底附花瓣形矮圈足。

图八　崧泽文化筒形腹陶罐　　　　　图九　崧泽文化素面陶瓶

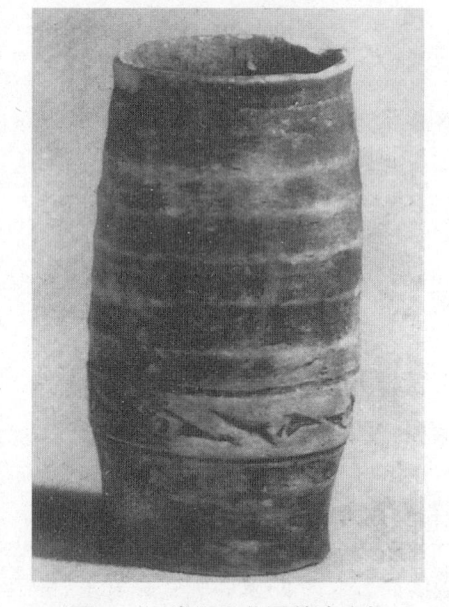

图一〇　崧泽文化曲腹陶杯　　　　　图一一　崧泽文化圆筒腹陶杯

9. 崧泽文化圆筒腹陶杯

盛水、饮酒器,高 10.8 厘米,口径 5 厘米(图一一)。泥质黑衣灰陶,小口微侈,圆筒形腹,平底。腹部饰瓦棱纹和弧线三角、凹点剔刻纹。

10. 崧泽文化陶壶

盛贮器,高 9.8 厘米,口径 5.6 厘米(图一二)。泥质黑衣灰陶,小口高颈,斜肩,折腹,底附花瓣形圈足。在肩颈间有凸棱两周,肩部及折腹处各有凹弦纹两周,器表经打磨光滑。

图一二　崧泽文化陶壶　　　　　图一三　崧泽文化带盖盆形陶豆

11. 崧泽文化带盖盆形陶豆

盛食器,通高 11.8 厘米,口径 22.2 厘米(图一三)。泥质灰陶,器呈敞口、宽平沿,附四耳,曲腹,矮圈足外撇,一侧有小镂孔两个。豆上有覆盘形圈纽盖。

[原载于《云间文博》第五卷,上海古籍出版社,2010 年]

新石器时代崧泽文化陶器珍品鉴赏

陶器的发明,是人类社会发展史上划时代的标志,也是我国新石器时代的重要标志之一。随着原始农业生产的出现和定居生活的需要,人类学会了制作陶器。目前的考古发掘资料表明,早在8 000年以前,在我国黄河流域和长江流域的广袤土地上,就已出现早期手制陶器。我国新石器时代的文化遗址分布广泛,陶器制作几乎遍及华夏神州大地,品种丰富多彩,许多产品装饰技法讲究,制作精美,具有鲜明的时代性和原始艺术特征。

原始氏族社会的陶器美术,是一种特殊而又非常值得重视的历史文化遗产。它是中华民族智慧的结晶,传统文化的重要组成部分。远在新石器时代,我们的祖先就用自己的智慧和勤劳的双手,开始制造各种日用陶器。先民在与大自然艰苦斗争的岁月中,由开始认识自然到改造自然,并且利用自然的资源为人类服务,进行物质文化的创造。不论是原料的发现,或是每一器形的烧成,甚至连每一线条的装饰,都是从无到有的了不起的发明。正是由于这种伟大的创造力,使陶器作为造型艺术的先驱,享有无可争辩的地位。[1]

上海,是一座具有悠久历史文化的城市。建国以来,考古专家们辛勤劳动,坚持不懈的考古调查和发掘,以及科学研究,迄今在上海市境内已发现了29处自新石器时代至唐宋时期的古文化遗址,清理发掘了790多座自新石器时代至明清时期的古墓葬,并对13处古文化遗址进行了31次科学发掘,不仅获得了许多前所未有的古代史研究实物资料和珍贵的历史文物和遗迹,并且证实了上海历史悠久,文化源远流长。早在6 000多年前的新石器时代马家浜文化时期,就已形成定居村落,经过数千年来的长期发展,终于成为闻名世界的大都市,而且还获得了我国考古学上"崧泽文化"、"马桥文化"、"几何印纹陶亭林类型"和"几何印纹陶戚家墩类型"的文化命名,既填补了上海的历史空白,又为全国文物考古事业作出了重要贡献。这些发现令海内外考古学界、历史学界和美术学界为之震惊,也是半个世纪来上海文物考古事业取得的突出成就之一。

崧泽文化，是我国长江下游地区新石器时代的考古学文化，它是以上海市青浦县崧泽遗址[2]的中层——新石器时代氏族墓地的文化遗物、遗迹为代表而确立的(图一)。鉴于这一地层的历史文化面貌，既不同于距今7 100—5 900年前的新石器时代马家浜文化，又与距今5 100—4 200年前的新石器时代良渚文化有区别，该层是一种新的文化类型。它们三者之间具有承袭与发展的文化渊源关系。该遗存在考古学上具有典型性和代表性，因此在1982年，由全国考古学界命名为"崧泽文化"。它的分布范围，主要是在环太湖地区，东临东海，西至镇江附近，北抵长江南岸，南迄钱塘江两岸。在上海市境内，除了崧泽遗址以外，尚有青浦县的福泉山、寺前村、金山坟，松江县的汤庙村、姚家圈和平原村等七处遗址，都含有崧泽文化遗存。此外，在江苏省吴县的草鞋山、张陵山和越城，海安县的青墩和常州市的圩墩，以及浙江省吴兴县的邱城遗址等，也都含有崧泽文化遗存。

图一　上海市青浦县崧泽遗址崧泽文化氏族墓地发掘情景

由于崧泽文化陶器代表了我国新石器时代一种已趋成熟而且具有文化特色的制陶工艺，它那丰富多彩的陶器造型，先进的慢轮修整与独创的加固技术，以及绮丽精美的装饰艺术，历来为考古学界、历史学界、美术学界和文物鉴赏家们所重视和赞赏。笔者有幸曾参加上海文物考古工作数十年，长期从事上海地区考古调查、发掘和研究工作，积累了一些实践经验和研究心得，现特精选青浦县崧泽遗址、福泉山遗址和寺前村遗址等三处遗址中出土的崧泽文化陶器珍品共20件，作一具体赏析，以飨读者，并请专家、学者指正。

丰富多彩、绮丽精美的崧泽文化陶器

(一) 崧泽文化夹砂大陶鼎

鼎是我国从新石器时代开始使用的炊器，延续时间长达数千年。这里展示的此件崧泽文化夹砂大陶鼎,器呈侈口折唇,直壁深腹,圜底,下附三个横剖面为直角曲尺形的鼎足。鼎腹下部有一周凸棱,中部饰一周锯齿形堆纹,上下又有密集的凹弦纹,装饰简洁朴素。尤其引人注意的是,鼎足外表上部是两行点线纹,下部以凹线勾勒出脸形,中间是锯齿形竖脊,其两侧各有一个圆形捺窝,形如兽面。这种以拐角为中轴线的纹饰格局,在良渚文化玉琮、玉锥形器上得到延续使用,故可称此类兽面纹是良渚文化兽面纹的先驱(图二、三)。

图二 夹砂大陶鼎

崧泽文化 高:36厘米 口径:45厘米 1983年上海市青浦县福泉山遗址出土

图三 夹砂大陶鼎线描图

这件大陶鼎,是1983年上海市文物管理委员会考古专家们,在青浦县福泉山遗址[3]进行考古发掘时,于该遗址的下层——崧泽文化层中发现的。在同一地层中,还发现一层面积甚广的红烧土面,从中清理到一座瓢形的灶塘遗迹,表面积满了炭灰,周围有一圈经长期火烧结成的红烧土层,而在相距一米外的另一座灶塘内,还遗留一件残陶鼎。这些迹象说明:陶鼎与灶塘有着紧密的联系,当年崧泽文化时期的先民,在使用陶鼎烧煮食物时,也有应用灶塘的现象。这为我们正确认识新石器时代陶鼎的使用方法,提供了重要的参考例证。器高36厘米,口径45厘米,重达6公斤。器形硕大浑厚,制作规整,是上海市迄今发现的最大的陶鼎,在全国出土的新石器时代陶鼎中,也是不可多得的鼎中大器,弥足珍贵。现藏上海博物馆。

(二)崧泽文化夹砂陶鼎之一

呈现在您面前的这件陶鼎,是夹砂红陶制成的,器呈侈口,口沿起棱,高颈,折腹,器腹上部饰凸弦纹;下腹内收成圜底,下附三个扁三角形鼎足。尤其令人感兴趣的是,在这三个扁三角形鼎足上,以外向的边侧为中线,两侧各捺一目,表示兽面纹。在良渚文化玉器上以角线为中轴的神像,很可能由此演变而来。该鼎带盖,盆形,盖纽呈凹弧边三角形。整器制作规整,造型端庄,纹饰简朴,给人以一种神秘的美感。

它是1960年上海市文物管理委员会考古专家们,在青浦县崧泽遗址[4]进行考古发掘时,于该遗址的中层一座崧泽文化墓葬中发现的。器通高32.6厘米,口径17.7厘米(图四、图五)。现藏上海博物馆。

图四 夹砂陶鼎之一

崧泽文化 高:32.6厘米 口径:17.7厘米 1960年上海市青浦县崧泽遗址出土

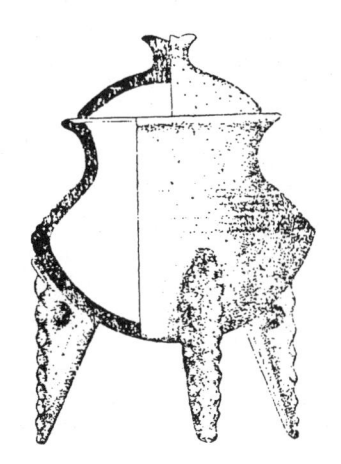

图五 夹砂陶鼎线描图

(三) 崧泽文化夹砂陶鼎之二

展示在您面前的这件崧泽文化夹砂陶鼎,器形为盆形鼎,呈敞口、折沿、浅腹、平底微圜,器腹部位满饰凹弦纹,下附三个凹弧形鼎足,稍外撇,足根部位有三个并列的窝纹,鼎足两侧局部指捏成波浪纹(图六)。

此件崧泽文化陶鼎,是1974年上海市文物管理委员会对青浦县崧泽遗址[5]进行考古发掘时,在该遗址中层的一座崧泽文化墓葬中发现的。器高23.5厘米,口径32.6厘米。据同层有关出土遗物,经中国科学院考古研究所实验室碳十四测定,并

图六 夹砂陶鼎之二

崧泽文化 距今5180±140年 高:23.5厘米 口径:32.6厘米 1974年上海市青浦县崧泽遗址出土

经树轮校正年代,该器的年代距今为 5 180±140 年。现藏上海博物馆。

(四) 崧泽文化夹砂陶鼎之三

现映入您眼帘的这件崧泽文化夹砂陶鼎,器形为盆形鼎,呈大口折沿,斜直腹,圜底,下附三个扁平侧足,器表施红色陶衣,器腹上部饰密集的凹弦纹数周,鼎足足跟外拐,足脊呈波浪形,两侧面刻划数行楔形凹点纹(图七)。

此件崧泽文化陶鼎,是 1961 年上海市文物管理委员会对青浦县崧泽遗址[6]进行考古发掘时,在该遗址的中层一座崧泽文化墓葬中发现的,器高 21.8 厘米,口径 31 厘米。据同层有关出土遗物,经中国科学院考古研究所实验室碳十四测定,并经树轮校正年代,该器的年代距今为 5 180±140 年。现藏上海博物馆。

图七　夹砂陶鼎之三
崧泽文化　距今 5 180±140 年　高：21.8 厘米　口径：31 厘米　1961 年上海市青浦县崧泽遗址出土

(五) 崧泽文化夹砂陶鼎之四

这件崧泽文化夹砂陶鼎,是釜形鼎,器呈敛口折沿,深腹,圜底,下附三个扁凿足。器腹上部饰凹弦纹数周,折腹处饰有圆窝点附加堆纹一周,足根仄而厚,外拐,饰三个竖立的圆窝纹,足下端宽薄(图八、九)。

图八　夹砂陶鼎之四
崧泽文化　距今 5 180±140 年　高：27 厘米　口径：29.2 厘米　1961 年上海青浦县崧泽遗址出土

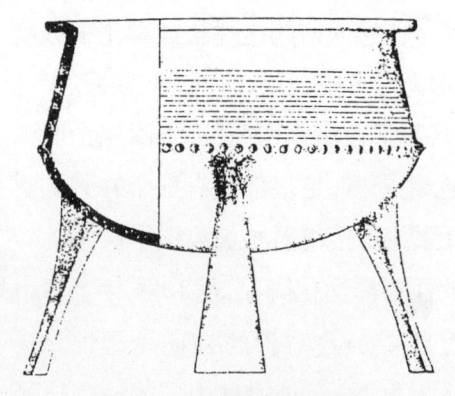

图九　夹砂陶鼎线描图

此件陶鼎,是1961年上海市文物管理委员会对青浦县崧泽遗址[7]进行考古发掘时,在该遗址的中层文化层中发现的,器高27厘米,口径29.2厘米。据同层有关出土遗物,经碳十四测定并经树轮校正年代,该器的年代距今为5 180±140年。器形硕大,制作规整,造型美观。现藏上海博物馆。

(六) 崧泽文化勾连纹灰陶豆

豆是我国古代盛放食物的器皿,是新石器时代开始制造的新器形,由豆盘和圈足两部分组成。

展现在您面前的这件崧泽文化陶豆,由泥质灰陶制成,器呈直口,浅盘形,下有喇叭形高圈足,微折外撇。盘外壁伸出凸棱一周,豆把细高,上部饰瓦棱纹,下部饰镂孔及刻划勾连纹。制作规整,造型轻巧美观,壁薄匀称,纹饰秀丽,是崧泽文化出土陶器中的珍品(图一〇、一一)。

图一〇　勾连纹灰陶豆

崧泽文化　距今5 860±245年　高:16.4厘米　口径:18.4厘米　1961年上海市青浦县崧泽遗址出土

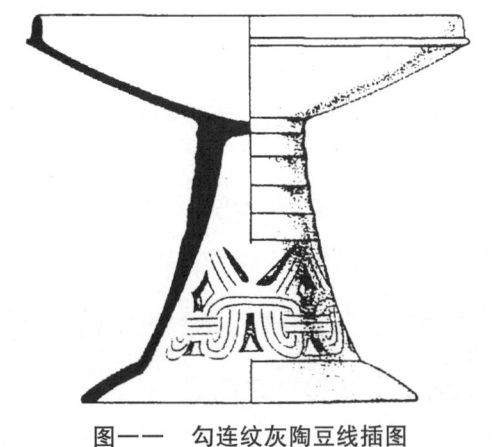

图一一　勾连纹灰陶豆线插图

这件崧泽文化勾连纹灰陶豆,是1961年上海市文物管理委员会对青浦县崧泽遗址[8]进行考古发掘时,在一座崧泽文化墓葬中发现的,位于人骨架的足部附近。器高16.4厘米,口径18.4厘米。根据同一地层有关出土物作碳十四测定,并经树轮校正年代,该器的年代距今为5 860±245年。

据考古专家细致观察和研究分析,这件陶豆的制作工艺是这样的:豆盘和豆把是在分别制作成功后再粘合起来的。而从镂孔中残留的泥胎碎屑看,镂孔与压划纹是乘胎质未干时进行的,瓦棱纹则是胎湿时在慢轮上旋压出来的。再从布局匀称的纹饰看,陶工应该事先经过规划,在豆把下部画好草样,然后凭着对竹编器物的长期观察和熟谙，以简练流畅的线条，写实地压划出篾条穿插绕编的组合纹理，再将假设的竹编器物外的空隙部分，以镂孔的形式剔除，从而产生出一种富有弹性的神似竹编的立体造型，显得轻巧洒脱，玲珑剔透。[9]

这一文物瑰宝，充分显示了我们祖先的聪明智慧和艺术创造才能。现藏上海博物馆。

（七）崧泽文化镂孔纹陶豆之一

这件崧泽文化镂孔纹陶豆，由泥质灰黄陶制成，为盆形形豆。器为敞口折沿，折肩呈凸棱状，下有喇叭形高把，上端收缩成颈状，其下饰凹弦纹和密集的三角形剔刻纹，并间隔饰有圆形、凹弧边三角形镂孔组成的图案。器形规整，纹饰美观（图一二）。

它是 1974 年上海市文物管理委员会对青浦县崧泽遗址[10]进行考古发掘时，在一座崧泽文化墓葬中发现的。器高 14.2 厘米，口径 22.9 厘米。据同属有关出土遗物，经碳十四测定，并经树轮校正年代，该器的年代距今为 5 860—5 180 年之间。现藏上海博物馆。

图一二 镂孔纹陶豆之一

崧泽文化 5 860—5 180 年前 高：14.2 厘米 口径：22.9 厘米 1974 年上海市青浦县崧泽遗址出土

（八）崧泽文化镂孔纹陶豆之二

呈现在您面前的这件崧泽文化镂孔纹陶豆，由泥质灰陶制成，器表施有一层黑色陶衣，打磨光滑乌黑铮亮。器呈敞口，坦腹，下有喇叭形高把。原在盘口沿、盘内及高把部位饰有红褐色彩绘，惜已脱落，豆把上部饰竹节形纹数周，下部饰圆形和凹弧边三角形镂孔图案。尤其值得重视的是，在该盘内底刻划有一个神秘的几何形编织图案，为一方形体与一圆形体呈相互盘绕旋绞状，布局对称协调。整器制作精致，造型优美，装饰绮丽，堪称是一件极为难得的文物瑰宝（图一三、一四）。

此件陶豆，是 1961 年上海市文物管理委员会对青浦县崧泽遗址[11]进行考古发掘时，在一座崧泽文化墓葬中发现的。器高 11.8 厘米，口径 20.7 厘米。据对同属有关出土遗物作碳十四测定，并经树轮校正年代，该器的年代距今为 5 180±140 年。

三位学者在研究江苏省昆山市赵陵山遗址良渚文化墓葬出土一件陶盖上的刻纹

·新石器时代崧泽文化陶器珍品鉴赏·

图一三　镂孔纹陶豆之二

崧泽文化　5 180±140 年前　高：11.8 厘米　口径：20.7 厘米　1961 年上海市青清县崧泽遗址出土

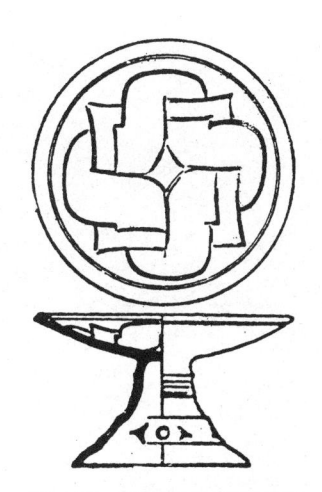

图一四　镂孔纹陶豆线描图

图案——赵陵山族徽(赵陵山 M56：17)(图一五)的造型渊源过程中,结合对上述崧泽文化镂孔纹陶豆的盘内底刻划的几何形图案作了探讨,并将其定名为"方圆结蒂绞形纹"。他们认为：这一纹饰"已包含了阴阳,当中的结蒂形可作为方圆之共形,又如女阴或脐孔、花芯、瓜蒂等之象形。它与赵陵山族徽相比,不同之处在于阴阳分体,方圆二形尚属组合,尚未进入复合高度,但这已不是一般组合,而是互相盘绕旋绞,无法分开,已十分接近于复合性类相思维了。因此我们认为,崧泽文化的方圆结蒂绞形纹是赵陵山族徽的雏形。"[12]这一研究论述给人以启发,笔者表示十分赞赏。现藏上海博物馆。

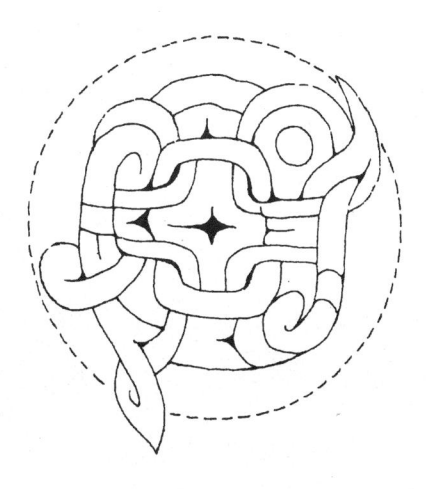

图一五　良渚文化陶盖上的刻纹：赵陵族徽(赵 M56：17)

良渚文化　高：3 厘米　口径：9.3 厘米　江苏省昆山市赵陵山遗址出土

(九) 崧泽文化镂孔纹陶豆之三

这件崧泽文化镂孔纹陶豆,由泥质灰陶制成,盘口折敛,浅腹盆形,下附喇叭形高圈足,上部饰长方形和三角形组合的镂孔纹,并以凹弦纹分隔成三组,下部施压划的波浪纹。值得重视的是,在圈足内侧施有对称的"ハV"刻划符号,应属类似文字的简单结构,是研究我国文字起源的重要参考资料(图一六)。

图一六　镂孔纹陶豆之三
崧泽文化　5 295±120 年前　高：19 厘米　口径：19 厘米　1982—1984 年上海市青浦县福泉山遗址出土

图一七　彩绘弧线纹陶豆
崧泽文化　距今 5 180±140 年　高：11 厘米　口径：17.4 厘米　上海市青浦县崧泽遗址出土

此件陶豆,是 1982—1984 年上海市文物管理委员会对青浦县福泉山遗址[13]进行考古发掘时,在该遗址下层的一座崧泽文化墓葬中发现的,器高 19 厘米,口径 19 厘米。据中国社会科学院考古研究所实验室对同层出土的炭化木头作碳十四测定,其年代距今为 5 295±120 年。现藏上海博物馆。

(十) 崧泽文化彩绘弧线纹陶豆

这件崧泽文化彩绘弧线纹陶豆,由泥质灰陶制成,为碗形豆,器呈敞口,唇外卷,弧腹,下附粗矮把,把上端作束颈形。在豆盘壁部施有红褐色和淡黄色彩描绘的弧线纹图案,豆把上饰有红褐色彩绘宽带纹。器高 11 厘米,口径 17.4 厘米(图一七)。

此件彩绘弧线纹陶豆,是上海市文物管理委员会对青浦县崧泽遗址[14]进行考古发掘时,在该遗址中层的一座崧泽文化墓葬中发现的。据同层有关出土遗物经碳十四测定,并经树轮校正年代,该器的年代距今为 5 180±140 年。现藏上海博物馆。

(十一) 崧泽文化凹弦纹带盖陶罐

陶罐是我国新石器时代崧泽文化最常见的盛贮器,有大小不同、形态各异的多种造型,争奇斗妍。这件崧泽文化凹弦纹带盖陶罐,由泥质灰陶制成,器表施有一层黑色陶衣和红褐色彩绘,器呈直口、矮颈、弧肩,中腹壁直,腹下部斜收,平底。在器颈部位两侧各有两个小孔,折腹处饰有四个鸡冠形小耳,腹部满饰凹弦纹。带盖,为泥质红陶制成,作覆盘形,捉手形如菱形。器高20厘米,口径12.2厘米(图一八)。

　　这一陶罐,是1961年上海市文物管理委员会对青浦县崧泽遗址[15]进行考古发掘时,在该遗址中层的一座崧泽文化墓葬中发现的,据同层有关出土遗物,作碳十四测定并经树轮校正年代,该器的年代距今为5 180±140年。现藏上海博物馆。

图一八　回弦纹带盖陶罐
崧泽文化　距今5 180±140年　高:20厘米　口径:12.2厘米　1961年上海市青浦县崧泽遗址出土

(十二) 崧泽文化勾连纹陶罐

　　展示在您面前的这件崧泽文化勾连纹陶罐,由泥质灰陶制成,器表施有一层黑色陶衣。器呈敛口、平唇、弧腹、平底。器肩上部饰小横鼻耳四个并以泥条堆塑绳索形堆纹两周,而在器肩和腹上部压划弧线勾连纹图案;折腹处饰有一周锯齿形堆纹。器高11.8厘米,口径8厘米(图一九)。

　　此件陶罐,是1961年上海市文物管理委员会对青浦县崧泽遗址[16]进行考古发掘时,在该遗址中层的一座崧泽文化墓葬中发现的。据同层有关出土遗物,经碳十四测定年代,该器的年代距今为5 860—5 180年。现藏上海博物馆。

图一九　勾连纹陶罐
崧泽文化　距今5 860—5 180年　高:11.8厘米　口径:8厘米　1961年上海市青浦县崧泽遗址出土

(十三) 崧泽文化竹编纹带盖陶罐

　　呈现在您面前的这件崧泽文化竹编纹带盖陶罐,由泥质灰陶制成,器表抹有一层黑色陶衣。器腹上部打磨光滑,乌黑发亮。器呈直口、矮颈、圆鼓腹,矮圈足,有盖作覆盘形,整器颇像现代的泡菜罐。肩附一周直沿,在器肩沿下有十二个小孔,以三孔为一组,对称排列,器腹上部压划一周由二十二个单元组成的竹编纹图案,中部还饰有一周锯齿形堆纹。这串编成一体的竹编纹图案,不仅反映了原始先民的艺术创造才能,而且也客观地反映了新石器时代的长江三角洲地区盛产竹子的自然风貌和原始先民喜欢使用竹编器皿的生活习俗。器高26.2厘米,口径15.2厘米,最大腹径33.5厘米。整器制作规整,造型优美,纹饰秀丽,令人赞叹不已(图二〇、二一)。

图二〇 竹编纹带盖陶罐
崧泽文化 高:26.2厘米 口径:15.2厘米 最大腹径:33.5厘米 1974年上海市青浦县崧泽遗址出土

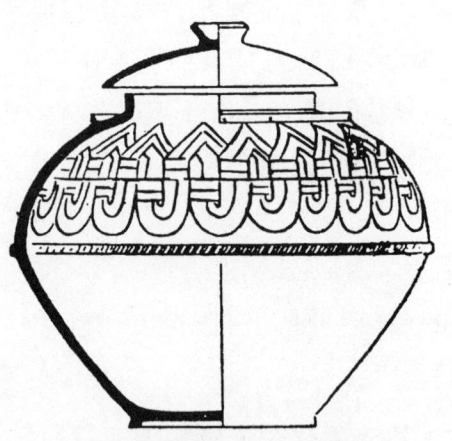

图二一 编纹带罐陶罐线描图

这件崧泽文化竹编纹带盖黑陶罐,是1974年上海市文物管理委员会考古专家们,对上海市青浦县崧泽遗址[17]进行考古发掘时,在该遗址的中层一座崧泽文化墓葬中发现的。

考古专家研究认为,崧泽文化陶罐的制作成型工序一般是这样的:陶工将陶罐的下腹部位与上腹部位分别制成,然后再进行捏合,并在捏合凸起部位进行艺术装饰,加上一周锯齿形堆纹。这样既达到了器物制作的加固要求,同时又对器物进行了装饰美化。[18]现藏上海博物馆。

(十四)崧泽文化彩绘宽带形陶罐

这件崧泽文化彩绘宽带形陶罐,由泥质灰陶制成,器表施有一层黑色陶衣,剥落殆尽。器呈敛口卷沿,缩颈,圆弧腹,平底。在器肩及腹部有四周凸棱,口沿至罐腹中部饰有三圈宽带形红褐色彩绘。器高22.5厘米,口径11.7厘米(图二二)。

它是在1974年上海市文物管理委员会对青浦县崧泽遗址[19]进行考古发掘时,于该遗址的中层崧泽文化墓葬中出土的。据中国社会科学院考古研究所科学实验室对同层有关出土遗物经碳十四测定年代,其年代距今为5860—5180年。现藏上海博物馆。

图二二　彩绘宽带形陶罐

崧泽文化　5 860—5 180 年前　高：22.5 厘米　口径：11.7 厘米　1974 年上海市青浦县崧泽遗址出土

图二三　瓦棱纹陶壶

崧泽文化　距今 5 860—5 180 年　高：19.2 厘米　口径：7.6 厘米　1961 年上海市青浦县崧泽遗址出土

(十五) 崧泽文化瓦棱纹陶壶

这件崧泽文化瓦棱纹陶壶,由泥质灰陶制成,器表施有一层黑色陶衣。器呈小口卷沿,斜直颈,球腹,平底削成矮圈足。器身自颈至底满饰瓦棱纹。最为罕见的是,在壶底下压划有一个神秘的"✳"形图案。有的考古专家认为,良渚文化赵陵山族徽的造型渊源,可追溯到崧泽文化时期的这一神秘图案。它可能是演变形成良渚文化赵陵山族徽的雏形。[20]这是值得重视的一种见解。器高 19.2 厘米,口径 7.6 厘米(图二三—二五)。

图二四　瓦棱纹陶壶底下的压划图案

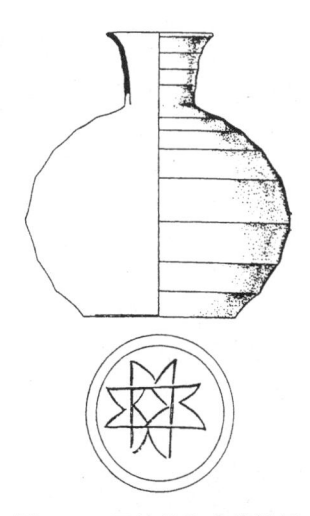

图二五　瓦棱纹陶壶线描图

此壶是 1961 年上海市文物管理委员会对青浦县崧泽遗址进行考古发掘时,在该遗址的中层崧泽文化墓葬中发现的。据中国社会科学院考古研究所科学实验室对同层有关出土遗物经碳十四测定年代,其年代距今为 5 860—5 180 年。现藏上海博物馆。

(十六)崧泽文化镂孔双层陶壶

壶是我国新石器时代崧泽文化常见的盛食器,其造型富于变化,基本文化特征是有比较长的颈部,壶底有平底的,也有带圈足的,而将圈足切割成花瓣形,则是崧泽文化陶壶所特有的一种圈足形态。

透雕镂孔技法,是中国的传统工艺。明清时代,透雕镂孔的瓷器,玲珑剔透,别具魅力,令人赏心悦目,爱不释手。近、现代运用这种传统透雕镂孔的象牙转球,有多达十余层乃至二三十层的,令人们叹为观止,赞不绝口。

目前的考古发掘资料证实,早在距今 5 000 年前,尚处于新石器时代的原始氏族社会时期,我们中华民族的祖先,就已创造发明了这一工艺技法,并作为装饰图案应用于当时制作的陶器上。现展示在您眼帘的这件崧泽文化镂孔双层陶壶,就是一个最有说服力的、生动的实物见证。此陶壶由泥质灰陶制成,器表施一层黑色陶衣。器呈敛口卷沿,缩颈,折肩,圆弧腹,下承花瓣形圈足。壶身分内、外两层,内层是一件折肩筒腹壶,外层为一件折肩弧腹壶,内外两层是在器身肩部和底部相粘接而烧成一器的。壶口和圈足边沿切割为花瓣形,壶肩饰一周凹弦纹,而壶身腹部和圈足部位饰有以圆孔和弧边三角形组合成的镂孔图案。综观整器的外貌,犹如一朵含苞待放的花蕾。它的造型奇特,构思巧妙,真是颇具匠心,充分显示了我国原始社会时期制陶工艺技术已达到的高度发展水平,堪称中国新石器时代崧泽文化中罕见的艺术珍品。器高 15.5 厘米,口径 8.1 厘米(图二六、二七)。

这件精美陶壶,是 1966 年春,上海市文物管理委员会对青浦县寺前村遗址[21]进行考古发掘时,在该遗址的下层——崧泽文化层中发现的。据中国社会科学院考古研究所科学实验室对同层出土的木炭经碳十四测定年代,该器的年代距今为 4 950 年。现藏上海博物馆。

(十七)崧泽文化竹箍形划纹陶壶

这件崧泽文化竹箍形划纹陶壶,由泥质灰陶制成,器表施有一层黑色陶衣。器呈敛口卷沿,颈和腹部斜直,窄肩,最大腹径偏下,平底,颈部满饰凹弦纹,腹部饰竹箍形

图二六　镂空双层陶壶

崧泽文化　距今 4 950 年　高：15.5 厘米
口径：8.1 厘米　1966 年上海市青浦县崧泽遗址出土

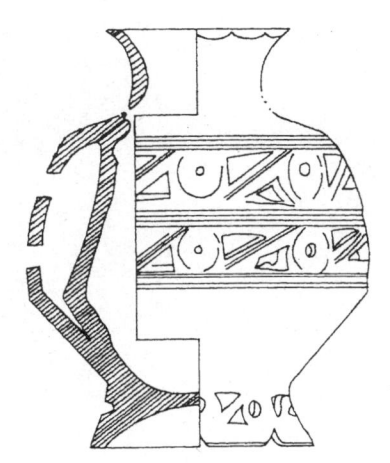

图二七　镂孔双层陶壶线描图

划纹二周。整体造型，有棱有角，线条明快。特别引人重视的是，该陶壶底部有一个凸的出平底的动物形符号，为造型美观的陶壶增添了新情趣。这一动物形符号是迄今在崧泽文化陶器中的首次发现。笔者认为，它应包含有丰富的文化内涵，尚有待于考古界、美术界作进一步的研究、考证。器高 13.4 厘米，口径 9 厘米（图二八—三〇）。

此件陶壶，是 1961 年上海市文物管理委员会对青浦县崧泽遗址[22]进行科学发掘时，在该遗址的中层一座崧泽文化墓葬中发现的。据同层出土遗物，经

图二八　竹箍形划纹陶壶

崧泽文化　5 180±140 年　高：13.4 厘米　口径：9 厘米　1961 年上海市青浦县崧泽遗址出土

中国社会科学院考古研究所科学实验室作碳十四测定年代，并经树轮校正，该器的年代距今为 5 180±140 年。现藏上海博物馆。

（十八）崧泽文化猪形陶匜

匜是一种带流的盛水器皿，起源于我国原始氏族社会的新石器时代晚期。展现在您面前的这件崧泽文化猪形陶匜，由泥质灰陶制成，胎质厚重，口微敛，前有一流，

图二九 竹箍形划纹陶壶底部的动物形符号 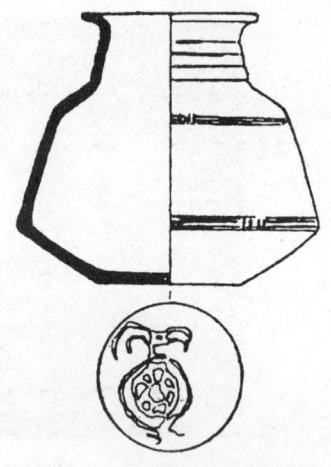　　图三〇 竹箍形划纹陶壶线描图

方唇,直腹,圜底。近匜底部压印"S"形纹饰一周。特别令人感兴趣的是,如果将该器倒置,则就成了一件猪形雕塑艺术品。它有眼、有耳、有鼻,利用流的部位外伸制成猪的长嘴,那圈"S"形印纹则是耸起在猪脊梁上的一排鬃毛,圆滑的器身则成为一头肥猪的躯体。虽然没有四肢的具体形象,却活现了一头匍匐着的肥猪。它集实用与观赏于一体,是新石器时代先民聪明才智的体现和杰出的艺术创造。器高6.7厘米(图三一、三二)。

图三一 猪形陶匜　　图三二 崧泽文化猪形陶匜(侧面)

崧泽文化　距今5 180±140年　高:6.7厘米　1974年上海市青浦县崧泽遗址出土

　　这件猪形陶匜,是1974年上海市文物管理委员会对青浦县崧泽遗址[23]进行科学发掘时,在该遗址中层的一座崧泽文化墓葬中发现的。据中国社会科学院考古研究所科学实验室对同期墓葬出土遗物作碳十四测定年代,并经树轮校正,该器的年代距今为5 180±140年。现藏上海博物馆。

(十九) 崧泽文化竹节纹陶瓶

这件崧泽文化竹节纹陶瓶,由泥质灰陶制成,器形似竹节形,侈口、凹弧颈、窄肩,整器通饰竹节纹,平底微凹,底下有三个长方形矮足。此器造型别致,构思奇妙,整体仿造一段竹子形状,形象生动,逗人喜爱。它从一个侧面反映了新石器时代长江三角洲地区盛产竹子的自然风貌以及先民喜爱青竹的生活情趣。器高 23.8 厘米,口径 8.6 厘米(图三三)。

此器是 1961 年上海市文物管理委员会对青浦县崧泽遗址[24]进行考古发掘时,在该遗址的中层一座崧泽文化墓葬中发现的。从造型上来看,它在新石器时代是作为一件实用器皿使用的,不仅具有实用价值,而且因其构思巧妙,更具有艺术欣赏价值,应是崧泽文化时期先民们创作的一件艺术珍品。据中国社会科学院考古研究所科学实验室对同层出土遗物经碳十四测定年代,并经树轮校正年代,该器的年代距今为 5 180±140 年。现藏上海博物馆。

图三三 竹节纹陶瓶
崧泽文化　距今 5180±140 年　高:23.8 厘米　口径:8.6 厘米　1961 年上海市青浦县崧泽遗址出土

(二十) 崧泽文化陶三口器

现展示在您面前的这件崧泽文化陶三口器,由泥质灰陶制成,造型十分奇特,器形呈"品"字形,三瓶相连,器腹部位成一三角形,平底下附三个矮扁足。器表经打磨而显得十分光滑。从它的造型分析,实际应用价值不大,很可能是属于供欣赏用的艺术品。器高 14.6 厘米(图三四、三五)。

此件陶三口器,是 1961 年上海市文物管理委员会对青浦县崧泽遗址[25]进行考古发掘时,在该遗址的中层一座崧泽文化墓葬中发现的。据中国社会科学院考古研究所科学实验室对同层出土遗物经碳十四测定年代,并经树轮校正年代,该器的年代距今为 5 180±140 年。现藏上海博物馆。

图三四 陶三口器

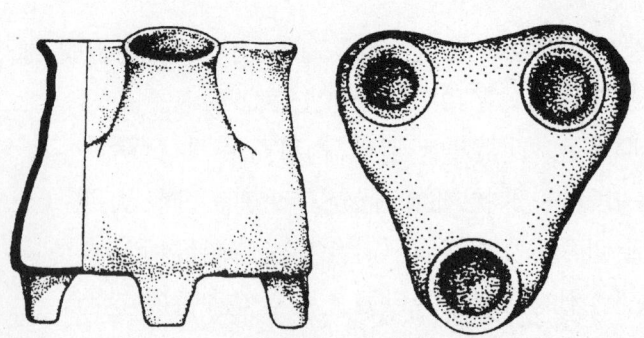

图三五 崧泽文化陶三口器线描图

崧泽文化　距今 5 180±140 年　高：14.6 厘米　1961 年上海市青浦县崧泽遗址出土

简 短 结 语

通过对上述上海市青浦县崧泽、福泉山和寺前村等三处遗址出土的 20 件新石器时代崧泽文化陶器珍品的具体赏析，笔者相信也许会帮助读者加深对崧泽文化时期制陶工艺的了解，并产生浓厚的兴趣。

崧泽文化属于长江流域下游太湖地区马家浜文化—崧泽文化—良渚文化系列。它是承袭距今 7 000 年前的马家浜文化(以 1959 年在浙江省嘉兴县发现的马家浜遗址命名)发展而来的。马家浜文化陶器，均为手制，主要是红陶，以外红里黑或表红胎黑的泥质陶为特色，多素面，外表常饰红色陶衣。器形比较单一，以宽檐釜(或称腰檐釜)、喇叭形圈足豆、牛鼻形器耳的罐和带有圆柱形足的鼎等最具有代表性。它火候不高，陶质较软，制陶技术还处于较原始阶段。

崧泽文化时期的制陶工艺却已有了极大进步。它在陶器制法上，采用的是手制和慢轮修整的技法，因此陶器的器形和器壁，都较规整匀称。由于当时已能控制陶器烧制的气氛，采用还原焰焙烧，所以崧泽陶器的陶色除夹砂陶仍为红色的以外，泥质陶大都以灰黑色为主，或在器表施有一层黑色陶衣。这从侧面反映了当时陶窑结构的改革和制陶工艺水平的进一步提高。

崧泽文化陶器的造型丰富多彩，并富有创新和变化。除常见的鼎、豆、罐、壶、盆以外，还有瓶、杯、觚、钵、三口器、匜、碗、盏、勺和澄滤器等。陶器不仅器身棱角分明，而且在器口、器颈、器腹和底部等各部位,都有创新和发展。特别令人注意的是,花瓣形圈足被广泛应用于壶、瓶和杯的底足上,是鉴定崧泽文化陶器的文化特征之一。

崧泽文化陶器的装饰艺术极其绚丽多姿,纹饰图案有各种各样的压划纹、剔刻纹、镂孔纹、动物纹、彩绘纹和陶塑等多种。尤其要重视的是,在上述的一件崧泽文化镂孔纹陶豆的盘内底刻划有一个神秘的几何形图案和一件崧泽文化瓦棱纹陶壶的壶底下压划有一个神秘的"❈"形图案,三位学者在研究赵陵山良渚文化陶盖上的刻纹——赵陵山族徽的造型渊源过程中,他们提出:上述两个崧泽文化的神秘图案,应是赵陵山族徽的雏形。这个研究结论很有意义。

综上所述,崧泽文化时期的先民们,在制陶工艺上充分发挥了聪明智慧和艺术创造才能,将日常生活用的陶器与艺术造型和艺术装饰有机地融合在一起,使其集实用与欣赏于一体,为我们留下了珍贵的文物瑰宝。这是令每一个炎黄子孙引以为傲的!如果说,黄河流域的仰韶文化以色彩绚丽的彩陶著称于世,那么可以说,长江流域的崧泽文化则以优美的造型和精细的镂刻装饰艺术而别树一帜,从而赢得了考古界、美学界、艺术界和文物鉴赏家们的普遍赞赏,闻名海内外。

千禧龙年六月定稿于黄浦江畔

注释

[1] 邓白:《源远流长丰富多彩的中国陶瓷——原始社会到南北朝的陶瓷艺术成就》,载《中国美术全集·工艺美术编——陶瓷(上)前言》,上海人民美术出版社,1988年。

[2][4]—[8]、[10]、[11]、[13]—[17]、[19]、[22]—[25] 上海市文物保管委员会:《崧泽——新石器时代遗址发掘报告》,文物出版社,1987年。

[3] 上海市文物管理委员会:《青浦福泉山遗址崧泽文化遗存》,《考古学报》,1990年第3期。

[9] 张明华:《我国早期的仿竹编精品——崧泽勾连纹灰陶豆》,载《上海博物馆藏宝录》,上海文艺出版社、三联书店(香港)有限公司,1989年。

[12][20] 董欣宾、郑奇、陆建方:《赵陵山族徽在民族思维发展史上的重要意义》,载《东方文明之光——良渚文化发现60周年纪念文集(1936—1996)》,海南国际新闻出版中心,1996年。

[18] 张明华:《陶罐之上品——崧泽竹编纹黑衣陶罐》,载《崧泽文化》,上海人民出版社,1992年。

[21] 孙维昌:《上海青浦寺前村和果园村遗址试掘》,《南方文物》1998年第1期;《五千年前的艺术珍品——镂孔双层陶壶》,载《上海博物馆藏宝录》,上海文艺出版社、三联书店(香港)有限公司,1989年。

(原载于《中国文物世界》2000年第183期)

上海出土的良渚文化
陶器珍品鉴赏[*]

良渚文化是我国长江下游地区的一支新石器时代晚期考古学文化,因首次发现于浙江省杭县(今余杭市)的良渚镇而得名。这一古文化自1936年发现至今,已有71个春秋了。

在良渚文化时期(距今约为5 300—4 200年),多种农业生产工具的出现和使用,耕种技巧的改进和耕种规模的扩大,促使原始农业有较大发展。而随着当时农业经济的发展,各项手工业如制陶、制玉、纺织业等也跟着兴旺起来。根据有关历史资料记载和地下考古发掘出土的陶器实物资料的印证,我们中华民族勤劳智慧的先民们,远在新石器时代早期,即应用水土搅拌成陶土的可塑性,经过造型与火烧,创造发明了陶器。陶器的出现,不仅大大改善了当时人们的生活状况,并促进了原始农业生产的发展,而且也推动着原始社会组织形式与结构的变革。因此可以说,陶器的发明与使用,在我国古代社会发展史上具有划时代的意义,同时也是我们中华民族的先民们对世界物质文化发展史的一项重大贡献。

良渚文化时期的制陶手工业,与距今5 800多年前的崧泽文化时期相比较,又有了进一步的发展,很可能已形成一个专业性的手工业作坊。良渚文化时期的陶器,以夹细砂的灰黑陶和泥质灰胎的黑衣陶为主,此外还有夹砂和少量泥质红陶。当时在陶器的制作技术方面,除了已普遍运用高超的轮旋成型的方法以外,对一些精制的陶器表面还要进行打磨,入窑烧制时采用还原和渗炭的方法,因此良渚黑陶乌黑光亮,外表类似金属器皿,造型美观,品种丰富多彩。器表除常见的凹凸弦纹外,还有少量精细的刻划花纹装饰、镂孔和彩绘图案。其制陶工艺之

---

[*] 本文与奚吉平合作。

精湛,令人赏心悦目,爱不释手。因此,"良渚黑陶"和"良渚玉器"早已为世人所瞩目,而闻名海内外。

现以历年来在上海地区发掘出土的23件良渚文化陶器珍品,向广大读者作如下介绍,以供鉴赏。

蟠螭纹镂孔足带盖陶鼎 祭祀用礼器。夹砂黑衣红陶。此鼎造型稳重端庄,器盖为浅覆盆形,附宽扁捉手,器盖边沿共有三组小孔,孔位与镂孔足上下对应,似用于穿孔缚盖。器身侈口,折沿浅腹,底部近平。器足为典型的良渚文化T字形足,足上镂刻圆形和新月形孔。全器遍施一层黑衣,鼎身和鼎盖满刻细密的花纹,纹饰的基本单元是螺旋盘卷形蛇纹,蛇体上填刻云纹与横直线组成的图案,在蛇身上还凸出多个小圆点。另外在鼎腹部位饰八条平行弦纹。端庄的造型与神秘的刻纹,反映了良渚文化特殊的意识观念。

这件精美绝伦的陶鼎不是用于烹饪的炊器,而是与玉琮、玉璧等礼器一样,专门用于祭祀天地、祖宗,开创了鼎作祭器的先河。1984年上海市青浦福泉山良渚文化高台墓地出土,口径与高均26厘米(图一)。

禽鸟蟠螭纹陶豆 泥质黑衣灰陶。此器形制为良渚文化常见的敞口、折腹式豆盘、喇叭形高圈足和圈足上饰竹节纹,但是在陶豆周身与盘内一周满饰细刻花纹则属罕见。细赏豆体上刻纹,线条清晰、刻工娴熟,可归纳为两种不同的母体:鸟纹和蛇纹。鸟纹以三鸟或

图一 蟠螭纹镂孔足带盖陶鼎

四鸟作为一个单元,两边是两只侧面相向的飞鸟,鸟首相对,尖长喙、圆首、曲体、长尾上翘,两鸟之间又有一只正面展开双翼的飞鸟。这两种不同的鸟身均填刻云纹与短直线。三鸟栩栩如生,在良渚文化陶器的细刻鸟纹中最为形象生动。豆盘内外均刻有三鸟图案,圈足上以凸棱纹分隔,刻有六周三鸟图案。豆盘外与三鸟纹相间,还有螺旋盘卷的蛇纹。蛇身也填刻云纹和短直线,此外在蛇身上还凸出许多小圆点。该器精细的刻工和繁缛的图案,充分反映了它既是一件难得一见的艺术佳作,又是一件代表了良渚文化时期意识观念的重要礼器。1986年上海市青浦福泉山良渚文化高台墓地出土,口径17.7、高18.8厘米(图二)。

椭圆浅盘高柄陶豆 形制呈椭圆形盘的陶豆仅见于良渚文化,是良渚文化陶器的特征之一。这件泥质黑衣灰陶豆的豆柄细长,施多道凸棱纹,犹如一株修长挺拔的

秀竹。豆柄下端扩展成喇叭形,显得精巧秀丽。1984年上海市青浦福泉山良渚文化高台墓地出土,口径12.6—16.6、高23.1厘米(图三)。

T形足陶甗 夹砂红陶。甗是一种炊器,可以隔水蒸煮食物。良渚文化陶甗继承了崧泽文化的风格,从外表看,其形态与陶鼎完全一样,甑釜混为一体。但是甗在器内中部凸出一圈宽棱,用来搁置一陶箅,在凸棱下有一个注水孔,可以在蒸煮食物时不用揭盖向甗内加水。

此甗有笠形盖,上有圈足形捉手。器足呈T字形,足两侧刻划竖向条纹,器身肩部饰三周凸弦纹。器表被烟炱熏黑,因而该甗是一件实用器。1987年上海市青浦福泉山良渚文化高台墓地出土,口径16.2、通高24厘米(图四)。

图二 禽鸟蟠螭纹陶豆

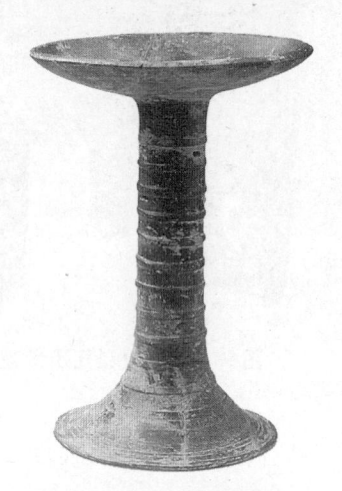

图三 椭圆浅盘高柄陶豆　　图四 T形足陶甗

禽鸟蟠蛇纹带盖双鼻陶壶 泥质黑衣灰陶。双鼻壶的盖、长颈、扁腹和圈足上,均刻满细密的花纹,洒脱而富有层次,是一件重要的礼器。壶盖上细刻鸟在飞翔时的侧视形象;长颈上满刻作螺旋形盘卷的蛇纹,蛇身上附有多个鸟首状小圆足;腹部刻纹则以蛇纹与鸟纹相间;圈足上细刻正视和侧视的两种飞鸟。无论是鸟纹和蛇纹,其身上都填刻云纹与横直弧线组成的图案。刻纹工整而纤细,充分展示了陶工的高超技艺。1983年上海市青浦福泉山良渚文化高台墓地出土,通高19、口径7.9厘米(图五)。

图五　禽鸟蟠蛇纹带盖双鼻陶壶　　　　图六　细刻纹阔把陶壶

细刻纹阔把陶壶　泥质黑衣灰陶。该器壶身浑圆、侈口、粗颈,下附圈足。壶口前侧上翘成宽流,相对的另一侧为半环形阔把,阔把外壁饰以密集的直条状纹,并附有两个小孔,用以穿绳系盖。壶身经过打磨,乌黑光亮,并刻满精细花纹;流下刻展翅飞鸟的正视形象;腹部的主题纹饰是数只图案化的飞鸟,鸟身填刻纵横相对的平行短线,双脚下垂,鸟尾分叉,具有浓郁的写实性;壶身的底纹是线条纤细如发丝的折线纹,刻工精细,一丝不苟。此器胎薄轻巧,器表显金属般光泽。该器造型优美、纹饰精美,是迄今良渚文化考古发现中仅见的一件艺术精品。1984年上海市青浦福泉山良渚文化高台墓地出土,高15厘米、腹径9.5厘米(图六)。

带盖双层陶簋　簋一般由器盖与器身组成,但唯独这件陶簋造型别具一格,分上、中、下三个部分组成:下部器身口沿上有一周子口,可以容盖,口沿外侧等距离排列三横鼻,斜折腹,圈足外撇;中部具备双重功能,既是下部的器盖,其捉手又成为另一件簋,口沿外侧同样具有三个横鼻;上部是器盖,捉手呈弧边三角形,似为一动物形象。这件双层陶簋在良渚文化中属首次发现。1983年上海市青浦福泉山良渚文化高台墓地出土,通高26厘米、口径25.2厘米(图七)。

红黄彩镂孔陶豆　陶豆是我国新石器时代最常见的盛食器之一。这件盆形豆,黑衣灰陶,敞口折腹,腹下有一周垂棱,器壁厚实,粗高把,下端外撇呈喇叭形。把上部饰两个长方形大孔以及圆形与弧边三角形组成的镂孔图案,下部饰圆形与弧边三角形组合的镂孔一周。全器施淡黄色与红褐色彩绘,所施红彩和黄

图七 带盖双层陶簋　　　　　　图八 红黄彩镂孔陶豆

彩极易脱落,不宜实用,因此推测该陶豆应该是礼仪用器。1987年上海市青浦福泉山良渚文化高台墓地出土,高12.1、口径21.4厘米(图八)。

竹节纹带盖陶熏炉　陶熏炉在我国新石器时代陶器中属首次发现。此器泥质灰陶,造型朴实,大口,斜直腹,矮圈足,腹部饰六周竹节纹。笠形盖上有六组圆形出烟孔,以三孔为一组,按三角形排列。熏炉内置香料或草药,暗火漫烟,可起到提神醒脑、消毒杀菌、驱除害虫、治疗疾病的作用,是我国医药卫生的一项独特创造发明。这是我国迄今发现的时代最早的熏炉,证明这一项医药科学技术,在新石器时代晚期就已出现并应用。1983年上海市青浦福泉山良渚文化高台墓地出土,高11、口径9.9厘米(图九)。

图九 竹节纹带盖陶熏炉

彩绘盖矮足陶匜　黑衣灰陶。此匜呈粗矮颈,扁球形腹,前端宽流高高昂起,后端宽扁把手微微上翘,犹如一只引颈高歌的水鸟。把手外侧刻划多道直条纹。器盖和器口宽流吻合,盖上施红彩。匜底微凸圆,下列三扁矮足。器盖后部与把手上端各有两个小孔,便于穿绳系盖。造型协调,匀称稳健。1983年上海市青浦福泉山良渚文化高台墓地出土,通高19、腹径18厘米(图一〇)。

图一〇 彩绘盖矮足陶匜

双阔把翘流陶匜 泥质黑衣灰陶。矮颈,宽流上翘,扁球形腹,矮圈足。器身两侧有两个对称的宽扁半环形阔把,把上两侧以直条纹作装饰,中间为素面,上端各钻双圆孔,其中有的孔未钻透,表明它们又是作为一种装饰使用的。与流相对的另一端凸出一个穿两孔的小錾,似为系盖。肩部饰三周凸棱纹。整器造型显得简洁朴实。1988年上海市金山亭林良渚文化墓地出土,高14.5、腹径15.5厘米(图一一)。

图一一　双阔把翘流陶匜　　　　　　图一二　浅浮雕双鼻陶壶

浅浮雕双鼻陶壶 泥质灰陶。器呈直口,旁附两小鼻,广肩,斜弧腹,矮圈足。肩部有两周凸棱,在每周凸棱之上装饰用减地法凸出的浅浮雕纹饰带,均以卷云纹和斜十字纹为一单元连续组合排列。卷云纹勾勒流畅,神韵飘逸;斜十字纹以直线相连,简洁明快。这种以减地法使勾画图案变成浅浮雕的装饰技法,在我国新石器时代各类古文化陶器中极为罕见。1988年上海市金山亭林良渚文化墓地出土,高14.4、口径7.8厘米(图一二)。

红彩高柄盖陶罐 泥质黑衣灰陶。该器造型奇特,罐盖上有一条细长束腰形高柄,下部呈喇叭形,上饰三道凸弦纹,并有一小圆孔。罐身为直口,广圆肩,扁圆腹,高圈足。圈足上镂刻三组由弧边三角形与叶形镂孔组成的图案。器表经过打磨乌黑光亮,并描绘多道红褐色宽带形彩绘。同墓出土计有两件高柄盖陶罐和一件鸟形黑陶盉,构成一组祭器。这是一件良渚文化陶罐中罕见的艺术珍品。1986年上海市青浦福泉山良渚文化高台墓地出土,通高21.8、口径7.6厘米(图一三、一四)。

鸟形陶盉 盉是一种盛酒器。泥质黑衣灰陶。此器造型别致,器口似鸟首,宽流上昂,器盖依口部形状正好吻合。扁核形的器腹,两侧凸出圆脊,腹下列三个小扁足,器背有一个绞索状环形把手。整器似一只伫立的企鹅,形象生动。制器所用陶土在各个部位有所不同,把手、三足和器底掺和细砂,其余部分则为细泥质。这件鸟形陶盉与两件高柄盖陶罐同时出土于一座良渚文化贵族大墓中,应是先民在举行重大祭

图一三　红彩高柄盖陶罐 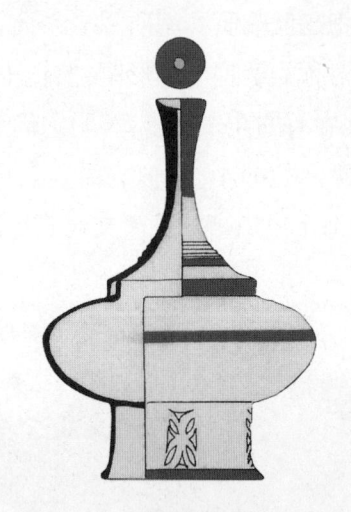　　图一四　红彩高柄盖陶罐(线描图)

祀仪式时使用的祭器。1986年上海青浦福泉山良渚文化高台墓地出土,通高19、腹径10—12.5厘米(图一五)。

图一五　鸟形陶盉 　　图一六　袋足陶鬶

袋足陶鬶　陶鬶是用于盛酒或水的器皿,也可兼作温煮用器。该器出土时,在底部和足部处尚遗留烟炱。器口前端有捏流,器身由三个高袋形足组成,背后有一宽扁的把手,造型别致。它的奇特造型和巧妙配置,给人以一种抽象的美感。其源流是从浙江河姆渡文化的两袋足加一鋬的异形鬶发展而来的。制作陶鬶用的陶土十分讲究,器身上部使用细泥,下半部则掺入一定比例的细砂,以提高其耐火性能,使它在温煮时不易破裂。1973年上海市金山亭林良渚文化墓地出土,高23.5厘米(图一六)。

带盖实足陶盉 陶盉是盛酒或盛水器,也可兼作温煮用器。泥质黑衣灰陶。器身呈蛋圆形,前端有粗矮颈,椭圆形器口,上覆器盖,盖后部穿两个小圆孔,以便穿绳将盖与把手连接。把手置在器身后部,下有三实足。整器造型优美。1961年上海市松江广富林良渚文化墓葬出土,高16、口径5.7—5.9厘米(图一七)。

图一七 带盖实足陶盉　　　　图一八 实足陶盉

实足陶盉 泥质灰陶。此器不同部位的胎质不同:器身泥质,把手、三足和器底却是夹砂的。蛋圆形器口,粗矮颈,蛋圆形器身上斜向饰一周凸棱。宽扁的把手上饰绞辫纹,器身下附三实足,其两足在前,一足在后与把手成一直线。造型优美,稳重中见灵巧。1972年上海市金山亭林良渚文化墓葬出土,高18、腹径15.2厘米(图一八)。

兽把陶盉 泥质灰黄陶。蛋圆形口,粗矮颈,蛋圆形腹,盉背附一扁体双角怪兽形把,把手上凿小凹点作斑纹,圜底附三扁足。太湖地区新石器时代遗址发现的动物骨角,都是麋鹿、梅花鹿、獐、鹿之类的,其中头上有叉角的为麋鹿、梅花鹿,但麋鹿身上没有明显的花斑,而梅花鹿则有之。因此,这件怪兽把身上饰小凹圆点斑纹,应是梅花鹿的抽象造型,别有情趣。1990年上海市金山亭林良渚文化墓地出土,高10.7厘米(图一九)。

狭带填刻纹双鼻陶壶 黑衣灰陶。敞口,高颈内收,扁鼓形腹,附圈足。在口、颈、腹和圈足上均饰有狭带纹和抽象的填刻纹。此壶的器表用尖锐利器刻划出来的线条都呈黑色,而未刻的部位

图一九 兽把陶盉

则呈灰白色,反差强烈,艺术效果极佳。它与其他黑陶器上的细刻纹纹样、线条呈白色的刻划程序不同,凡是线条呈白色的,是陶器经窑烧渗炭后再刻出来的,而这件陶壶上的刻纹是先在晾干的陶坯上刻成后再窑烧渗炭的。至于最后产生的这种黑白分明的特殊效果,或许是陶黑衣在日常使用的过程中自然脱落留下了线槽中的黑色形成的。1990年上海市金山亭林良渚文化墓地出土,高13.5、口径8.4厘米(图二〇)。

大口圈足陶杯 泥质黑衣灰陶。杯口微敛,半球形深腹,小圈足外撇。在口沿与下腹部位各有一周压印的凹点纹。造型简朴。1972年上海市金山亭林良渚文化墓葬出土,高10.5、口径12厘米(图二一)。

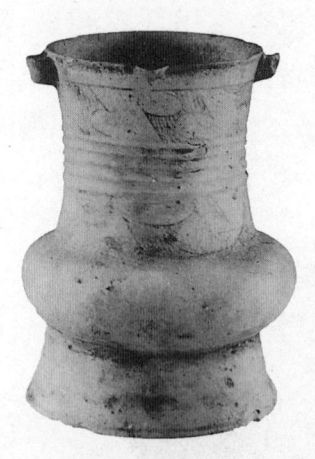

图二〇　狭带填刻纹双鼻陶壶

图二一　大口圈足陶杯　　　　图二二　带盖三鼻陶罐

带盖三鼻陶罐 泥质黑衣陶。此罐造型新颖,罐盖呈笠形,小圈足式捉手,罐口比较小,斜肩,肩部突出一周直沿,直沿旁附三个小鼻。罐腹丰满,矮圈足。装饰简洁,仅在圈足上饰两周凸弦纹与六个长方形镂孔。尤其值得重视的是,陶罐的圜底上有一个形似"井"字的刻文。1988年上海市金山亭林良渚文化墓葬出土,通高19.6、口径8.4厘米(图二二)。

菱形纹大陶缸 夹粗砂红陶。口微外侈,深腹内收,尖圜底,底穿一圆孔。器表粗糙,口沿稍薄,向下至圜底由1厘米骤然增厚至3—4厘米。缸上部饰六周凸起的菱形纹。出土时器内留有动物骨骸。此类器有的底无孔,常出自良渚文化大墓的北侧,有的在祭祀使用的人牲旁,也有在堆有红烧土的祭坛上发现的,是一种祭祀用器。

1982 年上海市青浦福泉山良渚文化高台墓地出土,高 40.4、口径 33.4 厘米(图二三)。

图二三 菱形纹大陶缸　　　　　　图二四 彩陶背壶

彩陶背壶 盛水器。泥质橘黄陶。器形丰满高大,直颈,弧肩,弧腹,平底。弧腹一侧扁平,肩部斜置一对半环形耳,弧腹下部还凸出一个鸟喙形纽。这种耳、纽的设置便于将背绳套在凸纽上,穿过双耳,舒适地背起背壶。器表以淡黄色彩作底,颈部绘一周红褐色的宽带纹与四周平行弦纹,器身绘漩涡形图案。从陶质、陶色、器形和纹饰等特征来看,该器具有黄河下游山东大汶口文化彩陶特征,而现在却在上海地区良渚文化贵族大墓中出土。因此,它可能反映了在 4 000 多年前,上海良渚文化先民已与山东大汶口文化先民建立了某种联系。这在太湖地区考古中尚属首次发现。1984 年上海市青浦福泉山良渚文化高台墓地出土,高 30、口径 8.2 厘米(图二四)。

通过对上述上海地区各良渚文化墓地出土陶器珍品的具体赏析,笔者相信会帮助大家对良渚文化时期制陶工艺所取得的成就有个初步了解,并产生浓厚的兴趣。4 000 余年前,处于新石器时代良渚文化时期的上海先民们,在制陶工艺上充分发挥了聪明智慧和艺术创造才能,给我们留下了珍贵的文化瑰宝。

(原载于《收藏家》2008 年第 1 期)

良渚文化陶器上的细刻纹饰鉴赏

良渚文化是我国长江下游太湖地区的一支新石器时代晚期文化遗存,因在1936年首次发现于浙江省杭县(今余杭县)的良渚镇而得名。自从1936年发现这一古文化至今,已有半个多世纪了。在这一段历史时期内,由于浙江、江苏和上海两省一市广大考古工作者的共同努力、辛勤探索,到目前为止,在浙江、江苏和上海两省一市的广大地区,发现的良渚文化遗址已有200多处,考古工作者先后对其中30余处遗址进行了试掘和发掘,取得了很多重大突破。特别是在70年代以后,随着江苏省吴县草鞋山[1]、张陵山[2]、武进县寺墩[3]、上海市青浦县福泉山[4]、浙江省余杭县反山[5]、瑶山[6]等处一批土筑高台上的良渚文化大墓的发现,又获得了许多新的实物资料,使我们对良渚文化的认识有了很多新的进展。

良渚文化时期,多种农业生产工具的出现和使用,耕种技术的改进和耕种规模的扩大,促使原始农业有较大的发展。而随着当时农业社会经济的发展,各项手工业如制陶、制玉、纺织业等也跟着兴旺起来。良渚文化的制陶手工业与距今5 000余年的崧泽文化时期相比,又有了进一步的发展,很可能已形成一个专业性的手工业作坊。良渚文化时期的陶器,以夹细砂的灰黑陶和泥质灰胎黑衣陶为主,此外还有夹砂红陶和少量泥质红陶。当时在陶器的制作技术方面,除了已普遍运用高超的轮旋成型的方法以外,一些精制的陶器的器表还经过打磨,入窑烧制时采用还原和渗炭的方法,因此良渚黑陶乌黑光亮,外表类似金属器皿,造型美观,品种丰富多彩。器表除常见的凹凸弦纹外,还有少量精细的刻划纹装饰、镂孔和施以彩绘图案。工艺之精湛,令人赏心悦目,爱不释手。在造型上习见贯耳、双鼻、圈足、三足、阔把、翘流和竹节形把,代表性的器形有鱼鳍形足或断面呈丁字形足的鼎、三柱足盉、竹节形把的豆、高颈扁腹带圈足双鼻壶、鱼篓形贯耳壶、翘流直筒形腹阔把壶、大圈足盘或盆以及阔把杯等。

本文拟就目前考古发现良渚文化陶器上的细刻纹饰作一展示和探索,敬请专家、学者指正。

一、良渚文化陶器上的细刻纹饰展示

良渚文化陶器上的细刻纹饰,就现已发现的资料加以综合排比与分类,计有兽面与鱼、鸟、蛇纹组合,圆镂孔纹与弦纹组合,圆涡纹与曲折纹、云雷纹组合,鸟纹与折线纹、直条纹组合,鸟纹与网格纹、折线纹组合,鸟纹与折线纹组合,鸟纹与圆涡纹、编织纹组合,蛇纹与圆涡纹、新月形、圆镂孔纹组合,蛇纹与飞鸟纹组合等图案。现分述如下:

(一) 兽面、鱼、鸟、蛇纹组合图案

1974年,南京博物院、江苏省吴县文物管理委员会联合对江苏省吴县澄湖古井[7]作了清理发掘,其中有一件出土器物——良渚文化泥质黑衣灰陶罐(74 WCH 采231)的器腹部位,刻有兽面、鱼、鸟和蛇纹组合图案(图一)。

图一 兽面鱼、鸟、蛇纹组合

(二) 圆镂孔纹与弦纹组合图案

1987年,上海市文物管理委员会对上海市青浦县福泉山遗址进行发掘,其中出土一件良渚文化泥质灰陶豆(福M144∶29)的高圈足上部饰数周凹弦纹,下部遍饰圆镂孔纹(图二)。

(三) 圆涡纹与曲折纹、云雷纹组合图案

1990年,上海市文物管理委员会对上海市青浦县寺前村遗址[8]进行考古发掘,其中发现一件良渚文化泥质

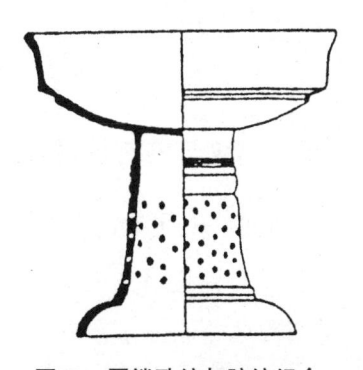

图二 圆镂孔纹与弦纹组合

黑衣灰陶双鼻壶(90寺M4:1)的壶口双鼻下端,各饰一云雷纹,壶颈上部饰以两周曲折纹,其下部位遍饰圆涡纹(图三)。

（四）鸟纹与直条纹、折线纹组合图案

1983年,上海市文物管理委员会对上海市青浦县福泉山遗址进行发掘,其中出土一件良渚文化泥质黑陶阔把壶(福M65:2),侈口、粗颈、壶身浑圆、下附圈足。壶口前侧上翘成宽流,相对的另一侧附一阔把手,阔把外侧饰以密集的直条纹,上有两个小圆孔,用于穿绳系盖。壶身经过打磨,整体乌黑光亮,并刻满精细花纹。在它的流部,是一只双翼展开的飞鸟正面形象；壶腹部位的主体纹饰是十余只向下飞翔的鸟,鸟身填刻云纹与纵横相对的平行短线,双足下垂,鸟尾分叉,具有浓郁的写实性；通体陪衬饰以折线纹,线条纤细如发丝,真是一丝不苟。该器造型优雅、纹饰精美,是迄今良渚文化考古发现中不可多得的艺术珍品(图四)。

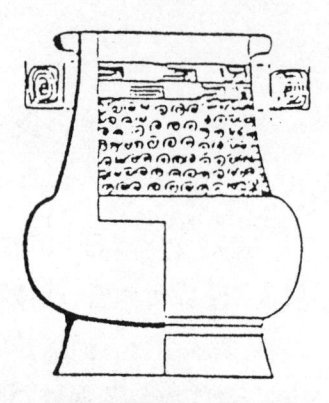

图三 圆涡纹与曲折纹、云雷纹组合

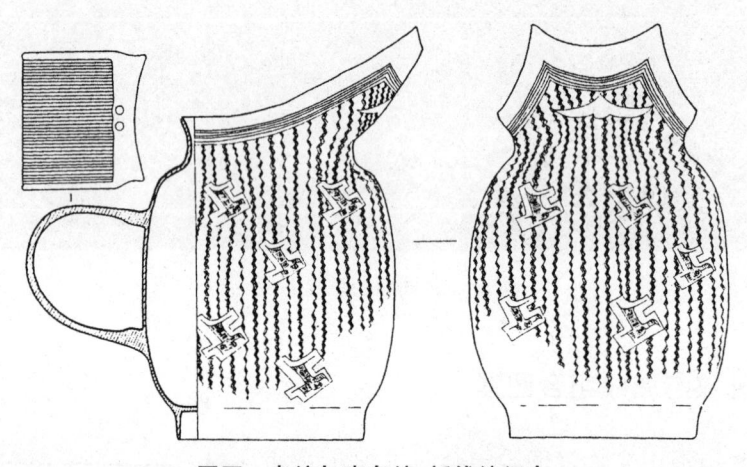

图四 鸟纹与直条纹、折线纹组合

（五）鸟纹与网格纹、折线纹组合图案

1961年,上海市文物管理委员会对上海市松江县广富林遗址[9]进行考古发掘,其中出土一件良渚文化泥质黑衣陶带盖鼎(广M2:7),器呈侈口,唇外卷、束颈、扁圆腹、圜底,下附三丁字形足。器颈和腹部饰四周平行弦纹,鼎足面饰横列弦纹,鼎足侧面各饰两弧形镂孔纹,鼎盖面上饰一圈网格纹,中央部位饰有四只展翅翱翔的鸟的正面形象图案。

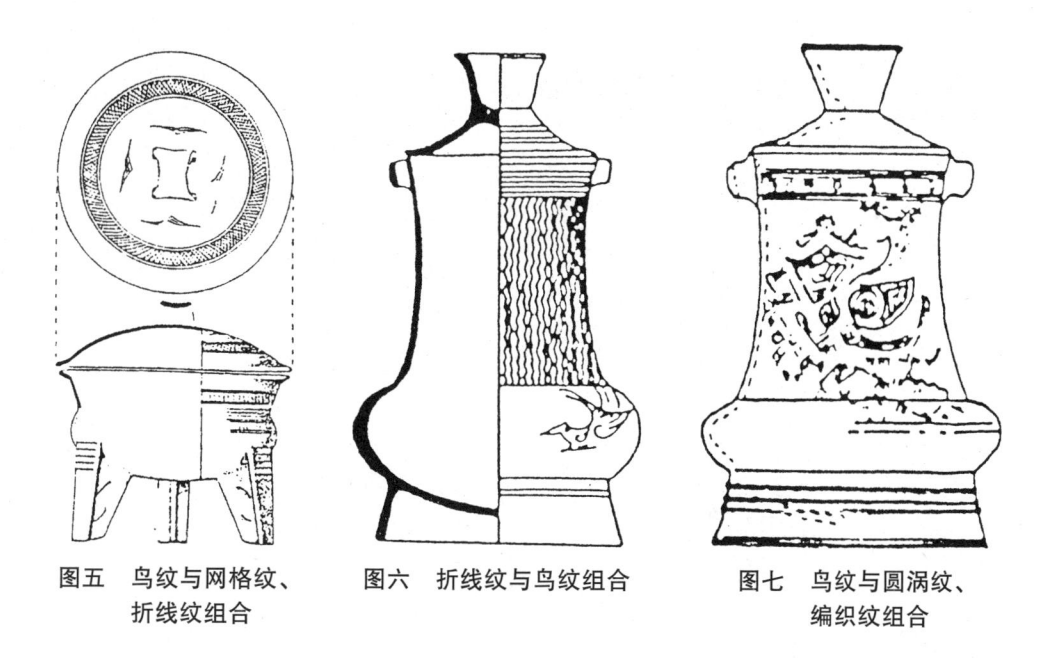

图五　鸟纹与网格纹、折线纹组合　　图六　折线纹与鸟纹组合　　图七　鸟纹与圆涡纹、编织纹组合

(六) 折线纹与鸟纹组合图案

南京博物院在对江苏省吴县草鞋山遗址的发掘中,发现一件良渚文化泥质黑衣陶带盖双鼻壶(草 M198Ⅱ：7),壶口沿、器盖和圈足部位饰数周平行弦纹,壶颈部位遍饰繁缛的折线纹,腹部饰展翅的飞鸟图案(图六)。

(七) 鸟纹与圆涡纹、编织纹组合图案

南京博物院在对江苏省吴县草鞋山遗址的发掘中,发现一件良渚文化泥质黑衣陶带盖双鼻壶(草 M198Ⅱ：6),壶口外沿和圈足部位,饰数周弦纹,其间饰圆涡纹,而在壶腹中心部位饰一细刻昂首展翅翱翔的飞鸟纹,并在其周围饰短线组成的编织纹(图七)。

(八) 蛇纹与圆涡纹、新月形、圆镂孔纹组合图案

1983 年,上海市文物管理委员会对上海市青浦县福泉山遗址进行考古发掘,其中出土一种良渚文化黑陶带盖鼎(福 M65：90),器高 26 厘米,口径 26 厘米。它的造型稳重端庄,器盖为浅覆盆形,宽扁式捉手,器身侈口、折沿、浅腹、底部近平,器足为良渚文化典型的丁字形足。鼎盖边沿以两镂孔为一组,共有三组镂孔,孔位与带镂孔的三鼎足相对,可穿绳封盖。鼎足上镂刻圆形与新月形孔,鼎身与鼎盖上满刻细密的

花纹,纹饰的基本单元为螺旋盘卷的蛇纹,蛇身上填刻云纹与横直线组成的图案,在蛇身上还凸出多个小圆点,另在器腹部位饰八条平行弦纹。端庄的造型与神秘的刻纹,反映了良渚文化特殊的意识观念(图八)。

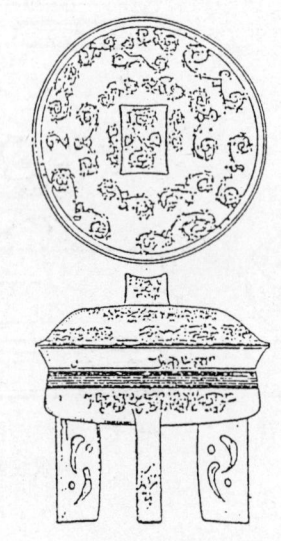

图八　蛇纹与圆涡纹、新月形、圆镂孔纹组合之一

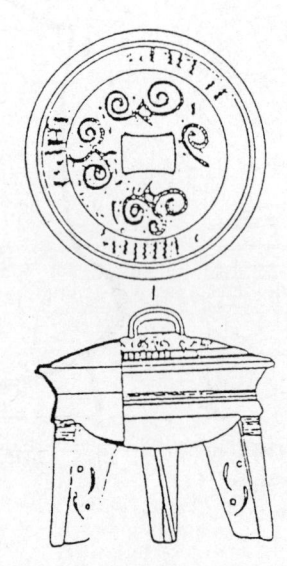

图九　蛇纹与曲折纹、新月形、圆镂孔纹组合之二

另外,南京博物院在对江苏省吴县草鞋山遗址的考古发掘中,亦发现一件良渚文化黑陶带盖鼎(草M198Ⅰ:2),其造型与上述上海青浦福泉山出土的一件基本类同,稍有不同的仅是鼎的底部呈弧圆形。它的鼎盖中央部位,细刻四组螺旋盘卷的蛇纹,而在鼎盖面上的两周圆弧纹之间,饰有曲折纹,器腹和鼎足面上部位饰多道平行弦纹,鼎足上刻圆形与新月形镂孔图案(图九)。

(九) 蛇纹与飞鸟纹组合图案

1983年,上海市文物管理委员会对上海市青浦县福泉山遗址进行发掘,其中出土一件良渚文化黑衣陶带盖双鼻壶(福M74:166),器高19厘米,口径7.9厘米。在它的壶盖、长颈、扁腹和圈足部位上,刻满细密的花纹,洒脱而富有层次。壶盖上细刻鸟在飞翔时的侧视形象;长颈上满刻作螺旋形盘卷的蛇纹,蛇身上附有多个小圆点;腹部刻纹则以蛇纹与鸟纹相关;圈足上细刻正视与侧视的两种飞鸟形象。无论鸟纹与蛇纹身上都填刻云纹与横直弧线组成的图案。刻纹工整而纤细,充分展示了良渚文化制陶工艺的高超技艺(图一〇)。另外,在这同一良渚文化大墓中,还出土一件良渚文化黑衣陶双鼻壶(福M74:66),器高16.2厘米,口径9厘米。其造型与上述的一件完全相同,所不同的仅是未带器盖。在它的壶颈和器腹的上半部位,满刻鸟首蛇身纹,蛇身和主纹底部的空隙部位,填刻多个小圆点;圈足上则满饰鸟在飞翔时的侧视形象。姿态各异,形象生动(图一一)。

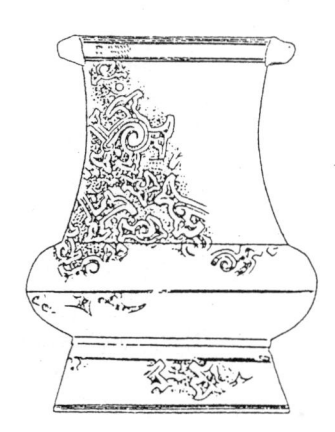

图一〇　蛇纹与飞鸟纹组合之一 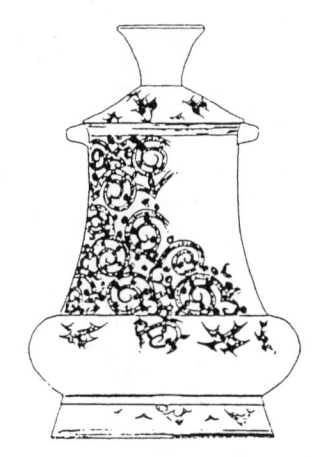　　　图一一　鸟首蛇身纹与飞鸟纹组合

上海青浦福泉山遗址的另一座良渚文化大墓也出土一件良渚文化黑衣陶高圈足豆(福 M101∶85、90),器高 18.8 厘米、口径 17.7 厘米。造型为敞口、折腹式豆盘和喇叭形高圈足。在豆盘内外壁面和圈足上,细刻鸟纹和蛇纹组合图案。鸟纹以三鸟或四鸟作为一个单元,有的两边是两只侧面形象的飞鸟,鸟首相对,尖长喙、圆首、曲体、长尾上翘,两鸟之间,又有一只或二只展开双翼飞翔的鸟的正视形象。这两种不同形象的鸟身均填刻云纹与短直线。三鸟或四鸟栩栩如生,在良渚文化陶器的细刻鸟纹中最为形象与具体。豆盘内、外壁面,刻有三鸟或四鸟图案,圈足上以凸棱纹分隔,刻有六周三鸟图案。豆盘外与四鸟纹相间,还饰有螺旋盘卷的蛇纹,蛇身也填刻云纹与短直线。此外在蛇身上还凸出多个小圆点。此器纹饰繁缛、刻工精细,形象生动,既是一件不可多得的艺术珍品,又是一件代表了良渚文化时期意识观念的重要礼器(图一二)。

二、有关良渚文化细刻纹饰陶器若干问题的探索

(一) 良渚文化细刻纹饰陶器的分期问题

上述良渚文化陶器上的细刻纹饰图案显示,良渚文化时期的先民们在长期的生

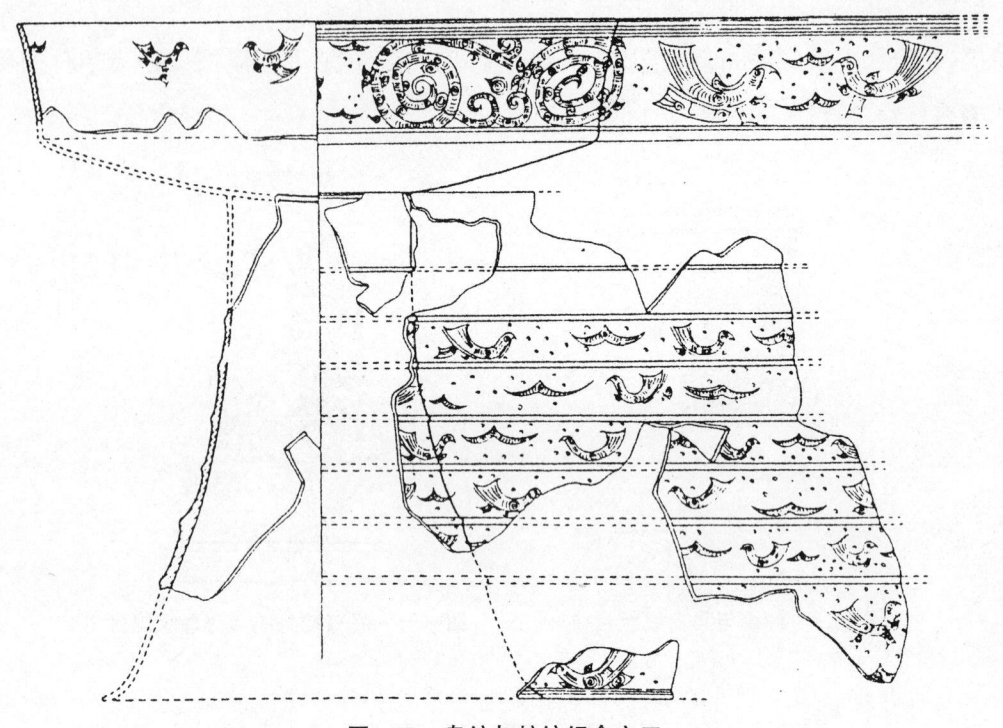

图一二　鸟纹与蛇纹组合之二

产劳动实践中观察自然界各种物体的动态与静姿,并通过酝酿和提炼,从而产生艺术创作的欲望以及对美的认识。这种欲望和认识由萌芽状态逐步提高、深化,并趋向成熟。笔者根据近年来对良渚文化陶器纹饰演变的分析研究,可将纹饰试分为一、二、三期,而二、三两期又可分偏早、偏晚两个阶段。[10]现简述如下:

　　良渚文化一期陶器纹饰,综合各地发现的实物资料与地层关系的排比,比较原始单一,主要是以几何形纹样的应用最为普遍,计有直条纹、波浪纹、弦纹与圆形镂孔纹组合、网格纹、弧线三角形与圆形镂孔纹组合、弧线三角形与双点纹组合和菱形纹等等,偶尔也出现某些动物纹饰和鱼纹等。

　　良渚文化二期(早段)陶器纹饰,除继续使用一期出现的直条纹、弦纹、镂孔和彩绘等图案外,新出现的纹饰有折线纹、兽面、鱼、鸟和蛇纹组合等图案;良渚文化二期(晚段)陶器纹饰,除继续沿用直条纹、弦纹、圆形镂孔纹外,还新出现鸟纹、圆涡纹与曲折纹、云雷纹组合、抽象鸟纹与云纹组合等图案。

　　良渚文化三期(早段)陶器纹饰,除继续沿用直条纹、弦纹、镂孔纹和菱形纹外,还出现瓦棱纹、锥刺纹和细刻曲折纹与鸟纹组合等图案;三期(晚段)陶器纹饰是良渚文化的鼎盛期,除继续使用前二期常用的直条纹、弦纹、镂孔纹、弧线三角形与其他纹饰组合、锥刺纹和鸟纹等图案外,还新出现很多纹饰,诸如斜线交错纹、篮纹、蛇纹与新月形、圆镂孔纹组合,特别是以细刻纹饰——鸟纹或蛇纹为母题组成的图案,层出不穷,例如鸟纹与网格纹、曲线纹组合,鸟纹与圆涡纹、编织纹组合,抽象鸟纹与云纹组合,蛇纹与圆涡纹、新月形圆镂孔纹组合,蛇纹与飞鸟纹组合图案等。

综上所述,良渚文化的细刻纹饰最先出现在良渚文化二期(早段),此后在良渚文化二期(晚段)和良渚文化三期的早、晚段,才有较多使用。细刻纹饰的主要母题纹饰是鸟纹和蛇纹。

(二)良渚文化细刻纹饰陶器的用途问题

据笔者观察,浙江、江苏和上海两省一市历年来考古发现的良渚文化细刻纹饰陶器,绝大多数都出土于良渚文化大墓,而与细刻纹饰陶器共存的,一般有玉制璧、琮、钺等器物。玉璧、玉琮,是良渚文化时期进行原始宗教活动的礼器,目前在学术界都已取得共识。至于玉钺的用途,据《尚书·牧誓》载:周武王"左杖黄钺"。而在浙江余杭反山良渚文化大墓中,曾出土一件置于墓主人骨架左手旁的玉钺,这证实此一礼仪习俗延续至周已有2 000余年。又据《左传》记载:"国之大事,在祀与戎"。《管子·重令》曾对杖、斧、钺的作用作过解释:"凡先王治国之器三……三器者何也?曰:号令也,斧钺也,禄赏也。……三器之用何也?曰:非号令毋以使下,非斧钺毋以威众,非禄赏毋以劝民。"因此,可以认为:玉钺是掌握军事统帅权力和地位的象征,也是一种礼器。而与玉璧、玉琮、玉钺等一起随葬的细刻纹饰陶器,制作都特别精致,纹饰极为细密,尤其是良渚黑陶是使用还原焰加渗炭烧成的,不能作炊煮使用,否则陶色变红,细密的刻纹一遇烟熏,都将被湮没。因此,良渚文化细刻纹饰陶器也应该是专属于当时有特殊社会地位的人物所有的,是作为祭祀或其礼仪场合用的礼器。

(三)关于良渚文化细刻鸟纹纹饰的探索

良渚文化陶器纹饰从第二期起开始出现鸟纹图案,发展到第三期,以鸟纹为主体的细刻纹饰在很多陶器上发现。此外,在上海福泉山、浙江反山、瑶山和江苏草鞋山等良渚文化大墓出土的很多玉器上,也刻有各种姿态的鸟纹图案(图一三),这是一个很值得研究和探讨的问题。笔者认为,良渚文化鸟纹图案如此流行是由很多因素促成的,而其作为一定的社会意识形态的反映,具有特定的社会功能是主要的原因。有的学者提出:"商周青铜器上的动物花纹(鸟兽之类的纹样),是与原始宗教祭祀有关的精灵(或形象),是原始巫师在人神之间交通的一种工具。"[11]这是很有见地的。笔者认为:商周青铜器上的鸟兽之类动物纹样,有些是沿袭原始社会氏族部落文化的艺术图像而来的。在原始氏族社会时期,先民们在向自然界争取生存的斗争中,势必会遇到很多困难,对自然界发生的各种现象也无法作出科学解释,便认为只有祈求神给予保佑。而神在天上,原始人无法直接与之相通,看到鸟能腾空飞翔,具有神奇的魔力,希望借助它的力量,以达到与神相通的目的。因此,在很多祭祀礼器上发现细刻鸟纹图像,这既反映原始先民在思想意识上对鸟的崇拜,又反映了他们的虔诚愿望,祈求通过鸟的神奇魔力,以沟通人神之间的交往。

图一三　良渚文化陶器、玉器上的各式鸟纹

注释

[1] 南京博物院:《江苏吴县草鞋山遗址》,载《文物资料丛刊》(3),文物出版社,1980年。
[2] 南京博物院:《江苏吴县张陵山遗址发掘简报遗址》,载《文物资料丛刊》(6),文物出版社,1983年。
[3] 南京博物院:《江苏武进寺墩遗址的试掘》,《考古》1981年第3期;南京博物院:《1982年江苏常州武进寺墩遗址的发掘》,《考古》1984年第2期;汪遵国:《良渚文化"玉敛葬"述略》,《文物》1984年第2期。

[4] 上海市文物保管委员会:《上海福泉山良渚文化墓葬》,《文物》1984年第2期;上海市文物保管委员会:《上海青浦福泉山良渚文化墓地》,《文物》1986年第10期;孙维昌:《福泉山良渚文化墓地剖析》,《南方文物》(1993年第3期)。
[5] 浙江省文物考古研究所反山考古队:《浙江余杭反山良渚墓地发掘简报》,《文物》1988年第1期。
[6] 浙江省文物考古研究所:《余杭瑶山良渚文化祭坛遗址发掘简报》,《文物》1988年第1期。
[7] 南京博物院、吴县文物管理委员会:《江苏吴县澄湖古井群的发掘》,载《文物资料丛刊》(9),文物出版社,1985年。
[8] 上海文物管理委员会:《上海青浦寺前村遗址试掘资料》,待发表。
[9] 上海市文物保管委员会:《上海市松江县广富林新石器时代遗址试探》,《考古》1962年第9期。
[10] 孙维昌:《良渚文化陶器纹饰研究》,载《上海博物馆集刊》(6),上海古籍出版社,1992年。
[11] 张光直:《商周青铜器上的动物纹样》,《考古与文物》1981年第1期。

［原载于《(台北)故宫文物月刊》1994年第140期］

上海出土的古代玉器珍品鉴赏

中国素有"玉石之国"的美誉,是世界上用玉最早的国家。目前的考古发掘资料表明,我国的琢玉工艺起源于新石器时代,至今已有7 000多年的悠久历史。中国古代玉器源远流长,内涵丰富,曾对古代社会生活产生深远影响,并以其精湛的制作技艺、优美造型和绚丽色彩而著称于世,在世界物质文化和精神文化中闪耀着独特光辉。

建国50年来,上海市文物管理委员会、上海博物馆的考古专家们辛勤工作,已经在上海地区发现了28处自新石器时代至唐宋时期的古文化遗址,并清理发掘了550多座战国至明清时期的墓葬。从而证明,上海市也是一个历史文化名城。特别是其中有不少墓葬有随葬玉器,并且有些是带有纪年的墓葬,这为我们确定这些出土文物的具体年代,以及进一步了解和研究各时代用玉和玉作业的情况,提供了新的重要实物例证。

随着我国文物考古事业的蓬勃发展,过去沉睡于地下数千年的文物、遗迹被大量地揭示出来,以及古玉收藏热的提升,促使某些不法商人为牟取暴利,不惜采取各种作伪手段,制作仿古玉器以假充真,以致在一些古玉市场上往往存在着真赝共存的现象,这使很多玉器鉴赏家、玉器收藏家和玉器爱好者深感头痛。笔者有幸参加上海文物考古工作数十年,曾长期从事田野考古发掘、整理和研究工作,积累了一些实际工作经验和点滴体会。现愿以个人一得之见,选择上海地区出土的部分玉器珍品作一介绍和交流,以飨读者,主要目的是希望能起到抛砖引玉的作用,并请专家、学者指正。

兹结合出土玉器逐一叙述于下。

战国　夔龙谷纹玉璧

青玉质地,呈深绿色,因受沁个别部位略带白色沁斑,扁圆形,中穿一孔。两面纹饰相同,每面均分内外二层纹饰,内层饰谷纹,外层饰四组夔龙纹,围成一圈,内外层之间以绳索纹间隔。此夔龙纹结构为一首双身,用细阴刻线刻划出眼、鼻、腮部,无嘴,额宽阔,生角,躯分叉,向两边环绕。这一玉璧制作精致,布局严谨,线条流畅,是同类玉璧中的上品。

一首双身夔龙纹,在商代已有出现,延续至战国,汉代盛行。器直径19.2厘米,好径5.2厘米,厚0.5厘米(图一)。1983年上海青浦福泉山战国墓出土,位于该墓墓主人头部左侧。[1]与该玉璧共存的,尚有谷纹小玉璧和陶器鼎、豆、壶、盒、罐等共11件。从这些陶器的文化特征分析,该墓具有浓厚的楚国文化风格。现藏上海博物馆。

图一 夔龙谷纹玉璧
战国(公元前475—前221年) 直径:19.2厘米
好径:5.2厘米 厚:0.5厘米 上海市青浦县
福泉山战国墓出土 上海博物馆藏

宋 青玉罗汉

玉质因受沁呈灰色,圆雕一直立罗汉,五官端正,昂首正视,眉呈一字纹,面相神情庄重、虔诚,身披袈裟,衣褶飘逸,袒胸,双手置于胸前,作合十施礼状,反映出宋代圆雕特有的风貌。整体形象生动,令人肃然起敬。器高9.65厘米(图二)。

1993年12月,上海松江西林塔天宫出土。[2]现藏上海博物馆。

图二 青玉罗汉
宋代(960—1279年) 高:9.65厘米
上海市松江县西林塔天宫出土 上海博物馆藏

元 青玉莲鹭纹炉顶

玉炉顶即香炉盖之纽,宋、元时期常见。

青玉质地,温润,其中一只鹭鸶稍有受沁呈白色斑。器呈椭圆形,薄片状底座,座上透雕荷塘一隅,三只鹭鸶驻足于荷叶丛中,神态悠闲;荷叶迎风卷曲深凹,茎脉用双阴线刻划,写实生动。构图疏朗、圆浑,反映了元代琢玉工艺的特征。器高5厘米,宽4.6厘米(图三)。

1952年4月,上海市青浦县元代任仁发家族墓群出土。[3]据该墓群出土的墓志铭记载,其落葬时间在公元1327年至1353年之间,这为确定此玉器珍品的具体年代,提供了重要佐证。现藏上海博物馆。

图三 青玉莲鹭纹炉盖
元代(1206—1368年) 高:5厘米 宽:4.6厘米
上海市青浦县元代任氏墓群出土 上海博物馆藏

明 白玉螭虎纹挂牌

玉质洁白滋润,表面光泽较好,呈扁长方形。正、背面通体浅浮雕螭虎纹饰,一作上跃飞舞回眸状,另一作跳跃飞舞状,形象生动。挂牌四周侧面均饰浅浮雕彩云纹,上端还有一半圆形孔(惜已残断),可系绳佩挂。器高5.4厘米,宽2.6厘米,厚0.75厘米(图四、图五)。

1966年4月,上海市宝山县明代朱守城夫妇合葬墓出土。[4]根据墓中随葬的砖、石买地券记载,该墓落葬于明万历四年(1576年)和明万历九年(1581年),这为确定白玉挂牌的具体年代,提供了重要佐证。现藏上海博物馆。

明 白玉卧犬木镇纸

文房用具。镇纸为红木制作,中间嵌一圆雕白玉犬,作卧地俯伏状,双目圆睁直视前方,形象生动。器长28厘米,宽2.8厘米,高3.4厘米(图六)。

1966年4月,上海市宝山县明代朱守城夫妇合葬墓出土。[5]现藏上海博物馆。

·上海出土的古代玉器珍品鉴赏·

图四 白玉螭虎纹挂牌

明代(1368—1644年) 高：5.4厘米 宽：2.6厘米 厚：0.75厘米 上海市宝山县明朱守城墓出土 上海博物馆藏

图五 白玉螭虎纹挂牌正、背面、侧面纹样展开图(拓本)

明 白玉镂空灵芝纹佩

我国古代有"古之君子必佩玉"、"君子无故，玉不去身"的说法，所以凡是有一定社会地位的人，都随身携带一件乃至数件佩玉，以显示其有一定的社会身份。因此，

图六 白玉卧犬木镇纸

明代(1368—1644年) 高：3.4厘米 长：28厘米 宽：2.8厘米
上海市宝山县明朱守城墓出土 上海博物馆藏

在古代玉器中，佩玉流传下来的数量甚多。

这件玉佩，玉质白色，因受沁间有灰色。器形呈上圆下方，似窗棂状，上部作透雕拱形绦环，长方框内以四股曲折重叠纹组成"十"字状镂空纹，中心镂空开光雕一灵芝图案，象征吉祥如意。从这件镂空玉佩的琢玉工艺水平来看，充分反映了明代玉工的高超技艺，令人赞叹。器长4.1厘米，宽2.4厘米(图七)。

1969年，上海市浦东明代陆深墓群出土。[6] 根据陆深石刻墓志铭和其子陆楫木质朱书买地券记载：陆深卒于明嘉靖二十三年(1544年)，陆楫卒于明嘉靖三十一年(1552年)，这为推断该文物珍品的相对年代，提供了重要佐证。现藏上海博物馆。

图七 白玉镂空灵芝纹佩

明代(1368—1644年) 高：3.8厘米
上海市浦东明陆深墓群出土 上海博物馆藏

明 白玉童佩

玉质晶莹，圆雕一儿童，头梳儿童发式，用深打磨的方法使五官突出，布局合理,脸含天真微笑。左脚独立,屈右腿作登步状,腿上伏一螭虎,左肩上逗留一鸟,衣襟飘然,形像显得天真活泼。儿童脑后有一圆孔,可系绳佩挂。器高3.8厘米(图八)。

1969年,上海市浦东明代陆深墓群出土。[7]现藏上海博物馆。

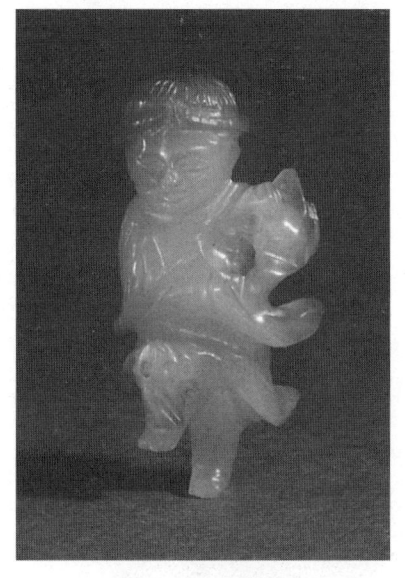

图八 白玉童佩
明代(1368—1644年) 高:3.8厘米
上海市浦东明代陆深墓群出土 上海博物馆藏

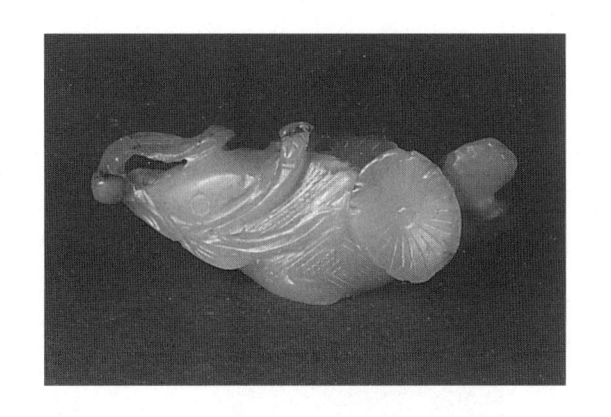

图九 白玉鱼佩
明代(1368—1644年) 长:6.4厘米 宽:2.7厘米 上海市浦东明陆深墓群出土 上海博物馆藏

明 白玉鱼佩

玉质润净,器形作鲤鱼嬉莲,呈翅嘴、厚唇、大圆眼、菱形鳞、收分水鳍,鱼尾侧而劲,鱼口衔荷叶漫游河中,神态生动。器长6.4厘米,宽2.7厘米(图九)。

1969年,上海市浦东明代陆深墓群出土。[8]现藏上海博物馆。

著名考古学者杨伯达先生在鉴赏上述白玉童佩和白玉鱼佩两件珍品时,曾作这样的评论:"白玉童佩天真活泼,白玉鱼口衔荷叶游河中,二者做工均不够考究,有失严谨,但颇有生气则是它们的可取之处,这是此期(明中期)玉佩的特点。"[9]

明　白玉螭龙纹发簪

发簪是古代绾发或固冠于发的用具,先秦时称笄,西汉后称簪,一直沿用至今。

发簪顶端饰一浮雕麒麟,作回首状,底座细刻窗棂纹。簪体为方形,簪身四面分别阴刻螭龙纹及"寿比南山"、"福如东海"双钩楷书的吉祥词语。器长11厘米(图一〇)。

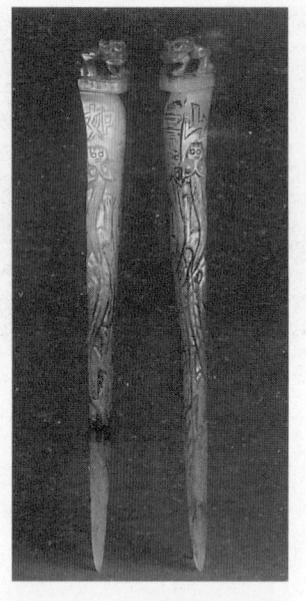

图一〇　白玉螭龙纹发簪
明代(1368—1644年)　长：11厘米　上海市浦东明陆深墓群出土　上海博物馆藏

图一一　白玉发冠
明代(1368—1644年)　高：3.1厘米　长：5厘米　宽：2.8厘米　上海市浦东明陆深墓群出土　上海博物馆藏

1969年,上海市浦东明代陆深墓群出土。[10]现藏上海博物馆。

明　白玉发冠

冠面内外平滑光泽,侧面有三对不同形状的贯孔,其下孔为圆形,内可插发簪。该玉束发冠无梁,正与墓主人的身份相符。器长5厘米,宽2.8厘米,高3.1厘米(图一一)。

1969年,上海市浦东明代陆深墓群出土。[11]现藏上海博物馆。

明　白玉观音插扦

玉质受沁，局部呈灰白色，上部圆雕一白玉观音，立于锤金莲花座上。其面长方，略带笑容，右手放在胸前执一云扫，神态肃穆，衣着飘然，胸前用金丝缠绕并嵌红宝石一颗。玉观音高5.5厘米，长10厘米，宽3厘米(图一二)。

1969年，上海市浦东明代陆深墓群出土。[12]现藏上海博物馆。

明　白玉幻方

玉质洁白，器呈长方形，上端有两贯耳可系绳佩挂。正面为一圆凸面，阴刻阿拉伯文字"万物非主，唯有真宰，穆罕默德为其使者"。这是《古兰经》中一般称为"清真言"的一段文字。背面方框四行十六格，每格内填一阿拉伯数字，数字形体是13世纪时的阿拉伯文，隶定为现代通用数字。它是继元代西安王府出土铁幻方后的又一重要发现。此幻方为四四纵横图，这里使用的数字，从1到16，一共16个数字。它们分作四行排列，纵横、横行和对角，各四个数字，相加之和均为三十四。由于幻方具有一定的神秘性，所以其成为伊斯兰教徒佩以辟邪、护身的信物。器长3.6厘米，通高3.5厘米，厚0.75厘米(图一三、图一四)。

图一二　白玉观音插扦
明代(1368—1644年)　高：5.5厘米
长：10厘米　宽：3厘米　上海市浦东明陆深墓群出土　上海博物馆藏

1969年，上海市浦东明代陆深墓群出土。[13]现藏上海博物馆。

著名考古学家夏鼐在鉴赏这件玉幻方珍品时，曾特别指出："这次的发现，不仅为明代中国同伊斯兰国家的文化交流史和中国数学提供新物证，并且这'幻方'在这里是与《古兰经》的阿拉伯文'清真言'一样，都当作辟邪之用。所以这件古物也是明代伊斯兰教徒民间信仰方面的一件物证。"[14]他充分阐明了这一珍品重要的历史价值和文物价值，值得格外重视。

图一三 白玉幻方（正面）　　图一四 白玉幻方（背面）

明代(1368—1644年)　通高：3.5厘米　长：3.6厘米　厚：0.75厘米　上海市浦东明陆深墓群出土　上海博物馆藏

明　白玉刚卯、严卯

刚卯又名欱改、射魃、大坚，是汉代流行的一种铭刻有关除邪、驱鬼文字的小方柱形玉器，因制作时，必须选取正月中刚阳的卯日，故称"刚卯"，并与严卯同称双印。

仿汉作品，均刻有小篆体铭文。左为八面体刚卯，铭文为："疾日刚卯，帝令尊化，顺尔国化，伏兹灵殳，既正既直，既觚既方，庶使刚瘅，莫我敢当"；右为四面体严卯，铭文为："疾日严卯，帝令夔化，慎尔固伏，化兹灵殳，既正既直，既觚既方，庶疫刚瘅，莫我敢当。"器左：长2.2厘米，宽0.3厘米；器右：长2.1厘米，宽1.1厘米（图一五）。

图一五　白玉刚卯、严卯

明代(1368—1644年)　器左：长2.2厘米　宽0.3厘米　器右：长2.1厘米　宽1.1厘米　上海市浦东明陆深墓群出土　上海博物馆藏

1969年，上海市浦东明代陆深墓群出土。[15]现藏上海博物馆。

著名考古学家杨伯达在鉴赏这二件玉刚卯、严卯时，曾作这样的评论："陆深墓出土玉刚卯，是明玉中极为罕见者。八方体刻铭者应为刚卯，四方体刻铭者应为严卯。刚卯、严卯本为汉代压邪之物，仅于安徽亳县凤凰台一号墓出土一对，此后不见出土，而历代均有仿制。此刚卯、严卯出土于陆深墓，其下限为嘉靖二十三年，有重要研究价值。"[16]

明　白玉蝉

蝉在古代人的心目中，是一种神秘而圣洁的灵物。由于蝉饮露不食的自然天性，它被视为高洁清廉的象征。又因蝉是由幼虫孕育蜕化而来的，它又被认为具有复活再生的含义。所以，以玉制成的蝉，不仅成为历代喜爱的佩饰品，而且也是人们追求永生的重要敛葬品。

目前的考古发掘资料表明，玉蝉在新石器时代的红山文化、良渚文化和石家河文化中均有发现，后来在商、秦汉、魏晋六朝直至明清各代都有出土，风格各有不同。

这件玉蝉，质地洁白，通体光润晶莹，器身呈五角形，琢出嘴、眼和翅膀等，轮廓清晰，线条对称流畅，立体感很强。它生动反映了明代玉蝉的基本特征。器长5.7厘米，宽2.6厘米(图一六)。

1969年，上海市浦东明代陆深墓群出土。[17]现藏上海博物馆。

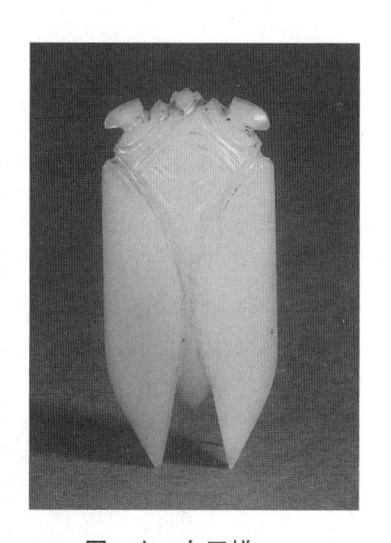

图一六　白玉蝉
明代(1368—1644年)　长：5.7厘米　宽：2.6厘米　上海市浦东明陆深墓群出土　上海博物馆藏

明　白玉葫芦形镶金耳坠

一对。白玉质地润泽，抛光精致，表面光泽感强，呈葫芦形。耳环部位状如"乙"字，在葫芦上端，镶有金叶和金丝蕊，每件左右各嵌宝石一颗，可谓珠联璧合，相得益彰。通高6.5厘米(图一七)。

1969年，上海市浦东明代陆深墓群出土。[18]现藏上海博物馆。

图一七　白玉葫芦镶金耳坠
明代(1368—1644年)　通高：6.5厘米　上海市浦东明陆深墓群出土　上海博物馆藏

明　白玉龙首螭虎纹带钩

　　带钩,古人用于束腰、钩挂,通常由钩首、钩身和钩纽等三部分组成。从考古发掘资料中得知,有些带钩也用于陪葬,传说可以辟邪,故被视为祥瑞之物。

　　这件带钩,白玉质间有黄褐色沁斑。钩首作龙首形,圆眼外突有神,张嘴鼓腮,鼻隆起。独角弯至颈部,钩身呈螳螂肚形,其上浮雕一伏地螭虎,躯体弯曲作摆动前进状,微微抬头,正好与龙首视线相呼应。底部有一椭圆形纽。整器琢制精细,打磨光滑浑圆,雕刻细腻。器长 15.5 厘米,最宽 2.8 厘米,高 3.5 厘米(图一八)。

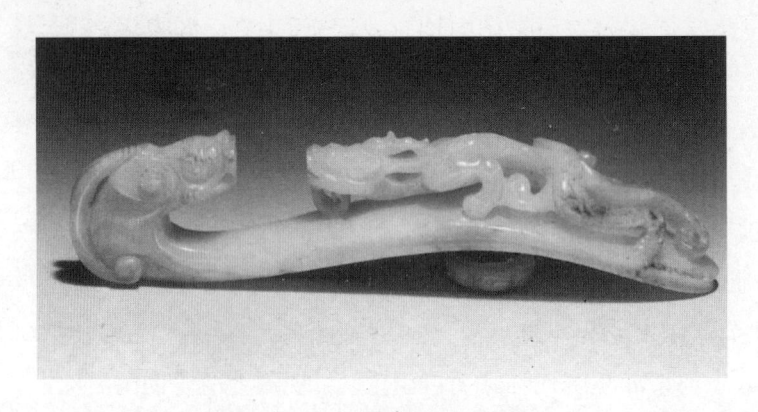

图一八　白玉龙首螭虎纹带钩
明代(1368—1644 年)　高:3.5 厘米　长:15.5 厘米　最宽:2.8 厘米
上海市上海县龙华乡明墓出土　上海博物馆藏

　　1976 年,上海市上海县龙华乡明墓出土。现藏上海博物馆。

明　青白玉螭凤纹挂饰

　　青白玉质地,器形呈椭圆形。画面通过一宽环作为依托展示,上端透雕一双面独角螭虎上半身,螭虎脸呈猫形,管钻双眼圆睁,作飞身上跃状,两前足外展;在右旁雕琢一凤鸟侧面,作环首回眸状;在左旁还雕琢一抽象凤鸟头部。而在宽环内透雕出螭虎下半身躯,两后足外展。整器疏密有致,富有神秘感。器高 8.7 厘米,宽 7.5 厘米(图一九)。

图一九　青白玉螭凤纹挂饰
明代(1368—1644年)　高：8.7厘米　宽：7.5厘米　上海市闵行区北桥明墓出土　上海博物馆藏

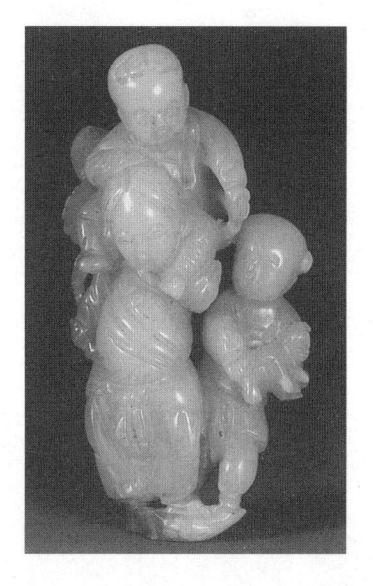

图二〇　青白玉持荷童子摆件
明代（1368—1644年）　高：8.75厘米　上海市松江县西林塔天宫出土　上海博物馆藏

1972年，上海市闵行区北桥明墓出土。现藏上海博物馆。

明　青白玉持荷童子摆件

玉质滋润，圆雕，画面展现了三孩童游罢归来的情景：一大女童肩上驮着一男童，她右手持荷垂于背后，左手握住肩上男童的手，正漫步走来；而在她身旁，同行的一男童脸上充满稚气，双手抱着一只小猴。三童发式各不相同：如一男童发式为两撮分开，另一男童在左右两边梳了发髻，女童则以头顶中线为界，向两侧披发。人物形象丰满，抛光较好，线条流畅，虽对细部刻划不甚讲究，但整体造型生动，富有情趣。尤其是在对衣服褶皱的处理上，出现了波折纹，从而进一步增强了人物形象的立体感。器高8.75厘米(图二〇)。

1993年12月，上海市松江西林塔天宫出土。现藏上海博物馆。

明　白玉腾云童子佩

　　玉质洁白滋润,抛光精致,用圆雕、浮雕和透雕等多种工艺琢制而成。画面正中上方,展现了一个脸含天真微笑的男童。他端坐在一朵瑞云上,右手持一如意,身旁彩带飞舞,周围有众多祥云衬托,以此突出他正腾云于天际,显得十分逍遥自在。作品构思巧妙,别具匠心。器高7.75厘米(图二一)。

图二一　白玉腾云童子佩
明代(1368—1644年)　高:7.75厘米　上海市松江县西林塔地宫出土　上海博物馆藏

图二二　白玉团龙纹带饰
明代(1368—1644年)　外径:6.7厘米　内径:6厘米　上海市松江县西林塔地宫出土　上海博物馆藏

　　1994年2月,上海市松江西林塔地宫出土。现藏上海博物馆。

明　白玉团龙纹带饰

　　白玉质地,抛光精致,表面光泽感强。带饰中心透雕一蛟龙,龙身盘绕成一团,龙首居中昂起,张口见舌,毛发飘于脑后,一只前爪抓住多重卷草,呈飞舞状,既增添了氛围,又富有动感,龙颈、尾部位较细,这正体现了明代龙纹的一种独特风格。外环带以铜质鎏金制作。器外径6.7厘米,内径6厘米(图二二)。

1994年2月,上海市松江西林塔地宫出土。现藏上海博物馆。

明　白玉透雕婴戏图带饰

玉质温润,呈白色,器为长方形,上层圆雕七童戏耍的婴戏图,有持宝伞、持如意和放风筝等形态各异的婴戏场面,底版透雕椤格形花纹作为衬托。四角各有一牛鼻型穿孔,可穿线缝织在服饰上作为装饰品。在这件长7.4厘米、宽5.2厘米、厚仅0.7厘米的玉版上,工匠采用了圆雕和透雕两种不同的雕琢工艺,更使画面主题鲜明。圆雕的七个儿童戏耍的场面,古拙朴雅,情趣盎然,这与同时期瓷器上的婴戏图风格一致。用透雕技法剔琢出椤格形纹底版,以衬托主题图案,使玉带饰的整个平面产生一种景深感,更显得生动活泼(图二三、二四)。

图二三　白玉透雕婴戏图带饰
明代(1368—1644年)　长:7.4厘米　宽:5.2厘米　厚:0.7厘米　上海市浦东东昌路明墓出土　上海博物馆藏

图二四　明白玉透雕婴戏纹图带饰线描图

1981年5月,上海市浦东东昌路明墓出土。[19]据该墓葬出土的石质买地券记载:墓主人生于明万历己丑年(1599年),卒于清康熙丁未年(1667年)。这为推断这件玉带饰的具体年代,提供了重要佐证。现藏上海博物馆。

明　白玉镂雕孔雀牡丹纹嵌饰

这件玉雕珍品,镶嵌在用紫檀制成的亚字形台架上。采用多层镂雕,纹饰凸起,上为盛开的牡丹,花瓣舒展,叶面凹入,旁有孔雀伫立,并以湖石、灵芝衬托。刻工精巧细密,画面布局错落有致。器高5.6厘米(图二五)。

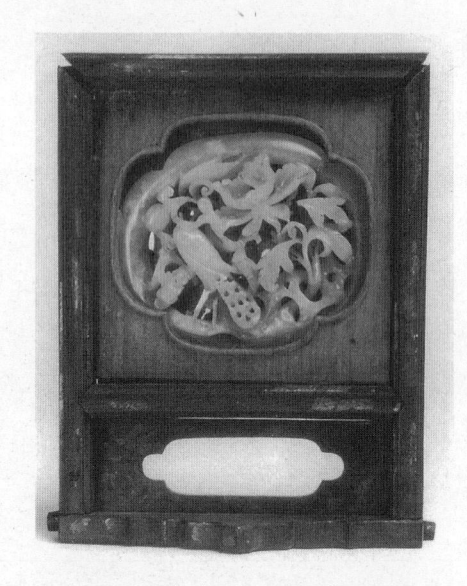

图二五　白玉镂雕孔雀牡丹纹嵌饰
明代(1368—1644年)　高:5.6厘米　上海打浦桥明顾东川夫妇合葬墓出土　上海博物馆藏

图二六　白玉透雕松鹿、双绶带牡丹纹嵌饰
明代(1368—1644年)　上　高:4厘米　宽:3.1厘米　下　对角度:6.6厘米×4.9厘米　上海打浦桥明顾东川夫妇合葬墓出土　上海博物馆藏

1993年,上海打浦桥明墓出土。[20]考古发掘清理时发现,男棺锦罩文字为"明故太医院御医东川顾君之柩"。故可确定,此件玉器是明代御医顾东川(名定芳)墓中的随葬品。现藏上海博物馆。

明　白玉透雕松鹿、双绶带牡丹纹嵌饰

这件白玉透雕松鹿纹嵌饰,是镶嵌在银质鎏金多边形霞帔坠上部的,近椭圆形,松树用放射状阴刻线作针叶,松下雕刻一竖耳回头鹿,足下有山石。该器为双层透雕,上层以松鹿作主题纹饰,下层用枝梗衬托。器高4厘米,宽3.1厘米。

而白玉透雕双绶带牡丹纹嵌饰,是镶嵌在帔坠下部的,呈菱形,画面居中叶面凸出的牡丹,其下侧左右各刻对称绶带鸟。鸟作回首状,遍体菱纹,长尾下垂,其间衬以花叶。该器亦为双层透雕,主题纹饰下布满枝梗,使用了"花上压花"的雕刻技法。[21]器对角长6.6厘米和4.9厘米。(图二六)

1993年，上海打浦桥明代顾东川夫妇合葬墓出土。现藏上海博物馆。

明　白玉圆雕双体鸟形坠

这件玉雕双体鸟形坠，颈粗短，腹部肥厚，翅膀作椭圆形，鸟羽用平衡线表示。管钻圆形眼。两鸟连体对称，造型图案化。该鸟背部连体处有天地孔，出土时穿一金链与折扇轴头连接，应作扇坠用。[22] 器长3.6厘米，厚1.5厘米(图二七)。

1993年，上海打浦桥明代顾东川夫妇合葬墓出土。现藏上海博物馆。

图二七　白玉圆雕双体鸟形坠
明代(1368—1644年)　长：3.6厘米　厚：1.5厘米　上海打浦桥明顾东川夫妇合葬墓出土　上海博物馆藏

明　白玉透雕飞天一对

飞天头戴宝冠，袒上身，裸双臂，腕部戴镯，屈臂双手前伸托花钵，腰间束带，下着长裙。长裙裹足，向一侧飘转，呈尖锥形。飞天披长帛，帛带飘缠于身后，并与身下雕琢的卷云纹相连，在外围形成近似心形的边框。器长5.7厘米，宽3.5厘米(图二八)。[23]

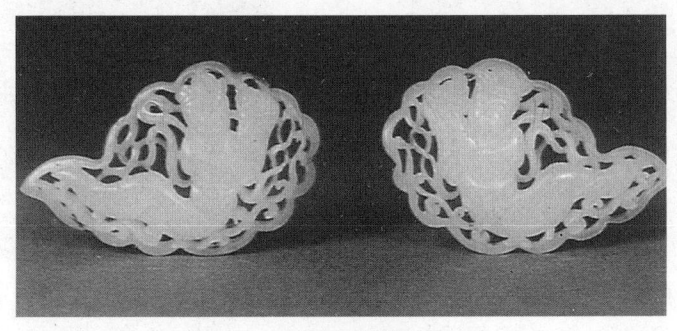

图二八　白玉透雕飞天一对
明代(1368—1644年)　长：5.7厘米　宽：3.5厘米　上海打浦桥明顾东川夫妇合葬墓出土　上海博物馆藏

1993年，上海打浦桥明代顾东川夫妇合葬墓出土。现藏上海博物馆。

玉雕飞天这一题材的传世品，在北京故宫博物院和上海博物馆均有不少收藏，但出土实物则屈指可数。根据目前的考古报导所知，属于北方少数民族地区出土的，计有四处，而属于汉族地区出土的，仅有上海发现的这一对，极为珍贵。

根据考古专家在发掘清理时的观察，这一对玉雕飞天分别插于墓主的鬓发两侧，用一根8厘米的银插，一端分出五叉分别勾于飞天镂雕的孔隙中，像发簪一样对称地置于发间。这一飞天的出土情况，为我们确定它为头饰的功能提供了重要的实物依据。

明　白玉圆雕执枝童子佩

白玉质地，间有黄色沁斑，作行走状，头颅硕大，约占身长的三分之一。后脑平滑，脑门留一撮头发。耳呈不规则块状。眼眶较大，阴刻线较深，眼珠用横刻的阴线表示，故直观形象又似闭目。童子的鼻翼与嘴角用阴刻直线自上至下连接，形成楔形鼻与小嘴。他双臂前伸，左手握一枝状物弯转至肩部。身穿素圆领对襟衫，腰束带，圆下摆，长至膝盖处。下身穿肥裤，露足。衣褶纹理用起伏的沟状线表现，立体感较强。玉童头顶有"V"字形孔，出土时有绳贯穿，佩于墓主人胸部。器高5厘米（图二九、三〇）。[24]

图二九　白玉圆雕执枝童子佩（正面）
明代（1368—1644年）　高：5厘米
上海打浦桥明顾东川夫妇合葬墓出土
上海博物馆藏

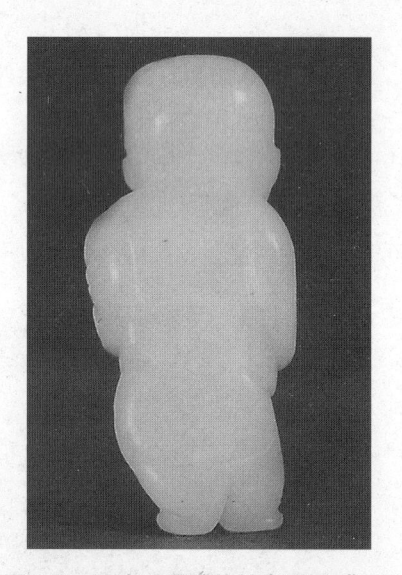

图三〇　明白玉圆雕执枝童子佩（背面）

1993年，上海打浦桥明代顾东川夫妇合葬墓出土。现藏上海博物馆。

明　白玉圆雕执荷童子佩

白玉质地,间有黄褐沁斑。玉童头较大,后脑扁平,脑门留童发一撮,左右分开。脸部面相除眼部外均与前者同。其眉与鼻翼用一条阴刻线上下连接,眉下阴刻两条弧线合成眼眶,眼部神态较前者写实。身穿对襟长衫,下露短宽脚裤,衣服纹理清晰,作波折状。右手于胸前握襟,左手屈臂向上,紧握莲梗。莲梗背于左肩,垂于背后。莲荷为莲蓬式,花瓣层次较少。莲叶圆形,叶脉用双线勾勒。荷叶旁垂草茎、草叶。该童头顶正中贯天地孔,出土时系绳与折扇相连。器高 5.2 厘米(图三一、三二)。[25]

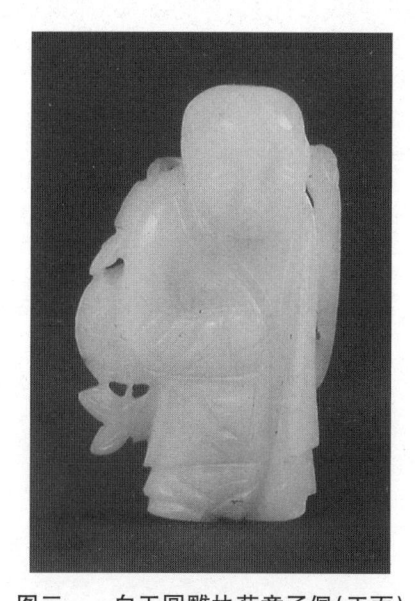

图三一　白玉圆雕执荷童子佩(正面)
明代(1368—1644 年)　高：5.2 厘米
上海打浦桥明顾东川夫妇合葬墓出土
上海博物馆藏

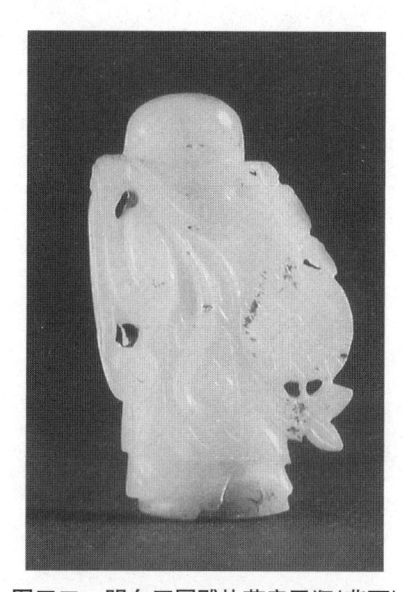

图三二　明白玉圆雕执荷童子瓶(背面)

1993 年,上海打浦桥明代顾东川夫妇合葬墓出土。现藏上海博物馆。

笔者在前面列举了上海地区出土的战国、宋、元和明代等各个时期的玉器珍品,共 28 件(含对),其中以明代玉器的数量最多,占大多数。为便于读者鉴赏和研究,笔者首先对每件玉器本身作了简要描述,还就它的发现时间、出土地点作了叙述,并对它的文化特征、特点以及它在考古发掘中发现的随葬(出土)位置、出土迹象,共存遗物和有关的墓志铭、买地券等文字记载作了考证,为我们研究和推断它的相对年代、历史价值和文物价值提供了重要佐证。由于这些玉器绝大多数是经科学发掘出土的,它在墓葬中的随葬位置基本保持原状,因此为我们进一步了解古代某些世俗化玉器的使用方法和它们的作用,提供了重要依据,而且也为我们进一步了解和研究明代用玉和玉作业情况,提供了一批新的实物资料。

希望本文对广大玉器收藏家、鉴赏家和玉器爱好者能有所裨益。

注释

[1] 上海市文物保管委员会:《上海青浦县重固战国墓》,《考古》1988年第8期。
[2] 上海博物馆:《中国古代玉器馆》陈列说明。
[3] 上海博物馆:《上海市青浦县元代任氏墓葬记述》,《文物》1982年第7期。
[4][5] 上海市文物管理委员会:《上海宝山明朱守城夫妇合葬墓》,《文物》1992年第5期。
[6][7][10]—[13][15]—[18] 上海博物馆:《上海浦东明陆氏墓记述》,《考古》1985年第6期。
[9] 杨伯达:《隋、唐至明代玉器叙略》,载《中国玉器全集》第5分册,河北美术出版社,1993年。
[14] 夏鼐:《上海浦东明陆氏墓记述》,《考古》1985年第6期。
[19] 周丽娟:《上海浦东东昌路明墓记述》,载《上海博物馆集刊》(4),上海古籍出版社,1987年。
[20]—[25] 王正书:《上海打浦桥明墓出土玉器》,《文物》2000年第4期。

(原载于《中国文物世界》2000年第182期)

明代嘉定竹刻艺术珍品鉴赏

竹刻是我国传统的工艺美术品种之一,具有灿烂而悠久的历史。据《礼记·玉藻》记载:"笏,天子以球玉,诸侯以象,大夫以鱼须文竹,士竹,本象可也。"由此可见,古人在礼器的制作上,除了玉笏以外,牙笏、竹笏是仅次于玉笏的礼器。

但在考古发掘中,由于历史和自然环境等因素,竹刻材料不易保存,所以早期竹刻作品流传于世的非常稀少。据目前考古发现,我国出土文物中年代最早的竹刻实物是湖南长沙马王堆西汉一号墓出土的雕有龙纹的彩漆竹勺柄,全长65厘米。它以竹为胎,器表髹黑、红两色漆,勺柄近顶端一段为红色,浮雕一条乌黑的龙纹,形象生动古朴。从它的雕刻工艺来看,当时的工匠已会运用浮雕和透雕两种技法。这些技法距今已有2 000年的历史。而竹刻形成一门独特的艺术门类,在我国江南广大地区发展起来,则是在明代中叶以后。当时的文人雅士,均视竹为"君子",认为竹象征耿直、清廉、谦虚等美德,因此喜欢在书斋中陈设笔筒、香筒、花插、臂搁、镇纸等竹刻文具。一些富有才华的文人,也从事刻竹,在器皿上雕刻图画、诗文、印章。明清两代,大多数竹刻名家,兼精书画,集书画、竹刻于一体。竹刻艺术不仅从书画中吸取了营养,而且还从玉、石、牙、骨雕工艺中丰富了技艺,促使竹刻技法有长足发展。明代竹刻艺术多集中在嘉定(今属上海市嘉定区)和金陵(今南京市)两个地区,形成以朱松邻、朱小松、朱三松等祖孙三代创造的"深刀刻法"(指浮雕和圆雕),以李耀、濮仲谦等开创的"浅刀刻法"以及清初浙江嘉兴张希黄独创的"留青刻法"等三种不同流派,各具特色。他们均为竹刻艺术的发展作出了杰出贡献。不过,当时竹刻艺术制作最盛、影响最大的地区首推嘉定,由此形成了名噪一时的"嘉定竹刻",其代表人物即为后人称颂的"嘉定三朱",或称为"朱氏三松"——朱鹤(号松邻)、子朱缨(号小松)和孙朱稚征(号三松)。

"嘉定三朱"的杰出成就,在于开创了明代竹刻工艺上的新技法——浮雕和圆雕的"深刀刻法",即奏刀深峻,"洼隆浅深,可五、六层"。这种技法能表现丰富的画面层次及立体效果。由于"嘉定三朱"有着较深厚的绘画功底,又掌握娴熟的刻竹技巧,因此能融画、刻于一体,刻竹不假稿本,以刀代笔,"铁笔代豪翰",更富有艺术感染力。当时承袭此法的竹刻高手,尚有朱稚美、李流芳、秦一爵、张应尧、侯崤曾、沈大生和沈汉川等人,形成了嘉定竹刻的强大阵容,推动了竹刻艺术的进一步发展。

笔者现就"嘉定三朱"的竹刻艺术,各选一件珍品在下面作一展示和赏析,以飨读者,并请专家、学者指正。

明朱松邻浮雕松鹤图竹刻笔筒

首先展现在您面前的这件竹雕松鹤图竹刻笔筒(图一),是明代中叶我国著名竹雕工艺家、嘉定竹刻的创始人——朱松邻的代表作品。笔筒呈酱色,扁圆形,器高17.8厘米,径8.9—14.9厘米。作者选取形状奇突的天然老竹一段,雕出一截老松作主干,松干上部盘旋着几株曲折松枝,枝叶茂盛,松针纤细如毫,重重叠叠,层次分明。松畔枝间雕有一对仙鹤,其中一鹤欠身伸足,似刚从天空飞降地面,另一鹤正徐步出迎,两鹤相见各自引颈,犹若相对细语,情意绵绵。这一构图,顿使这一幽雅、宁静的松林增添了无限生机和情趣。笔筒画面布局颇具匠心,虬干苍劲斑驳,出枝欹曲自然,松针刻划精细,刀法娴熟流畅。

朱鹤而在树干后面松皮剥落处,巧妙地刻有五行阴文行楷款识:"余至武陵,客于丁氏三清轩,识竹溪兄,笃于气谊之君子也。岁之十月,为尊甫熙伯先生八秩寿,作此奉祝,辛未七月朔日,松邻朱鹤。"上列题款"辛未",当是指明隆庆五年(1571年)。款识书法挺秀,从题款可知此松鹤图笔筒,是朱松邻为赠给友人祝寿而创作的。在艺术作品中,以松鹤为题材寓意祝寿,是广泛采用的一种艺术手法。因世人对于松鹤情有独钟,认为苍松挺拔常青,鹤为吉祥仙禽,都象征健康长寿。

图一 明 明浮雕松鹤图竹刻笔筒
高:17.8厘米 径:8.9—14.9厘米 南京博物院藏

作者朱鹤,字子鸣,号松邻,为明代嘉靖、隆庆时期的竹刻名家,明代嘉定派竹刻开山祖师。他原籍安徽新安(今歙县),南宋建炎年间其祖徙居华亭(今属上海市松江县),及至朱鹤时始迁居嘉定(今属上海市嘉定区)。他工诗文,善丹青,精篆刻,对于竹刻开始只是偶尔为之,以深刻和透雕见长,为时人所赏识,争相请为奏刀,由此以刀代笔,成为明代嘉定派竹刻的创始人。他能在制作中以笔法运刀法,富有创造精神,运用"洼隆浅深,可五、六层"的镂空深刻透雕法,能在方寸之间刻山水、人物、楼阁、鸟兽,且均能因势象形,出人意表,而为他人所不及。但他从不轻易下刀,一件器物往往需经长期构思,精镂细雕,历年而成。我们细细欣赏这件松鹤笔筒画面:松干表皮斑驳节疤,刻划细腻逼真;松针纤细如毫,重重叠叠,层次分明;枝干剔透,疏密有致,布局妥贴。总而言之,这件松鹤图笔筒,充分体现了朱松邻竹刻精湛的艺术造诣,是一件不可多得的文物珍品。现由南京博物院收藏。

朱松邻的竹刻作品,在明代时就很珍贵。"所制簪匜,世人宝之,几于法物,得其器者不以器名,直名之曰朱松邻云。"[1]清乾隆皇帝曾对朱松邻的西园雅集图竹刻笔筒御笔题词:"高技必应托高士,传形莫若善传神。"[2]并将其收藏于内府。兹因朱松邻性情孤僻,对竹刻创作态度严谨,作品不轻易予人,故流传下来的作品极为罕见。现知仅有上述介绍的松鹤图浮雕竹刻笔筒(南京博物院藏)、圆雕佛像(南翔某收藏家)和古木寒山图轴(上海博物馆藏)以及散佚在香港、海外等数件。

明朱小松刘阮入天台图透雕竹刻香筒

现在映入您眼帘的作品,是明代著名竹雕工艺家朱小松的代表作品——刘阮入天台图透雕竹刻香筒(图二),是上海博物馆珍藏的文物瑰宝。它是1966年4月,在上海市宝山县(现为宝山区)顾村乡平整土地时,于一座明代朱守城夫妇合葬墓[3]中出土的,保存完整,殊为难能可贵。根据此墓出土的买地券记载:朱守城之妻"杨氏殁于万历九年正月初□日"。所以,这件竹刻香筒,是迄今为止出土的唯一有确切年代的一件明代嘉定竹刻名家——朱小松的艺术珍品,弥足珍贵。

褚礼堂《竹刻脞语》称:"截竹为筒,圆径一寸或七、八分,长七、八寸者,用檀木作底盖,以铜作胆,刻山水、人物,地镂空,置名香于内焚之,名曰'香筒'。"因为香筒是专门为薰香而作的,故又名"香薰"。因其器物表面有雕刻工艺,所以一般在文人书斋中

图二 明 透雕刘阮入天台竹刻香筒
高：16.5厘米　口径：3.7厘米　上海市宝山县明朱守城墓出土　上海博物馆藏

常置案头,供人们欣赏。

　　这件透雕竹刻香筒,器呈圆筒形,高16.5厘米,口径3.7厘米。香筒的盖和底座是用紫檀木制成的,上面均刻有昂首奋鬣、蜿蜒环转的螭虎纹图案,显得形象生动。内壁中心有一小孔,使用时插上点燃的线香,盖上盖,缕缕青烟就从香筒镂空处散发出来,清香扑鼻,能调节室内空气,使人们的精神为之一振。

　　此透雕竹刻香筒的画面,以魏晋时期民间神话故事"刘阮入天台"为题材,创作出一幅美妙的图景：在天台洞外,一棵盘屈的苍松和挺拔的山石下面,有一个男子正与一位仙女对弈；另有一左手捻须、右手托颐的男子居中观棋,神态悠然自得,双目注视着仙女的右角棋枰；对弈男子左手托棋子钵,右手已将棋子下毕,凝神注目于对方右手下的一角棋枰；对弈仙女容貌秀丽,高髻宽袖,神态安详,她用右手食、中两指正挟持一棋子,侧身凝思,作举棋未定状。三个人物的注意力,都集中在仙女手中未下的棋子上。而在一屏山石后面的洞门口,还有一位体态轻盈、手执蕉扇的仙女,似刚从洞内徐步走出,正俯首窥视身旁象征"禄"、"寿"的梅花鹿和仙鹤,若有所思。所刻人物的须发,细而不乱,容貌栩栩如生；人物、动物的眼睛和棋子等,都用乌黑的材料缀补,颇具光彩。作者在对这件作品的创作中,构思运刀颇具匠心。他以深刻透雕作为奏刀的主要技法,使器身多处镂空,把装饰性与实用性巧妙地结合在一起,同时还参差运用浮雕(如对人物、动物和松树的塑造)、浅刻(如对松鳞、棋格的处理)、留青(如对山石的处理)和镶嵌(如对人物、动物的眼睛和棋子的处理)等多种技法,因此使画面上的人物形态逼真,山石、松树、禽兽的刻划精细入微,层次分明,富有立体感,充分显示出朱小松在竹刻艺术上的高深造诣。这一动人的画面,也深刻地反映出"神仙洞府"的神秘色彩。

"刘阮入天台"的典故,源出南朝宋刘义庆著的《幽明录》(见鲁迅编著《古小说钩沉》)中的一则美丽的神话故事:东汉明帝永平五年(62年),有剡县(今浙江省嵊县西南)人刘晨、阮肇两人,共上天台山(今浙江省临海县东南)采药,迷途而不得返。正在彷徨之际,忽然路遇两位仙女直唤刘、阮两人姓名,似曾相识,并被邀请至她们的天台家中,设宴款待,还成了亲。半年以后,刘晨、阮肇两人思乡心切,便与两仙女依依惜别。刘、阮两人出山返回故里,却见家乡面貌大变,又找不到他们熟悉的乡亲。后来经多处询问,才找到他们的七世子孙,使他俩感慨不已。晋太元八年(383年),刘、阮两人悄然离去,从此不知去向。这件透雕竹刻香筒,所描绘的就是刘晨、阮肇两人在天台仙境中流连忘返的生活情景,反映了当时人们对和平幸福生活的憧憬和向往。

在这件透雕竹刻香筒仙洞口的门匾上,镌刻篆书阳文"天台"两字,其左钤刻印章两方,上为阴文篆书"朱缨",下为阳文篆书"小松"款识。我们根据这件香筒出土于明墓以及香筒上钤刻的两方篆书印章"朱缨"、"小松"款识,以及作品所表现的高超技艺,可以确认:此作品出自明代嘉定竹刻名家朱小松之手。

据有关志书文献记载:朱缨(1520—1587年),字清父,又字清甫,号小松,是明代嘉定竹刻创始人朱松邻的儿子。他聪颖过人,年轻时就博涉多能,多才多艺,"工小篆及行草,尤尽长于气韵,长卷、小幅各有异趣"。[4]他还擅长诗词。"他的诗,风流洒落,任意抒写,有自然之致。"[5]小松刻竹师承家法,深得其父松邻的巧思,而务求精诣,故其技艺益臻神妙。"山川云树,纤曲盘折,尽属天工","为古仙佛像,鉴者比于吴道子所绘","制作精巧绝伦,为世所珍"。《竹人录》称颂朱小松:"刻竹能传父业,盖有出蓝之誉。"另外,还应一提的是,朱小松品行高洁,一生不事权贵,为人们所称道。不过遗憾的是,朱缨的竹刻作品流传于世的已不多见,现仅知有归去来辞图笔筒、竹林七贤笔筒、蟠松松鼠盒、圆雕竹仙、松下高士、竹雕罗汉念珠、圆雕蟾蜍、王羲之书扇图笔筒、出猎笔筒、浮雕如意、竹根佛手等十余种。因此,这件明墓出土的朱小松刘阮入天台图透雕竹刻香筒的重见天日,画面布局层次清楚,中心题材突出,描绘的人物形象生动,刻划细腻,奏刀技法深浅多变,精湛绝伦,为我们鉴赏朱小松高超的竹刻艺术,又增添了一件极为难得的艺术珍品。这正如著名学者王世襄先生在鉴赏这件透雕竹刻香筒时所评述的:"……按香筒为出土物,有确切年代,更因其绝佳,故知其必真。传世小松之作,构图之美,刀法之工,无一可与此比拟,在竹刻中允推无上精品。"

明朱三松镂雕仕女图竹刻笔筒

展现在您面前的这件镂雕仕女图竹刻笔筒,是明代嘉定竹刻名家朱三松的精彩杰作。他选取一正圆竹干作为制作的基本材料,周壁以浮雕、透雕的手法,镂雕出一幅花卉仕女图,器高15.7厘米,直径14.7厘米(图三)。现由台北故宫博物院珍藏。

他在笔筒刻面的中心位置,镂雕出四个秀丽女子,中间一位侧身伫立的妇女,似应是图中的主人,头梳云髻,上身穿窄袖圆领襦衣,一袭长裙,腰束绦带飘逸,显得端庄文雅。她左手托一灵芝如意,右手轻抚,俯首若有所思。其外貌近似明代唐寅《嫦娥望月图》中的仕女形象。在该妇女右侧另有一女子,头梳顶髻,后出发髻,上身穿直领长袖短衣,下穿长裙,腰束小带,从其装束分析应属侍女。她正侧身插花入瓶,脸上微露笑容。而在画面左侧,另有两个妇女相互呼应构成一个组合:一个女子头梳双挂式的双丫髻,身穿长袖短衣,拖裙着地,显而易见是个婢女,她双手拿着弦琴,正移步前行;而在立屏后又有一位女郎,正探身而出,她云髻高耸,眉目清秀,身穿圆领襦衣,长裙轻拂,举步徐移,一手隐在屏后,另一手伸出屏前,举止持重,显然是位"闺阁千金"。那个婢女正抬头相告,小姐正在俯首侧身倾听。此一构图,很可能是参照明代大画家陈老莲《西厢记》插图而摹刻的,但画面更趋美妙感人。尤其值得重视的是,在这件仕女图的下方镌有"三松"两字款识,为鉴定这件作品的作者提供又一重要佐证。从总体上分析,他运刀浑厚拙重,拙中见巧,不仅刻划了每个妇女的动人外表,而且揭示了她们内心的意向,刀法简练,令人折服。

图三 明 镂雕仕女图竹刻笔筒
高:15.7厘米 直径:14.7厘米 台北故宫博物院藏

朱三松,名稚征,号三松,是朱松邻的孙子,朱小松的儿子,明末嘉定竹刻名家。其祖孙三代被誉为"嘉定三朱"。他善画远山、淡石、丛林枯木,尤擅画驴。他的竹刻继承家法,更能将父祖技艺提升一步,而臻精妙完美。他采用以高浮雕为主的技法,并结合多种刻法,以分宾主虚实。不论雕工还是构图,无不显示朱三松较其祖松邻、其父小松技高一筹,其成就超越父祖。他所刻笔筒、人物、臂搁、香筒,蟹及蟾蜍之类,无不精妙。因此,时人说道:"小松出而名掩松邻,三松出而名掩小松。"[6] "至三松而器物愈备,技法愈精。"[7] 朱三松对竹刻的创作态度十分严谨,从不轻易下刀,对每件作品都要经长期构思、斟酌,反复推敲,才精雕细琢,每成一器,需经年而成。他的作品当年就与珠玉等价,传世稀见,现知除上述的镂雕仕女图竹刻笔筒(台北故宫博物院珍藏)外,另有北京故宫博物院藏的竹雕渔翁和浮雕清溪泛舟笔筒,中国历史博物馆藏的松荫高士竹雕笔筒,香港艺术馆藏的透雕山水人物笔筒,台北故宫博物院藏的浮雕仕女窥简笔筒、庭园仕女笔筒和竹雕残荷洗。这些传世珍品,为我们鉴赏明代嘉定竹刻艺术提供了极其难得的实物资料,殊足珍贵。

注释

[1] (清)赵昕:《竹笔尊赋》。
[2] 见《(台北)故宫学术季刊》第五卷第四期。
[3] 上海市文物管理委员会:《上海宝山明朱守城夫妇合葬墓》,《文物》1992年第5期。
[4] (明)娄坚:《学古绪言·先友朱清甫先生传》。
[5] (明)归庄:《朱清甫先生诗序》。
[6] (清)毛祥麟:《墨余录》。
[7] (清)金元钰:《竹人录》。

(原载于《中国文物世界》第156期)

上海出土宋明两代金银器珍品鉴赏

我国古代工艺美术,绚丽多彩,风格独特。诸如玉石器、陶瓷器、青铜器、漆器和印染织绣等,均在世界上享有盛誉。而古代金银器,在其产生、发展历程中曾涌现过无数优秀工艺作品,在我国古代工艺美术史上,也是一个具有重要影响的艺术门类。根据目前考古发现证实,在甘肃玉门火烧沟遗址墓葬(其年代约在夏代),曾出土了金环、银环饰品,是我国考古发现最早的金银首饰,迄今已有近4 000年历史。

公元前221年,秦灭齐统一全国,书同文,车同轨,上海地区出土的器物与其他地区也相似。到了唐代,上海经济有较快发展,在青浦区的青龙镇形成了上海最早的航运港口。唐天宝十年(751年),设置华亭县,始有县级建置。这一时期的出土器物,主要有来自浙江越窑和湖南长沙窑的瓷器。南宋咸淳五年(1269年),位于今黄浦江的上海镇,已取代青龙镇成为内外贸易港口。元至元二十八年(1291年),上海升镇为县,经济文化极为繁荣。到了明、清时期,上海已成中国"江南之通津,东南之都会",并有潘、陆、顾、陈等名门大族聚居于此,留下了许多珍贵文物。笔者有幸曾在上海地区从事文物考古工作,现精选60年来上海地区考古发掘出土的宋、明两代金银器珍品,向广大读者作如下简述,以供鉴赏。

南宋 双龙戏牡丹金发簪

簪身扁平,上半部镂雕双龙,两龙身分别侧向左右,背颈并拢,龙身錾刻出扇形鱼鳞片。双龙托一束牡丹花,花盛叶茂,花蕊圆形,内用鱼子纹饰成蕊心。叶瓣宽大,叶边錾成小圆圈纹,叶脉明显。簪柄长条形,表面用碎点纹连成卷云纹,惜已磨损不清。柄下端有"王贰□□□造"戳记,楷书。牡丹花象征荣华富贵,所以深受妇女喜爱。器长11.5厘米,簪首长6厘米,毛重18克,2002年上海电视大学松江分校出土(图一)。

据考古发现:在新石器时代的仰韶文化、龙山文化中,已经有陶土烧制和骨头磨制的一头粗钝、一头尖细的,用来把头发盘在头上的长钎子,先秦称作"笄",汉代叫"簪"。簪的作用一是贯穿在发髻中,使发髻不致散开,二是将冠戴和发髻固定在一起。

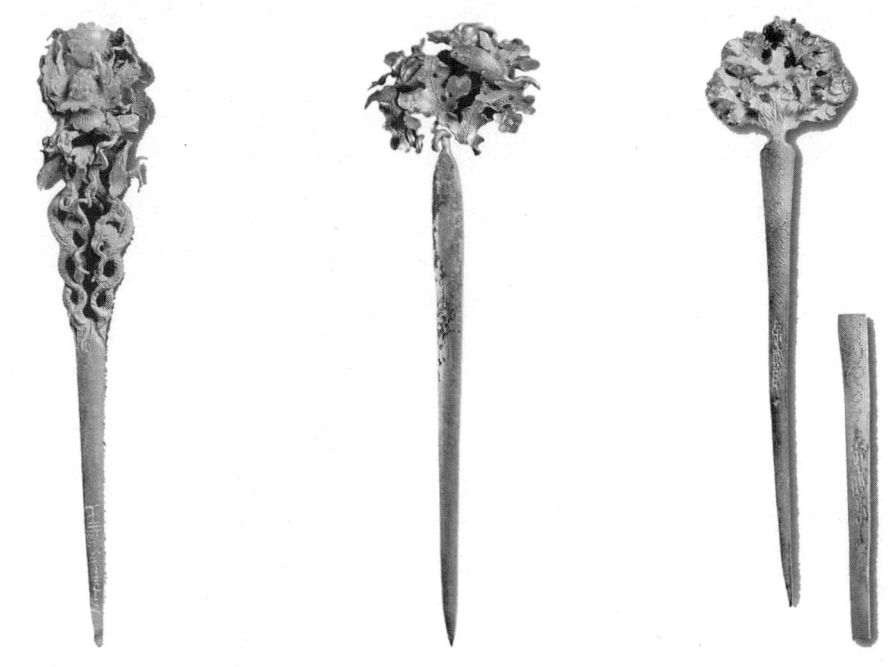

图一　南宋　双龙戏牡丹金发簪　　　图二　南宋　松鼠石榴金簪　　　图三　南宋　动物石榴金簪

宋代,随着城市的繁荣和商品经济的活跃,各地的金银器制作行业发展兴盛,史载"临安自五间楼北,至官巷南街,两行多是金银盐行交易,铺前列金银器皿及现钱,谓之'看垛钱'"。这说明杭州城内已有数目繁多的打造金银制品的作坊。为了区别产品质量的优劣,不少作坊和工匠常把行名、匠名及金子成色,砸印在器物上,以维护信誉。

南宋　松鼠石榴金簪

簪首呈圆形,用金片锤揲錾刻石榴松鼠。在花叶盛开、果实累累的石榴花中,一只小松鼠栖息其间。松鼠尖嘴前伸,眼睛用小金珠镶嵌,四肢屈卧,长尾后伸,身上用短竖线阴刻出皮毛,显得柔顺光泽,形象生动写实,将松鼠的机警灵活刻划得活灵活现。簪柄锤揲卷草纹。之所以用石榴花之形,是因石榴多子(籽),取其多子多福,子孙繁衍之寓意。长12厘米,毛重16克,2002年上海电视大学松江分校出土(图二)。

南宋　动物石榴金簪

簪首用金片镂刻成一朵盛开的牡丹花,牡丹花双层叶瓣,厚实饱满,一只形似狐狸的小动物,拱背弯身立于花瓣顶端,尖嘴衔花叶,双耳直立,尾巴上卷,取"白狐至,国民利"的吉祥说法。簪柄长条形,表面针刺卷草纹,柄中部阴刻"宋贰郎"戳记,为金银制作工匠的名号。长11.2厘米,毛重11克,2002年上海电视大学松江分校出土(图三)。

"□□郎"为宋代民间男子的俗称。宋代男子多以辈次称郎,并冠以姓氏,而女子则多称为"□□娘",如"武大郎","杜十娘"等,在已经发现的宋代金银器和铜镜上多见"□□郎"铭文。

南宋　童子牡丹金簪

簪首锤揲錾刻童子牡丹。童子直立,面相丰满,五官小巧,头发梳向左右两侧,双手于胸前执一折枝牡丹,憨态可掬。牡丹花叶在童子头顶上方盛开。花叶用金片锤揲而成,花瓣丰满,呈重瓣状。童子及牡丹花焊接成一体。制作方法上运用了传统金银器隐起图案的做法,有锤打、錾刻、轧光、收分、焊贴、凿印等工序。长12.8厘米,毛重18克,2002年上海电视大学松江分校出土(图四)。

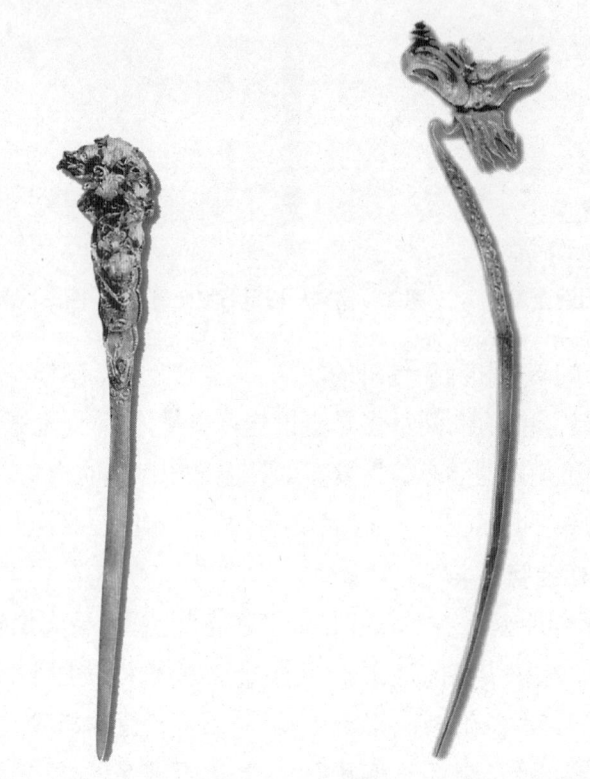

图四　南宋　童子牡丹金簪　　**图五　南宋　龙首金簪**

南宋　龙首金簪

簪体细长,扁平状,簪首镂刻一龙首。昂首,张嘴,双角竖立,双眼圆睁,造型吸人眼球。器长17.5厘米,毛重23克,1972年上海宝山区月浦乡南塘村南宋谭氏夫妇墓出土(图五)。谭氏墓为石板砖室墓,夫妇两穴东西并列。东穴为男性,内仅出一块墓志。墓主姓谭名思通,字志达,生于绍兴三十年(1160年),卒于端平元年(1234年)。夫人卒于嘉定十七年(1224年)。墓内出土一批造型优美,工艺精湛的金银饰件、漆器、陶俑和陶屋模型等。

南宋　金额带饰

一块厚约1厘米的长条形金块被锤揲弯曲成拱形,正面镂雕剔刻人物故事、楼阁、花卉等。额带饰左端刻"张壹郎",右端刻"十分金造"楷书铭文。"张壹郎"是宋代男子的称谓,壹郎表示排行老大;"十分金造"为金子的成色,说明是纯金的。长9厘米,宽1厘米,毛重18克,2002年上海电视大学松江分校出土(图六)。

图六　南宋　金额带饰

额带饰是妇女戴在额前用以包紧两鬓的饰品,唐代开始使用,称"抹额",宋代称"抹子"。

南宋　执荷童子金耳坠

童子大头,桃形发饰,前额宽大高凸,五官为八字形眉,眉梢微上翘,眼睛由上下两条弧阴线组成眼眶,眼眶内一条阴线表示眼珠、棱鼻,嘴微张,上身露裸,下着短裤,颈佩项饰,手腕、脚腕戴镯,脚踩手握莲梗,梗梢从头顶绕至肩部,一片荷叶直铺于头顶上方,具有宋代持荷童子的造型特点。背部直立,弯形耳钩。童子躯体浑圆,四肢粗短有力,展现出一个活泼、顽皮、天真的儿童形象,极具生活情趣。通高6.1厘米,毛重9克,2002年上海电视大学松江分校出土(图七)。

图七　南宋　执荷童子金耳坠　　　图八　南宋　连珠纹金镯

宋代流行持荷童子,与当时民间的生活习俗有关。据文献记载,宋代民间有儿童执荷叶、持荷花的习俗,如《东京梦华录·七夕》中记载"七夕前三五日,车马盈市,罗绮满街,旋折未开荷叶,都人善假作双头莲,取玩一时,提携而归","……少儿须买新荷叶执之,益效颦磨喝乐"。宋代持荷童子题材便是此种习俗的再现。

南宋　连珠纹金镯

镯体锤揲成连珠纹,两端呈长方形,表面錾刻双龙首纹,龙睛、发、髯等均錾刻精细,一丝不苟。背面刻"壹口",后一字漫漶不清,似为"郎"字。镯径6.2—8.8厘米,毛重114克,2002年上海电视大学松江分校出土(图八)。据考古发现,新石器时代有陶环,六朝以前称腕环,唐宋以后则称"手镯"。镯是套在手腕上的装饰物,男女皆可使用,两手均可佩戴。

南宋　鎏金松鼠耳坠

器呈昂首前视,双目圆睁,双足支前,作蹲坐状,尾后连着一根穿耳链。出土时发现于墓主的双耳旁,应是作耳坠饰用的。一件长3.9厘米,毛重2克;另一件长4.1厘米,毛重1克,1972年上海宝山区月浦乡南塘村南宋谭氏夫妇墓出土(图九)。

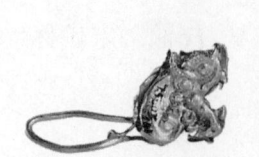

图九　南宋　鎏金松鼠耳坠

图一〇　南宋　鎏金卧狮银链饰

南宋　鎏金卧狮银链饰

该器作一卧狮状,狮首前昂,双目圆睁,嘴含两个大链环和一根链饰,应是作为随身佩戴的饰件用的。长14.5厘米,宽3.1厘米,毛重12克,1972年上海宝山区月浦乡南塘村南宋谭氏夫妇墓出土(图一〇)。金银都是贵重金属。银大多深藏矿脉中,开采炼取较为困难,所以银的发现和工艺制作比金、铜为晚。早期的白银和黄金一样用于制作装饰品,年代最早的是1976年在甘肃玉门火烧沟遗址墓葬中发现的银耳环和银鼻环,年代约在公元前1900—前1700年之间。鎏金是把黄金切割成碎片,在400摄氏度的温度下,用一两黄金加七两水银的比例,使金熔化于水银中,冷却后成泥状涂于器物表面。中国在战国时期已发明了鎏金工艺技术。

南宋　鎏金鸳鸯戏荷霞帔坠饰

该坠饰发现于谭氏夫人墓穴。在制作时,工匠将两片银片锤压成鸡心形,并镂空錾刻交颈鸳鸯衔绣球图。图下部正中为一片荷叶,左右两侧各伸出一朵盛开的荷花,两只鸳鸯分立于盛开的荷花上,张嘴,交颈,共衔绣球的花形结带,绣球垂在鸳鸯交颈下,被荷花瓣叶托住,上部是一朵怒放的荷花,以百年好合、鸳鸯比翼、连生贵子之寓意,构成一幅充满吉祥气氛的荷花鸳鸯图案。尖端有一穿线孔,正反两面花纹相同。长8.3厘米,宽6.6厘米,毛重20克,1972年上海市宝山区月浦乡南塘村谭氏夫妇墓出土(图一一)。

图一一　南宋　鎏金鸳鸯戏荷霞帔坠饰

此类鸡心形饰件,在宋墓中常有出土,过去因不明其用途而称之为"香囊"、"银熏"等。后来在福州市浮仓山黄升墓(1243 年)、江苏武进蒋塘 5 号墓(1237—1260 年)和江西德安桃源山周氏墓(1274 年)等处发现了随葬的鸡心饰,出土时缝在霞帔底端,表明这是霞帔坠饰。

霞帔一词初见于唐代,白居易的《霓裳羽衣歌和微之》有"虹裳霞帔步摇冠,细缨累累佩珊珊"之句。霞帔是在妇女裙衫外另加的一种装饰性的帛巾,其质地轻薄柔软,从颈肩搭下再绕披于身上。这是唐代妇女的一种时髦打扮。到了宋代,霞帔披法有所改变,从颈肩搭下后垂展于胸腹前,为使霞帔平整下垂,多在霞帔下端垂以金、银、玉质的帔坠。霞帔在南宋时是比较贵重的装饰品。吴自牧《梦粱录》中记载,临安富贵人家婚嫁时,必备金钏、金镯、金霞帔坠等三件金聘礼,若无金器,则以银镀代之,可见南宋民间已广泛使用金银霞帔。

南宋　瓜棱形银盒

盒盖上錾刻观音坐像,背有佛光环绕,祥云袅袅,仙鹤翱翔,两旁侍立童子、龙女;盒底錾刻松树、竹叶、山石、小溪、梅花鹿,祥云托着"福"字,整体象征着福禄寿吉祥。高 6.5 厘米,直径 15 厘米,毛重 184 克,1972 年上海市宝山区月浦乡南塘村谭氏夫妇墓出土(图一二)。

图一二　南宋　瓜棱形银盒　　　　图一三　明代　鎏金银丝发罩

明代　鎏金银丝发罩

发罩呈半圆形网状体,先以 1 毫米银丝为框,继以 0.8 毫米银丝编结网络,网格有六角形和长方形两种,一侧编有牛角形镂空装饰,另一侧编有半圆形孔,内以粗银丝编结一"寿"字。发罩前部位有仙女和亭台楼阁的鎏金额带饰。后部边缘为银质鎏金杂宝纹弧状条饰,内錾刻楼阁、人物故事等。发罩上饰 20 多件发簪,簪首有鎏金蚂蚱、蝴蝶、虾、乌龟、菊花、莲花等。发罩整体造型庄重,结构复杂,薄如蝉翼,采用极细的银丝精工编织而成,采用了搓银丝、掐丝、编织、填丝、垒丝、錾雕、焊接等制作工艺,充分反映了明代金银细工的高超水平。宽 9.7 厘米,高 5.7 厘米,1997 年上海李惠利中学明墓出土(图一三)。发罩,明代称"狄髻",是已婚妇女的正装,在家或外出会见亲友时都可以佩戴。

明代　鎏金银质虾形发簪

2件,形制相同。虾爪牙前伸,盘成椭圆形,形象生动写实,工艺精湛。簪长7.3厘米,虾长3.8厘米,1997年上海李惠利中学明墓出土。

明代　银丝发罩

呈半圆形网状体。直径10.8厘米,高9.9厘米。而在银丝发罩后部,插有一金嵌宝石山峰形簪,制作美观。簪脚呈扁条状,簪首长16.8厘米,高5.6厘米,1997年上海李惠利中学明墓出土(图一四)。

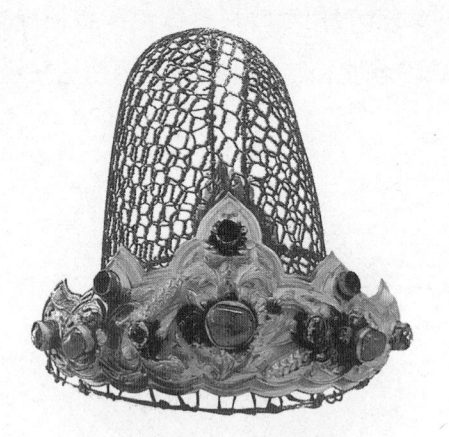

图一四　明代　银丝发罩　　　　图一五　明代　鎏金铜丝发罩

明代　鎏金铜丝发罩

发罩以较粗的铜丝为骨架,分上、中、下三部分。上部弧顶呈山峰状,用细如毛发的铜丝编织成网格纹,左右两侧用银丝弯出两个镂空牛角耳;中部用细铜丝编织成网格纹;下部用铜丝编出双层大菱形格纹。发罩上插金寿星乘鹤发饰、执荷童子簪、金嵌白玉梅花簪等。高12厘米,罩沿直径11.5厘米,2003年上海徐汇区宛平南路明墓出土(图一五)。

明代　金双狮滚绣球簪饰

簪饰外形呈花瓣状,中心部位有一滚动绣球,另有双狮昂首直视,分列左右两侧,引人注目。它应是妇女发罩上的额带簪饰。长11.8厘米,高4.8厘米,1969年上海浦东新区陆家嘴明陆深家族墓出土(图一六)。

图一六　明代　金双狮滚绣球簪饰　　　　图一七　明代　鎏金银龟

明代　鎏金银龟

　　器呈爬行状,头前伸,双目圆睁,尾左摆,龟背上刻划出清晰的龟甲纹,形象生动写实。长1.6厘米,高0.4厘米,1997年上海李惠利中学明墓出土(图一七)。

　　龟在古代是一种神兽,为长寿的象征,传说中有玄龟、玄武、神龟之称。《礼记·曲礼》孔疏:"玄武,龟也。"神龟"万岁则升木而居"。一代枭雄曹操作《龟虽寿》,有"神龟虽寿,犹有竟时"之句。龟作为一种吉祥物,早在原始氏族社会就被先民所崇拜。龟形玉饰,在红山文化墓葬和良渚文化墓葬中都有发现。汉唐盛行的四神图案青龙、白虎、朱雀、玄武,其中玄武就是龟。唐宋以来,风行以物喻志,龟作为长寿的象征,与松、鹤一起出现在书画、瓷器、玉器、漆器、金银器等各类工艺美术品中。

明代　翻面金戒指

　　器呈扁圆形,中线起脊。戒面呈四委角长方形,由边框和内心两部分组成,边框錾刻出卷云纹,线条委婉流畅;内心长方形,边缘起棱,戒心可正反两面自由转动。一面饰阳文楷书"安"字,笔画粗壮,字体工整;另一面錾刻人物纹,两人在树下嬉戏,造型规整。翻面戒在明代墓葬中极为罕见。直径1.9厘米,1997年上海李惠利中学明墓出土(图一八)。

图一八　明代　翻面金戒指

　　戒指,是一种套在手指上的环状饰物,男女均可使用。元代以前多称指环,明代称"戒指"、"手记"、"代指"等,明刘元卿《贤奕编》载:"今之戒指,又云手记。"古人一般戴一两枚,而上海徐汇区宛平南路明墓女主人的两手上竟戴有10枚戒指。这在本市已清理的明墓中仅此一例,甚为罕见。

明代　双龙连珠纹金对戒

　　金戒呈连珠纹环,两端锤揲錾刻成龙首,两龙昂首张口,似在抢珠,龙睛、龙须雕刻细腻,一丝不苟。直径1.9厘米,1997年上海李惠利中学明墓出土(图一九)。

图一九　明代　双龙连珠纹金对戒

两枚戒指,分戴在左、右手指上配对使用的,称为对戒。1960年上海卢湾区明潘允征原配赵氏左右手指佩戴刻有"松"和"柏"字的金戒,合为"松柏"对戒。另外在南京卡子门外丁墙村明墓中,也出土一对对戒,一枚饰挑柴的樵夫和耕田的农夫,另一枚饰垂钓的渔夫和屋中苦读的书生,合为"耕读渔樵"对戒。

明代　金嵌玉佛簪

簪底版呈火山峰形,两侧原嵌有宝石七颗,现仅存右侧一颗,正中嵌一玉佛呈坐姿,头戴发冠,双目直视,五官端正,身穿反领宽袖袈袍,双手垂放膝前,形象端正慈祥。发现时插在发罩顶髻前部。簪长9.6厘米,簪首高6.4厘米,玉佛高3.1厘米,1997年上海李惠利中学明墓出土(图二〇)。

明代　金饰件

牙签、耳挖由一根圆柱状金条一分为二切割分铸而成,不使用时合起来为一体,既卫生又便于携带,使用时各自打开。链长24厘米,牙签长4.8厘米,挖耳长5厘米,1997年上海李惠利中学明墓出土(图二一)。

图二〇　明代　金嵌玉佛簪

图二一　明代　金饰件

图二二　明代　金嵌珍珠龙戏珠头饰

明代　金嵌珍珠龙戏珠头饰

金龙盘绕成圆形,嵌4颗珍珠,制作工艺别致。出土时缝缀在头箍前额部位。直径2厘米,1993年上海卢湾区打浦桥明顾叙原配棺穴出土(图二二)。

明代　金镶白玉飞天对簪

以金作簪底版,镶嵌一白玉飞天,线条粗犷,身体前嵌一红宝石珠。长12.8厘米,飞天高4.5厘米,1969年上海浦东新区陆家嘴明陆深家族墓出土(图二三)。

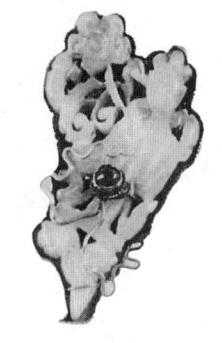

图二三　明代　金镶白玉飞天对簪　　　　图二四　明代　金葫芦耳坠

明代　金葫芦耳坠

耳坠上部用一根金丝弯成S形葫芦蔓,下坠一葫芦耳坠。此为明代最常见的耳坠造型。高2.2厘米,1997年上海李惠利中学明墓出土(图二四)。葫芦的谐音是"护禄"、"福禄",人们认为它可以驱灾辟邪,祈祷幸福,使子孙蔓延,人丁兴旺,故明代妇女均喜欢佩带这类耳坠。

明代　金镶玉蝴蝶

蝴蝶翅面平张,翼边波浪形,用多道阴线表示脉络、翅羽毛。大圆眼,吻前凸,长须前展,嵌装在金底版上,边框上镶三颗红宝石,背面原有长簪。宽5.1厘米,1969年上海黄浦区南市明朱察卿夫妇墓出土(图二五)。朱察卿为明正德十二年(1517年)进士,玉蝴蝶出于其妻墓中。

蝴蝶是大自然造化的精灵,色彩斑斓,光艳美丽,常与花为伴,在明清时期为吉祥题材,作为自由、幸福、和合的象征,是贵族妇女喜欢的纹样饰件。

图二五　明代　金镶玉蝴蝶

(原载于《收藏家》2011年第6期)

上海宝山明墓中的文房清供

我国工艺美术百花苑中的玉雕、牙雕,给人以富丽、浓艳的感觉,而竹刻则散发出淡雅、清秀的诱人芬芳。

据目前考古发现,我国出土文物中年代最早的竹刻实物,是湖南省长沙市西汉马王堆一号墓出土的一件浮雕龙纹髹漆竹勺,全长65厘米,距今已有2000年的历史。它以竹为胎,器表髹黑、红两色漆,勺柄近顶端一段为红色,浮雕一条乌黑的龙纹,形象生动古朴。在我国江南广大地区发展起来的竹刻,则是在明代中叶以后,才逐步形成的一门独特的美术工艺。古代的文人雅士,均视竹为"君子",认为竹象征耿直、清廉、谦虚等美德,因此喜欢在书斋中陈设笔筒、香筒、花插、臂搁、镇纸等竹刻文具。一些富有才华的文人也从事竹刻,在器皿上雕刻图画、诗文、印章等题材。明清两代大多数竹刻名家,兼精书画,集书画、竹刻于一体。竹刻艺术不仅从书画中吸取了营养,而且还从玉、石、牙、骨雕工艺中丰富了技艺,促使竹刻技法有很大的发展。这时有明代金陵李耀、濮仲谦开创的"浅刀刻法",明代嘉定朱鹤、朱缨、朱稚征等祖孙三代创造的"深刀刻法",以及清初浙江嘉兴张希黄独创的"留青刻法"等三种不同流派,各具特色,显示出很高的艺术造诣。不过,当时竹刻艺术制作最盛、影响最大的地区首推嘉定,由此形成了名噪一时的"嘉定竹刻",其代表人物即为后人称颂的"朱氏三松"——即是指朱鹤,号松邻,其子朱缨,号小松,和其孙朱稚征,号三松。他们在竹刻艺术上都有杰出成就。

"朱氏三松"的独特成就,在于开创了明代竹刻工艺上的新技法——浮雕和透雕的"深刀刻法",即奏刀深峻,"洼隆浅深,可五六层"。这种技法能表现丰富的画面层次及立体效果。由于"朱氏三松"有着坚实的绘画功底,又有娴熟的刻竹技巧,因此能融画、刻于一体,刻竹不假稿本,以刀代笔,"铁笔代豪翰",更富有艺术感染力。当时承袭此法的竹刻高手,尚有朱稚美、李流芳、秦一爵、张应尧、侯崤曾、沈大生和沈汉川等人,形成了嘉定派竹刻,推动了竹刻艺术的进一步发展。

笔者曾于1966年4月,在上海市宝山县(现为宝山区)顾村乡参加一座明代朱守城夫妇合葬墓的抢救性发掘[1],竟意外地清理出一件朱缨的刘阮入天台图透雕竹刻香筒,器高16.5厘米,口径3.7厘米,保存完整,殊为难能可贵。据买地券记载:朱守城之妻杨氏"殁于万历九年正月",所以,这件竹刻香筒,是迄今为止出土的唯一有确切年代的嘉定竹刻代表作品。

褚礼堂《竹刻脞语》称:"截竹为筒,圆径一寸或七八分,长七八寸者,用檀木作底盖,以铜作胆,刻山水、人物,地镂空,置名香于内焚之,名曰'香筒'。"因为香筒专为熏香而作,故又名香熏。

透雕竹刻香筒,器呈圆筒形,以魏晋时期民间神话故事"刘阮入天台"为题材,创作出一幅美妙的图景:在天台洞外,一株盘屈的苍松和山石下面,有一个男子正与一位仙女对弈;另有一左手捻须、右手托颐的男子居中观棋,神态悠然自得,双目注视着仙女的右角棋枰;而对弈男子左手托棋子钵,右手已将棋子下毕,凝神注目于对方右手下的一角棋枰;对弈仙女容貌秀丽,高髻宽袖,神态安详,右手食、中两指正夹持一棋子,侧身凝思,作举棋未定状。三个人物的注意力,都集中在仙女手中未下的棋子上。而在一屏山石后面的洞门口,还有一位体态轻盈、手执蕉扇的仙女,正俯视着身旁象征"禄"、"寿"的梅花鹿和仙鹤,若有所思。所刻人物的须发,细而不乱,容貌栩栩如生;人物、动物的眼睛以及棋子等,都用乌黑发亮的犀角料缀补,显得颇具光彩。作者在对这件作品的创作中,构思运刀,颇具匠心。他以深刻透雕作为主要技法,使器身多处镂空,把装饰性与实用性巧妙地结合在一起,同时参差运用浮雕(如对人物、动物和松树的塑造)、浅刻(如对松鳞、棋格的处理)、留青(如对山石的处理)和镶嵌(如对人物、动物的眼睛和棋子的处理)等多种技法,因此使画面上的人物形态逼真,山石、松树、禽兽的刻划精细入微,层次分明,富有立体感,充分显示出他在竹刻艺术上的高深造诣。香筒的盖和底座,用紫檀木制成,上面刻有昂首奋鬣、蜿蜒环转的螭纹图案,显得形象生动(图一)。

"刘阮入天台"的典故,源出南朝宋刘义庆《幽明录》的一则美丽的神话故事:东汉明帝永平五年(62年),有郯县(今浙江省嵊县西南)人刘晨、阮肇两人,共上天台山采药,迷途而不得返。正在彷徨之际,忽然路遇两位仙女直呼其名,似曾相识,并被邀请至她们在天台的家中,热情款待,还成了亲。半年以后,刘晨、阮肇两人思乡心切,便与两仙女依依惜别。刘、阮两人回到家乡,却见家乡面貌巨变,又找不到他们熟识的乡亲,后来经多处询问才找到他们的七世子孙。晋太元八年(383年),刘、阮两人悄然离去,从此不知去向。这一香筒描绘了刘晨、阮肇两人在天台仙境中流连忘返的生活情景,反映了人们对和平幸福生活的憧憬和向往。

图一 明 朱小松刘阮入天台
竹刻香筒（附拓片）

在这件刘阮入天台透雕竹刻香筒仙洞口的门匾上，阴刻有篆书"天台"两字，下有"朱缨"阴文落款及阳刻篆文"小松"方印一方。这就说明该香筒出自明代嘉定竹刻名家朱缨之手，是一件不可多得的杰作。

据有关志书记载：朱缨（1520—1587年），字清父，又字清甫，号小松，是嘉定竹刻的创始人朱松邻（鹤）的儿子。朱缨聪颖过人，年轻时就能博涉多能，"工小篆及行草，尤长于气韵，长卷、小幅各有异趣"。朱小松刻竹师承家法，深得其父朱松邻的巧思，而务求精诣，所以他的刻技益臻神妙。譬如，他刻的"山川云树，纡曲盘折，尽属天工"，"刻竹木为古仙佛像，鉴者比于吴道子所绘"，"制作精巧绝伦，为世所珍"。《竹人录》称颂他"刻竹能传父业，盖有出蓝之誉"。另外还应一提的是，朱小松品行高洁，一生不事权贵，历来为人们所称道。不过遗憾的是，朱缨的作品流传于世的已不多见，现知仅有归去来辞图笔筒、竹林七贤笔筒、蟠松松鼠盒、圆雕竹仙、松下高士、竹雕罗汉念珠、圆雕蟾蜍、王羲之书扇图笔筒、出猎笔筒、浮雕如意等十余件。著名学者王世襄在鉴赏朱缨这件刘阮入天台透雕竹刻香筒后，曾明确指出："其代表作则为上海博物馆馆藏的刘阮入天台香筒，于直径仅3.7厘米的竹管上，将神仙洞府，远隔尘寰之境界，刘、阮与神仙对弈之神情，刻划得尽美尽善，使人叹为观止。"[2] "按香筒为出土物，有确切年代。更因其绝佳，故知其必真。传世小松之作，构图之美，刀法之工，无一可与此比拟，在竹刻中允推无上精品。"[3] 王世襄又在对其珍藏的明朱小松归去来辞笔筒叙述鉴定过程时，曾写道："余得笔筒时，只觉其刀法、构图，均臻佳妙，意境尤为超逸，刻者定是艺术家兼学人。惟是否确出小松之手，因缺少可资对比之实物，尚不敢遽下定论。直至1966年，上海宝山顾村镇朱守城夫妇墓出土刘阮入天台香筒，上有朱缨款识和小松方印，更因入葬年代在万历年间，墓地又邻近嘉定，故可视为小松之代表作或标准器。取笔筒与香筒对比,构图虽有繁简之别,但运刀状物,多相同之处。故可断定归去来辞笔筒亦为真迹无疑。平生所见刻有朱缨或小松款识者已屈指可数,确信乃其手制者,仅此两器而已。"[4]

所以,这件明朱小松"刘阮入天台"竹刻香筒的重见天日,确实为我们鉴赏明代朱缨高超的竹刻艺术,又增添了一件极为难得的艺术珍品。

其次,在明代朱守城夫妇合葬墓的出土文物中,还发现了一批文房用具——计有笔筒、笔插屏、砚台、嵌玉犬镇纸、青玉砚、白玉牌挂饰、印盒、文房盒、紫檀木嵌螺钿镇纸、紫檀瓶等十余件,其制作都极规整,装饰图案颇具匠心,具有较高的工艺水平,十分难能可贵。故特作一扼要介绍,以供读者鉴赏:

笔筒 1件。紫檀木制,呈圆筒形。口沿处有一周凸起的带状纹,通体素面无纹,底部附有三矮足的圆托座。整器制作规整,朴实无华。口径15.7厘米,高20厘米(图二,1)。

图二 明 笔筒 文房盒

笔插屏 1件。以紫檀木嵌大理石制成,其笔架和边框以紫檀木制成,插屏上所嵌的大理石呈现大自然山水景色。器长17厘米,宽8厘米,高20厘米(图三,1)。

砚台 2方。均配有红木砚匣。其中一方为端石砚,呈风字形,砚底前端有两矮足。砚长22厘米,宽13.8厘米,高3厘米,砚池深1.2厘米(图三,2)。另一方为青玉砚,是研磨朱墨用的,呈长方形。砚长8.5厘米,宽4.4厘米,高1.8厘米,砚池深0.3厘米(图三,3)。

文房盒 1件。紫檀木制,呈长方形,盖面、盒底与边框系分段胶接而成,四角用暗榫,盒内分上、下两格,上、下格间用子母口扣合,制作十分精致。器长26.5厘米,宽16.6厘米,高9.1厘米(图二,2)。

镇纸 3件。其中2件为红木制,1件木质压尺的中间部位,镶嵌一只白玉圆雕

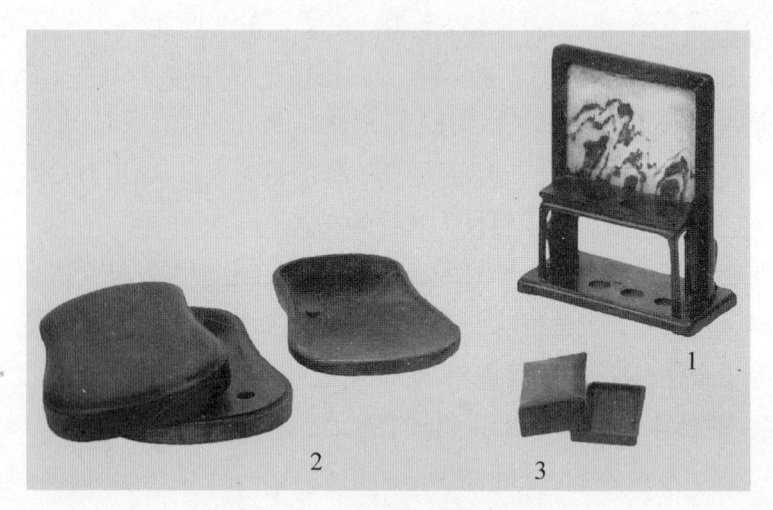

图三　明　笔插屏、端砚、青玉砚

卧犬,作卧伏状。其造型为头颅狭长,尖嘴,耷耳,凹点眼,面额有脑门线,身体腹部阴刻三条肋骨线。前肢前伸,右爪搭于左爪,后肢作曲卧式,尾下坠。整体雕刻简朴,形象写实。它活现了一头爱犬在冬日阳光下眯眼休息、悠然自得的生动形象。这件白玉卧犬木镇纸,虽出土于明代墓葬,但该器的制作造型风格,却与陕西蒲城洞耳村元代墓壁画上狗的造型和无锡元延祐七年(1320年)钱裕墓中出土的玉羊的造型风格相类同,故可能是元代制作的。器长28厘米,高3.4厘米,玉卧犬长6.2厘米(图四)。另1件木尺镇纸中间,镶嵌一块素面桥形白玉饰。器长21.8厘米,宽1.4厘米,高1.5厘米(图五)。还有1件木镇纸呈长方形,正面边缘以银丝镶嵌一周云雷纹图案,面上嵌饰螺钿,惜大半已脱落,从残存图像分析,左边镶嵌的是一头狻猊,前肢着地,后肢倒竖;右边是一个手舞足蹈身佩宝刀的卫士。此器装置灵活,既可平放,也可竖起成斜面欣赏镶嵌图像,这从侧面显示出制作工匠们的别具匠心。器长11厘米,宽7.1厘米,高2厘米(图六,1)。

图四　元　白玉卧犬木镇纸

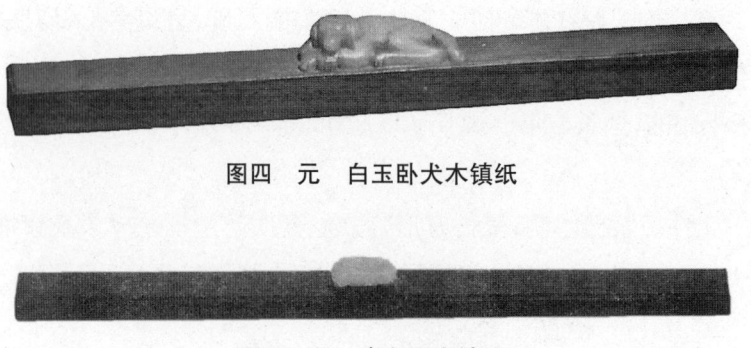

图五　明　嵌白玉木镇纸

·上海宝山明墓中的文房清供·

图六 明
1. 镶嵌螺甸木镇 2. 镶嵌螺甸印盒 3. 圆形木印盒 4. 明紫檀瓶

印盒 3件。其中1件红木制,呈椭圆形,盒盖以螺甸嵌一螭纹图案,惜大部分已脱落,惟与紫檀瓶和白玉牌挂饰上所饰的螭纹形象基本类同。口径4.1—5.8厘米,高2.8厘米(图六,2)。另1件红木制,呈圆形,素面,带圈足。直径7.2厘米,高2.8厘米(图六,3)。另1件紫檀木制,呈圆形,盒面原嵌有螺甸,其图案为两立鹤,伫立于一棵苍松两旁,寓意为"松鹤延年";另在盒面和盒底边沿,各嵌有一周

图七 明 紫檀圆印盒

银丝缠枝莲和螺甸花卉图案。此盒制作极为精致,可惜的是该盒面及盒底边沿所嵌螺甸,在出土时大部分已脱落,无法复原。口径8.2厘米,底径5.8厘米,高3厘米(图七)。

圆盒 1件。桂圆木制,器呈椭圆形,通体素面,系利用桂圆木本色抛光制成。盒盖内刻有篆体"昭来堂"三字。口径6.8—8.1厘米,高3.9厘米(图八)。

瓶 1件。紫檀木制,口呈椭圆形,高颈,鼓腹,下附圈足。通体饰浮雕螭纹飞舞图案,形象生动,并在瓶口外沿和圈足部位,各嵌饰一周以细银丝组合的云雷纹和变体云雷纹图案,更显精致美观。器高8.9厘米,宽4.9厘米(图六,4;图九)。

图八 明 桂圆木椭圆盒（附铭刻）

图九 明 紫檀瓶上的螭纹图案拓片

白玉螭云纹牌饰 1件。器呈长方形，上有环状提携，惜已残。牌周边框沿微凸，正、背面均饰内剔地浅浮雕螭云纹，唯形体有所不同。正面螭纹曲身婉转，在云海作翻滚飞舞状，球状头颅、圆弧形脸庞，水滴状眼，波状眉，形体浑圆，肩生飞翼，长尾曳后，尾端分叉。牌背面螭纹，螭首作蒜形鼻前凸，水滴形眼，双耳向上耸立，螭发一束向后弯转，螭背有肩线，长尾作单股。该牌侧面均刻S形纹，间隙处作毛地处理，为明代后期才出现的一种新工艺。玉质洁白滋润，光洁度高，制作规整，线条流畅。从题材设计和精湛的雕琢工艺水平来看，它可称为上乘之作，应是一件难得一见的精品。残高5.4厘米，宽2.6厘米，厚0.75厘米（图一〇）。

著名学者杨伯达在鉴赏这件白玉螭云纹牌饰时，曾指出："白玉云螭长方佩（笔者注：即指此件白玉螭云纹牌饰），上部半圆环已残，螭作扭头爬行状，仿汉代，用较细的阴线饰勾，是明玉中较精细者。"[5]他的见解，给人以启迪。

折扇 23把。朱守城墓内出土折扇的数量之多，在全国明墓中位居榜首。扇骨有紫檀木、鸡舌木、棕竹、漆竹等质地，磨制都极精致光洁。它们应该是由技艺高超的扇工制作的。其中泥金笺扇面8把，4把正面绘山水、花鸟、鱼虫，背面均有题诗，画面及题诗惜已模糊不清，仅隐约可见一把折扇上钤有行书"周"、"琳"联珠印，周琳即周天球，系文徵明的学生，明代著名书画家，擅画花鸟，落笔工稳清逸；另一把折扇上有落款"严纳"、"翟钟玉"；还有另一把梅花扇面，落款为"包山陆治"，陆

·上海宝山明墓中的文房清供·

图一〇 明 白玉螭云纹牌饰（附拓片）

治也系文徵明的弟子，为明代著名书画家，工诗文、书画，善绘山水花鸟，风格工整秀雅。此外，还有一把楷书苏轼《超然台记》扇面，钤有联珠"叔"、"平"朱文印，叔平为陆治的笔名；另外4把扇面为三角形、扇形、平行四边形等几何形图案（图一一）。[6]

图一一 明 漆骨泥金笺几何形图折扇

此外，还有漆骨洒金扇面15把，扇面均以菱形、三角形组成图案。其中1把折扇扇骨涂朱红漆，表面金线绘有花卉、禽鸟等，线条纤细流畅。扇面金箔贴出几何形图案(图一二、一三)。3把折扇的黑漆扇骨中部皆为海棠形开光,扇骨与扇面交接处,绘四出叶纹连续图案。其一开光内绘士人郊游图,两侧各绘一枝菊花,枝梗细长,花朵怒放(图一四、一五);其二开光内绘士人赏荷图,两侧为盛开的荷花(图一六);其三开光内绘雄鸡图,两侧绘盛开的牡丹花(图一七)。这几幅扇骨的画面主次呼应,虚实相衬,把人物置于优美的自然环境中,达到了情景交融的境地,抒发了文人士大夫的闲情逸致,是江南文化精神的反映。

图一二　明　漆骨洒金几何图折扇

图一三　明　漆骨洒金几何图折扇局部

图一四　明　漆骨洒金士人郊游图折扇

图一五　明　漆骨洒金士人郊游图折扇局部

图一六　明　漆骨洒金士人赏荷图折扇局部

还有两把黑漆扇骨上书有泥金蝇头小楷《前出师表》,字体工整秀丽,落款为"吴舜卿真金巧扇"(图一七)。吴舜卿之名虽不见志书记载,但从这把折扇的制作工艺水平来看,可以肯定其是一位制扇高手。总而言之,这几把折扇上的画面布局有致,落笔工整清逸,风格工整秀丽,画面如卷轴一般清晰自然,挥洒自如,不受拘束,无疑出于名家之手。

图一七　明　吴舜卿真金巧扇

上海市文管委的考古专家们,对朱守城夫妇合葬墓的墓葬结构、随葬器物的时代特点进行了综合研究,基本上确定了它的时代,但其具体年代的确定,则需要对同出的砖、石买地券上的文字进行考证。从一块砖刻买地券上的记载得知,这是苏州府嘉定县依仁乡人朱士元于明万历四年(1576年),为其母杨氏购买的寿穴;其次,经对另一块石刻买地券上的文字考证得知,苏州府嘉定县依仁乡杨氏,阳寿53岁,十一月十三日子时生,殁于万历九年(1581年)正月,为此买地埋葬。所以,上述砖、石刻买地券上的记载,为我们确定该墓葬的具体年代提供了客观依据。

朱守城棺中出土一套完整的文房用具,制作精湛,如印盒、镇纸上所嵌的螺钿图案,不论是构思还是雕琢、镶嵌的技法都具有很高水平。

据清代《云间杂志》记载:"吾松紫檀器皿,向偶有之,孙雪居如仿古代,刻为杯、斝、尊、彝嵌以金银丝,系之以铭,极古雅,人争效之。"又《格古要论》中载:"螺钿器出江西吉安庐陵,宋器皆于坚漆上嵌铜线,然后镶以螺钿,其花纹细致可玩,以之上供内府。元时富家不限年月,造者亦工妙。"朱守城墓所出嵌银丝刻螭纹的紫檀瓶,从制作工艺和风格来看,应是继承了宋元时期的传统,而又有所创新和发展,形成了明代独特的时代风格。

从朱守城墓中出土一套完整、制作精致的文房用具看,该墓的主人应是一个爱好工艺美术的文人雅士。当他去世后,其子孙后辈便将他生前喜爱的各种文房用具与其一起下葬,这也客观反映了当时的一种社会风尚。同时,这也为我们研究明代的文人书斋陈设和明代文房用具的制作工艺水平，提供了一批重要的实物例证。还应值得一提的是，这批文房用具中的部分珍品，曾在1988年入选为上海博物馆《明代中国文人书斋展》的展品，漂洋过海，前往美国纽约、西雅图、波士顿和华盛顿等四大城市博物馆，巡回展出一年，博得了美国各阶层人士和世界各国旅游人士的热烈赞赏，为中美文化交流谱写了光辉的一页。

折扇，又称蝙蝠扇、聚头扇、折叠扇、撒扇，是日本人受蝙蝠形体的启发而制作的，在北宋时由日本、朝鲜传入中国。但是一直到15世纪初的三百多年间，并不十分流行。后来到明代永乐年间(1403—1424年)，中国才开始仿制折扇，并与传统文化紧密结合，出现了扇书、扇画。据明代刘廷玑《在园杂志》记载："明永乐年间，成祖喜折扇卷舒之便，命工如式为之，自内传出，遂遍天下。"而到明代嘉靖(1522—1566年)时，中国的很多地方已经开始生产折扇，并广为流传，从帝王、官吏、文人雅士普及到平民百姓，而以苏州造的吴扇和四川成都生产的蜀扇最为盛行。明代谢肇淛编著的《五杂俎》中就记述了明代折扇流播的情况："上自宫禁，下至仕庶，惟吴蜀二种扇最盛行。蜀扇每岁进御，馈遗不下数百万，上及宫廷所用，每柄值黄金一两，下者数铢而已。吴中泥金最易书画，不胫而走四方……大内时发千余，令中书官书诗，以赐宫人者，皆吴扇也。"由此可见一斑。

上海地区明墓出土的折扇基本上均为苏州生产的吴扇，在扇面、扇骨、扇坠以至于香色等各个方面，都很考究，特别是出土的泥金笺书画扇，扇面上有文人的题字、绘画、赠言等，诗、书、画相互应发，给人以一派诗情画意的高雅之感。这与史料记载的吴扇中的佳品"乌骨泥金扇"极相吻合。这也反映出明代苏州折扇工艺已十分精细别致，成为一种独特的艺术形式，广受文人雅士的青睐。[7]

注释

[1] 上海市文物管理委员会：《上海宝山明朱守城夫妇合葬墓》，《文物》1992年第5期。
[2] 王世襄：《竹刻总论》，载《中国美术全集·工艺美术编·11 竹木牙角器》，文物出版社，1987年。
[3] 王世襄：《明朱小松透雕竹刻香筒》，载《中国美术全集·工艺美术编·11 竹木牙角器》，文物出版社，1987年。
[4] 王世襄编著：《自珍集——俪松居长物志》，生活·读书·新知三联书店，2003年。
[5] 杨伯达：《中国玉器面面观》，《故宫博物院院刊》1989年第1、2两期合刊。
[6][7] 何继英：《上海明墓出土折扇》，《上海文博论丛》2003年第1期。

(原载于《收藏家》2004年第4期)

上海出土明代玉器珍品鉴赏

就上海60年来的考古实践看,经发掘清理的明代墓葬有400多座,其中如浦东新区陆家嘴明陆深父子墓群出土玉器60件,明嘉靖太医院御医顾东川夫妇墓随葬玉器28件,明光禄寺少卿顾从礼家族墓出土玉器22件,明正德进士朱察卿夫妇墓随葬玉器30件等等。这些有纪年可考的玉器,为进一步研究明代用玉和玉作业情况提供了新的重要实物例证。笔者有幸在上海从事文物考古工作40余年,亲自参与了很多的实际工作,现择其中的玉器精品作如下介绍,以供读者鉴赏。

白玉镂雕花鸟纹银质鎏金霞帔坠饰

该坠饰在霞帔下部,呈鸡心形,正面分为内外两区,内区圆形,内镶嵌玉镂雕牡丹绶带鸟纹,绶带鸟侧身作回首状;外区鸡心形,錾刻繁密的花朵,每朵花心镶嵌红色或蓝色宝石,多数脱落。背面镂刻龙凤牡丹纹,中间一朵牡丹花。外层花瓣平铺,正含苞待放,左右两条龙,龙首一上一下,昂首张口穿插在牡丹丛中,上下各有一只凤凰展翅翱翔。整体自上至下达三个层次。长9厘米,宽7.2厘米,1993年上海市卢湾区打浦桥顾氏家族墓出土(图一、二)。

霞帔是唐宋社会中比较常见的一种装饰品,南宋时民间已广泛使用金霞帔。明代对霞帔的使用作了具体的规定,即一至五品的命妇可用金霞帔,六至七品者用镀金霞帔,八至九品用银霞帔。"坠子中及花禽一,四面云霞纹,禽如霞坠,随品级用。"可见霞帔不仅是一种装饰品,也是身份、地位、等级的标志。

·上海出土明代玉器珍品鉴赏·

图一 明 白玉镂雕花鸟纹银质鎏金霞帔坠饰（正面） 　　图二 明 白玉镂雕花鸟纹银质鎏金霞帔坠饰（背面）

白玉镂雕松鹿、牡丹纹六边形霞帔坠饰

由上下两个六边形组成，边角各镶嵌一珠饰。上部呈正六边形，下部呈菱形，均分为内外两区，外区为木质边框，内嵌一周红蓝宝石。上部内区镶嵌镂刻白玉松鹿图，在大松树下，一只鹿作驻足回首状，足下以山石为底。画面简洁明朗，寓意性强。松为长寿的象征，鹿、禄谐音，即俸禄，其意表达的是长寿厚禄。下部镶嵌透雕白玉牡丹花纹，一朵牡丹花盛开在上方，下侧左右各刻对称绶带鸟，周围叶脉枝梗衬托，画面布局繁而有序。牡丹为富贵之花，象征富贵，此题材在明清时期非常流行。长12.6厘米，宽11厘米，1993年上海市卢湾区打浦桥顾氏家族墓出土（图三）。

图三 明 白玉镂雕松鹿、牡丹纹六边形霞帔坠饰

白玉镂雕孔雀牡丹纹嵌饰

嵌饰作亚字形环托，镶嵌在用紫檀木制作的台架上，是书案上的鉴赏品。环托

内纹饰略起凸,上为盛开的牡丹,花瓣舒展,旁有孔雀伫立,孔雀圆眼、长喙,头顶有醒目的羽毛冠,作回首状。嵌饰下部以湖石为地,上有灵芝和花叶衬托,特别是牡丹枝梗穿越洞孔的造型设计,更使画面焕发出勃勃生机。长11厘米,宽7.6厘米,厚1.6厘米,1993年上海市卢湾区打浦桥顾氏家族墓出土(图四)。

图四　明　白玉镂雕孔雀牡丹纹嵌饰

白玉圆雕双体鸟扇坠

两鸟连体对称,鸟颈粗短,鸟体丰满,翅膀作椭圆形,羽毛用菱格和直线构成。造型饱满,制作圆润光泽,玉色洁白无瑕,雕琢简练明朗。鸟体背部连体处贯有天地孔,出土时鸟体穿一金链与折扇轴头相连,作为扇坠用。长3.6厘米,宽1.5厘米,1993年上海市卢湾区打浦桥顾氏家族墓出土(图五)。

图五　明　白玉圆雕双体鸟扇坠

白玉圆雕双体鱼形扇坠

双鱼相连,素身无鳞,圆凹点眼,吻前凸,背鳍呈波折状,鱼尾分短叉,腹鳍、臀鳍、尾鳍均用阴刻线表示。双鱼背上贯天地孔,孔中系绳,出土时与折扇轴头相连,作扇坠用。长4.8厘米,宽2厘米,厚1.4厘米,1993年上海市卢湾区打浦桥顾氏家族墓出土(图六)。

图六 明 白玉圆雕双体鱼形扇坠

白玉圆雕执荷童子扇坠

童子大头,面相圆腴,脑门一撮头发左右分开。身穿对襟长衫,下着短宽脚裤,衣服纹理清晰。右手于胸前握襟,左手上举紧握莲梗。莲梗垂于后背,盛开一朵荷花。童子头顶中部贯天地孔,出土时用丝带同折扇轴头相连。高5.2厘米,1993年上海市卢湾区明嘉靖太医院御医顾东川墓出土(图七)。

扇坠是折扇的装饰件,又是把玩物。明高濂在《遵生八笺·燕闲清赏笺》中提到,当时文风儒雅,曾流行一种叫扇坠的玩物,正与上述此类物件吻合。

图七 明 白玉圆雕执荷童子扇坠

白玉螭虎纹蘑菇头发簪

簪头鼓凸饱满,形如蘑菇,簪体浑圆呈圆锥形。通体雕刻出两螭虎,簪头螭虎呈圆形,作正面下冲状,簪体螭虎螭首正视,须发飘拂,螭身卷曲侧身向前奔,与簪头螭虎相呼应。

发簪是明墓出土饰件中最多的,一般墓葬少者一两件,多者20—30件。簪首形式多样,有佛像、菩萨、仙女、动物、植物等,蘑菇头簪是发簪中最多见的一种。长10.6厘米,1993年上海市卢湾区打浦桥顾氏家族墓出土(图八、九)。

图八 明 白玉螭虎纹蘑菇头发簪　　图九 明 白玉螭虎纹蘑菇头发簪纹饰拓片　　图一〇 明 金镶玉观音发簪　　图一一 明 白玉"福如东海，寿比南山"发簪

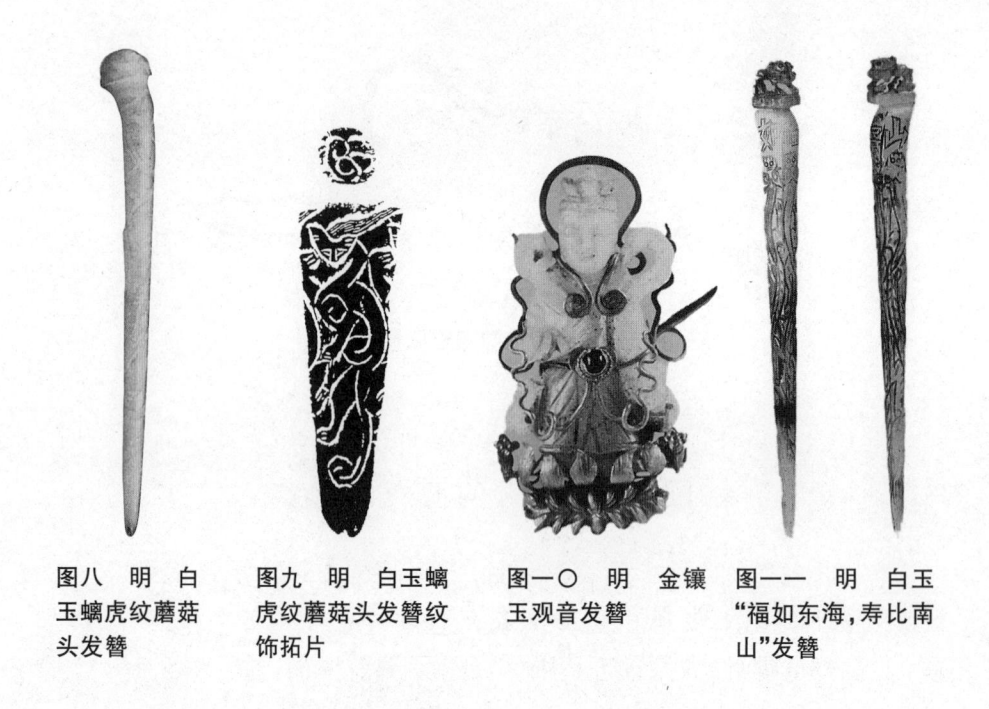

金镶玉观音发簪

观音作立状，头顶伏一神鸟，面相静穆慈祥。身穿对襟衫，左肩飘帛隆起，与后背帛带相连。左臂下垂，右臂屈于胸前，手执一物似云帚，鬃毛飘曳于右肩。观音置身于金质莲座之上，周身用金丝环绕，前腰嵌一宝石，后背配置一插扦，作为插发之用。高10厘米，1969年上海市浦东新区陆家嘴陆深家族墓出土（图一〇）。

观音为梵文"阿缚卢枳低湿伐逻"的意译，是佛教诸菩萨中唯一的女性形象，因其能普渡众生，为民去灾禳福，而获得千百年来无数善男信女的顶礼膜拜。

白玉"福如东海，寿比南山"发簪

对簪。簪体呈四方簪体，四面阴刻螭龙，簪体上端四面各铭一组文字，合为"福如东海"和"寿比南山"。顶端圆雕狮子，作回首状。底座细刻窗棂纹。长11厘米，1969年上海市浦东新区陆家嘴陆深家族墓出土（图一一）。

据墓志记载，墓主陆深为"明通议大夫詹事府詹事兼翰林院学士赠礼部右侍郎。"陆深卒于嘉靖二十三年（1544年），其子陆楫卒于嘉靖三十一年（1552年）。

陆家是明代中期上海地区的名门望族。黄浦江流经外滩与吴淞江汇合处,折而向东形成的沙嘴,即用陆氏的声望而称"陆家嘴"。

青玉卧童

童子作伏卧状,大头圆面,头顶梳桃形毛发,面相丰腴,略带微笑,仰头,右手前伸,左手撑于后脑,左脚搭于右腿上,身穿对襟衫,露肚兜,下着肥裤,造型活泼,童趣十足。在左手臂转角处和交叉腿间各施一孔,以便系绳坠挂,可使卧伏的身体平衡。长6厘米,1993年上海市卢湾区打浦桥顾氏家族墓出土(图一二)。

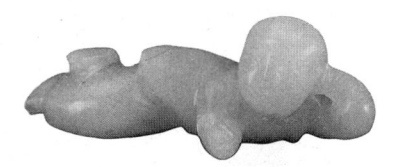

图一二 明 青玉卧童

玉雕童子是宋代玉器最常见的题材,明代继续流行,但卧伏童子却少见。明高濂在《遵生八笺》中论古玉器时,曾提到夫妻同床,床帐上挂坠娃娃。此玉卧童应为床帐上的坠件。

白玉透雕飞天簪饰

飞天成对,头戴宝冠,袒上身,裸双臂,腕部戴镯,双手曲臂前伸托花钵,腰间束带,下着长裙,长裙裹足,向一侧飘转呈尖锥形。飞天身披长帛,帛带飘缠于身后,与身下雕琢的卷云纹相连,在外围形成一近似心形的边框。该器出土时用一银簪的一端分出五爪,扣于飞天之空隙中,另一端分别插入两鬓发髻上,是为发簪。长5.7厘米,宽3.5厘米,1993年上海市卢湾区打浦桥顾氏家族墓出土(图一三)。

图一三 明 白玉透雕飞天簪饰

白玉圆雕持荷童子佩

童子头颇扁阔,面相丰腴,五官小巧,身穿窄长袖对襟衫,衣襟敞开,露出肚兜,下穿肥裤,裤脚似灯笼,衣褶自然流畅,右手捉一鸟,左手握一枝莲荷梗,莲梗由左肩垂至后背,圆形莲叶搭于背上,使人想到荷叶漂浮在水面上的美景。整体形象生动写实,雕琢精湛,玉质莹润,是一件罕见的玉雕精品。高 5.7 厘米,1993 年上海市松江区西林塔地宫出土(图一四)。

图一四　明　白玉圆雕持荷童子佩　　　　图一五　明　白玉圆雕婴戏三人挂件

白玉圆雕婴戏三人挂件

　　主体似为姐弟三人。姐姐发髻留中缝,梳向左右两侧,面相丰满,上身穿交领衫,下着宽松长裙,低头弯腰。肩上骑着小弟弟,右手执一枝长梗莲花,花朵、莲叶搭于背上。小弟大头,桃形发髻,身体前倾爬靠在姐姐身上,右臂搁在姐姐头部,左手抚在哥哥头部一侧。大弟紧跟在姐姐左后侧,圆发髻盘在耳朵上部,双手抱一只小动物于胸前,身着对襟长短衣,下穿宽长裤,裤管束扎似灯笼。三姐弟相依,富有浓郁的生活气息。是一件玉质莹润、造型别致、构思巧妙、琢工精湛的玉雕艺术珍品。高 9.2 厘米,1993 年上海市松江区西林塔地宫出土(图一五)。

白玉圆雕执枝童子

　　童子作行走状,有黄褐色沁斑。头颅硕大,脑袋扁平,脑门留一撮短发,眼球横刻一阴线,以表示上下眼睑。童子的鼻翼与嘴角用阴刻斜面直线自上至下直笔连接,形成楔形鼻和樱桃小嘴。该童双臂前伸,左手握一枝状物弯转至肩部。身穿圆领对襟衫,腰束带,下身穿肥裤,露小足。衣褶纹理用起伏的沟状线表示,立体感较强。玉童头顶钻孔,出土时用丝绳贯穿佩于墓主胸部。高 5 厘米,1993 年上海市卢湾区打浦桥顾氏家族墓出土(图一六)。

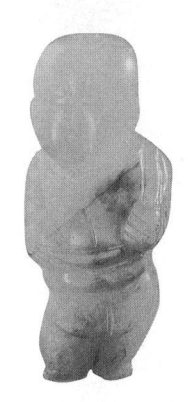

图一六　明　白玉圆雕执枝童子　　图一七　明　青玉透雕螭凤纹佩

青玉透雕螭凤纹佩

　　画面通过一圆环作为依托展示,右上端透雕一螭虎作飞身上跃状,环上螭脸作猫形,双眼圆睁,额心刻一道横弧线,嘴部平直,躯体狭长,下半身从环体中穿过,细长尾分叉卷曲。环左壁透雕一凤,形体抽象,头、喙、足、尾仅作表意。在宽环内也雕琢一凤鸟侧面,作回眸状。整器构思巧妙,疏密有致,玉质莹润,富有神秘感。长 8.8 厘米,宽 7.5 厘米,1972 年上海市闵行区北桥镇明墓出土(图一七)。

白玉龙首螭纹带钩

　　器呈琵琶形。带钩头部圆雕一回首螭龙,龙首头额平坦,眉上扬作对称卷云纹,猫耳后抿,双眼圆凸,蒜头鼻,口微张,上下排牙,龙角向后分叉,龙发飘拂。钩背上雕一小螭虎,作腾空盘曲状,双目与回首螭龙相对,眼鼻紧靠,并压缩在脸部下端。肩膀及大腿上有火焰状飘毛,肘和胯关节处刻两对卷云纹,背部有一圆形纽,纽上刻秋葵纹。出土时用丝带束于墓主腰部,长 15.5 厘米,1976 年上海市徐汇区龙华三队潘氏墓出土(图一八)。

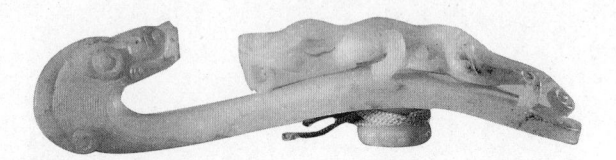

图一八　明　白玉龙首螭纹带钩

带钩是束腰的扣件,起着连接革带两端的作用,最早在福泉山良渚文化墓葬中出土。战国以后,玉带钩逐渐流行,发展到明代,用途更加广泛,不仅是带上的扣器,也可用于钩物。明文震亨认为,带钩已成为文房用品中的重要组成部分,即"斋中多设,以备悬挂壁画及拂尘、羽扇等用,最雅。自寸以至盈尺,皆可用"。由于明人视带钩为雅器,以至用量大增,上海明墓和古塔地宫中发现了多件玉带钩。

青白玉透雕婴戏纹带饰

器呈长方形,边框狭窄,图案作双层透雕,地纹镂刻窗棂纹,主题纹饰为七童子在草地上戏耍。童子大头圆面,五官阴线勾勒,身着短衣长裤或长裙,着裙者为女童。形态各异,有放风筝的,有撑伞的,有摇拨浪鼓的,有踢球的,形态生动活泼,童趣十足。

以众多童子组合成群婴戏为题材的玉带饰,在考古中尚属首次发现,为明代中晚期新出现的造型,可作为传世透雕玉带饰鉴定的标准器。长7.4厘米,宽5.2厘米,1981年上海市浦东新区东昌路明墓出土(图一九)。

图一九　明　青白玉透雕婴戏纹带饰

金镶玉蝴蝶

蝴蝶张翅露体,翼边呈波浪形,翅膀用多道阴线表示脉络、翅羽毛。大圆眼,吻前凸,长须前展,嵌装在金底板上,边框上镶3颗红宝石,背面原有长簪。

蝴蝶是大自然造化的精灵,色彩斑斓,光艳美丽,常与花为伴,在明清时期为吉祥题材,作为自由、幸福、和合的象征,是贵族妇女喜爱的纹样。据考古发现,唐代已经用蝴蝶作装饰,例如河南伊川唐齐国太夫人墓中出土银片状蝴蝶。之后,宋明也有发现,如南宋墓中随葬有2件银蝴蝶饰件,南京岗子村吴忠墓曾出土明洪武二十三年的金蝶,南京郎家山宋晟墓出土明永乐五年的金蝶。这件金镶玉蝴蝶,宽5.1厘米,1969年上海市黄浦区明嘉靖十四年朱察卿夫妇墓出土(图二〇)。

图二〇 明 金镶玉蝴蝶

金镶玉莲花童子耳坠

用粗金丝做成S状,在一端焊接金镶玉莲花童子。童子大头,头顶托金片锤揲的花叶宝盖,面相丰腴,肩披帛带,双肩帛带隆起,腰束带,双手合十,立于莲花座上。莲座由金片锤揲錾刻而成,双层莲瓣似一朵盛开的莲花。高4.5厘米,1993年上海市卢湾区打浦桥顾氏家族墓出土(图二一)。

图二一 明 金镶玉莲花童子耳坠

耳坠,亦称"坠子",是悬挂在耳上的饰件,本为少数民族男子的饰物,在晋代传入中原后,成为汉族妇女专用的首饰。上海明代墓葬发现的耳饰,质地主要为金、银、玉,形制或为坠饰,或为耳环。通常把摇晃欲坠的称"耳坠",不摇动的称"耳环"。

金镶白玉镂孔葫芦耳坠

耳坠上部用一根金丝弯成S形,似葫芦蔓,下垂金片锤打镂刻出双层覆莲瓣,覆莲瓣盖在玉葫芦上,似莲盖顶。玉葫芦由大小两颗圆形玉珠组成,玉珠通体透雕镂空钱纹。两葫芦间,为金片制成的仰覆莲瓣,葫芦底部,由金片仰莲瓣托起,造型精巧,工艺精湛。高4.5厘米,1997年上海市卢湾区李惠利中学明墓出土(图二二)。

葫芦形耳坠是明代最常见的耳坠。在我国古代，葫芦有很多造型，主要原因是葫芦为人类最早的食物之一。葫芦体似母腹，以内部多子而成为多产多育的象征。古诗有"绵绵瓜瓞，民之初生"。瓜瓞即为葫芦，将葫芦比喻为孕育人类的母体。此外，葫芦的谐音是"护禄"、"福禄"，人们认为它可以驱灾避邪，祈祷幸福，使子孙蔓延，人丁兴旺。

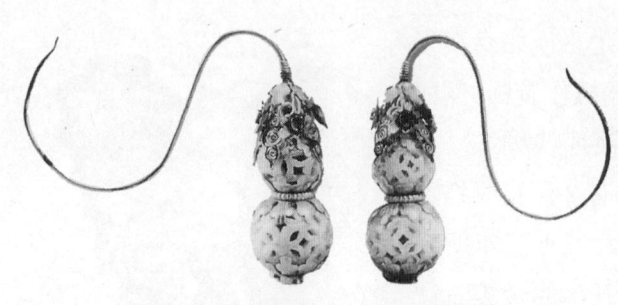

图二二　明　金镶白玉镂孔葫芦耳坠

白玉额带饰

缎额带呈条状，两端稍宽，缝合后套于额头。上缀17件金托底玉饰及小珍珠，布局有致，前额正中缝制玉雕团龙1件，左右依次对称排列同一题材的白玉饰件16件，分别是凤饰、荷叶水草饰、雁衔水草纹饰、牡丹饰、梅花饰、螭虎纹饰、菱形饰、三足蛙饰等。每件玉饰用金片托底缝于缎带上，有的嵌以宝石。用黄金、白玉和红蓝宝石等不同质料的工艺品相互装点，显得富丽堂皇，光彩照人。长56.5厘米，宽5.6—12厘米，1993年上海市卢湾区打浦桥明顾氏家族墓出土（图二三）。

图二三　明　白玉额带饰

额带饰在唐代开始使用，称"抹额"，宋代称"抹子"，妇女戴在额前用以包紧两鬓。

白玉凤纹额带饰

凤纹作片状,镶嵌在金托上。体表饰4颗红宝石,该凤头部简作,不具冠,只有轮廓而无器官表现,翅膀张开,尾羽扬起作飞翔状。翅与尾部羽毛用短平线在条格内斜向平行排列。整体雕琢简朴。长3.7厘米,1993年上海市卢湾区打浦桥明顾氏家族墓出土(图二四)。

图二四 明 白玉凤纹额带饰

白玉荷叶水草纹额带饰

荷叶作椭圆形,呈四分式,叶脉用双阴线表示。荷叶旁以水草衬托。雕工简朴,主题明朗。该器有金托,上面镶嵌3颗宝石。荷叶上盘缠金龙一条。长4.2厘米,1993年上海市卢湾区打浦桥明顾氏家族墓出土(图二五)。

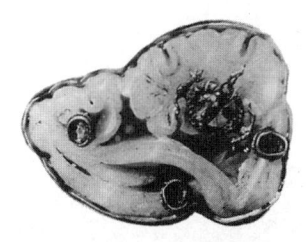

图二五 明 白玉荷叶水草纹额带饰

荷叶作为吉祥题材,宋明两代尤为盛行,但在制作上有明显区别,就以同类四分式造型而言,宋代作品用作四分的凹口甚浅,而明代的凹口作深洼,即以本器所示。

白玉雁衔水草纹额带饰

雁张翅腾飞,昂头收足,通体用直线条表示羽毛,大圆凹点眼,口衔一水草。刀工简朴粗放。长1.8厘米,1993年上海市卢湾区打浦桥明顾氏家族墓出土(图二六)。

雁,也称鸿雁。《诗经·小雅·鸿雁》云:"鸿雁于飞,肃肃其羽。"注曰:"大曰鸿,小曰雁。"又疏云:"俱是水鸟,故连言之。"

图二六 明 白玉雁衔水草纹额带饰

白玉螭纹额带饰

该螭在环内作团身，脸部宽阔，大眼，口含灵芝，发上飘，四爪下蹲作匍匐状。背刻双阴线脊柱，脊旁设冰纹以示筋骨。前肢肘关节及后腿胯关节处刻卷云纹。尾分成两股，作涡形。雕工粗放。径2.1厘米，1993年上海市卢湾区打浦桥明顾氏家族墓出土（图二七）。

图二七　明　白玉螭纹额带饰

（原载于《收藏家》2010年第169期）

上海出土的唐宋元明瓷器珍品鉴赏

　　上海地处长江三角洲冲积平原的最前缘。上海是一座现代化国际性大都市，也是一座具有悠久历史文化的名城。然而，在1949年新中国建立以前，上海只在金山区戚家墩发现了一处春秋战国至汉代的遗址，可以说上海的考古工作基本是一个空白。但是在新中国建立60年以来，经过上海考古工作者的不懈努力探索，取得了丰硕成果，已发现了自新石器时代以来各个时期的遗址和墓葬。悠久而精绝的古代文化遗存，生动地证明，先民们已在上海这片肥沃土地上创造了6 000年的辉煌历史。

　　上海新石器时代的遗址共发现17处，其文化内涵为距今6 000年的马家浜文化、5 000多年的崧泽文化、4 000多年的良渚文化和广富林文化。夏商周时期上海地区发现有马桥文化。春秋时期上海是吴国的领地，松江凤凰山出土过一件青铜尊，表明吴国上层贵族曾经在这里活动。战国时期，上海先后成为越人和楚人的统治区域，青浦重固、金山戚家墩和嘉定外冈发现的墓葬，正是他们留下的遗迹。近年来，又在松江广富林发现了春秋战国、西汉时期的大型建筑遗址，显露出上海早期城镇的雏形。秦统一全国，书同文，车同轨，上海地区出土文物与其他地区相似。

　　到了唐代，上海的社会经济有较快发展，在青浦区的青龙镇形成了上海最早的航运港口。唐天宝十年(751年)设置华亭县，始有县级建置。这一时期的出土文物，主要有来自浙江越窑和湖南长沙窑的瓷器。南宋咸淳五年(1269年)，位于黄浦江的上海镇取代青龙镇成为内外贸易港口。元至元二十八年(1291年)，上海升镇为县，经济文化极为繁荣。到了明清时期，上海已是中国"江南之通津，东南之都会"，并有潘、陆、顾、陈等名门大族聚居于此，留下了许多珍贵文物。

　　笔者曾在上海地区从事文物考古工作40余年，积累了一定的工作实践经验和体会，现精选汇集60年来上海地区考古发掘出土的19件唐宋元明时期瓷器珍品，向广大读者作如下简述，以供鉴赏。

唐长沙窑乐伎执壶

器呈小喇叭口，卷沿，短直颈，深弧腹，假圈足，饼形底。器肩上饰一八棱形短流，环鋬和立二系。灰白色胎，青黄色釉，釉色莹润光洁。圈足处未施釉，露胎。流和双系下粘贴胡人乐伎模印贴片。短流下乐伎为一隆目高鼻的胡人，头戴风帽，上穿圆领短衫，身披胸前结节的璎珞，窄袖。下着长裤，长裤外束开叉的"缺胯衫"，脚登笏头履。坐于扶手前耸的绳床上，身体前倾，双手扶一长条形乐器。该乐器一端上翘，另一端下压，从乐伎抚拨的手势来看似为一种弦乐器。系下的乐伎也是胡人，一人头戴圆形毡帽，紧衣窄袖上有卷云纹飘带下垂，裹腿裤装，长腰毡靴，双手持一拍板；另一人的形象、装束、手持乐器与前一人基本一致，为同一模内翻出的贴片，但贴片呈倒置状，即乐伎的头朝下，脚朝上。

长沙窑釉下褐彩模印贴片执壶，是唐代湖南长沙地区烧制的一种特有的产品，以外销西域为主，故西域色彩浓厚。1988年上海青浦区青龙村唐代水井出土，高18.5厘米，口径7.5厘米（图一——三）。

图一　唐　长沙窑乐伎执壶 　　图二　局部之一 　　图三　局部之二

青龙村位于白鹤镇，白鹤镇原名旧青浦，唐时称青龙镇，是江南地区水上交通枢纽，内河转口贸易的集散地，海上丝绸之路的重要港口之一。长沙窑瓷器在上海出土，为研究长江流域水路交通贸易提供了珍贵的实物资料。

唐长沙窑椰枣雄狮执壶

器呈喇叭形侈口,卷沿,颈部较高,深弧腹,假圈足,饼形底。八棱形短流,环錾,肩上立二系。灰白色胎,青白釉较薄,圈足处未施釉,露胎。流下模印贴片为一蹲坐在圆毯上的雄狮,神态威猛,毛发上耸,尾上卷。双系下模印贴片为椰枣纹。贴片上施椭圆形釉下褐彩,褐彩上再罩透明釉。坐狮栩栩如生,椰枣纹逼真,构图严谨,层次分明,富有神韵。

具有西域色彩的唐代长沙窑瓷器,很多是来样定烧的产品,主要销往东南亚、西亚及东非地区,其艺术风格独特,有别于内销产品。1988年上海青浦区青龙村唐代水井出土,高22.5厘米,口径11.2厘米(图四、五)。

图四 唐 长沙窑椰枣雄狮执壶　　图五 局部

五代越窑长颈瓜棱执壶

器呈喇叭形口,卷沿,长颈,壶腹长圆形,状如瓜棱,底部凹圈足。壶身一侧附一扁圆形把手,连接壶颈和肩腹部,另一侧施一壶流微上翘,并在壶肩两侧贴塑一对花形耳。釉色青绿闪黄,整器修长,造型美观。上海青浦区赵巷镇千步村出土,高24.5厘米,口径11.8厘米(图六)。

图六　五代　越窑长颈瓜棱执壶　　图七　五代　越窑瓜棱执壶

五代越窑瓜棱执壶

　　器呈喇叭形口,卷沿,高颈,壶腹圆鼓,形如瓜棱,下附凹圈足底。在壶颈和肩腹部贴塑一扁圆状把手,而在另一侧肩腹部施一流与把手对称,肩侧贴塑一对火焰状耳。整器制作规整,釉色青中泛白,造型美观大方。上海青浦区白鹤镇蔡屯浦出土,高19厘米,口径10厘米(图七)。

五代越窑莲花盏

　　器身状如一朵怒放的莲花,口沿由五个花瓣组成,器身内壁有五条竖棱,外壁有五条竖凹线,巧妙地连成一个整体,下部为喇叭圈足。器呈青绿色釉,釉质温润如玉,造型生动。上海青浦区白鹤镇青龙村出土,高7.5厘米,口径9.5厘米,足径6.5厘米(图八)。

图八　五代　越窑莲花盏

五代越窑荷花罐

器呈敛口,鼓腹,喇叭形圈足,器身作荷花状。下部贴塑双层仰莲瓣,莲瓣圆肥丰满,每层六瓣,上下交错排列,莲头略高出,全器宛如一朵盛开的荷花。

越窑青瓷造型雅致,青绿色的釉质晶莹润泽,贴刻艺术具有独特的风格,花纹和器形搭配协调,说明越窑的工匠不仅把瓷器当作生活用具烧制,而且也将它作为艺术品加以创造。

越窑主要分布在浙江宁绍地区,窑址中心在余姚上林湖一带。越窑青瓷创建于汉代,兴盛于唐五代时期,当时的生产规模很大,品质日臻完善,成为中国陶瓷史上的第一个高峰,赢得了"类玉""似冰"的美誉。1972年上海松江区第二中学出土,高9.6厘米,口径6.3厘米,底径8.4厘米(图九)。

图九　五代　越窑荷花罐　　　　图一〇　宋代　越窑执壶

宋代越窑执壶

器呈小口溜肩,深腹下垂,壶身作六瓣瓜棱形,腹部相对两侧分别安细长管流和扁平状把手,把手上阴刻竖条纹。整体造型协调和谐,釉色青翠,具有稳重高雅之感。上海松江区方塔园出土,高22.7厘米,口径10.4厘米,底径8.1厘米(图一〇)。

北宋越窑莲花尊

器身和托座连为一体。敞口,口沿作花瓣状,直筒形腹,腹部一周刻重叠莲瓣纹,莲瓣瘦长规整,显示北宋典型的莲瓣纹特色。托座形似豆,直口,腹壁一周刻七个花瓣形孔。座底为喇叭形双阶式,其上凸起两道圆棱。整器胎骨细腻,釉色青中闪黄,造型别致。1974年上海松江区文教局工地出土,高16.5厘米,口径14厘米(图一一)。

图一一　北宋　越窑莲花尊　　　　图一二　北宋　越窑荷花罐

北宋越窑荷花罐

器呈敛口,椭圆形腹,喇叭形圈足,上有一盖。通体和盖均贴刻莲瓣,莲瓣宽大肥厚,具有五代遗风。下腹双层莲瓣,每层六瓣,上下交错排列,花朵施展有力,宽广自如,风格豪放,全器宛如一朵出水怒放的荷花。

五代北宋时期,越窑盛行刻莲瓣纹碗、托等。"越瓯荷叶空"就是对这一时期越窑风行的荷花造型瓷器的赞誉。陆龟蒙的《秘色瓷器》云:"九秋风露越窑开,夺得千峰翠色来。好向中宵盛沆瀣,共嵇中散斗遗杯。"这是对越窑青瓷胎质和釉色的高度赞颂。1987年上海青浦区福泉山遗址宋墓出土,通高9.6厘米,底径8.1厘米(图一二)。

南宋龙泉窑鬲式炉

器呈平折沿,直颈,折肩,扁圆腹,下承三足,足底露胎。由腹至足的侧面有竖条棱至足底,凸起处釉薄呈白色,显露胎土,俗称"出筋"。釉面为梅子青色,釉质莹润光滑,温润如玉。鬲式炉仿商代青铜鬲,造型古朴典雅。

龙泉窑是宋代兴起的南方青瓷窑系,直接继承了越窑青瓷的传统。它在北宋时已初具规模,南宋时进入鼎盛时期,其制瓷技艺登峰造极,形成了一个以龙泉窑为中心,向周边各地区辐射的瓷窑体系,出现了"瓯江两岸瓷窑林立,烟火相望,江上运瓷船舶往来如织"的繁荣景象。1986年上海青浦区大盈镇寺前村宋井出土,高11.1厘米,口径13.1厘米(图一三)。

图一三　南宋　龙泉窑鬲式炉　　　　图一四　南宋　龙泉窑瓜棱执壶

南宋龙泉窑瓜棱执壶

器呈敛口,瓜棱式圆腹,腹一侧有粗短流,另一侧有半圆形扁条环把,矮圈足,底部不施釉。整器施青绿色釉,釉面温润如玉。造型规整,稳重大方。1986年上海青浦区大盈镇寺前村宋井出土,高11.8厘米,口径3.3厘米(图一四)。

南宋龙泉窑长颈瓶

器口沿外折,长颈,溜肩,圆弧腹,颈部饰凸棱,肩部饰三道凸棱。底不施釉。整体造型规整,浑然一体,施青绿色釉,釉面温润如玉,幽雅怡人,体现了龙泉青瓷的典型特色。1986年上海青浦区大盈镇寺前村宋井出土,高16厘米,口径6.6厘米(图一五)。

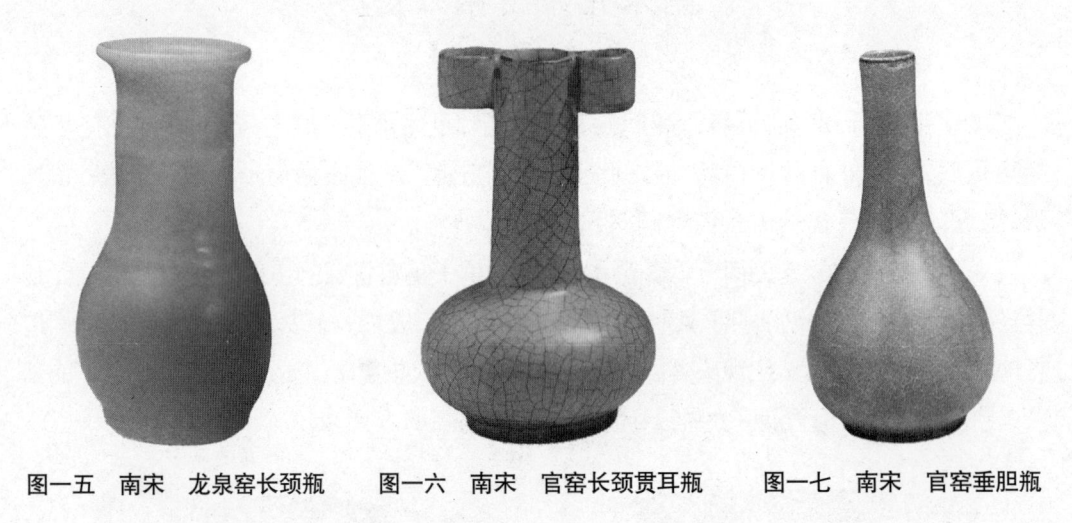

图一五　南宋　龙泉窑长颈瓶　　图一六　南宋　官窑长颈贯耳瓶　　图一七　南宋　官窑垂胆瓶

南宋官窑长颈贯耳瓶

器呈直口,长颈,扁圆腹,圈足。长颈上方附贯耳,耳与口沿平齐。全器灰青釉色,有纵横交错开片,变化万千,器形规整。

官窑为宋代五大名窑之一,产品供应宫廷。官窑有南北之分,北宋政和年间(1111—1117年),"京师自置窑烧造,名曰官窑",是为北宋官窑。靖康之变后,赵宋王朝定都临安(杭州),因袭旧制,重建官窑,南宋官窑瓷器造型古朴典雅,常见的器形有瓶、炉、洗、碗、壶、杯等。1952年上海青浦区重固镇高家台元代任氏墓出土,高12.8厘米,腹径8.1厘米(图一六)。

南宋官窑垂胆瓶

器呈小口,长颈,溜肩,鼓腹下垂,圈足。施青灰色釉,釉层较厚,釉面失透,开片细密,纵横交错,口沿釉薄处和圈足无釉处显出官窑器特有的紫口铁足特征,造型稳重典雅。1952年上海青浦区重固镇高家台元代任氏墓出土,高14.8厘米,腹径7.7厘米(图一七)。

南宋官窑兽耳炉

器呈敞口,凹颈,颈下施凸弦纹一周,扁圆腹,圈足。腹两侧附兽形双耳,通体施青灰釉,有细密开片,圈足底露紫酱色胎骨,器心及底均有支痕。器形端庄、古朴、典雅。1952年上海青浦区重固镇高家台元代任氏墓出土,高8.4厘米,口径11.2厘米,腹径12.4厘米(图一八)。

图一八　南宋　官窑兽耳炉

南宋影青长颈贯耳瓶

器呈直口,细长颈,椭圆腹,矮圈足,双耳呈管状,耳与口沿平齐,颈部以多条凸旋纹作饰,造型端庄大方,为景德镇窑的上品。贯耳瓶,流行于宋代,景德镇窑、哥窑、官窑、龙泉窑都有烧制。景德镇窑烧制的贯耳瓶虽不多见,但对后世影响较大。

影青瓷俗称青白瓷,特点是其釉色介于青色和白色之间。景德镇生产的影青瓷器不仅器型轻巧优美,而且样式极为丰富,举凡日用器皿、酒器茶具、陈设用瓷、文房雅玩、宗教供器等,应有尽有,是江西景德镇首先兴起的一种别具一格的瓷系。

墓主张肆卒于南宋嘉定六年(1213年),生前赠承信郎。1958年上海闵行区梅陇乡朱行镇南宋代张肆墓出土,高14.3厘米,口径2厘米,足径4.9厘米(图一九)。

图一九　南宋　影青长颈贯耳瓶

元代枢府窑双龙纹高足碗

器呈敞口,弧腹,直筒形高圈足。通体施卵白釉。碗内壁印五爪行龙两条,碗心印花朵和变形莲瓣纹。碗内行龙与"太禧"铭卵白釉印花云龙八宝盘的纹饰风格一致。

景德镇窑是我国古代名窑之一。元代中晚期出现一种印有"枢府"字样的枢府瓷,系元枢府院定制的专用瓷。造型规整是枢府瓷的重要特色。

任氏家族墓地共发现 6 座墓葬,出土了一批精美的官窑、龙泉窑、景德镇枢府瓷器,此外尚有漆器、砚台、玉炉顶等伴出。据墓志记载,为任仁发家族墓。任仁发是元代著名的水利专家和画家,其侄任明官职最高,生前任赣州路总管府事。1952 年上海青浦区重固镇高家台元代任氏墓出土,高 13.3 厘米、口径 13.8 厘米(图二〇)。

图二〇　元代　枢府窑双龙纹高足碗

元龙泉窑龙凤纹荷叶盖青瓷罐

器呈直口,鼓腹,圈足,圈足以厚底内削而成。盖作一舒展的荷叶形,荷叶卷曲上翻,与器身简练的结构相比,显得自然生动、富有变化。盖面中心饰一周旋纹,周围飞凤穿云。腹部饰双龙戏珠,龙身下部之首尾各有云纹一朵,行龙飞舞出没于云间,下腹刻海浪纹饰一周,瓷胎坚硬细密,釉呈豆青色,晶莹温润。是元代龙泉窑中典的上乘作品。

龙泉窑制瓷主要受越窑的影响,创烧于五代时期,至南宋时已能生产釉色青翠的青瓷。这件盖罐的烧制特点与同时期景德镇窑的烧造方法相比有所不同,它是先制成器身,再用一件厚底状的盘状器接在器里底端,形成圈足,上釉后再经高温烧结在一起的。1975 年上海南汇区三灶腰路大队出土,通高 28.6 厘米、口径 24.8 厘米、底径 18 厘米(图二一、二二)。

图二一　元　龙泉窑龙凤纹荷叶盖青瓷罐

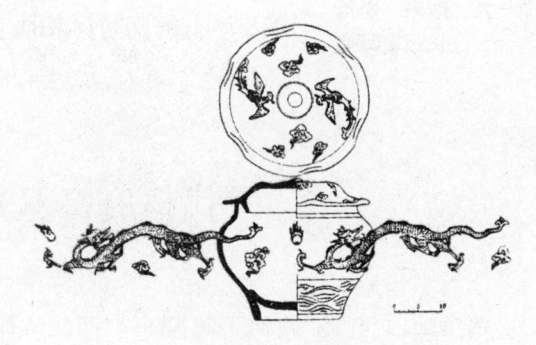

图二二　线图

明代龙泉窑青瓷笔架

　　山峰形,器身横向弯曲呈弧形,中部为三座山峰,峰崖峭而圆浑,中间一座山峰身上刻划一圆圈,内印"福"字,草书。左边峰座旁置一小壶,右边峰座旁有一洗笔小缸。体内中空,峰间露两个小孔插笔。青绿釉,胎体上薄下厚,手感厚重,造型别致。

　　笔架是放置毛笔的一种文具。唐代诗人杜甫在《题柏大兄弟山居屋壁》一诗中写到"笔架沾窗雨,书签映隙熏",说明唐代时已经有笔架了。又从宋鲁应龙《闲窗阔异志》中描述的"远峰列如笔架"可知,宋代流行石山笔架,明代瓷器山形笔架是宋代流行的石山笔架的延续。上海奉贤区泰日镇明墓出土,长13.5厘米,高5.5厘米(图二三)。

图二一　明代　龙泉窑青瓷笔架

(原载于《收藏家》2010年第8期)

怀袖雅物

——上海明墓出土的折扇和扇坠珍赏

折扇起源于日本,旧称倭扇,是日本人受蝙蝠形象启示而制作的,故亦称蝙蝠扇,在11世纪时由日本、高丽(朝鲜)传入中国。据南宋吴自牧《梦粱录》记载,当时杭州城外的市镇上,已有专卖折扇(折叠扇)的店铺。邓椿《画继》则明确记有"市井上所制折叠扇者"。折扇是折叠扇的简称,它以竹木或象牙等为骨,韧纸或绫绢为面,可收拢折叠,因此又称撒扇、聚头扇、聚骨扇等。

1978年,江苏常州市武进区曾发掘一座南宋墓葬,其中出土文物中有一件南宋朱漆戗金莲瓣式人物花卉纹奁,通高21.3厘米,外径19.2厘米,木胎,呈六出莲瓣筒形,分盖、盘、中、底四层,浅圈足,合口处镶银扣,外髹朱漆,内髹黑漆。盖面为戗金仕女消夏图,描绘二主一仆,在石径上漫步。二主人梳高髻,着襦裙背子,花罗直领对襟衫,长裙曳地,一持折扇,一抱团扇,挽臂喁喁私语;侍女手捧玉壶春瓶恭立一旁。(图一、二)。这从侧面反映了在南宋时期上层社会中,文人雅士和仕女们都喜欢使用折扇、团扇的情景。

折扇在南宋传入我国后,很多年内并不十分流行。直至明代,随着日本向中国大量输入折扇,尤其是到明代永乐年间,明成祖朱棣"喜折扇卷舒之便,命工匠如式为之,自内传出,遂遍天下"。到明嘉靖时(1522—1566年),不少地方已经开始生产折扇,并与传统文化紧密结合,出现扇书、扇画,并很快从帝王、官吏、文人普及到民间百姓。当时的折扇,以苏州制作的吴扇和成都生产的蜀扇最为盛行。明后期谢肇淛《五杂俎》记录了明代折扇传播的情况:"上自宫禁,下至仕庶,惟吴蜀二种扇最盛行。蜀扇每岁进御,馈遗不下数百万,上及宫廷所用,每柄值黄金一两,下者数铢而已。吴中泥金最易书画,不胫而走四方……大内时发千余,令中书官书诗,以赐宫人者,皆吴扇也。"

图一　南宋　朱漆戗金莲瓣式人物花卉纹奁之一　　图二　南宋　朱漆戗金莲瓣式人物花卉纹奁之二

上海明代墓葬中出土的折扇有近百把，其数量之多为全国其他省市罕见。凡随葬有折扇的墓葬，多数都出土有玉器、金饰等，这反映出该墓葬的规格较高。在已发掘清理的明墓中，一墓多数随葬一把折扇，有的墓随葬 2—4 把折扇。需要特别指出的是，在宝山区顾村清理的明万历年间(1573—1620 年)朱守城夫妇墓内，随葬有折扇 23 把，这在全国明墓中仅此一例。凡明墓中清理的折扇，由于几百年间浸泡在尸水中，大部分已朽烂，部分扇面腐烂，仅存扇骨，少量保存较好。1962 年松江区汇东村明河南府推官朱纯臣夫妇墓、1966 年宝山区顾村明朱守城夫妇墓随葬的折扇，保存相对比较完好，以及 1993 年卢湾区打浦桥顾东川、顾痒生等家族墓出土的白玉执荷童子等 3 件扇坠，保存相当完美，特作如下描述，以供读者鉴赏。

一、朱纯臣夫妇墓随葬折扇

松江区明朱纯臣夫妇墓随葬折扇 4 把，泥金笺，其中 3 把的折扇上有题字绘画，特分述于后：

1. 明红木扇骨泥金笺山水画折扇

计有扇骨 16 根，骨长 31.5 厘米，扇面展开 52 厘米，高 17 厘米，出土于墓主朱纯臣左手中。扇骨上雕刻有花鸟并镶嵌螺钿，惜大部分已脱落。画面正面绘山水(图三)。画面正中上部有云逸题诗一首："别业居幽处，到来生隐心。南山当户牖，丰水映园林。竹覆经冬雪,庭昏未夕阴。寥寥人境外,闲坐听春禽。"诗的右上角,盖条形"瀚墨留香"朱书起首章,左下角落有"云逸"题款和钤"云逸"印(图四)。扇面左上角有"属下知县冯□□为太恩台诸大人写"题款。画面构图布景严谨合理,诗、书、画相互应发,反映出画家的高超技艺。

图三　明　红木扇骨泥金笺山水画折扇

图四　泥金笺山水画折扇扇面上的五律诗

2. 明棕木扇骨泥金笺山水画折扇

扇骨18根,骨长29.8厘米,扇面展开为47.5厘米,高16厘米。正面绘山水画,尚能隐约看出,背面楷书已漫漶不清。该折扇出土于墓主朱纯臣右手中。

3. 明棕木扇骨泥金笺岁寒三友图折扇

扇骨 16 根，骨长 32 厘米，扇面展开为 53 厘米，高 17 厘米。扇面尚能隐约看出松针、竹叶和梅花组合的岁寒三友图，背面楷书已模糊不清。右上角有"瀚墨留香"引首章，章的形状、字体、印泥色泽和同时出土的红木扇骨山水画扇上的"瀚墨留香"印章一模一样，应该出于同一人之手。左下方钤有"峰泖主人"朱书印，惜已模糊。山水画扇上有"云逸"落款，岁寒三友图画扇上的题款不清，但可看出有"峰泖主人"章。这样看来，两幅水墨画均是云逸所写，且云逸为松江人士，因松江向以三泖九峰著名。该折扇出土时握于墓主朱纯臣右手中。

4. 明竹质扇骨泥金笺几何图折扇

扇骨 20 根，长 34 厘米，扇面展开 58 厘米，高 23 厘米。扇面上墨线绘几何图案，扇骨底部系有一球形扇坠，沉香木雕刻，直径 3 厘米，用金粉代替金箔来装饰扇面。此扇出土于朱纯臣妻杨氏袖内（图五）。

图五　明　竹质扇骨泥金笺几何图折扇

二、朱守城夫妇墓随葬折扇

宝山区明朱守城夫妇墓随葬折扇 23 把。扇骨有紫檀木、鸡舌木、棕竹、漆竹等质地，磨制得极为精致。这些折扇应该是由技艺高超的扇工制作的。扇骨大部分素面，部分在扇骨上髹漆，还有在漆面上蘸金绘画的。扇骨根数为 14、18、20、23 根等几种规格，扇骨最长的 37 厘米，最短的 29.6 厘米，扇面高 15—19 厘米。

1. 泥金笺扇

泥金笺扇面8把,4把正面绘山水、花鸟、鱼虫,背面均有题诗,画面及题诗均已模糊不清,仅隐约可见一提钤有行书"周"、"琳"联珠印。据有关史书记载,周琳,即周天球,是文徵明的学生,明代著名书画家,善画花鸟,落笔工稳清逸。一把书法扇面上有落款"严纳"、"翟钟玉"。一把梅石扇面上有落款"包山陆治"。据有关史书记载,陆治亦是文徵明的学生,明代著名书画家,工诗文书画,善画山水花鸟,风格工整秀雅。一把楷书苏轼《超然台记》扇面,钤有联珠"叔"、"平"朱文印,叔平为陆治的笔名。另外4把扇面为三角形、扇形、平行四边形等几何形图案(图六)。

图六 明 泥金笺菱形几何图折扇

2. 漆骨洒金扇

漆骨洒金扇面15把,扇面均以菱形、三角形组成图案。其中1把折扇扇骨涂朱红漆,表面用金线绘出花卉、禽鸟等,线条纤细流畅,委婉自如。扇面金箔贴出几何图案(图七、八)。3把折扇的黑漆扇骨中部皆为海棠形开光,扇骨与扇面交接处,绘四出叶纹连续图案。其中一把漆骨洒金士人郊游图折扇,长37厘米,扇面展开52厘米。洒金,是在扇面上洒或大或小的金片或金屑作装饰。扇面以细墨线绘菱形图案。扇骨开光处绘一官人骑在马上,马后跟一挑书侍从,开光外左右两侧各绘一株菊花,枝梗细长,花朵向上怒放。画面运用主次、呼应、虚实及色调对比,把人物置于优美的自然环境中,达到了情景交融的效果,抒发了文人士大夫的闲情逸致(图九、一〇)。

图七　漆骨洒金几何图折扇

图八　漆骨洒金几何图折扇局部

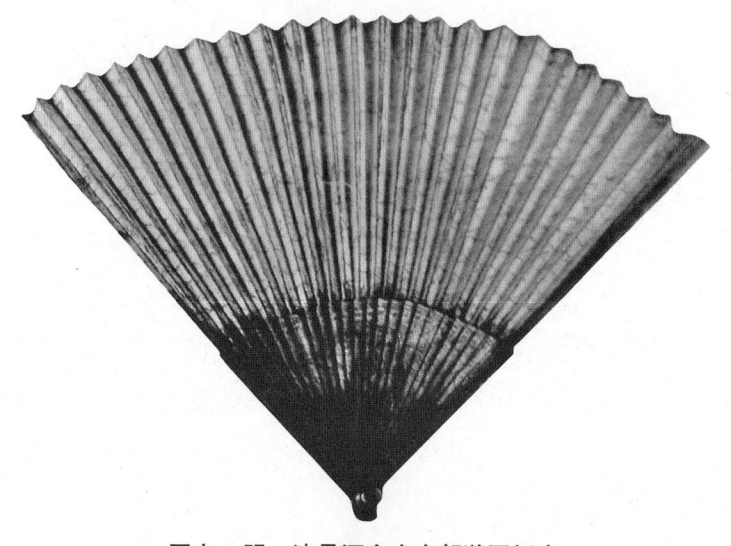

图九　明　漆骨洒金士人郊游图折扇

图一〇　明　漆骨洒金士人郊游图折扇局部

图一一　明　漆骨洒金士人赏荷图折扇局部

另一把折扇开光内绘士人赏荷图,两侧为盛开的荷花(图一一)。另一把折扇开光内绘雄鸡图,两侧绘盛开的牡丹花。

还有两把黑漆扇骨上书写有泥金蝇头小楷《前出师表》,字体工整秀丽,落款为"吴舜卿真金巧扇"(图一二)。吴舜卿之名虽不见于史书记载,但从这把折扇的制作工艺水平来看,可以肯定他是一位制扇高手。因为在扇面上写字作画,就已经受到空间和形制的限定,而在扇骨上写字作画,其难度应该是更大了。这几把折扇,扇骨上的画面布局有致,落笔工稳清逸,风格工整秀丽,画面如卷轴一般清晰自然,挥洒自如,不受拘束,无疑出自名家之手。

图一二　明　漆骨吴舜卿真金巧扇局部

三、顾氏家族墓随葬扇坠

卢湾区打浦桥附近清理明墓10座,其中"明故太医院御医东川顾君之柩"墓主的头部一侧,随葬有折扇2把,可惜扇面、扇骨都已朽烂,而系在折扇上的圆雕玉扇坠保存相当完好。另外,在明顾从礼墓内出土洒金折扇一把,画面已朽烂,仅存竹扇骨23根,高32厘米。又在"明庠生顾君□□妻陆氏孺人之墓"内发现有折扇一把,扇面绘几何形图案。惜已残朽,惟扇上系的一白玉双体鱼形坠饰保存完整。现分别描述于下:

1. 明白玉执荷童子扇坠

童子大头,面相圆腴,脑门一撮头发左右分开,身穿对襟长衫,下着短宽脚裤,衣服纹理清晰。右手于胸前握襟,左手上举紧握莲梗。莲梗垂于后背,盛开一朵荷莲。童子头顶中部贯天地孔,出土时用丝带同扇轴头相连。器高5.2厘米,1993年卢湾区打浦桥明故太医院御医顾东川墓头部出土(图一三)。

扇坠是扇子的装饰件,又是把玩物。明高濂在《遵生八笺·燕闲清赏笺》中提到,当时文风儒雅,曾流行一种叫扇坠的玩物,与此类物件相吻合。

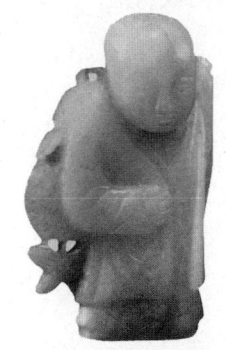

图一三　明　白玉执荷童子扇坠

2. 明白玉双体鸟扇坠

两鸟连体对称,鸟颈粗短,鸟体丰满,翅膀作椭圆形,羽毛用菱格和直线构成。造型饱满,圆润光泽,玉色洁白无瑕,雕琢简练明朗。鸟体穿一金链与折扇轴头相连,是一件扇坠。长3.6厘米,宽1.5厘米,1993年卢湾区打浦桥明故太医院御医顾东川墓头部出土(图一四)。

图一四 明 白玉双体鸟扇坠　　图一五 明 白玉双体鱼形扇坠

3. 明白玉双体鱼形扇坠

双鱼相连,素身无鳞,吻前凸,背鳍呈波折状,鱼尾分短叉,腹鳍、臀鳍、尾鳍均用阴刻线表示。双鱼背上贯天地孔,孔中系绳,出土时与扇坠轴头相连,作扇坠用。长4.8厘米,宽2厘米,厚1.4厘米,1993年卢湾区打浦桥明顾痒生妻陆孺人墓出土(图一五)。

折扇随葬始于何时,不见于史书记载。根据目前全国出土的折扇情况看,最早的都是明代墓葬。因此,上述上海明墓发现的折扇和扇坠,制作工整,工艺精湛,应是研究明代折扇极为珍贵的实物资料。

(原载于《收藏家》2012年第3期)

后　　记

　　本书之所以能顺利出版,首先要感谢我的工作单位——上海博物馆陈燮君馆长的大力支持,他还应邀欣然挥毫为本书题签,使拙著增光添彩;我还要感谢陈克伦副馆长、胡江副馆长的关注和支持。其次,我还要感谢考古研究部同仁在以往考古工作中给予的通力协作。最后,我要感谢上海古籍出版社六编室同志们的辛勤编排,为提高本书的质量付出了很多精力。

　　尽管我已作了很多努力,但限于个人的学识水平,本书难免还会有疏误之处,恳请各位专家学者和广大读者给予指正。

孙维昌

作于 2012 年 6 月

修订于 2014 年 6 月